Publié initialement en anglais sous le titre de :
SCRIBES AND SCHOLARS : A Guide to the Transmission of Greek and Latin Literature.
© Oxford University Press 1968, 1974.

Vignette d'après Esope, *Vita et fabulae,* Ulm, Johann Zainer, circa 1476-77

D'HOMÈRE A ÉRASME
LA TRANSMISSION DES CLASSIQUES
GRECS ET LATINS

CENTRE RÉGIONAL DE PUBLICATION DE PARIS

D'HOMÈRE A ÉRASME

LA TRANSMISSION DES CLASSIQUES GRECS ET LATINS

L. D. REYNOLDS - N. G. WILSON

Nouvelle édition revue et augmentée

Traduite par C. Bertrand

et mise à jour par P. Petitmengin

EDITIONS DU
CENTRE NATIONAL DE LA RECHERCHE SCIENTIFIQUE
15, quai Anatole-France, 75700 Paris
1984

Institut de Recherche
et
d'Histoire des Textes

Ouvrage réalisé par le
Centre Régional de Publication de Paris

Maquette de couverture réalisée par
MEDHAT METWALLI

© Centre National de la Recherche Scientifique, Paris, 1984
ISBN 2-222-03290-3

SOMMAIRE

Préface (H.I. Marrou)   XI

Avertissement (P. Petitmengin)   XV

I. L'Antiquité

 1.– Les livres antiques 1
 2.– La bibliothèque du Musée et la philologie alexandrine .. 4
 3.– Autres travaux hellénistiques 12
 4.– Les livres et la philologie sous la République romaine .. 13
 5.– Évolution au début de l'Empire 18
 6.– L'archaïsme au IIe siècle 21
 7.– Le compendium et le commentaire 22
 8.– Du rouleau au codex 23
 9.– Le paganisme et le christianisme au IVe siècle ... 26
 10.– Les souscriptions 28

II. L'Orient hellène

 1.– Philologie et littérature sous l'Empire romain 30
 2.– L'Église chrétienne et les études classiques 33
 3.– Les débuts de la période byzantine 35
 4.– Les textes grecs en Orient 37
 5.– La renaissance du IXe siècle 39
 6.– La fin de l'époque byzantine 44

III. L'Occident latin

 1.– Les siècles obscurs 54
 2.– L'Irlande et l'Angleterre 59
 3.– Les missionnaires anglo-saxons 61
 4.– L'influence insulaire sur les textes classiques 62
 5.– La renaissance carolingienne 63

SOMMAIRE

- 6. – *La formation de la minuscule caroline* 65
- 7. – *Les bibliothèques carolingiennes et les classiques latins* . 66
- 8. – *La philologie au IXe siècle* 70
- 9. – *Le crépuscule carolingien* 73
- 10. – *La résurgence du Mont-Cassin* 75
- 11. – *La renaissance du XIIe siècle* 75
- 12. – *La période scolastique* 78
- 13. – *Le grec en Occident au Moyen Age* 81

IV. La Renaissance

- 1. – *L'humanisme* 83
- 2. – *Les premiers humanistes* 85
- 3. – *La consolidation de l'humanisme : Pétrarque et ses contemporains* 87
- 4. – *Coluccio Salutati (1331-1406)* 91
- 5. – *L'époque des grandes découvertes : le Pogge (1380-1459)* 92
- 6. – *La philologie latine au XVe siècle : Valla et Politien* ... 95
- 7. – *Les études grecques : diplomates, réfugiés, bibliophiles* . 99
- 8. – *La philologie grecque au XVe siècle : Bessarion et Politien* 101
- 9. – *Les premiers livres grecs imprimés : Alde Manuce et Marc Musurus* 104
- 10. – *Érasme (env. 1469-1536)* 107

V. Quelques aspects de la philologie depuis la Renaissance

- 1. – *La Contre-Réforme et la fin de la Renaissance en Italie* 111
- 2. – *Les débuts de l'humanisme et de la philologie en France* 115
- 3. – *Les Pays-Bas aux XVIe et XVIIe siècles* 121
- 4. – *Richard Bentley (1662-1742) : études classiques et théologiques* 126
- 5. – *Les origines de la paléographie* 129
- 6. – *Découvertes de textes depuis la Renaissance* 131
  - a/ Palimpsestes 131
  - b/ Papyrus 134
  - c/ Autres découvertes de manuscrits 135
  - d/ Textes épigraphiques 136
- 7. – *Épilogue* 138

VI. Critique textuelle

- 1. – *Introduction* 142

2.– *La formation d'une théorie de la critique textuelle* 143
  3.– *La théorie stemmatique de la recension* 145
   a/ Construction d'un stemma 145
   b/ Exploitation du stemma 145
  4.– *Les limites de la méthode stemmatique.* 147
  5.– *Age et valeur des divers manuscrits* 148
  6.– *La tradition indirecte* 150
  7.– *Autres principes de base* 152
  8.– *Types de fautes* 152
  9.– *La transmission fluide d'œuvres techniques ou populaires.* 162
 10.– *Épilogue : méthodes nouvelles.* 164

Notes bibliographiques

 Abréviations. 167
  I. L'Antiquité 168
  II. L'Orient hellène 175
  III. L'Occident latin 181
  IV. La Renaissance. 191
  V. Quelques aspects de la philologie depuis la Renaissance . . 198
  VI. Critique textuelle 206

Lectures complémentaires 213

Index des documents

  I. Manuscrits 217
  II. Papyrus 227
  III. Manuscrits perdus 228

Index général (noms et matières) 229

Index des auteurs modernes 250

Commentaire des planches 257

PRÉFACE

Sur les rayons de votre bibliothèque vous prenez le texte de quelque auteur classique de l'Antiquité, Virgile peut-être, ou encore Platon. Tel qu'il se présente, cet ouvrage ne se distingue pas matériellement, d'un livre moderne ; vous l'avez peut-être acheté chez le même libraire qui vous a procuré le dernier roman à la mode ; mais quelle différence ! Entre l'auteur contemporain et son livre, tel que vous l'avez entre les mains, ne s'interpose qu'un écran, celui du service « fabrication » de son éditeur. Le texte que vous lisez est celui-là même qu'il a définitivement mis au point, la part faite, et elle est normalement minime, aux fautes d'impression, bourdons et mastics (aucun des livres parus depuis 1455, si soigné qu'il fût, n'en est exempt), la part faite aussi aux interventions indiscrètes du prote, ce gardien vigilant de la tradition en matière de grammaire et de ponctuation (Valery Larbaud a écrit un essai amusant là-dessus). Quelle distance au contraire nous sépare de Virgile, de l'*Énéide* publiée, c'est-à-dire mise en circulation, par L. Varius au lendemain de la mort du poète en l'an 19 avant J.-C., de tel dialogue de Platon, mort lui en 348. La distance n'est pas seulement chronologique : tant d'étapes intermédiaires, dans la plupart des cas, séparent l'état premier du texte, celui de l'auteur et l'état présent, celui de la plus récente édition critique établie par un savant contemporain.

L'esprit en quelque sorte assoupi par les habitudes mentales contractées au sein de la « galaxie Gutenberg », nous oublions trop facilement quelle histoire complexe s'est déroulée entre ces deux points extrêmes. Ce sera sans doute une surprise pour beaucoup de lecteurs de découvrir les multiples aspects de cette étonnante aventure dont N.G. Wilson et L.D. Reynolds ont si bien su résumer de façon précise et claire les principaux épisodes, l'un pour les classiques grecs, l'autre pour les latins.

Que de faits pittoresques, romanesques même, dans cette histoire de la survie de la littérature antique, où se reflètent les grandes étapes de l'histoire générale de notre civilisation européenne. C'est souvent par miracle que les grandes œuvres des anciens ont échappé à la destruction. Pour s'en tenir à l'Occident latin, il y a quelque chose de providentiel dans le fait que les ténèbres des Âges obscurs – cet affaissement du niveau culturel où la tradition lettrée fut près d'être interrompue – ne se soient pas étendues au même moment dans toutes les régions de l'Empire. Grâce à la domination éclairée d'un Théodoric, la vie culturelle demeurait assez florissante en

Italie jusqu'en plein VIe siècle, alors que depuis 400 les invasions barbares avaient profondément ravagé la Gaule, l'Espagne, l'Afrique romaine. Certes, en Italie même, le niveau baisse, mais déjà, dans l'Extrême-Occident, en Irlande d'abord, en Grande-Bretagne ensuite, nous voyons se produire un nouveau départ, celui de la nouvelle culture médiévale. Nous verrons les pélerins anglo-saxons emporter de Rome des cargaisons entières de manuscrits, au moment où l'invasion lombarde, succédant aux ravages de la difficile reconquête byzantine, va mettre en péril la survie des bibliothèques italiennes. Dans les îles à leur tour, quand les raids vikings et l'invasion danoise feront peser sur ces trésors de nouvelles menaces, l'ardeur missionnaire des *Scotti* – celtes ou anglo-saxons – qui ne séparaient pas la prédication de l'Évangile d'un travail consciencieux de formation littéraire, ramènera, non moins providentiellement, tels de ces précieux manuscrits sur le continent ; soit conservés tels quels, soit recopiés par quelque main carolingienne, leurs textes reposeront en sécurité dans quelque monastère rhénan, jusqu'au jour où un humaniste italien saura les y dénicher, les rapporter en Italie et bientôt les éditer.

L'histoire troublée de notre Europe occidentale ne limite pas à ces siècles lointains les cas de destruction brutale : pour ne rien dire des deux guerres mondiales, le bombardement de Strasbourg en 1870 entraîna l'incendie de sa bibliothèque et la perte de tous ses manuscrits – dont tel manuscrit grec, sauvé de justesse à Constantinople vers 1436 (il risquait de périr comme papier d'emballage chez un marchand de poissons) par un jeune clerc latin venu étudier le grec dans la capitale byzantine et qui, avant d'aller se faire martyriser en pays musulman, l'avait cédé à un cardinal dalmate, légat du Concile de Bâle auprès du basileus ; il en fit don à un couvent de cette ville où un humaniste alsacien l'acquit à son tour, etc. (j'abrège, il le faut bien).

Mais, et c'est ce qui déculpe l'intérêt de cette histoire, la transmission des classiques, comme on le verra, ne se limite pas au fait brut de la survie de tels et tels manuscrits échappés à la destruction par une série de bienheureux hasards, car à travers leurs copies et éditions successives les textes vivent et se transforment. Il est tout à fait exceptionnel qu'une œuvre littéraire de l'Antiquité nous ait été transmise aussi directement que le sont celles de nos contemporains : c'est le cas de textes conservés par une inscription comme cet « Eloge funèbre d'une matrone romaine », la *Laudatio Turiae*, – où l'intervention du lapicide, analogue à celle aujourd'hui de l'imprimeur, constitue le seul intermédiaire capable d'avoir plus ou moins légèrement altéré le texte original. Il est très rare aussi que nous ayons conservé des manuscrits contemporains de l'auteur. Le cas ne se présente guère que pour des écrivains de l'Antiquité finissante : ainsi la précieuse collection de la bibliothèque capitulaire de Vérone – longtemps oubliée au sommet de quelque armoire (nous verrons le marquis Scipione Maffei se précipiter en chemise de nuit et en pantoufles à l'annonce de sa redécouverte en 1712) – conserve un manuscrit de la seconde partie du *De Civitate Dei*, copié vingt ans au plus après la mort de saint Augustin (430), sinon même de son vivant, soit au lendemain de l'achèvement de l'œuvre en 427. Trop souvent, nous ne disposons – notamment pour les classiques grecs – que de manuscrits très tardifs, heureux encore lorsqu'il ne faut pas nous contenter de textes imprimés, les éditeurs de la Renaissance ayant laissé détruire ce qui, une fois publié, leur paraissait inutile à conserver...

Même lorsque nous avons la chance de retrouver quelque papyrus pas trop mutilé (n'oublions pas que, dans la majorité des cas, ce qu'on récupère, en fait de papyri, c'était le contenu des corbeilles à papier – d'où tant de fragments lamentablement déchirés), fût-il antérieur à notre ère, déjà entre l'œuvre originale et ce témoin s'interpose un filtre coloré qui peut avoir modifié sensiblement l'éclairage, je veux dire l'état du texte : il s'agit de l'intervention souvent intelligente, perspicace, d'autres fois bien hardie et contestable des savants alexandrins qui déjà, devant le foisonnement de copies peu correctes avaient éprouvé la nécessité de rééditer, de corriger, d'améliorer les chefs-d'œuvres du passé. Et ainsi de suite à travers tous les siècles, ainsi pour la littérature latine les recensions de ces aristocrates lettrés de l'Antiquité tardive qui occupaient leurs loisirs à corriger les manuscrits de leur bibliothèque, manuscrits qui, ainsi restaurés, sont à la source de notre tradition ; et de même à chacune des grandes étapes de notre histoire culturelle, – la Renaissance carolingienne, celle du XIIe siècle, la Renaissance humaniste des XVe-XVIe siècles, l'essor de la philologie, depuis l'œuvre de nos grands prédécesseurs, les érudits des XVIIe et XVIIIe, jusqu'à l'épanouissement d'une « science de l'Antiquité » dans les universités, notamment germaniques, du XIXe...

Nos auteurs ont cherché à rendre justice à tous ces bons ouvriers dont certains s'appellent Pétrarque et Boccace ; si rapide qu'il soit, leur récit est très significatif : c'est tout le développement de la culture occidentale qui se reflète dans cette histoire de la tradition classique. Le lecteur mesurera tout le profit qu'on peut tirer de cette histoire d'une histoire : nous voyons la méthode se former de siècle en siècle, se faire toujours plus exigeante, plus rigoureuse : un chapitre final, rigoureux sans être austère, fera découvrir l'ensemble des processus logiques mis en œuvre par la technique que constitue aujourd'hui la critique textuelle ou l'art de rétablir, dans la mesure du possible, l'état le plus ancien, le plus proche de l'état original, d'une œuvre transmise à travers tant de vicissitudes. Je parle à dessein d'un art plutôt que d'une science car ce n'est pas une technique d'application mécanique aux résultats par avance garantis : il reste toujours une marge d'incertitude et la nécessité d'un recours ultime à l'esprit de finesse, à la liberté du jugement. Aussi bien nos éditeurs d'aujourd'hui sont en général devenus plus prudents qu'à l'époque, disons de Lachmann, où le philologue trop sûr de lui, corrigeait avec assurance le texte fourni par la tradition manuscrite, au risque, non de rétablir l'original, mais de procéder à un véritable *re-writing*, d'établir ce qu'à son idée, à lui moderne, l'auteur ancien aurait dû écrire. A pénétrer plus avant dans la mentalité des anciens, nous nous sommes aperçus bien souvent que nos prédécesseurs écartaient la leçon d'un manuscrit simplement parce qu'ils n'avaient pas su la comprendre.

Je souhaite que le présent ouvrage trouve, auprès du public français, le même accueil que lui a fait celui de langues anglaise et italienne : nos deux auteurs ont su démêler l'écheveau compliqué de cette histoire avec précision et clarté ; ils possèdent cette qualité, toute à l'honneur des grands *scholars* britanniques, d'être savants sans être pédants et d'éclairer par moment d'un sourire l'exposé le plus austère. Ce livre rendra également de grands services aux étudiants, leur fournissant les éléments d'une initiation par l'histoire à la philologie ; les notes complémentaires qui ont bénéficié des soins particuliers de P. Petitmengin fourniront au néophyte le moyen de pousser plus avant son apprentissage.

† H.I. MARROU

AVERTISSEMENT

Habent sua fata libelli. *Lorsque les Éditions du Seuil songèrent à publier une traduction de « Scribes and Scholars », elles jugèrent que le public français souhaiterait un ouvrage plus complet, qui suive jusqu'à nos jours la transmission des littératures classiques et qui fasse connaître au lecteur les recherches sur lesquelles se fonde l'exposé. Les auteurs approuvèrent ce projet et rédigèrent un nouveau chapitre, le cinquième, et des notes bibliographiques. A cette occasion des contacts se nouèrent entre Oxford et Paris, qui se sont prolongés pendant toute la mise au point du livre. Si l'on veut bien reconnaître quelque originalité à cette version française, c'est à cette collaboration qu'on l'attribuera.*

*Une première rédaction de ce livre était achevée en 1974, lorsque paraissaient les secondes éditions anglaise et italienne. S'il voit finalement le jour en 1984 (*nonum prematur in annum *recommandait déjà Horace), il le doit à une amicale conjuration entre Oxford University Press, les Éditions du Seuil, l'Institut de Recherche et d'Histoire des Textes, les Éditions du C.N.R.S. et le Centre régional de publication de Paris. Le public francophone saura gré à tous ceux dont la générosité et le dévouement ont permis la publication de ce livre : M. J.K. Cordy, M. B. Flamant et Mlle A. François ; MM. J. Glénisson et L. Holtz, Mmes M.-A. Ranval-Zizine et C. Berger, et les membres de la Section latine ; MM. G. Lilamand et H. Peronin ; MM. G. Picart et H. Porte. Mme Claude Bertrand qui avait traduit le texte des six chapitres, et H.I. Marrou, qui avait écrit la préface, ne sont hélas plus là pour voir l'achèvement d'une œuvre à laquelle ils avaient porté tant d'intérêt.*

Les auteurs et le réviseur se sont efforcés de tenir compte des études et des découvertes de ces dernières années. A l'intention d'un public parfois novice, on a traduit la plupart des citations grecques et latines, ajouté dans le cours de l'exposé quelques références aux textes et aux manuscrits, et adapté les indications bibliographiques aux usages français. Les planches XVII à XX sont propres à cette édition.

Pierre PETITMENGIN

CHAPITRE I

L'ANTIQUITÉ

1.— Les livres antiques.

La littérature classique nous a été transmise depuis l'Antiquité selon des processus que nous allons décrire ; mais il est bon auparavant d'exposer brièvement l'origine et le développement du commerce de librairie.

Dans la Grèce préclassique, la littérature s'est adressée à des analphabètes. Le noyau des poèmes homériques a traversé plusieurs siècles pendant lesquels l'usage de l'écriture semble avoir totalement disparu ; quand l'alphabet phénicien fut adapté à l'écriture grecque, dans la dernière partie du VIIIe siècle, la littérature orale était encore très vivace, si bien qu'il n'a pas paru immédiatement indispensable de coucher par écrit les poèmes de l'aède. Selon une tradition fréquemment reprise dans l'Antiquité, la première version écrite des épopées vit le jour à Athènes, au milieu du VIe siècle, sur l'ordre de Pisistrate ; cela est plausible, tout en restant sujet à caution. Les œuvres d'Homère n'ont pas été largement diffusées pour autant ; car ce que Pisistrate entendait très probablement, c'était s'assurer un texte officiel des poèmes pour leur récitation lors de la fête des Panathénées. On n'a pas créé du jour au lendemain l'habitude de lire la poésie épique au lieu de l'entendre déclamer et en plein Ve siècle les livres étaient encore d'une relative rareté.

En revanche, avec le développement de genres littéraires qui ne reposaient pas sur la composition orale, les auteurs durent, à compter du VIIe siècle, écrire leurs œuvres, ne fût-ce qu'en un seul exemplaire destiné à servir de référence ; c'est ainsi qu'Héraclite a, dit-on, déposé dans un temple son fameux traité, et c'est pourquoi peut-être Aristote a pu le lire au milieu du IVe siècle (Diogène Laërce, 9, 6). Les œuvres étaient vraisemblablement reproduites et mises en circulation en un nombre très limité d'exemplaires, et l'on peut supposer que les premières à toucher un public même restreint furent celles des philosophes et des historiens ioniens ou bien celles des sophistes. Les textes de poésie, qui constituaient la base de l'enseignement, ont certainement dû être demandés eux aussi. Cependant, il faut attendre au moins le milieu du Ve siècle pour pouvoir parler d'un commerce des livres en Grèce : nous savons qu'il s'en vendait sur le marché d'Athènes (Eupolis, fr. 304 Kock) et Platon nous montre Socrate disant dans son *Apologie* (26 d) que tout le monde peut acheter pour une drachme un Anaxagore à l'orchestre. Cela dit, les détails de ce commerce nous restent inconnus.

On ne sait pas grand-chose non plus sur la présentation des livres de la Grèce classique. Ce qui nous est parvenu du IVe siècle, même à l'état de fragments, est tellement infime qu'il serait déraisonnable d'y voir un échantillon représentatif. Les considérations qui vont suivre reposent donc avant tout sur le matériel hellénistique, mais on peut penser qu'elles valent aussi pour la période classique. Nous allons tenter de montrer comment les différences matérielles qui existent entre livres anciens et modernes affectaient le lecteur de l'Antiquité dans ses relations à l'œuvre littéraire.

Le livre se présentait sous la forme d'un rouleau, le texte étant inscrit en colonnes sur l'une des faces. Le lecteur le déroulait au fur et à mesure en maintenant d'une main la partie qu'il avait déjà vue et ré-enroulée. Au terme de l'opération, le livre se présentait donc par la fin et devait être totalement rembobiné pour pouvoir être consulté à nouveau. C'était évidemment très mal commode, d'autant que certains rouleaux étaient extrêmement longs ; l'un des plus grands qui nous aient été conservés (P. Oxy. 843) contenait, quand il était intact, tout le *Banquet* de Platon et devait mesurer dans les sept mètres. Autre inconvénient : la matière du livre était fragile et s'abîmait facilement. On imagine sans peine qu'un lecteur de l'Antiquité, tenu de vérifier une citation ou une référence, préférait se fier, si possible, à sa mémoire plutôt que de se donner le mal de défaire le rouleau, au risque d'ailleurs d'en abréger l'existence. C'est pourquoi sans doute aucun, lorsqu'un auteur en cite un autre, on trouve souvent une différence substantielle entre les deux versions.

On écrivait habituellement sur du papyrus (Planche I), préparé en découpant en fines lanières la pulpe fibreuse d'un roseau qui poussait spontanément dans le delta du Nil ; existaient aussi, au Ier siècle après J.-C., de petits centres de production en Syrie et près de Babylone. On pressait deux couches de ces bandes, l'une perpendiculaire à l'autre, pour former des feuilles qui, collées bout à bout, constituaient un rouleau (Pline l'Ancien, *Hist. nat.*, 13, 77). Ces feuilles étaient de dimensions très variables, mais le format courant permettait de disposer le texte en colonnes de 25 à 30 centimètres de haut, comptant chacune de 25 à 45 lignes. Étant donné qu'il n'y avait qu'une source importante de matière première, le commerce des livres subissait probablement des fluctuations en cas de guerre ou lorsque les producteurs désiraient jouer de leur quasi-monopole. Hérodote pensait à des difficultés de cet ordre quand il disait (*Hist.* 5, 58) qu'à un moment où le papyrus manquait, les Ioniens l'avaient remplacé par de la peau de mouton ou de chèvre. Ce faisant, ils avaient imité, semble-t-il, leurs voisins de l'Est. Cependant, le cuir se prêtait moins bien que le papyrus à l'écriture et n'était sans doute employé qu'en dernier recours. Pendant la période hellénistique, si l'on en croit Varron (Pline l'Ancien, *Hist. nat.*, 13, 70), le gouvernement égyptien mit l'embargo sur les exportations de papyrus, ce qui paraît avoir stimulé la recherche d'un produit de remplacement acceptable. On découvrit alors à Pergame un procédé pour traiter les peaux qui permettait d'obtenir une surface convenant mieux que le cuir à l'écriture ; il en sortit ce qu'on appelle aujourd'hui le parchemin (dénommé aussi vélin) ; le terme dérive étymologiquement de Pergame, la filiation étant plus nette quand on part de la forme italienne *pergamena*. Toutefois, si la tradition est exacte, cette première expérience fut vite abandonnée ; on peut supposer que l'embargo fut bientôt levé, car le parchemin ne fut pas d'un usage courant avant les premiers siècles de notre ère ; de la haute époque, il reste, par exemple, des fragments des *Crétois* d'Euripide (P. Berol. 13217) et du discours *Sur les forfaitures de l'ambassade* de Démosthène (British Library, Add. 34473 = P. Lit. Lond. 127).

Il est impossible de dire dans quelle mesure l'offre et le prix du papyrus ont freiné ou favorisé son emploi en Grèce. Ce qui est certain, c'est qu'il était presque invariablement écrit sur un seul côté. La forme du volume l'imposait d'ailleurs, car le texte consigné au verso du rouleau se serait très vite effacé ; en outre, la surface même du matériau a peut-être contribué à faire naître cette convention, les scribes ayant toujours préféré utiliser d'abord la face aux fibres horizontales. Les auteurs anciens signalent parfois des rouleaux écrits des deux côtés (Juvénal, 1, 6 ; Pline le Jeune, 3, 5, 17), mais il s'agit de cas exceptionnels. Il est arrivé pourtant qu'en raison de la pénurie de papyrus, un texte littéraire ait dû être couché au verso, par le travers des fibres : le manuscrit de l'*Hypsipyle* d'Euripide en est un exemple célèbre (P. Oxy. 852). Signalons à ce propos qu'un livre antique ne pouvait contenir que très peu de texte : le *Banquet*, qui couvre le papyrus mentionné plus haut, très volumineux selon les normes de l'époque, tient aujourd'hui sur soixante-dix pages imprimées environ.

Enfin le texte, tel qu'il se présentait sur le papyrus, était beaucoup plus difficile à interpréter qu'il ne l'est dans aucun livre moderne. La ponctuation n'était jamais que rudimentaire et il n'y avait pas de division entre les mots ; les textes grecs resteront ainsi jusqu'au Moyen Age. Les accents, qui auraient pu compenser cette difficulté, ne sont apparus qu'à la période hellénistique et il faudra attendre bien longtemps pour qu'ils soient communément utilisés, en fait jusqu'au début de l'époque médiévale. D'autre part, tout au long de l'Antiquité, on n'a pas indiqué dans les œuvres scéniques, avec la précision jugée aujourd'hui nécessaire, qu'on passait d'une réplique à une autre : en début de ligne, on se contentait d'un tiret et ailleurs de deux points superposés, et l'on omettait souvent le nom des personnages. Pour se rendre compte de l'imprécision de ces procédés et de la confusion qu'ils introduisirent rapidement, il n'est que de voir comment se présentent les papyrus du *Dyscolos* et du *Sicyonien* de Ménandre. Enfin, dans les livres préhellénistiques - et c'est là une de leurs caractéristiques les plus étranges - les vers lyriques étaient écrits comme de la prose ; le papyrus de Timothée, qui date du IVe siècle (P. Berol. 9875), en est un exemple, mais n'eût-on pas ce document précieux qu'on serait arrivé à la même conclusion, puisqu'on sait qu'il revient à Aristophane de Byzance (env. 257-180) d'avoir mis au point la colométrie traditionnelle indiquant clairement les unités métriques (Denys d'Halicarnasse, *Sur la composition littéraire*, 156, 221). Remarquons que, dans l'Antiquité, quiconque voulait transcrire une œuvre pour son usage personnel, se heurtait aux mêmes difficultés que le lecteur. On ne saurait sous-estimer les risques d'erreur d'interprétation et partant d'altération d'un texte pendant cette période. A n'en pas douter, nombre de fautes qui défigurent les textes classiques remontent à cette époque et étaient fort courantes déjà dans les livres qui aboutirent en définitive à la bibliothèque d'Alexandrie.

2.– La bibliothèque du Musée et la philologie alexandrine.

Le commerce de librairie se développant, les particuliers purent se constituer leur propre bibliothèque. Fît-on même bon marché de la tradition qui veut que des tyrans du VIe siècle, tels Pisistrate et Polycrate, aient possédé de très nombreux volumes (Athénée, 1, 3a), il est manifeste qu'à la fin du Ve siècle il existait des collections privées. Aristophane se gausse d'Euripide qui aurait très largement puisé dans sa bibliothèque pour écrire ses tragédies (*Grenouilles*, 943), mais n'en a-t-il pas fait de même pour ses propres pièces, bourrées de parodies et d'allusions ?

On ne trouve pas trace d'une bibliothèque générale alimentée par les deniers publics à Athènes ; il est probable pourtant que les archives de la cité conservaient un exemplaire officiel des œuvres théâtrales jouées aux grandes fêtes, telles les Dionysies. Le Pseudo-Plutarque (*Vies des dix orateurs*, 841f) attribue l'idée à Lycurgue (env. 390-324), qui aurait fait une proposition en ce sens, mais on en avait sans doute compris la nécessité plus tôt. Nous savons qu'après la première représentation, les pièces étaient de temps en temps remises à la scène. Les acteurs avaient donc besoin de nouveaux exemplaires du texte et s'ils avaient dû se les procurer en les faisant transcrire de copies appartenant à des particuliers, il serait surprenant de retrouver à la période hellénistique une tradition théâtrale aussi riche.

Avec l'essor de l'éducation et de la science au IVe siècle, les écoles se devaient de créer leur propre bibliothèque - c'était là une simple question de temps. Rien d'étonnant que Strabon (13, 1, 54) rapporte qu'Aristote avait réuni une grande collection de volumes, correspondant évidemment aux sujets si divers traités au Lycée. C'est avec cette collection et avec celle de l'Académie que voulut rivaliser le roi d'Égypte peu après, quand il créa la célèbre bibliothèque d'Alexandrie (Diogène Laërce, 4, 1, 5 et 51). Les sciences et la philosophie étaient particulièrement en honneur au Lycée, mais les lettres n'étaient pas négligées pour autant. Aristote lui-même, outre sa *Poétique* et sa *Rhétorique*, consacra une étude à des problèmes d'interprétation chez Homère ; et à propos de la *Rhétorique*, on a lieu de penser que lui-même et ses successeurs s'intéressèrent aux discours de Démosthène.

Ce qui l'emporte toutefois de beaucoup en importance, ce sont les études littéraires entreprises au Musée d'Alexandrie. Cet établissement, comme son nom l'indique, était en principe un temple consacré aux Muses, aux destinées duquel présidait un prêtre. En fait, c'était le centre d'une communauté littéraire et scientifique, ce dernier aspect ne devant pas être sous-estimé. Eratosthène (env. 295 - env. 214), un des bibliothécaires, était certes un fin lettré, mais ce fut aussi un homme de science qui s'acquit la notoriété en voulant mesurer la circonférence de la terre ; d'autres scientifiques distingués d'Alexandrie faisaient probablement partie du groupe. C'était le roi qui prenait à sa charge les frais du Musée où les membres disposaient de salles d'études et prenaient leurs repas en commun. Ils recevaient des subsides prélevés sur la bourse royale. On a cru voir une ressemblance superficielle entre le Musée et un *college* d'Oxford ou de Cambridge, mais l'analogie tourne court au moins dans un domaine important : rien ne prouve, en effet, que les érudits du Musée dispensaient régulièrement un enseignement aux étudiants. La communauté fut sans doute créée par Ptolémée Philadelphe vers 280 et devint rapidement illustre ; peut-être la vie large qu'on y menait avait-elle suscité la jalousie, car le satiriste Timon de Phlionte écrivait aux alentours de 230 : « Ils sont nombreux à se goberger dans l'Égypte populeuse, pédants livresques se querellant à l'infini dans la cage aux Muses » (Athénée, 1, 22d).

Le Musée abritait dans ses murs ou dans un bâtiment tout proche un de ses éléments essentiels, la fameuse bibliothèque. Le projet en aurait été amorcé aux environs de 295, quand Ptolémée Ier pria Démétrius de Phalère, l'éminent disciple de Théophraste, de venir à Alexandrie pour y créer une bibliothèque. Elle prit rapidement une grande extension. Combien de volumes possédait-elle ? Nos sources varient, mais dès qu'ils sont élevés, les chiffres fournis par les auteurs anciens sont toujours transmis avec tant d'inexactitude qu'il est difficile de rétablir la vérité. Si l'on accepte la tradition, elle comptait au IIIe siècle 200 000 (Eusèbe, *Préparation évangélique*, 350b) ou 490 000 volumes (Jean Tzetzès, *Prolégomènes sur la comédie*, dans Kaibel, *C.G.F.*, t. 1, p. 19) ; n'oublions pas cependant qu'un rouleau contenait au plus un dialogue de Platon de dimensions moyennes ou une pièce de théâtre attique. Rien ne nous permet, en outre, de savoir dans quelle mesure les bibliothécaires cherchaient systématiquement à garder des doubles en stock. Quoi qu'il en soit, il est indéniable que tout fut mis en œuvre pour constituer une collection complète de la littérature grecque ; des anecdotes nous éclairent sur l'esprit qui présidait à l'affaire. Le roi, fermement décidé à obtenir un texte exact de la tragédie attique, persuade les Athéniens de lui prêter l'exemplaire officiel des archives de la cité. Athènes lui demande quinze talents en garantie ; mais une fois en possession des textes, le gouvernement égyptien décide de les garder, au mépris du dépôt versé et ne restitue qu'une copie (Galien, éd. Kühn, t. 17, 1, p. 607). Galien nous apprend aussi que les bibliothécaires avaient tellement à cœur de compléter leur collection qu'ils se faisaient flouer et croyant acheter des raretés se retrouvaient avec de vulgaires contrefaçons (*ibid.*, t. 15, p. 105).

Les bibliothécaires avaient fort à faire pour mettre en ordre la foule de livres qui affluaient au Musée. On ne connaît pas le principe de classement suivi, mais du moins a-t-on une indication de l'énorme labeur qu'il impliquait : Callimaque, qui n'était pas lui-même le bibliothécaire en chef, a établi, pour toutes les branches de la littérature grecque, une sorte de guide bibliographique en 120 volumes, les *Pinakes* (fr. 429-453 Pfeiffer). Un livre antique étant produit dans les conditions que l'on sait, les bibliothécaires se heurtaient à des problèmes épargnés à leurs collègues modernes. Un ouvrage copié à la main est bien vite exposé à des corruptions, car copier exactement, fût-ce un texte court, est beaucoup plus difficile que ne le croient généralement ceux qui n'ont pas eu à le faire. De plus, les livres pré-hellénistiques n'apportaient aucune aide au lecteur dans l'embarras. C'est pourquoi il y avait certainement bien des cas où il était devenu impossible de pénétrer la pensée de l'auteur et beaucoup d'autres où il existait de sérieuses divergences entre les différents exemplaires parvenus au Musée. Les bibliothécaires se sentaient donc appelés à rétablir le texte, ce qui fit nettement progresser le savoir et les méthodes de la philologie. Ce n'est pas un hasard si cinq des six premiers bibliothécaires (Zénodote, Apollonios de Rhodes, Eratosthène, Aristophane et Aristarque) comptèrent parmi les plus fins lettrés de leur temps, et c'est bien grâce à l'excellence de leurs méthodes que la littérature grecque classique nous est parvenue sans être défigurée plus que de mesure.

Que les érudits du Musée aient influé sur l'état des textes d'usage courant, cela est évident ; en voici une preuve. Parmi les nombreux fragments d'exemplaires anciens d'Homère qui nous sont parvenus, il en est - assez peu il est vrai - qui remontent au IIIe siècle avant J.-C. Le texte de ces papyrus diffère sensiblement de la version actuellement imprimée ; on y trouve de multiples vers en trop ou en moins. Or, en fort peu de temps, ce type de texte disparut de la circulation ; ce qui donne à penser que les érudits n'avaient pas seulement déterminé ce qui devait être tenu pour le texte d'Homère, mais avaient réussi à l'imposer comme tel, soit en autorisant les lecteurs à transcrire un exemplaire corrigé mis à leur disposition, soit en chargeant des scribes professionnels d'en faire des copies à lancer sur le marché. Chez les auteurs autres qu'Homère, les divergences d'un texte à l'autre étaient probablement moins marquées, mais il ne nous reste pas assez de papyrus de haute époque pour que nous puissions nous former une opinion ; nous pouvons raisonnablement supposer que les Alexandrins firent le nécessaire pour établir un texte-type de toutes les œuvres couramment lues par les gens cultivés.

Voilà pour la normalisation des textes. Venons-en maintenant, car elles méritent l'attention, aux mesures prises par les érudits d'Alexandrie pour faciliter la tâche du lecteur. Tout d'abord, ils firent translittérer dans l'orthographe ionienne normale les livres importés d'Attique qui étaient encore écrits dans l'ancien alphabet, officiel à Athènes jusqu'à l'archontat d'Euclide (403). La lettre ϵ y servait à transcrire les sons e bref (ionien : ϵ), e long fermé ($\epsilon\iota$) et ouvert (η) ; de même, o servait pour o bref (o), o long fermé ($o\upsilon$) et ouvert (ω). Point n'est besoin de s'étendre sur les inconvénients du système, et avant même la fin du Ve siècle, Athènes avait employé l'alphabet ionien, plus exact, pour des inscriptions sur pierre et probablement aussi pour des livres. Il est néanmoins très vraisemblable que tel n'avait pas été le cas pour certains des textes arrivés à la bibliothèque d'Alexandrie, puisque nous trouvons Aristarque expliquant par une erreur d'interprétation de l'ancien alphabet une difficulté dans Pindare : il nous dit que dans les *Néméennes* 1, 24, un adjectif ne peut pas être, pour des raisons métriques, au nominatif singulier ($\dot{\epsilon}\sigma\lambda\dot{o}\varsigma$) comme il y paraît, mais doit être pris comme un accusatif pluriel ($\dot{\epsilon}\sigma\lambda o\dot{\upsilon}\varsigma$) ; voir les scolies *ad locum* (éd. Drachmann, t. 3, p. 16). Un vers d'Aristophane (*Les oiseaux*, 66) a donné aussi aux critiques l'occasion de montrer qu'ils étaient très au fait de l'ancien alphabet (scolies *ad locum*, éd. White, p. 26). Il vaut de signaler qu'à partir de la période alexandrine, la norme fut d'adopter l'alphabet ionien pour les textes attiques de haute époque ; contrairement à ce qui s'est passé pour l'édition de toutes les autres littératures, on n'a jamais essayé depuis de rétablir intégralement l'orthographe originelle.

Toujours pour aider le lecteur, on améliora la méthode de ponctuation et on inventa le système d'accentuation : deux initiatives qu'on attribue généralement à Aristophane de Byzance. Ajouter quelques accents dans un texte où les mots ne sont pas séparés facilite grandement la lecture, et il est assez étrange que cela n'ait pas été jugé indispensable d'emblée. Bien qu'ils aient été parfois mis au-dessus de mots qui sinon auraient été difficiles à lire ou ambigus, on voit mal en général en vertu de quel principe des accents ont été ajoutés dans les textes antiques ; cette pratique ne devint d'ailleurs de règle qu'au début du Xe siècle de notre ère.

Ces améliorations que les membres du Musée ont apportées à l'apparence extérieure des textes littéraires, pour essentielles et durables qu'elles aient été, le cèdent pourtant en importance aux progrès qu'ils ont fait faire à la philologie. Tenus qu'ils étaient d'établir le texte d'Homère et des autres classiques, ils ont été amenés à définir, et à appliquer plus systématiquement qu'on n'avait jamais tenté de le faire, les principes de la critique littéraire. Débattre de passages ardus ne les a pas seulement conduits à présenter un texte digne de foi, mais à rédiger des commentaires pour discuter les problèmes et en proposer des solutions. Des travaux isolés avaient certes été consacrés auparavant à Homère ; Aristote avait étudié les difficultés du texte et, bien avant lui, Théagène de Rhégium (env. 525), aiguillonné peut-être par les attaques de Xénophane qui accusait d'immoralité les dieux homériques, avait essayé de tirer le poète de ce mauvais pas en recourant à une interprétation allégorique. C'est pourtant à Alexandrie qu'apparaît pour la première fois une copieuse littérature critique, très spécialisée même dans certains cas : Zénodote, par exemple, a sans doute écrit une vie d'Homère et un traité sur le nombre d'années qu'implique le déroulement de l'action dans l'*Iliade*. Aristophane a écrit sur la « régularité » en grammaire (περὶ ἀναλογίας), et il a rectifié et complété le guide bibliographique de Callimaque. Les critiques ne se limitaient d'ailleurs pas à Homère ; Hypsicrate, nous dit-on, consacra des monographies aux personnages de la comédie et Thersagoras aux mythes de la tragédie (P. Oxy. 2192). Ces travaux d'explication constituaient toujours des textes indépendants de l'œuvre qu'ils illustraient ; hormis quelques notes rudimentaires très succintes, les commentaires n'étaient pas alors ajoutés en marge, mais consignés dans un autre volume. Dans le cas d'Homère notamment, et moins souvent pour la poésie lyrique et le théâtre ou pour Démosthène et Platon, un certain nombre de signes conventionnels (σημεῖα) placés dans la marge indiquaient que le passage était intéressant à tel ou tel titre, par exemple qu'il était corrompu ou apocryphe, et que le lecteur trouverait des éclaircissements dans la monographie correspondante. Il nous reste fort peu de chose de ces commentaires, dans leur forme originale ; on en trouve toutefois un exemple fort connu dans le papyrus (P. Berol. 9780) qui nous a conservé en partie une étude sur Démosthène due à Didyme, un érudit plus tardif (Ier siècle avant J.-C.). D'une façon générale cependant, nous ne connaissons ces travaux que par les fragments qui furent incorporés dans ce qu'on appelle les scolies, forme postérieure du commentaire, qui furent régulièrement reproduites dans les marges des manuscrits médiévaux. Nous reviendrons plus longuement sur leur histoire.

Examinons maintenant rapidement les signes critiques et les commentaires. Le premier, et aussi le plus important de ces signes était l'obèle, un tiret mis dans la marge juste à la gauche d'un vers. Zénodote l'utilisait déjà pour indiquer que le vers était apocryphe. Aristophane aurait inventé d'autres signes moins importants, il est vrai, et revenant moins souvent. C'est Aristarque, auteur d'une édition complète de l'*Iliade* et de l'*Odyssée*, qui mit au point le système appliqué à Homère. Outre l'obèle, il comportait cinq signes : la diple > appelait l'attention sur un point de langue ou de fond ; la diple pointée (διπλῆ περιεστιγμένη) ⪈ signalait qu'Aristarque n'avait pas adopté en l'occurrence le texte de Zénodote ; l'astérisque ※ montrait que le vers se retrouvait à tort ailleurs ; associé à un obèle, il indiquait l'interpolation de vers provenant d'un autre passage ; enfin, l'*antisigma* ⊃ signalait que l'ordre des vers n'avait pas été respecté (Planches I et II).

Un système aussi compliqué, exigeant de surcroît du lecteur qu'il consultât un autre volume s'il voulait savoir pour quelles raisons un érudit avait mis un signe à tel ou tel endroit, ne pouvait naturellement s'adresser qu'à un public averti. On ne trouve ces signes que dans une quinzaine de papyrus, alors que plus de six cents ont survécu, et ils ont en général disparu dans les manuscrits médiévaux à partir du Xe siècle. A noter néanmoins une exception d'importance : un célèbre manuscrit de Venise, le *Venetus A* de l'*Iliade* (Marc. gr. 454) qui date du Xe siècle, a conservé d'innombrables scolies marginales. Le commentaire sur l'auteur figurant alors dans les marges et non plus dans un ouvrage distinct, on transcrivait peut-être moins volontiers les signes ; mais fort heureusement le scribe du manuscrit de Venise était résolu à recopier absolument tout ce qu'il trouvait dans son modèle. Son manuscrit comporte donc de multiples signes conventionnels et constitue, de loin, la source la plus complète et la plus sûre que nous possédions sur cet aspect des travaux d'Alexandrie. On constate cependant, là où l'on peut fait la comparaison avec un papyrus, qu'il n'y a pas toujours concordance dans l'emploi des signes, dont certains d'ailleurs ne se rapportent pas à une note des scolies.

Les commentaires homériques d'Aristarque et de ses collègues ont disparu ; mais les scolies qui nous restent, et qui sont plus abondantes que pour tout autre auteur grec, nous permettent de les reconstituer assez largement pour que nous puissions valablement juger des méthodes philologiques de l'époque. Les nombreuses copies des deux épopées homériques que possédait le Musée avaient évidemment des origines très diverses ; les scolies se réfèrent à des textes provenant de Marseille, Sinope ou Argos, par exemple. Elles étaient passées au crible et pesées par les érudits, mais on ne voit pas bien quel était parmi tous ces témoins celui qui faisait autorité à leurs yeux, pour autant qu'il y en eût un. Les Alexandrins furent vite connus pour leur propension à déclarer apocryphes, donc à condamner, certains vers (ἀθετεῖν, ἀθέτησις). Les raisons qu'ils avancent, tout en obéissant à une logique plausible, n'emportent pas d'habitude la conviction du lecteur moderne. Ils invoquent souvent un langage ou un comportement indignes du personnage (ἀπρέπεια). Prenons comme exemple le premier passage de l'*Iliade* qu'ils stigmatisèrent sous ce chef. Au début du chant I (v. 29-31), Agamemnon, refusant de rendre Chryséis, dit au prêtre, son père : « Celle que tu veux, je ne la rendrai pas. La vieillesse l'atteindra auparavant dans mon palais, en Argos, loin de sa patrie, allant et venant devant le métier et quand je l'y appelle accourant à mon lit » (trad. Mazon). Dans le manuscrit de Venise, le passage est précédé d'un obèle et commenté ainsi : « Ces vers ne peuvent être d'Homère, car ils affaiblissent le sens et le ton menaçant... de plus, pareille remarque est inconvenante dans la bouche d'Agamemnon » (éd. Erbse, t. 1, p. 17). Autre exemple typique : Zénodote refuse dans le chant III de l'*Iliade* les vers 423-426, parce que la déesse Aphrodite ne saurait s'abaisser à apporter un siège pour Hélène (*ibid.*, p. 432-433). Bien entendu, tous les passages qui montrent les dieux sous un jour peu flatteur étaient cible de choix pour des critiques ayant cette disposition d'esprit ; il s'en trouva pour jeter l'anathème sur les amours d'Arès et d'Aphrodite dans le chant VIII de l'*Odyssée*.

Des érudits susceptibles de se montrer aussi draconiens, tant ils inclinaient à déclarer apocryphes certains vers, pour des raisons qui d'ailleurs n'en étaient pas, auraient pu mettre le texte à mal. Heureusement pour les générations suivantes, ils ont su résister à la tentation d'y incorporer toutes les altérations qu'ils envisageaient, et se sont contentés de les proposer dans leurs commentaires. N'était cette sage précaution, notre texte d'Homère aurait risqué d'être méconnaissable. Il n'est pas sans intérêt de faire observer que la plupart de leurs suggestions s'imposaient si peu aux lecteurs contemporains qu'elles ne se sont pas intégrées dans les textes courants ; n'allons pas conclure pour autant au jugement très éclairé du lecteur moyen de l'Antiquité, que ces questions laissaient sans doute bien indifférent. En faisant le compte des émendations apportées par les Alexandrins, on a constaté que : sur les 413 altérations proposées par Zénodote, 6 seulement se retrouvent comme leçons dans tous les papyrus et manuscrits dont nous disposons, 34 autres dans la majorité d'entre eux et 240 ont été complètement abandonnées. Quant aux 83 qui sont attribuées à Aristophane, une seule fut universellement adoptée, 6 autres apparaissent dans le plus grand nombre de témoins et 42 ne sont reprises dans aucun. Encore qu'elles n'aient pas été acceptées sans réserve, les suggestions d'Aristarque eurent plus de succès : sur 874 leçons, 80 figurent dans tous les textes, 160 dans la majorité d'entre eux et 132 dans les scolies uniquement.

Nous serions mal venu de terminer cet exposé sur les Alexandrins sans mentionner quelques exemples plus heureux de leur critique. Certains de leurs travaux méritent encore de l'intérêt aujourd'hui. En cherchant à identifier les vers ou passages d'une authenticité douteuse, ils ne se sont pas toujours fondés sur des raisons peu valables. L'histoire de Dolon, qui forme le chant X de l'*Iliade*, leur parut sujette à caution : ils avaient fort justement remarqué que son style n'est pas celui de l'*Iliade* et qu'elle s'insère mal dans le récit. Aristarque s'est aperçu que dans la descente aux enfers, *Odyssée* chant XI, les vers 568 à 626 ne correspondent pas à la trame de l'histoire. Ajoutons - et c'est là peut-être le plus intéressant - qu'Aristarque et Aristophane ont estimé que l'*Odyssée* aurait dû se terminer au chant XXIII, v. 296. Les érudits modernes se gardent sans doute de considérer les derniers passages comme apocryphes et préfèrent penser qu'ils ont été composés plus tard, mais cela ne diminue en rien la valeur des observations des critiques anciens.

Il faut également reconnaître aux Alexandrins, et surtout à Aristarque, le mérite d'avoir énoncé un grand principe de la critique, à savoir que c'est le corpus d'un auteur qui donne les meilleurs éclaircissements sur un usage et qu'il faut donc, chaque fois que possible, expliquer une difficulté en se référant à ses autres œuvres ("Ομηρον ἐξ Ὁμήρου σαφηνίζειν : « éclairer Homère par Homère »). De cette notion procèdent maintes notes des scolies signalant que tel terme ou telle expression est plus typiquement homérique que l'autre leçon possible. Appliquée par un critique d'intelligence médiocre, et le cas n'était que trop fréquent, cette conception pouvait naturellement conduire à des abus ; on pouvait en effet en déduire que, pour se conformer aux habitudes de l'auteur, il fallait modifier un texte où une expression difficile n'apparaissait qu'une fois. Poussée à l'extrême, cette règle aurait pu donner des résultats désastreux, et c'est tout à l'honneur d'Aristarque ou d'un de ses élèves d'avoir, semble-t-il, également posé en principe que bien des termes ou tournures figurant une seule fois dans Homère doivent être acceptés comme authentiques et maintenus dans le texte (*cf.* scolies A sur *Iliade*, 3, 54 ; éd. Erbse, t. 1, p. 369). Les critiques actuels achoppent encore sérieusement sur les problèmes exigeant que ces deux principes soient appliqués à bon escient.

Enfin n'oublions pas que s'ils se consacraient pour l'essentiel à des notes d'ordre linguistique ou historique, les érudits d'Alexandrie n'étaient pas insensibles à la valeur littéraire de la poésie et qu'ils ont fait à l'occasion de fines remarques sur un passage bien venu. Prenons par exemple la fameuse scène où Hector fait ses adieux à Andromaque et Astyanax ; l'enfant, on le sait, prend peur à la vue du panache surmontant le casque de son père. Commentaire des critiques : « Ces vers ont une telle puissance d'évocation que le lecteur n'en entend pas seulement les sonorités ; il voit la scène se dérouler devant ses yeux. Le poète l'a empruntée à la vie de tous les jours et a su la rendre admirablement ». Et un peu plus loin : « Tout en réussissant à si bien représenter la vie quotidienne, le poète ne rompt en rien le ton majestueux qui sied à l'épopée » (*cf.* scolies T à *Iliade* 6, 467 et 474, tirées du ms. British Library, Burney 86 ; éd. Erbse, t. 2, p. 210-211).

Si nous avons jusqu'ici parlé surtout d'Homère à propos de l'érudition alexandrine, c'est que nous disposons d'une documentation très abondante. Il est indéniable néanmoins que les critiques du Musée ont fait œuvre importante par ailleurs, comme nous allons le voir brièvement. Ils ont établi le texte de la tragédie, à partir sans doute de l'exemplaire officiel d'Athènes mentionné précédemment. Aristophane de Byzance, rappelons-le, a fixé la colométrie des vers lyriques, qui n'ont donc plus été écrits comme de la prose. Ajoutons à cela des traités sur divers aspects des œuvres scéniques, et les arguments qui, placés en tête des pièces, en dégagent l'intrigue. La tradition les attribue à Aristophane, mais on admet communément aujourd'hui que ceux qui nous sont parvenus ne sont pas de lui, à moins qu'ils n'aient été considérablement altérés au cours des temps. Les signes marginaux destinés à éclairer le lecteur étaient utilisés avec beaucoup plus de parcimonie que pour les éditions d'Homère ; le plus courant était sans doute la lettre X, employée, comme l'était la diple dans les textes homériques, pour indiquer un point intéressant ; les scolies en font mention et on la trouve à l'occasion dans un manuscrit médiéval. Les Alexandrins méritent tout particulièrement notre attention pour avoir identifié des vers modifiés ou ajoutés par les acteurs, généralement dans les tragédies d'Euripide, le dramaturge favori du public. Les interpolations foisonnent sans doute, mais il est difficile de dire avec certitude dans chaque cas si le ou les vers figuraient ou non dans l'original ; même quand ils lui sont de toute évidence postérieurs, on ne peut pas savoir exactement s'il faut les attribuer aux acteurs hellénistiques (ou plus précisément au metteur en scène) ou à des interpolateurs plus récents. Les scolies, qui s'appuient en définitive sur le matériel hellénistique, indiquent sans conteste que certains apports sont du cru des interprètes. Commentant les v. 85-88 de *Médée*, le scoliaste les accuse d'avoir fait une erreur sur la ponctuation du v. 85 et d'avoir modifié le texte en conséquence ; il ajoute, à bon droit, que le v. 87 est superfétatoire, et il ne faut pas en chercher bien loin l'origine (éd. Schwartz, t. 2, p. 148-149). Parfois pourtant les scoliastes, tout comme les érudits modernes, se sont trop volontiers servi de leur arme, ce qui a donné des résultats assez cocasses. En voici un exemple : dans *Oreste*, v. 1366-1368, le chœur annonce que l'un des Phrygiens va apparaître sur la scène en passant par la porte d'entrée du palais ; mais aux v. 1369-1371, ledit Phrygien déclare qu'il a sauté du toit. Selon la scolie (*ibid.*, t. 1, p. 217), la mise en scène originale prévoyait que l'acteur devait bel et bien sauter du toit, mais l'opération ayant été jugée dangereuse, il fut décidé qu'il passerait derrière les décors et ferait son entrée par la porte ; les vers 1366-1368 auraient donc été composés pour justifier cette modification. Or ils sont indispensables pour présenter le nouveau personnage sous son vrai jour, sans compter qu'ils sont irréprochables du point de vue linguistique.

On ne saurait pas non plus passer sous silence les éditions de la comédie, de Pindare et des poètes lyriques dues aux Alexandrins. Là encore, il fallait déterminer la colométrie et nous voyons comment Aristophane de Byzance y recourut, à juste titre, pour montrer qu'on devait supprimer une locution qui ne correspondait pas métriquement à l'antistrophe (scolie à Pindare, *Olympiennes*, 2, 48 ; éd. Drachmann, t. 1, p. 73). Les érudits procédèrent pour la comédie comme ils l'avaient fait pour la tragédie. Nous ne savons pas ce qu'ils prirent comme textes de travail, mais à en juger par l'abondance des renseignements fournis par les scolies qui nous ont été conservées, ils se plongèrent dans Aristophane avec une ardeur enthousiaste, même s'il n'y a pas la moindre preuve qu'on représentait encore ses comédies.

3.– Autres travaux hellénistiques.

Les IIIe et IIe siècles furent l'âge d'or des Alexandrins. Au début, le Musée n'avait connu aucun rival, mais un peu plus tard, les rois de Pergame décidèrent de relever le gant en créant, eux aussi, une bibliothèque. On attribue la paternité du projet à Eumène II (197-159) : de vastes bâtiments furent construits, et les fouilles allemandes du siècle dernier ont dégagé certaines parties de la bibliothèque. Nous connaissons beaucoup moins bien celle de Pergame que celle d'Alexandrie. On y a certainement préparé des études bibliographiques très importantes que des littérateurs ont jugé utile de consulter au même titre que celles du Musée (Athénée, 8, 336d ; Denys d'Halicarnasse, *Sur Dinarque*, 1). Les érudits de Pergame n'auraient cependant pas édité d'auteurs classiques et semblent s'être bornés à de courtes monographies sur des points précis où ils s'opposaient parfois radicalement aux thèses des Alexandrins. Ils ne s'intéressaient pas exclusivement à la littérature ; Polémon (env. 220-160) collectionnait certes les textes parodiques, mais il étudiait surtout la topographie et les inscriptions, deux domaines de la critique historique qui n'entraient pas dans les activités habituelles du Musée. Qui dit Pergame, dit Cratès (env. 200 - env. 140), connu pour ses travaux sur Homère ; certaines des émendations qu'il proposa ont été reprises dans les scolies ; il fut attiré en particulier par la géographie homérique qu'il essaya de concilier avec l'approche stoïcienne. Il fut aussi le premier Grec à donner des conférences littéraires à Rome (voir p. 15).

Les Stoïciens portèrent une grande attention à la littérature. Pour eux, interpréter Homère consistait en très bonne partie à recourir aux explications allégoriques ; nous possédons encore un de leurs traités dû à un certain Héraclite. Ils étaient curieux aussi de grammaire et de linguistique, et leur terminologie marqua un réel progrès. Le premier grammairien grec digne de ce nom fut cependant Denys le Thrace (env. 170 - env. 90) ; il naquit juste à temps pour être encore l'élève d'Aristarque, mais on ne le range pas parmi les Alexandrins au sens plein du terme, car il enseigna surtout à Rhodes. Sa grammaire s'ouvre sur une définition de ses différentes branches, la dernière, et la plus noble aux yeux de l'auteur, étant la critique poétique. Viennent ensuite les parties du discours, les déclinaisons et conjugaisons ; la syntaxe et le style sont passés sous silence. Ce précis resta très longtemps en vogue ; nous en voulons pour preuve les innombrables commentaires que lui consacrèrent les générations suivantes. Il était encore à une époque relativement récente la base des grammaires grecques et eut l'honneur d'être traduit en syriaque et arménien à la fin de l'Antiquité.

Nous voilà au moment où les Alexandrins ont donné le meilleur d'eux-mêmes. L'école marcha sur son déclin quand Ptolémée Evergète II fit persécuter les hommes de lettres grecs, vers 145-144. Denys le Thrace fut l'un de ceux qui partirent en exil. Pendant le reste de l'âge hellénistique, seul Didyme (Ier siècle avant J.-C.) compte parmi les plus grands. Il était célèbre de son temps pour sa production extrêmement abondante (on lui attribuait 4 000 ouvrages, ce qui est certainement exagéré, même si l'on admet que bon nombre ne dépassaient pas le volume de nos brochures). Il est fréquemment cité dans les scolies et il a manifestement étudié l'ensemble de la poésie classique. A en juger par les documents fragmentaires qui nous sont parvenus, il a cherché non pas tant à rédiger des commentaires originaux qu'à faire le point sur les monceaux de travaux critiques existant déjà, ce qui est important, car ses compilations furent de toute évidence une des principales sources où puisèrent ensuite les érudits pour rédiger les scolies que nous connaissons. Son répertoire des termes rares ou difficiles de la tragédie (Τραγικαὶ λέξεις) fut, en tout cas, utilisé pour des ouvrages qui ont survécu : les dictionnaires postérieurs, tel celui d'Hésychius, lui firent de larges emprunts. Importante aussi l'œuvre de Didyme sur les prosateurs : il commenta Thucydide et les orateurs, et la seule œuvre dont il nous reste encore une partie appréciable est précisément une monographie sur Démosthène (P. Berol. 9780), qui, lorsqu'elle était complète, devait porter sur les discours IX-XI et XIII. Elle nous confirme que Didyme était un compilateur sans grande originalité, ni indépendance d'esprit : il cite abondamment des sources dont nous avons perdu toute autre trace, par exemple Philochore et Théopompe, mais il n'apporte pas grand-chose de son cru. Il va jusqu'à reproduire, sans l'assortir du moindre commentaire, cette assertion que le discours XI est un pot-pourri des thèmes démosthéniques concocté par Anaximène de Lampsaque ; or, qu'elle soit exacte ou fausse, c'est bien là une opinion que tout commentateur se doit de discuter. Il n'a pas non plus abordé tous les passages intéressants, mais les monographies de ce genre étaient souvent moins exhaustives alors qu'elles ne le sont aujourd'hui. En revanche, on est agréablement surpris de constater que ses notes, loin de se limiter à des questions de pure linguistique ou n'ayant de valeur que pour les professeurs de rhétorique, traitent de problèmes de chronologie et d'interprétation historique.

4.– *Les livres et la philologie sous la République romaine.*

Il se peut bien entendu que des documents écrits aient existé dès les époques les plus reculées, mais la littérature latine n'apparaît pas avant le IIIe siècle. Suivant en cela l'exemple grec, on a probablement utilisé dès le début le rouleau de papyrus qui était de règle depuis si longtemps dans le monde hellène. Au milieu du IIe siècle, Rome avait déjà un beau patrimoine à son actif - poésie, théâtre, prose - et l'essor d'une société littéraire et philosophique aussi raffinée que l'était le cercle des Scipions implique que les livres circulaient librement parmi l'élite romaine. Un siècle plus tard, quand Cicéron et Varron étaient à leur zénith, le livre était vraiment entré dans l'univers de l'homme instruit.

Comment la littérature latine fut-elle transmise pendant ses deux cents premières années ? On ne saurait le dire. A une époque où rien n'était organisé pour la reproduction et la diffusion des ouvrages, où il n'existait pas de bibliothèque officielle qui les conservât et où il n'y avait pas encore d'érudits dont l'esprit critique se passionnât pour leur contenu, les circuits de transmission devaient fonctionner au petit bonheur. Les œuvres connaissaient des fortunes diverses. Les épopées nationales de Naevius et d'Ennius étaient privilégiées et ont retenu l'attention des érudits relativement tôt. La prose avait probablement moins de succès. La seule œuvre de Caton qui nous ait été transmise directement - son *De agri cultura* - paraît avoir été mutilée et modernisée au fil des nombreuses copies non vérifiées qui se succédèrent. On ne pouvait pas se procurer, semble-t-il, le corpus de ses discours au temps de Cicéron ; celui-ci s'indigne de les voir aussi négligés (*Brutus*, 65 et suiv.) et signale qu'il a réussi à en rassembler plus de 150. Les pièces de théâtre avaient un destin qui leur était propre : Plaute nous en apporte la preuve. Ses comédies, écrites en vue d'une représentation, étaient achetées par le magistrat ou son agent et distribuées à l'origine comme exemplaires de scène. Nous savons par le prologue de *Casina* qu'elles étaient reprises de temps à autre, ce qui signifiait que, pour la nouvelle interprétation, le texte était coupé, délayé ou rajeuni au gré du metteur en scène ou du public. Nos manuscrits gardent trace de ces triturations de la première heure : les différentes versions de la dernière scène du *Poenulus* nous en apportent une preuve flagrante. Plaute connaissait un tel succès que son œuvre s'enfla immédiatement d'alluvions apocryphes ; on nous rapporte (Aulu-Gelle, 3, 3, 11) qu'à un moment donné on ne lui prêtait pas moins de 130 comédies. Térence fut moins malmené, mais certains manuscrits comportent un autre dénouement de l'*Andrienne*, qui pourrait être très ancien.

Cette transmission encore fluide peut expliquer nombre des corruptions infligées à ces textes. Dans son traité *De la langue latine*, 7, 81, Varron nous a conservé la description authentique du roublard Ballion se faufilant par la porte (*Pseudolus*, 955) :

ut transvorsus, non provorsus cedit, quasi cancer solet.
« comme il avance de travers, et non droit devant lui, à la manière d'un crabe. »

Pour se débarrasser de la forme archaïque *provorsus*, on a réduit le texte à cette platitude transmise par les deux recensions qui nous sont parvenues : le palimpseste ambrosien (*A* ; Ambros. G 82 sup.) et les autres manuscrits, désignés par le sigle *P* :

non prorsus, verum ex transverso cedit, quasi cancer solet.
« il n'avance pas droit, mais de travers, à la manière d'un crabe. »

Cependant, au v. 24 du *Miles gloriosus*, *A* conserve le texte authentique *epityra estur insanum bene* (« sa tartine de fromage et d'olives est furieusement bonne »), alors que *P* et Varron (*De la langue latine*, 7, 86) offrent la leçon *insane*. En règle générale, le texte de Plaute semble avoir très peu souffert depuis Varron, ce qui est surprenant. Si la littérature latine de haute époque, du moins ce qu'il en reste, a pu parvenir jusqu'à nous, c'est surtout parce que les auteurs ont éveillé un regain d'intérêt au dernier siècle de la République ; si les textes sont relativement peu corrompus, c'est en partie aux premiers grammairiens romains qu'on le doit, et au zèle qu'ils avaient mis à les rassembler et à les expliquer.

A en croire Suétone (*Des grammairiens et des rhéteurs*, 2, 1-12), c'est Cratès de Mallos, un spécialiste d'Homère, qui introduisit l'étude de la grammaire à Rome. Il y était venu chargé d'une mission diplomatique, probablement en 168 ; il se cassa la jambe dans un égout et profita de son immobilisation forcée pour donner des conférences sur la poésie. La culture hellénistique s'est certainement infiltrée par des voies autrement complexes que la gouttière d'une fracture, mais nous devons remercier Suétone d'avoir brillamment éclairé l'incident survenu au moment où les Romains, qui à la mort d'Ennius avaient une solide tradition nationale, étaient prêts à entreprendre l'étude de leur littérature et de leur langue. Il cite le nom de deux grammairiens contemporains : C. Octavius Lampadio et Q. Vargunteius (*ibid.*, 2, 4). Le premier a travaillé sur la *Guerre punique* de Naevius et doit s'être intéressé également à Ennius, mais la copie des *Annales* corrigée de sa main qui circulait au IIe siècle de notre ère (Aulu-Gelle, 18, 5, 11) n'était, semble-t-il, qu'un faux ; quant à Vargunteius, il aurait donné sur les *Annales* des conférences connaissant un grand succès. L'intérêt porté aux questions littéraires et linguistiques débordait le cercle des spécialistes : les poésies d'Accius et de Lucilius le prouvent à l'évidence.

Le premier des grands grammairiens romains est cependant L. Aelius Stilo, dont nos anciennes autorités parlent avec le plus profond respect. Une date, dont on est sûr, a probablement marqué dans sa vie : en l'an 100, il a suivi Métellus le Numidique en exil à Rhodes (Suétone, *Des grammairiens*, 3, 2). On a pu raisonnablement penser que Denys le Thrace, le propre élève d'Aristarque, l'y avait initié aux travaux des Alexandrins. Quoi qu'il en soit, Aelius est, à notre connaissance, le premier érudit a avoir employé à Rome les signes conventionnels des critiques d'Alexandrie ; la preuve en est le remarquable document qu'est l'*Anecdoton Parisinum*. Cet opuscule, heureusement conservé dans un témoin écrit au Mont-Cassin vers la fin du VIIIe siècle (Paris. lat. 7530, f. 28-29), décrit les signes utilisés par Aristarque et ses successeurs. Il dérive manifestement, comme d'autres documents analogues, du *De notis* de Suétone aujourd'hui perdu. L'une des phrases significatives se lit (quand on a rétabli par conjecture certains noms) :

> His solis (*sc.* notis) in adnotationibus Ennii Lucilii et historicorum usi sunt Varro Servius Aelius aeque et postremo Probus, qui illas in Vergilio et Horatio et Lucretio apposuit, ut Homero Aristarchus.
>
> « Ces seules notes ont été utilisées dans leurs commentaires d'Ennius, de Lucilius et des auteurs de comédie (?) par Varron, Servius, Aelius Stilo et enfin Probus, qui les appliqua au texte de Virgile, d'Horace et de Lucrèce, comme Aristarque à celui d'Homère. »

Le nom d'Aelius, lui, ne fait aucun doute. Son attirance pour Plaute et l'élucidation des textes archaïques l'amenèrent tout naturellement à des travaux d'érudition s'apparentant à ceux des Alexandrins. Plaute n'est évidemment pas Homère, mais son texte, de par sa nature et les conditions de sa transmission, posait des problèmes semblables à ceux qui avaient aiguisé l'esprit des érudits hellénistiques et se prêtaient si bien à leurs méthodes critiques. Pour Plaute aussi la normalisation des textes s'imposait ; les pièces apocryphes pullulaient et même celles qui étaient de lui comportaient des additions et interpolations ultérieures, qui variaient d'ailleurs beaucoup d'une copie à l'autre. Accius avait déjà caressé l'idée de dresser la liste des comédies authentiques ; Stilo, comme d'autres, s'y était employé : il en avait trouvé vingt-cinq. Son gendre, Servius Claudius, faisait de toute évidence la chasse aux interpolations, car Cicéron nous dit qu'il affirme avec beaucoup de compétence : *hic versus Plauti non est, hic est* (« ce vers n'est pas de Plaute ; celui-là, si », *Lettres familières*, 9, 16, 4). Aelius eut une grande influence sur son élève Varron (116-27) qui s'intéressait aux sujets les plus variés, mais surtout à l'histoire littéraire, à la dramaturgie et à la linguistique. C'est lui qui aurait vraiment sélectionné les œuvres dignes de passer à la postérité, parce qu'elles étaient incontestablement de Plaute : il en trouva vingt et une qui ne souffraient aucun doute, sans contester pour autant l'authenticité de quelques autres ; ce canon, appelé les *fabulae Varronianae*, doit coïncider avec les vingt et une pièces qui nous sont parvenues. Établir le texte de ces écrivains de haute époque soulevait des problèmes de critique autres que l'authenticité et l'on voit combien Varron était rompu aux détails par la définition qu'il donne de l'*emendatio* : *recorrectio errorum qui per scripturam dictionemve fiunt* (« correction des erreurs causées par l'expression écrite ou orale », fr. 236 Funaioli).

L'interprétation des mots obsolètes ou difficiles représentait à elle seule un large champ d'activité ; il n'échappa pas à Varron - nous en avons de multiples preuves - ni au grammairien augustéen Verrius Flaccus, à en juger par le peu qui nous reste de son *De significatu verborum*, le premier lexique latin, d'une importance capitale. Ce travail survit en partie dans la version abrégée de Pompéius Festus, et en partie dans l'épitomé plus décharné encore de Festus que fit Paul Diacre au VIIIe siècle ; on le trouve également cité ici et là. Prenons l'exemple de la *Nervolaria*. Plaute y faisait une description mordante des prostituées décrépites :

scrattae, scruppedae (?), strittabilae, sordidae.

Or ces dames croulaient déjà sous le savoir des doctes du vivant de Varron : il cite dans le *De lingua Latina*, 7, 65, trois opinions différentes sur le deuxième mot. Comme le commentateur les interlignait souvent dans son exemplaire personnel, ce qu'atteste Varron lui-même (*ibid.*, 7, 107), ces interprétations pouvaient aisément se glisser dans le texte ou donner lieu à des doublets. C'est ainsi qu'au vers 620 de l'*Epidicus* la recension *P* offre *gravastellus* (« petit vieux ») quand *A* donne *ravistellus* (« petit homme aux cheveux gris »). Festus connaissait les deux variantes qui remontent au moins à l'époque d'Auguste. Pour le *Miles Gloriosus*, v. 1180, nous avons trois variantes, toutes anciennes : la leçon authentique *exfafillato bracchio* (« le bras entièrement dégagé ») est conservée par *P* et attestée chez les auteurs antiques ; mais *expapillato* (« nu jusqu'à la poitrine ») remonte aussi à l'Antiquité et *A* donne une troisième variante *expalliolato* (« dégagé du pallium ») qui doit être au moins aussi ancienne que *A* lui-même (Ve siècle).

L'essor de la littérature et de l'érudition à la fin de la République s'est accompagné d'innovations matérielles notables. Rien d'étonnant donc qu'on ait alors songé pour la première fois à une bibliothèque publique et organisé plus rationnellement la publication des ouvrages. Il existait déjà de belles bibliothèques privées - les œuvres grecques, en particulier, ayant afflué comme prises de guerre - et celle de Lucullus, ouverte à tous, était célèbre. Cicéron, qui fit l'impossible pour se constituer une magnifique collection, aidé et conseillé en cela par son ami Atticus, eut la chance d'hériter celle de Servius Claudius, l'érudit. Il revient cependant à César d'avoir formé le dessein d'une grande bibliothèque publique. Il chargea Varron (qui avait un *De bibliothecis* à son actif) de rassembler des volumes, mais le projet avorta et la première bibliothèque publique fut créée dans l'Atrium Libertatis par Asinius Pollion en l'an 39.

Nous n'entendons pas parler d'un commerce de livres à Rome avant l'époque de Cicéron. Les libraires et les copistes (qu'on appelait indifféremment au début les *librarii*) prospéraient, sans répondre semble-t-il à ce qu'en attendait un auteur exigeant, car Cicéron se plaint de leur piètre travail (*Lettres à son frère Quintus*, 3, 4, 5 ; 5, 6). Atticus, qui avait vécu longtemps en Grèce où le commerce du livre était solidement établi, voulut peut-être combler cette lacune quand il mit son équipe de *librarii* au service de ses amis. Le faisait-il pour obliger Cicéron ou à des fins plus lucratives ? Il est bien difficile de trancher chaque cas ; ce qui est certain en revanche, c'est que Cicéron pouvait être assuré d'en recevoir les services qu'on escompte aujourd'hui d'un éditeur de qualité. Atticus lui révisait soigneusement son travail, en soulevant des points de style et de fond, voyait avec lui s'il valait d'être publié et si le titre convenait, organisait des lectures privées du nouvel ouvrage, envoyait des exemplaires supplémentaires, s'occupait de la distribution. Tout ce qui lui passait par les mains était excellent, de sorte que son nom plus tard équivalait à une garantie de qualité (*cf.* Fronton, *Lettres à Marc-Aurèle*, 1, 7, 4). Par la correspondance qu'il échangea avec Cicéron, nous pouvons voir qu'au temps des Anciens, la publication d'un livre, loin d'être organisée, dépendait largement des circonstances et des personnes Il n'y avait ni copyright, ni droits d'auteurs (d'où l'importance d'avoir un protecteur), et l'on passait insensiblement, sans difficulté aucune, de la distribution en petit comité à la diffusion dans le grand public. Un auteur pouvait apporter des modifications à un ouvrage déjà paru, en demandant à ses amis de les incorporer dans leurs exemplaires, mais les autres copies en circulation restaient inchangées. Cicéron remania ses *Académiques* du tout au tout, alors qu'Atticus était en train de les faire reproduire, et pour le consoler d'avoir travaillé pour rien, il lui fit miroiter la perspective d'un texte bien supérieur (*Lettres à Atticus*, 13, 13, 1) ; or des copies de la version primitive existaient déjà, et les deux « éditions » ont survécu, la première étant d'ailleurs moins tronquée que la seconde. Cicéron s'indigne aussi que son *Oratio in Clodium et Curionem*, dont des scolies nous ont conservé quelques fragments, ait été publiée sans son autorisation (*ibid.*, 3, 12, 2). Ayant dans l'*Orator* (29) attribué à tort à Eupolis quelques vers d'Aristophane, il pria Atticus de rectifier sur-le-champ tous les exemplaires (*ibid.*, 12, 6, 3), ce qui fut fait ; en l'occurrence donc le texte est exact. Cicéron eut moins de chance avec sa *République* (2, 8) où il avait voulu faire changer en *Phliasii* le nom des habitants de Phlionte qu'il avait appelés par erreur *Phliuntii* (*ibid.*, 6, 2, 3) ; le seul manuscrit qui nous soit parvenu (Vat. lat. 5757 ; Planche X) garde la faute et ce sont les éditeurs modernes qui accomplissent le désir de Cicéron.

5.— Évolution au début de l'Empire.

Les processus auxquels obéissait la transmission du patrimoine écrit et les établissements où il était conservé existaient à la fin de la République ; ils furent raffinés et consolidés sous Auguste et ses successeurs. Le commerce des livres était florissant et l'on voit bientôt apparaître le nom de libraires ayant pignon sur rue : Horace (*Epîtres*, 1, 20, 2 ; 2, 3, 45) nous parle des Sosii et, plus tard, Quintilien (préface à l'*Institution oratoire*) et Martial (1, 117, 3 ; 4, 72, 2 ; 13, 3, 4) de Tryphon et d'Atrectus, notamment. Au temps de Sénèque, se constituer une collection d'ouvrages était une extravagance de bon ton. Deux bibliothèques publiques furent créées, l'une par Auguste en l'an 28 avant J.-C. au temple d'Apollon sur le Palatin, l'autre, peu après, sur le Champ de Mars. A dater de là, elles se multiplient à Rome et dans les provinces, grâce à des munificences privées ou impériales ; l'une des plus célèbres fut la bibliothèque Ulpienne, fondée par Trajan, qui survécut aux incendies comme aux combats, et était toujours debout au Ve siècle. Un empereur éclairé pouvait honorer de sa protection l'érudit tout autant que l'écrivain : Auguste fit nommer Hygin à la tête de la bibliothèque Palatine (Suétone, *Des grammairiens*, 20, 2) et donna Verrius Flaccus comme précepteur à ses petits-enfants (*ibid.*, 17, 2). C'est à cette époque que l'enseignement prit la forme qu'il allait garder pendant des siècles et, l'État s'y intéressant de plus en plus, il fut uniformisé dans tout l'empire romain.

L'enseignement secondaire était dispensé à Rome par le *grammaticus*, qui s'attachait surtout à une lecture attentive et une interprétation détaillée de la poésie. C'est à l'étape suivante, celle du *rhetor*, qu'on se consacrait plus spécialement à la prose, encore qu'il y eût parfois chevauchement des deux domaines. Un peu après 26 avant J.-C., Q. Caecilius Epirota, un affranchi d'Atticus, se signala par une innovation d'importance : il fit étudier Virgile et d'autres contemporains dans l'école qu'il avait ouverte (Suétone, *ibid.*, 16, 3). Virgile chassa peut-être Ennius du programme ; quoi qu'il en soit, un poète ayant la faveur du public - un Horace ou un Ovide - se vit désormais ouvrir les portes de l'école avant d'avoir eu la décence de mourir ; il en resta ainsi jusqu'à ce que la réaction archaïsante fît disparaître cette pratique à la fin du Ier siècle de notre ère et gelât le canon des classiques. On étudiait donc toujours Horace et Lucain, mais plus encore Virgile et, ce qui est assez surprenant, Térence ; en prose, Cicéron et Salluste tenaient le haut du pavé.

A voir les auteurs en vogue décortiqués avec tant d'ardeur et de minutie, et pas toujours par des spécialistes, on imagine sans peine que leurs œuvres aient pu être modifiées, pour le meilleur comme pour le pire. On pouvait s'attendre à ce que, pour répondre à une forte demande du public, et spécialement du public scolaire, le marché ait été inondé de copies de basse qualité ; et, même si les soins attentifs des savants et des grammairiens ont pour objectif de sauvegarder la pureté des textes, il n'est hélas que trop évident qu'à toutes les époques les savants, même animés des meilleures intentions, ont le pouvoir aussi bien de corrompre que de corriger un texte qui leur passe entre les mains. C'était particulièrement vrai au premier siècle de notre ère, où des changements radicaux dans le programme scolaire ne s'accompagnèrent pas d'une modification correspondante dans les méthodes critiques. Les grammairiens avaient tendance à appliquer aux auteurs modernes des instruments qui avaient été forgés par les savants alexandrins pour l'étude d'Homère, et il pouvait facilement en résulter un traitement hypercritique des textes, et beaucoup d'efforts mal placés. Dans l'ensemble, les mauvaises retombées du succès littéraire et l'intervention des pédants sont loin d'avoir troublé le courant principal de nos traditions textuelles autant qu'on aurait pu le craindre. Mais dans un monde où les livres étaient écrits à la main et où ceux qui les possédaient et les lisaient pouvaient souhaiter rendre le texte plus conforme à leur goût ou à leur façon de le comprendre, le bricolage maison était inévitable, et certains témoignages très intéressants nous montrent que des fautes s'étaient glissées à très haute époque dans le texte des classiques.

Dès les années 60, Sénèque (*Lettres à Lucilius*, 94, 28) cite un des vers inachevés de l'*Énéide* « *audentis fortuna juvat* » (10, 284) avec *piger ipse sibi obstat* en bouche-trou. Le premier hémistiche, gnomique en soi, avait dû être une telle invite au proverbe qu'on ne peut guère affirmer que Sénèque utilisa réellement un texte interpolé ; mais il est manifeste que ceux qui voulaient améliorer l'épopée nationale étaient déjà à l'œuvre. Tite-Live nous offre un exemple plus net encore. Quintilien, qui écrivait une trentaine d'années après Sénèque, nous dit dans l'*Institution oratoire* (9, 4, 79) que la préface à l'histoire de Tite-Live commençait sur un rythme d'hexamètre à l'accent épique *facturusne operae pretium sim*, préférable à son avis à la version « corrigée » circulant alors. Nous lui devons l'élégance des premiers mots de Tite-Live, car tous les manuscrits de la recension nicomachéenne, dont nous dépendons sur ce point, donnent *facturusne sim operae pretium*. Au siècle suivant, Aulu-Gelle (20, 6, 14) déplore que, dans la *Conjuration de Catilina*, 33, 2, le *maiores vestrum* de Salluste soit devenu *maiores vestri*, regret justifié, comme le montrent les manuscrits survivants.

Le grand érudit augustéen Verrius Flaccus s'occupait encore d'écrivains archaïques, que son contemporain Hygin, un puits de science, consacrait à Virgile un commentaire où il faisait aussi œuvre de critique textuel. Par exemple, en *Géorgiques*, 2, 247, il préférait lire *sensus... amaror* plutôt que *sensus... amaro*, sur la foi d'un manuscrit « de la propre famille de Virgile » (Aulu-Gelle, 20, 6, 14). Au chant 12 de l'*Énéide*, v. 120, il voulait corriger *uelati lino* (« vêtus de lin ») en *uelati limo* (le *limus* est une sorte de jupe pour les sacrifices) ; c'est plus logique peut-être, mais on a fâcheusement l'impression qu'Hygin s'intéresse plus à corriger Virgile que le texte de Virgile. Remmius Palaemon, un grammairien très écouté, continuait de mettre l'accent sur les auteurs modernes, tandis qu'Asconius, qui tranche sur les autres commentateurs antiques par son bon sens et sa probité, écrivait sur Cicéron, Virgile et Salluste. Mais de tous les philologues du Ier siècle, le plus renommé, de son temps déjà, c'était M. Valérius Probus, de Beyrouth. On le place entre 20 et 105 et c'est dans les dernières décennies du siècle qu'il fit œuvre d'érudit. Il prête à controverse, car on dispose de si peu de renseignements à son sujet que l'on peut aisément tomber dans l'exagération. Ce que nous savons de sa vie, nous le devons à Suétone (*Des grammairiens*, 24). Il nous dit que Probus, faute d'avoir réussi dans la carrière des armes, se tourna vers l'étude des vieux maîtres qu'il avait appris à admirer à l'école, en province, et qui étaient passés de mode à Rome. Il rassembla un très grand nombre de textes qu'il travailla selon les méthodes alexandrines, en s'efforçant de faciliter la tâche du lecteur et en ajoutant des signes critiques marginaux : *multaque exemplaria contracta emendare ac distinguere et adnotare curavit* (« il s'efforça de rassembler et de corriger, ponctuer et commenter un grand nombre de manuscrits »). Encore qu'il ne s'adonnât pas à l'enseignement, il avait quelques disciples avec qui il lui arrivait à l'occasion de lire des textes ; il publia peu et seulement de minces travaux, mais il laissa derrière lui une *silva observationum sermonis antiqui* (« observations mêlées sur la langue ancienne ») de taille respectable. L'*Anecdoton Parisinum* (voir p. 15) nous prouve qu'il utilisa les outils des critiques d'Alexandrie – certaines des *notae* (astérisque, astérisque et obèle, diple) à coup sûr, et probablement d'autres si l'on en croit des commentaires postérieurs. Il se serait plus spécialement consacré à Virgile, Horace et Lucrèce. On trouve des traces, peut-être apocryphes, de ses travaux chez des commentateurs plus récents, Servius et Donat, et chez Aulu-Gelle. Donnons quelques exemples. Dans l'*Enéide* 1, 44, il voulait changer *pectore* en *tempore* (fr. 13 Aistermann) ; en 8, 406, il trouvait osée l'expression *coniugis infusus gremio* qui devait se lire, à son avis, *infusum* (fr. 27) ; en 10, 173 il ajouta une virgule après *trecentos* (fr. 33) ; en 10, 539 il remplaça *armis* par *albis* (fr. 37). Dans les *Adelphes* de Térence, il attribuait à Sostrate le *quid festinas, mi Geta* du v. 323 (fr. 45) et dans le *Catilina* de Salluste (5, 4 : *satis eloquentiae, sapientiae parum*), il voulait imposer *loquentia* comme étant de l'auteur (fr. 1). Rien de tout cela ne nous paraît bien convaincant. Il n'est pas certain qu'il collationnait les manuscrits, mais il a sans doute eu accès à un texte au moins faisant autorité : il affirmait savoir par un exemplaire corrigé de la propre main de Virgile quand il fallait utiliser *i* ou *e* dans les accusatifs, comme *urbes/urbis* et *turrem/turrim* (fr. 66). Il est difficile de discerner la part qu'il a prise dans les traditions qui nous sont parvenues ; c'était vraiment la patère idéale pour accrocher tant d'histoires du texte inconsistantes, et l'on a mis à son crédit des éditions de Virgile, Térence, Horace, Lucrèce, Plaute, Perse et Salluste. Servius et Donat, d'autres encore, nous disent qu'il a travaillé sur Virgile et Térence ; quelques références isolées nous renvoient en outre à ses études sur Plaute et Salluste. Il subsiste une vie de Perse, qui se prétend tirée *de commentario Probi Valeri*. Pour les éditions d'Horace, Lucrèce et Plaute, dont on lui serait redevable, on en est réduit à des conjectures. Des copies corrigées de sa main ont sans aucun doute circulé dans l'Antiquité ; certains de ses travaux ont été publiés et les opinions qu'il exposait dans ses causeries et qui se transmettaient de bouche à oreille, sont parvenues aux générations suivantes, comme l'atteste Aulu-Gelle. Une telle transmission suffit pour expliquer son influence, mais il en faudrait beaucoup plus pour fournir la preuve d'une série d'éditions modèles ayant donné leur forme aux grands courants de la transmission. Les observations des savants sur les textes qu'ils avaient étudiés devaient être incorporées à leurs commentaires, qui à cette époque devaient se présenter sous forme de livres indépendants ; ainsi il y avait une solide ligne de démarcation entre textes et conjectures, et il ne reste relativement pas grand chose, dans nos manuscrits, des corrections que d'autres sources attribuent à Probus. Voilà qui nous prouve que les Romains avaient heureusement le plus grand respect du texte authentique : la tradition de Virgile nous montre à quel point le travail d'érudition consacré à un auteur a en définitive peu affecté son texte.

6.— *L'archaïsme au IIe siècle.*

La création littéraire s'appauvrissant beaucoup, on revint partout aux auteurs du passé. Les archaïques en particulier connurent un retour en grâce dont Probus nous donne le premier témoignage ; encouragé par Hadrien, cet enthousiasme est attesté dans les œuvres de Fronton, Aulu-Gelle et Apulée. Outre qu'il produisit les effets les plus cocasses dans la prose du moment, ce culte des grands ancêtres fit descendre des rayons de bibliothèque les écrivains du début de la République - Ennius, Plaute, Caton, pour ne citer que ceux-là - vers qui l'on se tourna avec une curiosité passionnée. Ce que nous savons d'eux, nous le devons en bonne partie à ce regain de faveur. Ils avaient fort peu de chances de passer à la postérité : leur langue était trop archaïque et obscure pour qu'ils puissent franchir le cap des siècles qui allaient venir, où les centres d'intérêt vont s'amenuiser et l'analphabétisme progresser ; si bien qu'à de notables exceptions près, ils ne survivent que dans les fragments et papotages sauvés par Aulu-Gelle ou l'un de ceux qui, après lui, ont aimé collectionner les mots et les faits.

Dans ses *Nuits attiques*, Aulu-Gelle nous révèle les aubaines qui pouvaient échoir à un érudit féru d'antiquité au IIe siècle. Il a vu, nous dit-il, chez un petit libraire de Rome, les *Annales* de Fabius Pictor dans une traduction latine (5, 4, 1) et l'un de ses professeurs, qui voulait vérifier un terme, s'est procuré non sans peine et non sans bourse délier, un vieux manuscrit des *Annales* d'Ennius « presque certainement corrigé par Lampadio lui-même » (18, 5, 11). On pouvait faire des trouvailles dans les bibliothèques à Rome ou dans les provinces : il a déniché à Rome une œuvre rare d'Aelius Stilo (16, 18, 2), à Patras un exemplaire vénérable de Livius Andronicus (18, 9, 5), à Tibur un manuscrit de l'historien Claudius Quadrigarius qui vécut au temps de Sylla (9, 14, 3). Un de ses amis possédait un Virgile « d'une antiquité remarquable, acheté vingt pièces d'or au marché aux *Sigillaria* » (2, 3, 5), — belle trouvaille pour une kermesse de fin d'année ! Fronton nous confirme cet engouement pour l'antique et nous dit le prix qu'on payait avec enthousiasme pour avoir des manuscrits de Caton, d'Ennius, de Cicéron ou d'autres écrivains de la République, lorsqu'ils avaient été écrits par un Lampadio ou un Stilo, édités par Tiron, copiés par Atticus ou Cornélius Népos (*Lettres à Marc-Aurèle*, 1, 7, 4). Il est tentant de croire que l'astuce des marchands et l'enthousiasme des collectionneurs ont exagéré la valeur des livres qu'on pouvait encore trouver et, à n'en pas douter, certaines des pièces les plus recherchées ont dû être des faux de grande volée. Toutefois, même si on peut suspecter certains détails, le cadre reste bien tracé : la littérature de la Rome républicaine est toujours accessible, on attache grand prix aux auteurs anciens et aux anciens manuscrits, et ces derniers sont recherchés avidement, parfois dans le simple espoir de découvrir une leçon authentique ou archaïque.

Consulter d'autres témoins pour contrôler ou améliorer son propre exemplaire est une pratique naturelle et sans doute plus ou moins en usage à toutes les époques, mais il faut attendre Aulu-Gelle pour rencontrer une telle chasse aux manuscrits (même faite au petit bonheur !). C'est aussi à cette époque que remonte le premier essai connu d'une recension, qui porte sur le texte de Cicéron. Dans un manuscrit de l'orateur découvert en 1417 (voir plus bas, p. 93), le deuxième discours *Sur la loi agraire* commence par une note qui a été transmise avec le texte et nous reporte bien des siècles en arrière :

> Statilius Maximus rursum emendavi ad Tironem et Laecanianum et Domitium et alios veteres III. Oratio eximia.
>
> « Statilius Maximus, j'ai fait cette nouvelle révision d'après les manuscrits de Tiron, de Laecanianus, de Domitius et de trois autres anciens critiques. Discours excellent » (ou « discours 24 », s'il faut corriger EXIMIA en XXIIII).

Le sens général est clair : Statilius Maximus, un spécialiste renommé de Cicéron, qui vivait au IIe siècle, a révisé son texte en se reportant à plusieurs manuscrits, dont l'un prétendait remonter jusqu'à Tiron.

7.– Le compendium et le commentaire.

La décadence intellectuelle amorcée au IIe siècle se trouva accélérée par l'effondrement économique et le chaos politique du IIIe, et il faut attendre l'époque de Claudien pour voir émerger - en dehors des Chrétiens - de grandes figures dans le monde des lettres. Nombre des œuvres qui virent le jour pendant cette période, aussi ternes soient-elles, n'en sont pas moins importantes pour l'histoire des textes classiques. Importantes, certaines le sont parce qu'elles ont assuré la continuité de la tradition à travers le Moyen Age, quand les chefs-d'œuvre de la littérature n'étaient pas accessibles ou ne répondaient pas aux besoins ou aux capacités de l'époque ; d'autres le sont tout autant, parce que les sources où elles ont puisé sont aujourd'hui perdues ou mutilées. Tel est le cas du compendium. Florus avait écrit sous le règne d'Hadrien un abrégé de l'histoire romaine et il existait déjà auparavant un épitomé de Tite-Live. Vinrent ensuite, au IIIe siècle, un résumé de Trogue-Pompée (contemporain d'Auguste), dû à Justin, et au IVe des abrégés dus à Eutrope, à Aurélius Victor et à d'autres historiens dont les noms ne nous sont pas connus. Certains de ces « digests » ont trouvé une large audience à des époques où l'on ne pouvait assimiler la richesse d'un

Tite-Live et où l'œuvre de Tacite était inaccessible. L'empereur Tacite (275-276) aurait, dit-on, donné l'ordre de faire dix copies par an des œuvres de son homonyme, « pour les sauver de la négligence des lecteurs » (*Histoire Auguste*, 27, 10, 3). L'histoire a presque certainement été inventée à la fin du IVe siècle, mais *se non è vero, è ben trovato*. Sans parler des désastres politiques du IIIe siècle, qui ont dû peser lourd dans la balance, on a toute raison de penser, devant l'absence frappante d'une littérature digne de ce nom, que la négligence et le défaut de compréhension ont également nui à la conservation et à la transmission du patrimoine littéraire. Pour en revenir aux auteurs de résumés, mais dans d'autres domaines, citons Festus avec son épitomé de Verrius Flaccus, et Solin qui pilla Pline l'Ancien et Pomponius Méla. L'époque qui vit naître tant de concentrés fut aussi l'âge d'or des commentateurs et des scoliastes ; les plus connus sont Acron et Porphyrion, spécialistes d'Horace, et surtout Donat et Servius, les deux grands érudits du IVe siècle : le premier étudia Térence et Virgile, le second laissa son nom attaché à un célèbre commentaire virgilien. On doit également à Donat deux manuels, *Ars Minor* et *Maior*, qui, avec les *Institutiones grammaticae* de Priscien (VIe siècle), furent les principaux livres de grammaire du Moyen Age.

Mentionnons aussi, en raison de l'importance qu'ils auront plus tard, le *De compendiosa doctrina* de Nonius Marcellus, dont la date est incertaine, et le *De nuptiis Philologiae* de Martianus Capella, qui appartient au Ve siècle. Le premier est un dictionnaire qui mérite encore l'intérêt, car il contient entre autres de nombreuses citations d'œuvres dont il ne reste rien par ailleurs ; l'auteur semble avoir mis en fiches deux tragédies d'Ennius lui-même. Le *De nuptiis* est un traité allégorique où les sept arts libéraux apparaissent en demoiselles d'honneur aux noces de Mercure et de la Philologie. Depuis la fin du Ier siècle avant J.-C., on entendait par arts libéraux la grammaire, la rhétorique, la dialectique, l'arithmétique, la musique, la géométrie et l'astronomie. Ce canon fut transmis au Moyen Age et les sept disciplines devinrent, en théorie, la base de l'enseignement médiéval. Avec le temps, elles furent scindées en deux groupes ; le *trivium* (grammaire, rhétorique, dialectique) et le *quadrivium* (arithmétique, musique, géométrie, astronomie), correspondant à un cours élémentaire et à un cours supérieur.

Les grammaires et les compilations de cette époque ont servi un double propos : les citations utilisées pour illustrer un mot ou un fait ont constitué parfois pour les hommes du Moyen Age la somme de leurs connaissances sur la littérature latine ; elles ont aussi donné à leurs œuvres un vernis qui contrastait de façon pathétique avec la pauvreté de leur culture classique.

8.– Du rouleau au codex.

Il se produisit entre le IIe et le IVe siècle un événement de la plus haute importance pour l'histoire du livre et, partant, pour la transmission des textes classiques en général : le rouleau disparut progressivement au profit du codex, autrement dit le livre prit peu à peu l'apparence que nous lui connaissons aujourd'hui.

Jusqu'au IIe siècle, le véhicule normal d'une œuvre littéraire était le rouleau, mais dès les temps les plus reculés on avait également utilisé les tablettes, composées de plusieurs plaques enduites de cire et reliées par une lanière ou une agrafe. On les employa pendant toute l'Antiquité pour des exercices scolaires, des notes prises à la diable et autres broutilles. Les Romains en étendirent l'usage aux documents juridiques et franchirent un grand pas quand ils remplacèrent les tablettes de bois par des feuilles de parchemin. Ces carnets de parchemin (*membranae*) étaient apparus à la fin de la République, mais il leur fallut longtemps pour accéder à la dignité de livre.

C'est Martial qui, dans plusieurs poèmes écrits entre 84 et 86, mentionne le premier que des œuvres littéraires sont publiées sous forme de codex. Il insiste sur leurs avantages – peu volumineux, ils sont pratiques pour le voyage – et indique les boutiques où l'on peut se procurer ces nouveautés (1, 2, 7-8). Il nous est parvenu un fragment d'un livre en parchemin écrit en latin vers l'an 100 après J.-C., le *De Bellis Macedonicis* anonyme (British Library, Pap. 745 = P. Lit. Lond. 121). Ces éditions de poche tant vantées par Martial ne furent cependant pas un succès ; le codex ne fut pas utilisé pour la littérature profane avant le IIe siècle, mais il gagna rapidement du terrain au IIIe pour triompher au IVe. Il pouvait être en papyrus ou en parchemin ; c'est la seconde formule qui finit par l'emporter. Un rouleau de papyrus pouvait évidemment durer jusqu'à trois cents ans (*cf.* Galien, éd. Kühn, t. 18, 2, p. 360), mais la moyenne n'allait pas si loin et le parchemin était beaucoup plus résistant ; cette solidité allait jouer un rôle déterminant dans la survie de la littérature classique. Il revient très probablement aux premiers chrétiens d'avoir changé le format du livre, car s'ils étaient chose rare au IIe siècle pour les œuvres païennes, les codex étaient toujours utilisés dès cette époque pour les textes sacrés.

Le codex avait sur le rouleau de multiples avantages : il était plus facile à manier, donc à consulter, et pouvait contenir davantage de texte ; on put s'y reporter plus aisément encore quand les pages furent numérotées ; une table des matières devint une sauvegarde contre les interpolations et autres libertés prises avec l'original. Autant d'éléments majeurs à une époque où la vie tournait en bonne partie autour des textes faisant autorité : les Écritures et le Code. L'importance du codex dans ces deux domaines, la religion et le droit, saute aux yeux, mais elle n'est pas négligeable non plus pour les œuvres littéraires : avec un livre capable de contenir l'équivalent de plusieurs rouleaux, on pouvait mettre sous une seule reliure un corpus de textes apparentés, ou ce que l'on tenait pour les œuvres maîtresses d'un auteur ; la formule avait de quoi séduire des hommes enclins à condenser leur héritage intellectuel sous une forme maniable.

Passer du rouleau au livre signifiait qu'il fallait peu à peu transcrire la littérature antique dans sa totalité. Ce fut le premier goulot d'étranglement qu'eurent à franchir les œuvres classiques. Elles ont sans doute subi au passage des pertes, difficiles toutefois à préciser et à évaluer. Les ouvrages très peu demandés risquaient de ne pas être recopiés ; or les rouleaux finissaient par être totalement détériorés. Un auteur prolifique pouvait ne plus jamais avoir droit à ses œuvres complètes, si certains de ses rouleaux n'étaient pas disponibles au moment voulu.

Les livres de l'Antiquité les plus anciens qui nous soient parvenus étant bien souvent des parchemins du IVe siècle, il n'est pas inutile de dire un mot des principales écritures employées par les Romains : la capitale carrée, la capitale rustique, l'onciale et la semi-onciale. Les seuls manuscrits écrits entièrement en capitale carrée sont quelques témoins prestigieux de Virgile. Leur écriture, inspirée de celle des inscriptions monumentales, semble une création artificielle, un raffinement spécialement destiné aux éditions de luxe du poète national de Rome. Il est donc un peu malheureux que la capitale d'usage courant (Planche IX) ait été qualifié de « rustique » par suite d'une comparaison qui faisait ressortir son relatif manque de formalisme, et ce nom charmant, mais plutôt trompeur, cède maintenant la place à celui de « capitale canonisée » ou de « capitale » tout court. Les plus anciens spécimens que l'on puisse dater sont le papyrus de Gallus (P. Qaṣr Ibrîm, env. 50-20 avant J.-C.) et le fragment d'un poème sur la bataille d'Actium (Naples, P. Herc. 817), écrit entre le moment où se déroula le combat (31 avant J.-C.) et la destruction d'Herculanum (79 après J.-C.), où il fut découvert. Ce caractère ne varia guère et fut d'usage courant jusqu'au début du VIe siècle ; il apparaît dans des manuscrits célèbres : le Bembinus de Térence (Vat. lat. 3226) et les grands témoins de Virgile que sont le Mediceus, le Palatinus et le Romanus (Laur. 39, 1 ; Pal. lat. 1631 ; Vat. lat. 3867).

Les autres écritures de librairie en usage pendant la période romaine sont, par leur origine, des variétés évoluées de cursives. Elles prirent naissance lorsque les formes cursives furent épurées et standardisées afin de répondre aux exigences des calligraphes. Une élégante écriture majuscule aux formes arrondies, l'onciale, surgit dans toute sa beauté au IVe siècle et était encore utilisée sporadiquement au début du IXe. L'un des premiers exemples qu'on en possède est le palimpseste du *De republica* (Vat. lat. 5757, de la fin du IVe ou du début du Ve siècle ; Planche X), et l'un des plus beaux est le Puteanus de la troisième décade de Tite-Live (Paris lat. 5730 ; Planche XI), qui date du Ve siècle. Un autre développement de l'écriture cursive, et plus précisément de la minuscule, conduisit à la création de la première écriture de librairie minuscule, la semi-onciale. Il existe un certain nombre de manuscrits classiques copiés dans cette écriture, principalement des papyrus, mais elle a servi surtout pour les textes chrétiens.

Il vaut peut-être la peine de mentionner ici l'existence d'une sténographie antique qui, justement, fleurit pendant le Bas-Empire. On suppose souvent qu'elle remonte à l'époque de Xénophon, mais en fait, en Grèce, elle n'est clairement attestée qu'à partir du IIe siècle de notre ère. A Rome, son acte de naissance date de 63 avant J.-C. : on s'en servit alors pour enregistrer un discours de Caton au Sénat (Plutarque, *Vie de Caton d'Utique*, 23, 3). C'est l'affranchi de Cicéron, Tiron, qui passe pour être l'inventeur du système, dénommé d'après lui *notae tironianae*. Certains Pères de l'Église virent leurs sermons recueillis par des sténographes, mais à part cela cette technique ne semble pas avoir joué un grand rôle dans l'histoire des textes littéraires, encore que certains manuscrits grecs médiévaux emploient un système d'abréviations que l'on considère d'habitude, mais peut-être à tort, comme sténographique.

9.— *Le paganisme et le christianisme au IVe siècle.*

C'est au IVe siècle que se livre la bataille finale entre christianisme et paganisme. En 312, Constantin, le premier empereur chrétien, prend le contre-pied de la politique de son prédécesseur Dioclétien en accordant la liberté de culte aux adeptes de la nouvelle foi, qui en quelques décennies portèrent la mêlée dans le camp païen. La lutte culmina avec le débat, très digne au demeurant, qui en 384 opposa Ambroise, évêque de Milan, qui allait atteindre le sommet de sa puissance, et le païen Symmaque, ce préfet lettré qui fit un émouvant plaidoyer pour que l'autel de la Victoire fût replacé dans la Curie d'où on l'avait enlevé. Virius Nicomachus Flavianus, le chef du dernier carré des païens, fut vaincu en 394 par Théodose et se suicida selon les vieilles règles. Les sénateurs romains étaient au centre de l'opposition païenne dans les provinces d'Occident ; ils retrouvèrent pour un temps l'âme de leurs ancêtres et se rallièrent à la défense de leurs traditions et de leur héritage.

Les *Saturnales* de Macrobe sont aujourd'hui encore un éclatant hommage à ce mouvement ; ce banquet de lettrés nous intéresse par sa mise en scène et ses personnages. En 384, des gens très cultivés appartenant à la haute société romaine se sont réunis à l'occasion des Saturnales chez Vettius Agorius Praetextatus, Virius Nicomachus Flavianus et Symmaque successivement ; on a beaucoup disserté de religion, d'histoire, de philologie et plus encore du grand Virgile. Des antichrétiens notoires assistaient à ces rencontres. Servius, très impressionné - un peu trop même - par cette noble assemblée, y représentait l'érudit de métier. Prétextat mourut en 384 et Nicomaque Flavien en 394. Macrobe a recréé, non sans nostalgie, la grande société païenne d'autrefois pour en faire le cadre de sa compilation savante, et nous voyons ces hommes discuter, avant que leur monde ne s'écroule, des détails de la vie et de la littérature romaine avec le savoir raffiné qui était le propre des grands Romains de la République.

Ils ont dressé leur propre mémorial, modeste mais réel, dans les notes qu'on appelle en général des souscriptions, attachées à nombre de textes latins. Établir un texte exact des auteurs latins, ne fût-ce que pour avoir une copie lisible dans sa propre bibliothèque, fut toujours chose courante. Les souscriptions cependant donnent à penser que vers la fin du IVe siècle cette pratique devint soudain plus fréquente sous l'impulsion, au début du moins, de la renaissance du paganisme. Elle lui survécut, heureusement : les grandes familles romaines de la fin de l'Antiquité continuèrent la tradition et les descendants des Symmaque, Nicomaque et autres, païens ou chrétiens, sauvegardèrent l'héritage national quand les barbares déferlèrent, vague après vague, sur l'Empire.

Le christianisme triomphant ne fit pas oublier, Dieu merci, qu'il fallait avoir des textes lisibles des œuvres païennes. Les chrétiens qui y étaient hostiles se trouvèrent devant un grave dilemme : elles ne pouvaient évidemment pas être la pierre d'angle de l'école. Les poètes, polythéistes, racontaient sur leurs dieux, et notamment sur leur père à tous, des histoires en général peu édifiantes, voire carrément immorales ; la rhétorique romaine, encore qu'elle pût être mise au service d'une juste cause, encourageait au raisonnement spécieux et à des arguties inconciliables avec la piété simple ; même chez les philosophes qui avaient tant à offrir au penseur, on trouvait mainte idée contraire à la foi et à la vie d'un fidèle ; l'œuvre immense qu'avaient accomplie les païens dans toutes les sphères de l'activité humaine, et dont on avait constamment la preuve écrite ou matérielle sous les yeux, pouvait saper la confiance dans les valeurs et les institutions nouvelles. En revanche, que les chrétiens aient une énorme dette envers les auteurs classiques et puissent encore tirer profit de cet héritage, nul ne songea à le nier même aux moments où les deux cultures s'affrontèrent le plus violemment. De même qu'Ambroise fut en mesure de sortir avec son *De officiis ministrorum* un traité d'éthique chrétienne très remarqué, juste en retravaillant le *De officiis* cicéronien, d'inspiration nettement stoïcienne, de même Augustin, à l'époque où les lettres séculières l'attiraient le moins, put fort bien adapter dans son *De doctrina christiana* la rhétorique classique romaine, et en particulier la théorie des trois styles énoncée par Cicéron dans l'*Orator*, pour les faire répondre aux besoins du prédicateur. Ce dilemme, cruel pour un bon chrétien nourri de la culture des écoles païennes, a pris une forme très dramatique chez Jérôme, qui en connut toutes les affres : cas de conscience et renonciation, tentation et compromis. Il était inévitable qu'on finît par transiger. Il fut généralement admis qu'on pouvait utilement piller les auteurs du paganisme à condition qu'on se montrât prudent et que la fin justifiât les moyens. S'inspirant du *Deutéronome* 21, 10-13, Jérôme compara la culture païenne à la captive qui peut être prise pour épouse et devenir une bonne Israélite, une fois sa tête rasée et ses ongles taillés (*Lettres*, 70, 2). Pour Augustin, utiliser le savoir séculier équivaut, en quelque sorte, à dépouiller les Égyptiens, ce qui est normal (*De doctrina christiana*, 2, 60).

L'attitude chrétienne envers la littérature païenne resta certes complexe, mouvante et il serait dangereux de généraliser ; mais ces deux paraboles simples trouvèrent des échos de siècle en siècle et furent une justification commode pour ceux qui voulaient tirer le meilleur de ces deux univers. A l'époque qui nous occupe, les nécessités pratiques furent décisives : l'ancien système d'enseignement fut maintenu, pour la bonne raison qu'il n'y en avait pas d'autre. Les œuvres chrétiennes ne convenaient pas aux programmes scolaires, les manuels étaient tous païens et le Romain moyen cultivé ne trouvait pas grand-chose qui le heurtât dans l'éducation traditionnelle. Les obligations d'une société policée et le sens du style qu'il possédait au plus haut point le retenaient de se tourner vers une littérature chrétienne moins raffinée. Le système d'enseignement romain, avec ses auteurs, ses dieux et le reste, se perpétua donc jusqu'à ce que les écoles monastiques et épiscopales soient à même de le remplacer par une éducation qui, pour autant qu'elle fût redevable à la tradition, n'en était pas moins chrétienne par son orientation et sa finalité.

10.– Les souscriptions.

Les souscriptions sont des témoignages fascinants de l'intérêt qu'on porta à la fin de l'Antiquité à la littérature classique et à sa préservation. Ces notes qui, à l'origine, étaient mises en annexe à un ouvrage ou à ses divers livres, ont parfois été reportées d'un manuscrit sur l'autre au même titre que le texte. Toutefois, le scribe pouvait fort bien ne pas les recopier, et qu'elles aient survécu en aussi grande quantité nous prouve qu'elles étaient pratique courante. Les travaux de correction qu'effectua Prétextat sont attestés par son épitaphe (*C.I.L.*, 6, 1779 = *I.L.S.* 1259), mais rien ne nous en reste, bien que la tradition se soit perpétuée dans la famille jusqu'au VIe siècle : le Vettius Agorius Basilius Mavortius qui travailla sur le texte d'Horace un peu après 527 devait appartenir à la même souche.

Dans la plupart des cas, la souscription doit être cherchée dans les manuscrits, généralement beaucoup plus tardifs, qui l'ont transmise à côté des textes auprès desquels elle avait été placée. L'archétype de Pomponius Méla, un manuscrit du IXe siècle (Vat. lat. 4929), représente par endroits son modèle antique avec tant de fidélité qu'on peut y voir la souscription à sa place exacte, insérée comme de coutume entre l'explicit d'une œuvre et l'incipit de la suivante. Il n'est pas évident que la souscription du Mediceus de Virgile (Laur. 39, 1 ; Planche IX) soit véritablement l'autographe d'Astérius, mais en tout cas elle a été disposée de la façon traditionnelle. Astérius, consul en 494, y signale qu'il a corrigé et ponctué le texte. Le seul autographe incontestable est celui d'un certain Caecilius qui a révisé les lettres de Fronton conservées dans le palimpseste du Vatican (Pal. lat. 24). Il vaut la peine de noter que Mavortius, un descendant de la fameuse *gens* païenne, et Astérius, le correcteur du grand poète national, n'avaient aucun scrupule à s'intéresser à des textes chrétiens : le premier a corrigé un ancien manuscrit de Prudence (Paris lat. 8084), tandis que le second fut à l'origine de la publication du *Carmen paschale* de Sédulius.

Les souscriptions apparaissent à la fin du IVe siècle et se pratiquent encore au VIe. Elles vont du simple *Iulius Celsus Constantinus v. c. legi*, – « Iulius Celsus Constantinus, clarissime, j'ai lu (la *Guerre des Gaules* de César) » –, à des notes plus détaillées donnant la date, le lieu et les circonstances de la révision. Elles sont, dix fois plutôt qu'une, l'œuvre d'un administrateur, voire d'un officier et non pas d'un érudit de métier. Parfois le correcteur amateur s'est entouré d'avis éclairés ou a eu accès à un autre manuscrit ; parfois aussi il avoue, dans un cri du cœur, qu'il a travaillé *sine exemplario* (« sans modèle ») ou *prout potui sine magistro* (« comme j'ai pu, sans maître »).

C'est dans l'*Ane d'or* d'Apulée qu'on rencontre l'une des plus anciennes souscriptions :

> Ego Sallustius legi et emendavi Romae felix, Olibrio et Probino
> v. c. conss., in foro Martis controversiam declamans oratori Endelechio.
> Rursus Constantinopolo recognovi Caesario et Attico conss.
>
> « Moi, Sallustius, j'ai lu et corrigé ce livre à Rome, heureusement,
> sous le consulat des clarissimes Olibrius et Probinus, quand je faisais des

études supérieures de rhétorique au forum de Mars sous la direction du rhéteur Endelechius. Je l'ai révisé à nouveau à Constantinople sous le consulat de Caesarius et d'Atticus. »

Ce document remonte à la renaissance du paganisme. Ce sont des années 395 et 397 qu'il s'agit, et le Sallustius qui effectua la révision appartiendrait à une famille étroitement liée à Symmaque. Le travail fut mené à bien avec l'aide de Severus Sanctus Endelechius, au forum d'Auguste, où étaient installées (comme sur celui de Trajan, tout proche) des écoles de rhétorique et de grammaire. L'une des trois familles des manuscrits de Martial remonte à une ancienne « recension » corrigée en 401 par Torquatus Gennadius, toujours sur le forum d'Auguste, et les *fora* impériaux restèrent des centres intellectuels jusqu'à la fin du monde antique.

Les souscriptions les plus célèbres sont celles des différents livres de la première décade de Tite-Live

> Nicomachus Flavianus v. c. ter praef. urbi emendavi apud Hennam.
> Nicomachus Dexter v. c emendavi ad exemplum parentis mei Clementiani.
> Victorianus v. c. emendabam domnis Symmachis.
>
> « Nicomaque Flavien, clarissime, préfet de la ville pour la troisième fois, j'ai fait cette révision à Henna.
> Nicomaque Dexter, clarissime, j'ai fait cette révision d'après l'exemplaire de mon parent (?) Clementianus.
> Victorianus, je faisais cette révision pour le compte des Symmaque. »

La « recension » nicomachéenne de la première décade est due à la collaboration de deux familles apparentées - les Nicomaque et les Symmaque - qui avaient nourri l'ambition de corriger tout le texte de Tite-Live. Nicomaque Flavien (le Jeune) est le fils du leader de l'opposition païenne, et Nicomaque Dexter son petit-fils ; Tascius Victorianus, celui qui aida les Symmaque en l'occurrence, est connu aussi pour avoir édité une œuvre de Nicomaque Flavien le père (Sidoine Apollinaire, *Lettres*, 8, 3, 1). Ils ont travaillé en partie dans la villa que possédaient les Nicomaque à Enna, en Sicile.

La tradition demeura, comme nous le montre la souscription au commentaire de Macrobe sur le *Songe de Scipion* de Cicéron :

> Aurelius Memmius Symmachus v. c. emendabam vel distinguebam meum (*sc.* exemplar) Ravennae cum Macrobio Plotino Eudoxio v. c.
>
> « Aurelius Memmius Symmachus, clarissime, je corrigeais ou ponctuais mon exemplaire à Ravenne en compagnie du clarissime Macrobius Plotinus Eudoxius. »

Nous y voyons l'arrière petit-fils du Symmaque qui apparaît dans les *Saturnales* corriger un autre ouvrage de Macrobe avec l'aide du petit-fils de l'auteur. La chaîne se prolonge jusqu'au seuil même du Moyen Age, car ce Symmaque, consul en 485, était le beau-père de Boèce.

CHAPITRE II

L'ORIENT HELLÈNE

1.— Philologie et littérature sous l'Empire romain.

Pendant les premiers siècles de l'empire, la vie intellectuelle était en veilleuse dans les provinces grecques. Un critique exceptionnellement doué, comme le médecin Galien, constitue une exception. Il y avait bien des établissements d'enseignement supérieur - par exemple des écoles de philosophie et d'éloquence à Athènes, à Rhodes ou ailleurs ; pourtant rares sont les œuvres qui méritent d'être retenues, qu'il s'agisse de littérature ou d'érudition. Le Musée d'Alexandrie existait toujours ; la disparition d'un gouvernement indépendant en Égypte avait certes mis fin au patronage royal, mais la situation se redressa rapidement, puisque Strabon (17, 1, 8) rapporte que l'empereur venait de prendre le Musée à sa charge ; il ne manque d'ailleurs pas de références explicites à des érudits bénéficiant de ses privilèges. Il ne semble pas toutefois que des travaux notables en soient sortis. Seule la bibliothèque continuait d'offrir une collection incomparable d'ouvrages au public savant. On admet généralement que César fut accidentellement responsable de sa destruction, pendant qu'il se trouvait en Égypte (48-47 avant J.-C.), mais les sources ne s'accordent pas toujours sur l'étendue des dégâts. Il paraît probable qu'une partie seulement des livres brûlèrent, à moins qu'Antoine n'ait compensé les pertes, puisqu'il aurait transféré à Alexandrie la bibliothèque de Pergame (Plutarque, *Vie d'Antoine*, 58) ; d'ailleurs, s'il y avait eu destruction totale, comment Strabon eût-il fait ses recherches géographiques à Alexandrie, comme il semble bien qu'il l'ait fait ? Il est plus difficile de déceler des études littéraires. A l'époque d'Auguste, Aristonicos poussa plus avant la sélection des commentaires homériques et Tryphon étudia en les classant les figures de rhétorique (le traité qui porte aujourd'hui son nom a été révisé à une date ultérieure). Sous Tibère, l'activité sembla reprendre : Théon rédigea des commentaires sur des poètes, hellénistiques en particulier, Théocrite, Apollonios de Rhodes et Callimaque, entre autres ; on a découvert récemment un petit fragment des notes qu'il consacra aux *Pythiques* de Pindare (P. Oxy. 2536). Apion fit un glossaire d'Homère cité par Hésychius et Eustathe (on en retrouve des bribes dans le papyrus Rylands 26) et l'on doit à Héliodore un commentaire sur la métrique d'Aristophane et à Nicanor un traité sur la ponctuation de l'*Iliade,* dont les scolies existantes nous ont conservé des extraits. Néanmoins, pour autant que nous le sachions, aucun de ces travaux n'eut le mérite de faire progresser les méthodes philologiques ou les principes de la critique. Il en va de même au IIe siècle et au IIIe, à ceci près qu'Apollonius Dyscole et son fils Hérodien furent de solides grammairiens, dont certaines œuvres nous ont été transmises indépendamment des scolies. Apollonius fut le premier à voir dans la syntaxe quelque chose approchant de ce que nous entendons maintenant ; on l'aurait appelé Dyscole (morose) en raison de la difficulté du sujet qu'il traitait. Il a vu notamment que le parfait grec exprime le résultat présent d'une action passée ; il est aussi le premier à avoir clairement montré la différence d'emploi du présent et de l'aoriste à un mode autre que l'indicatif. Dans ces deux cas, il marquait un progrès sur les théoriciens stoïciens qui avaient déjà établi une utile terminologie des temps.

Le déclin de l'érudition et de la critique ne saurait s'expliquer simplement par la décadence générale ; il a aussi une cause plus tangible. Bien qu'il comportât toujours la lecture d'Homère et d'autres poètes - en particulier les auteurs de tragédies et de comédies -, l'enseignement mettait de plus en plus l'accent sur la rhétorique. On vit donc se multiplier les manuels sur l'art oratoire et l'attention se porter davantage sur les orateurs attiques, Démosthène le tout premier. On s'éloignait somme toute de la poésie. En outre, l'école subit le contre-coup d'une évolution plus profonde : la Grèce, pauvre et si manifestement inférieure à Rome dans tous les domaines, peut fort bien avoir versé dans l'admiration nostalgique de la belle époque ; s'ils ne pouvaient plus accomplir de hauts faits dignes de leurs glorieux ancêtres, du moins les hommes pouvaient-ils essayer de se mesurer à eux sur le terrain littéraire. Ce sentiment se développa dès l'époque d'Auguste pour s'exacerber au IIe siècle. Le grec était alors très différent de ce qu'il avait été à la période classique ; il suffit pour s'en convaincre de lire le Nouveau Testament ou les lettres et documents trouvés parmi les papyrus. Parce qu'on voulut écrire en langue classique, il fallut des manuels qui absorbèrent l'énergie des hommes ayant le goût des lettres. Il nous reste des fragments des dictionnaires compilés par Aelius Dionysius et Pausanias sous Hadrien (117-138) ; nous avons aussi en entier des œuvres de Pollux et de Phrynichos, qui datent des règnes de Marc-Aurèle (161-180) et de Commode (180-192). Autant de guides pour celui qui voulait écrire en attique classique ; ils alignaient en général des listes de mots ou de constructions d'usage courant qu'on pouvait être tenté d'employer, puis donnaient la locution classique correcte. Tout homme cultivé qui entrelardait sa prose d'expressions modernes n'apparaissant pas chez les grands maîtres athéniens se voyait stigmatisé : il avait totalement déparé son style et fait montre d'un mauvais goût déplorable ; c'est ce qui ressort à l'évidence de la lettre dédicatoire que Phrynichos met en tête de son *Eclogè*, et du titre même du livre. Ces experts en attique classique n'aboutissaient pas toujours aux mêmes recommandations et leurs règles n'étaient pas également strictes : Phrynichos par exemple, qui ne faisait pas de distinction entre le style de la poésie et celui de la prose, préconisait des usages propres à la seule tragédie, de sorte qu'un étudiant ne pouvait le suivre les yeux fermés. Des controverses éclataient, dont voici un exemple : était-on justifié à employer un mot n'apparaissant qu'une fois chez un classique ? Phrynichos dit à trois reprises dans son *Eclogè* (206, 258, 400) qu'il n'estime pas devoir recommander les vocables entrant dans cette catégorie, car il veut s'en tenir à ceux qui sont couramment utilisés par les écrivains attiques. Controverses aussi quand un puriste donnait des instructions tenues pour erronées par les autres ; celui qu'on appelle « l'anti-atticiste » montra que des expressions prohibées se trouvaient dans des textes athéniens antérieurs à l'an 200 avant J.-C.

Bien qu'il ait été artificiel à l'extrême et préjudiciable aux œuvres littéraires quelles qu'elles fussent, cet atticisme eut la vie longue ; ce fut le principe majeur de tous les hommes de lettres, non pas seulement sous l'empire romain, mais jusqu'à la fin de la période byzantine. Les Byzantins ont, en règle générale, imité les modèles antiques avec moins de bonheur peut-être que ne l'avaient fait les écrivains de la seconde sophistique, tels Lucien et Aelius Aristide ; il n'en est pas moins vrai qu'ils poursuivaient incontestablement les mêmes objectifs, car des érudits firent des lexiques de langue attique au IXe siècle - Photius - ou au XIVe, Thomas Magister ; même au XVe siècle, l'historien Critobule décrit la prise de Constantinople par les Turcs (1453) dans un style qui se veut sans conteste être celui de Thucydide. On ne trouve nulle part ailleurs un archaïsme stylistique d'une telle ampleur, si ce n'est peut-être en Chine où Mao Tsé-Toung pouvait juger bon d'écrire des vers lyriques dans le style de Li Po, un poète contemporain de Pépin le Bref.

L'atticisme eut une autre conséquence majeure et moins regrettable, celle-là. Comme il fallait s'en tenir à la langue de la grande époque, les classiques athéniens restèrent inscrits au programme scolaire, si bien qu'on sortait régulièrement de nouvelles copies des œuvres maîtresses en nombre suffisant pour en garantir la survie ; seul Ménandre fit exception. Même quand l'empire d'Orient en fut à son étiage culturel, l'habitude de lire les classiques à l'école ne disparut jamais totalement.

Autre résultat de cette étude linguistique attentive : si l'on trouvait dans un texte réputé appartenir à la période classique des termes non-attiques, on pouvait mettre son authenticité en doute ; ainsi Phrynicos estime que le discours *Contre Néèra*, attribué à Démosthène, doit être considéré comme apocryphe en raison notamment de sa langue impure (*Eclogè*, 203). Cette tradition scolaire n'eut pas que des avantages : ces observations d'un purisme méticuleux installèrent si profondément les formes et les inflexions de l'attique qu'un homme cultivé transcrivant un texte avait tendance à remplacer des tournures empruntées à d'autres dialectes par les expressions attiques qu'il connaissait si bien. Les œuvres où apparaissent des formes doriennes, tels les passages lyriques de la tragédie ou les *Idylles* de Théocrite, le montrent à l'envi : les dorismes ont été dans bien des cas éliminés par les générations successives de copistes. Xénophon a subi le même sort ; aux dires de Phrynichos (*Eclogè*, 203), il s'est écarté de son attique natal en employant *odmē* au lieu de *osmē* (odeur) ; il a aussi, selon le *Lexique* de Photius, adopté la forme poétique *ēōs* et non pas l'attique *hĕōs* pour parler de l'aurore ; or, dans les deux cas, les manuscrits survivants donnent la forme attique normale. L'influence des scribes est là aussi évidente.

2.– *L'Église chrétienne et les études classiques.*

Nous allons maintenant considérer les conséquences qu'eut l'expansion de l'Église sur l'enseignement et les études littéraires. Au début de l'Antiquité, la tolérance religieuse était la règle, non l'exception, et les adeptes des innombrables cultes vivaient pacifiquement côte à côte ; l'animosité qui opposa chrétiens et païens allait tout changer et définitivement. Bien des hommes d'église influents manifestaient une égale aversion envers les incroyants et la littérature qui les enthousiasmait ; aussi la déconseillaient-ils à leurs ouailles. Si tout le clergé avait adopté cette attitude, la religion nouvelle, qui devint universelle au Ve siècle, aurait fini par jeter vraiment l'interdit sur les œuvres classiques ; de fait, il est à peu près hors de doute que si certaines ont été perdues, c'est d'abord et surtout parce que les fidèles ne s'y intéressaient pas ; on n'en fit plus assez de copies pour leur permettre de survivre à des siècles de guerres et de destructions. Les auteurs classiques offraient pourtant une valeur littéraire suffisante pour que des chrétiens aient envie de les lire, d'autant plus qu'au début du moins il y avait relativement peu d'ouvrages nouveaux qu'on pût raisonnablement substituer aux textes scolaires traditionnels. On pouvait d'ailleurs recourir à l'interprétation allégorique pour édulcorer certains passages qui auraient heurté le goût des fidèles. En outre, les chrétiens se devaient de rendre leur religion attirante pour les païens, et ils y parvinrent notamment en montrant qu'on pouvait discuter de concepts majeurs de la nouvelle foi en des termes empruntés aux philosophes de l'Antiquité, les Stoïciens et Platon en particulier. La fusion de la pensée grecque et chrétienne chez Justin et Clément d'Alexandrie en est une preuve.

Dès le début, certains Pères de l'Église, et non des moindres, ont accepté que les chrétiens lisent quelques textes païens au cours de leurs études. Quand il fréquentait en 233-238 l'école d'Origène à Césarée, Grégoire le Thaumaturge constata que son maître encourageait les élèves à lire les classiques, notamment les philosophes ; seuls étaient interdits les auteurs niant l'existence de Dieu ou la providence divine (*Remerciement à Origène*, ch. 13, § 151-152 et 14, § 172-173). Dans son désir de mettre à profit la culture païenne, Origène alla jusqu'à la critique textuelle. L'interprétation de l'Ancien Testament prêtait à controverse, le texte des Septante différant d'autres versions grecques anciennes, et l'on se heurtait à des difficultés quand il fallait élucider telle ou telle phrase. Origène adapta à l'Ancien Testament le système des signes marginaux utilisé par les critiques d'Alexandrie ; un obèle indiquait qu'un passage se trouvait dans le texte grec mais non dans l'hébreu, et l'astérisque que l'hébreu concordait avec des traductions autres que celle des Septante. Dans ses *Hexaples* il alla plus loin et présenta le texte hébreu et les diverses traductions en colonnes. Venaient successivement : l'original hébreu, l'hébreu translittéré en caractères grecs, les traductions grecques d'Aquila, de Symmaque, des Septante et de Théodotion. Cet ouvrage, lourde préfiguration des apparats critiques modernes, devait être monumental ; c'est en partie pour cela qu'il ne nous est pas parvenu sous sa forme primitive ; seuls nous sont restés des fragments d'une version en cinq colonnes ne donnant pas le texte en caractères hébreux, dans l'écriture inférieure d'un palimpseste de Milan (Ambros. O 39 sup.).

Les Pères du IVe siècle manifestèrent la même largeur d'esprit. Saint Basile, dans un petit traité, indiquait aux jeunes gens comment mettre le mieux à profit la littérature grecque et Grégoire de Nazianze s'en prenait à la majorité des chrétiens qui rejetaient en bloc les œuvres païennes, dont certaines étaient utiles à son avis (*Hom.* 43, 11 ; *P.G.*, t. 36, c. 508 B). On ne tenta pas en général de modifier les programmes scolaires en en bannissant les auteurs classiques. Les persécutions ordonnées en 362 par l'empereur Julien firent naître chez Apollinaire (env. 310-390) l'idée de bâtir un programme scolaire exclusivement chrétien pour lequel il composa, avec son père, un long poème de style homérique sur l'histoire des juifs et une paraphrase des Psaumes, en hexamètres elle aussi. Il mit aussi les Évangiles et les Épîtres sous forme de dialogues platoniciens (Sozomène, *Hist. eccl.*, 5, 18 ; Socrate, *Hist. eccl.*, 3, 16). Cette persécution prit bientôt fin et païens et chrétiens continuèrent à suivre le même enseignement, sans graves polémiques ni controverses. Certains des professeurs de rhétorique, tout chrétiens qu'ils étaient, ne bannissaient pas les auteurs païens : au IVe siècle, Prohaeresios s'acquit à Athènes l'admiration de son élève Eunape, un païen indéfectible. De même, au début du VIe siècle, les deux personnalités marquantes de l'École de Gaza, Procope et Chorikios, firent ensemble des études classiques et chrétiennes.

Les œuvres maîtresses de l'Antiquité, qui occupaient une position de force à l'école, étaient étudiées indifféremment par les croyants et les incroyants, mais dès que se généralisa la religion nouvelle, les autres textes furent menacés de disparition, car la plupart des gens, une fois leurs études terminées, ne s'intéressaient plus à la littérature païenne. On dit parfois que l'Église instaura une censure et brûla systématiquement les livres païens. Cette politique, si politique il y eut, mit fort longtemps à atteindre son objectif ; on lisait encore les poèmes de Sapho en Égypte au VIIe siècle (P. Berol. 5006). Certes, on trouve ici et là des références à des autodafés ; Jovien aurait jeté au feu en 363-364 une bibliothèque rassemblée à Antioche par son prédécesseur Julien (*Souda*, s. v. Iobianos). Il s'agit là d'une vengeance isolée : cette destruction ardente était habituellement réservée aux œuvres de chrétiens ayant versé dans l'hérésie, et l'on nous rapporte que des livres furent ainsi voués aux flammes purificatrices en plusieurs occasions au IVe et au Ve siècle.

L'Église s'en est tenue, pour l'essentiel, à cette attitude pendant toute la période byzantine. Les auteurs classiques ont conservé droit de cité à l'école et des membres éminents du haut clergé ont toujours compté parmi ceux qui les connaissaient le mieux. Rien ne prouve de façon certaine qu'ils aient été censurés par la hiérarchie. L'humaniste Petrus Alcyonius (1486-1527) a beau proclamer que les autorités ecclésiastiques ont fait brûler les œuvres de poètes païens, aucun témoignage ne vient corroborer ses dires. Si les nombreux auteurs qu'il mentionne à ce propos avaient disparu à la fin des siècles obscurs, c'est probablement pour d'autres raisons. L'Église ne poursuivait de sa vindicte que les hérétiques ; en 1117, quand le métropolite Eustrate de Nicée cherchait des arguments à opposer à l'Église arménienne, il découvrit chez saint Cyrille d'Alexandrie des œuvres sentant le fagot ; lorsqu'elles commencèrent à circuler, il les signala aux autorités qui ordonnèrent que tous les exemplaires fussent envoyés dans les trente jours à Sainte-Sophie pour y être détruits. Le patriarche apprit d'autre part en 1140 que des ouvrages hérétiques d'un moine passaient de main en main ; recherches faites, on en découvrit trois copies qui furent brûlées. Cela dit, on n'a pas encore trouvé de cas où l'Église aurait pris des mesures analogues à l'encontre d'un auteur classique ; il n'est pas jusqu'aux œuvres de l'odieux Julien l'Apostat qui n'aient survécu.

3.— *Les débuts de la période byzantine.*

Alors que le monde antique marchait à grands pas vers son déclin, l'enseignement supérieur était plus florissant que jamais à l'est de l'empire. Des écoles, il y en avait à Alexandrie, Antioche, Athènes, Beyrouth, Constantinople et Gaza, qui toutes étaient bel et bien les universités antiques. Leur spécialité et leur importance variaient : Alexandrie se consacrait surtout à Aristote et Beyrouth au droit. Elles répondaient à une nécessité : la fonction publique s'étant prodigieusement développée au IVe siècle, Rome avait besoin d'administrateurs formés aux arts libéraux et sachant rédiger, comme le dit explicitement l'empereur Constance en 357 dans un édit conservé par le Code théodosien (14, 1, 11). On continua donc à étudier la poésie et l'art oratoire classiques ; on cultivait surtout la prose attique, ce qui signifiait qu'il fallait maîtriser certains procédés de rhétorique. On prenait pour modèles les atticistes du IIe siècle, tels Lucien et Aelius Aristide, au même titre que les Athéniens de haute époque, et durant toute la période byzantine on les mit sur le même pied. L'enseignement de la littérature semble avoir tenu bon, pendant un certain temps, contre les disciplines plus pratiques ; nous voyons pourtant Libanius, le chef d'une école littéraire célèbre, déplorer à la fin du IVe siècle que les étudiants soient attirés par le droit et le latin, qui présentaient une utilité évidente pour de futurs fonctionnaires (*Autobiographie*, 214 et 234). Les écoles périclitèrent et disparurent l'une après l'autre, si bien qu'au milieu du VIe siècle il ne restait plus que celles de Constantinople et d'Alexandrie : Justinien lui-même avait fermé l'école de philosophie d'Athènes en 529 ; quant aux autres cités, la guerre et les cataclysmes naturels leur avaient porté de rudes coups.

La place prépondérante accordée à la rhétorique et à l'atticisme ne favorisait guère l'érudition au sens actuel du terme. Signalons pourtant que c'est sans doute pendant cette période que les anciens commentaires furent repris sous forme de scolies, écrites désormais dans les marges et non plus consignées dans des ouvrages distincts (Planches II et III). On a lieu de penser en particulier, que dans le cas de Démosthène et des autres orateurs ce travail fut effectué à l'école de Gaza. Il s'agissait essentiellement d'une compilation et d'une sélection exigeant de choisir avec intelligence ce que l'on retiendrait des exégèses précédentes ; malheureusement, en pratique, les scolies sont toujours dénaturées par des notes stupides ou hors de propos. On croit en général qu'elles furent rédigées au IVe ou au Ve siècle, mais rien ne permet d'en être certain, puisqu'il n'a pas été possible d'identifier les compilateurs. L'idée de porter en marge des scolies copieuses peut avoir pris naissance à n'importe quel moment, une fois le codex devenu la forme normale du livre ; toutefois, les scolies marginales abondantes ne se trouvent guère avant le IXe siècle.

Signalons à cet égard que Procope de Gaza (env. 460 - env. 530) est censé avoir inventé la chaîne exégétique, qui n'est pas sans ressembler aux scolies ; il en donne en tout cas une définition célèbre (*P.G.*, t. 87, 1, c. 21-24). Ce commentaire qui court tout au long d'un livre de la Bible rassemble les opinions de plusieurs interprètes antérieurs et reprend normalement leurs arguments *in extenso*. C'était une nouvelle étape dans l'étude des Livres Saints, mais faut-il voir dans la chaîne une préfiguration ou une imitation des scolies, nul ne le sait encore.

Il convient en dernier lieu de remarquer - et le point mérite qu'on s'y arrête - que la gamme des œuvres littéraires goûtées normalement par le lecteur va se rétrécissant peu à peu. Après le IIIe siècle, on rencontre de moins en moins d'hommes cultivés ayant connaissance de textes qui ne nous sont pas parvenus. Wilamowitz propose une théorie pour expliquer ce phénomène : au IIe ou au IIIe siècle, un professeur éminent établit un programme scolaire ayant un tel rayonnement que toutes les écoles l'adoptèrent. Avec la décadence et l'appauvrissement de l'empire, un texte qui n'y figurait pas n'était ni lu ni copié assez souvent pour qu'il fût assuré de survivre. Par exemple, sept tragédies d'Eschyle et sept de Sophocle ont été retenues dans ce choix, et nulle autre ne nous est parvenue ; neuf ou dix pièces d'Euripide y figuraient également, mais en l'occurrence un témoin unique en contenant plusieurs autres a survécu par un heureux hasard. Cette théorie, très séduisante certes, donne pourtant à notre sens une vue trop schématique de l'histoire des textes. On peut d'abord lui opposer qu'on n'a pas identifié vraiment le professeur en question ; ce pourrait être Eugène qui, au Ve siècle, étudia la colométrie de quinze pièces. S'il est exact, ce chiffre donne déjà à penser que neuf tragédies d'Euripide avaient été retenues et trois de chacun des deux autres dramaturges ; mais c'est plus probablement lors de la révision du programme des dernières écoles byzantines qu'on ramena le choix de ces œuvres à trois. Quoi qu'il en soit, nos connaissances sont si limitées qu'on aurait tort de s'appesantir sur cette lacune de notre documentation. Il est plus important d'indiquer qu'à la fin de l'Antiquité on lisait des textes n'appartenant pas au « choix » : nous possédons des fragments du *Phaéthon* (Paris gr. 107 B) et de la *Melanippe Desmotis* (P. Berol. 5514) d'Euripide, datant du Ve siècle, et d'autres, du VIIe siècle, de Sapho (P. Berol. 9722) et de Callimaque (P. Oxy. 2258) ; trois de ces documents furent découverts dans des provinces égyptiennes où l'on aurait pu supposer que l'intérêt pour des textes païens assez exceptionnels se serait perdu depuis longtemps. En revanche, Ménandre qu'on lisait encore dans les écoles de Gaza au VIe siècle n'apparaît plus au Moyen Age. Enfin et surtout, il est manifeste que toutes les pertes qui ont affecté la littérature antique ne se produisirent pas à haute époque. Au IXe siècle, Photius put encore avoir accès à de très nombreux livres dont on ne trouve plus trace ensuite et dont nous ne savons rien, sinon ce qu'il nous en dit. Dans ces conditions, il vaut peut-être mieux renoncer à l'idée que le choix délibéré d'un individu fut un facteur déterminant de la survie des textes.

A la fin du VIe siècle, le savoir et la culture étaient en pleine décadence. L'université impériale de Constantinople, totalement remaniée par Théodose aux environs de 425, et une nouvelle académie dirigée par le patriarche (dont l'existence même est parfois mise en doute) étaient les seuls établissements sérieux dans le cœur de l'empire ; l'école d'Alexandrie existait toujours, mais en marge. L'empire épuisé ne pouvait plus encourager le savoir, et la querelle des images fit des ravages avant qu'un redressement ne pût s'opérer. Pendant trois siècles, il n'est guère question d'enseignement et d'étude des classiques. Les iconoclastes ne sont définitivement vaincus qu'en 843, quand un concile rétablit officiellement le culte traditionnel des images. Il ne nous reste que de très rares manuscrits de cette période et bien peu de preuves indirectes de la survie des études classiques. Seuls méritent d'être mentionnés les travaux de Choiroboskos, qui faisait des conférences de grammaire au séminaire de Constantinople, et les *Canons* de Théognoste, un long traité sur l'orthographe, datant du début du IXe siècle ; étant donné que la prononciation du grec avait changé, l'orthographe était alors aussi redoutée des écoliers qu'elle l'est aujourd'hui.

4.– Les textes grecs en Orient.

Une brève digression s'impose pour aborder un chapitre souvent négligé de l'histoire de la transmission des textes grecs : l'importance de leur traduction en langues orientales. A la fin de l'Antiquité, sans qu'on sache très bien quand, on se mit à traduire les œuvres hellènes en syriaque, surtout à Nisibe et à Édesse. On croit en général que les pays de la Méditerranée orientale étaient bilingues sous l'empire romain. Or c'est aller trop loin, car la masse de la population ne parlait sans doute pas le grec ou le parlait peu. Quand elle se rendit en Terre Sainte vers l'an 400, l'auteur de la *Peregrinatio Aetheriae*, un des premiers récits de pèlerinage, constata que les offices étaient célébrés en grec, mais qu'un des assistants de l'évêque les traduisait immédiatement en syriaque (ch. 47, 3). L'Église ne pouvait remplir sa mission qu'en utilisant la langue vernaculaire.

C'est probablement le Nouveau Testament qui fut traduit le premier, bientôt suivi par une série de travaux patristiques. Les manuscrits les plus anciens qui nous en soient parvenus remontent aux IVe et Ve siècles, et nul n'ignore qu'ils sont précieux pour les théologiens. On est surpris en revanche d'apprendre que d'autres ouvrages grecs ont été traduits eux aussi. On sait que les écoles de Nisibe et d'Édesse ont préparé des versions d'Aristote, et une partie de la *Météorologie* de Théophraste a survécu en syriaque uniquement. Outre des œuvres philosophiques et scientifiques, les Syriens ont traduit du Lucien et la grammaire de Denys le Thrace, comme s'ils cherchaient à dispenser à leurs élèves, dans leur langue maternelle, les bienfaits de l'éducation hellène. Ces traductions ne présentent pas grand intérêt pour l'érudit moderne qui s'efforce de restituer le texte exact de l'œuvre originale, car loin d'aider à le rectifier, il arrive parfois que le syriaque doive être corrigé d'après le grec.

Les versions arabes des classiques grecs sont peut-être plus nombreuses et certainement mieux connues que les syriaques ; sans doute est-ce dû aux hasards de la transmission. Ces traductions s'expliqueraient uniquement, semble-t-il, par le désir d'utiliser les meilleurs traités philosophiques et scientifiques disponibles, et il est fort peu probable que la Bible ait eu le pas sur les classiques. D'ordinaire, on partait d'une version syriaque existante, si bien que deux traducteurs peuvent avoir successivement trahi le sens primitif. Quand on possède pour une œuvre une version arabe à côté de la tradition grecque, on ne peut tenir pour acquis que la première sera très utile pour établir le texte original ; cependant un exemple célèbre nous montre que le pessimisme n'est pas toujours de mise. Pour la *Poétique* d'Aristote, le texte arabe, bien qu'il soit exceptionnellement difficile à comprendre, comporte quelques leçons que l'éditeur se doit d'accepter et plusieurs autres dont il doit tenir le plus grand compte, moisson fort honorable pour un traité aussi court. Que la *Poétique* ait été traduite en syriaque et en arabe a de quoi surprendre à première vue ; mais c'est peut-être tout simplement parce que toutes les œuvres du « maître de ceux qui savent » étaient jugées assez importantes pour mériter une traduction. Les Arabes toutefois s'intéressaient avant tout à la science et à la philosophie. Ils étudiaient beaucoup Platon, Aristote et Théophraste, et plus encore les mathématiciens. Leur version du *Des sections coniques* d'Apollonius de Pergé est précieuse, car plusieurs livres ont été perdus en grec ; il en va de même pour la *Mécanique* de Philon de Byzance et pour certaines œuvres d'Archimède et de Héron d'Alexandrie. Ils s'intéressaient aussi, et même de très près, à Hippocrate, Galien et Dioscoride. On est loin d'avoir trouvé toutes les traductions qui ont existé ; dans bien des cas, on les connaît uniquement par les références qui en sont faites dans des encyclopédies médiévales arabes, mais on peut espérer en découvrir d'autres quand on aura davantage exploré les collections de manuscrits arabes.

Ce que nous avons dit plus haut de la qualité générale des traductions appelle une réserve. Il y avait au IXe siècle à n'en pas douter un traducteur qui, par son érudition, valait au moins ses contemporains de Byzance. Hunain ibn Ishaq (809-873) savait l'arabe, le persan, le grec et le syriaque, sa langue maternelle apparemment. Il commença à traduire à l'âge de 17 ans et s'il avait déjà alors une belle maîtrise des langues, c'est qu'il avait dû être élevé dans une communauté multilingue. Il aurait vécu à Bagdad où il fonda une école de traducteurs et il rapporte que des chrétiens se réunissaient dans cette ville pour lire leurs auteurs anciens ; il ne précise pas s'il s'agissait de textes originaux ou de versions syriaques, mais il dit clairement que des communautés hellènes, groupées peut-être autour de monastères, ont conservé l'usage de leur langue et qu'on peut trouver des manuscrits grecs dans tout le monde islamique. Il en a lui-même cherché en Mésopotamie, en Syrie, en Palestine et en Égypte. Répondant à un ami qui lui avait demandé une nomenclature détaillée, avec indication du contenu, de toute la littérature médicale grecque qu'il connaissait, Hunain expose longuement ses méthodes de travail. Il s'étend sur Galien et prend soin d'indiquer si les textes étaient traduits uniquement en syriaque ou en arabe également, qui étaient le traducteur et le dédicataire et où l'on pouvait trouver des œuvres grecques non encore traduites. Ce qu'il dit de ses prédécesseurs est révélateur. Il affirme souvent qu'ils n'avaient aucune compétence linguistique ou qu'ils avaient certainement utilisé des manuscrits détériorés ou illisibles, ce à quoi il était réduit lui-même de temps à autre. Dans ce cas, il collationne le texte défectueux sur tous les témoins grecs qu'il peut se procurer et propose une version révisée. Il parle à maintes reprises des innombrables livres grecs en piteux état auxquels il eut accès. Peut-être cette habitude de comparer scrupuleusement des textes divergents lui venait-elle en partie du moins de Galien, qui recourait à peu près à la même méthode pour élucider les difficultés du corpus hippocratique. C'est peut-être bien à l'érudition de Hunain et de ses collaborateurs que les versions arabes doivent leur valeur.

Passons maintenant à l'arménien. Là encore, comme pour le syriaque, les traductions répondirent d'abord sans doute aux besoins de l'Église. La version arménienne de la Bible est l'une des plus célèbres. Parmi les ouvrages patristiques, il en est qui ne nous sont parvenus qu'en arménien : certains écrits de Philon d'Alexandrie et une partie de la *Chronique* d'Eusèbe. Quant aux classiques, nous signalons ailleurs (voir pp. 12, 41) des traductions de Platon et de Denys le Thrace. Une mention mystérieuse et alléchante donne à penser que d'autres œuvres grecques purement littéraires et profanes auraient été traduites elles aussi : on nous parle de divers historiens et d'ouvrages non précisés de Callimaque. Enfin, un exposé de l'intrigue des *Péliades* d'Euripide nous vient d'une source arménienne.

5.– *La renaissance du IXe siècle.*

Les premiers vrais érudits byzantins appartiennent au milieu du IXe siècle ; c'est alors qu'apparaissent des hommes d'une rare compétence, susceptibles d'exercer au mieux leur talent dans un empire plus calme. En 863, le césar Bardas fait revivre l'université impériale qui a sombré dans la tourmente des siècles précédents, en fondant à Constantinople une école dont il confie la direction à Léon, philosophe et mathématicien distingué ; les professeurs sont Théodore pour la géométrie, Théodègos pour l'astronomie et Komètas pour la grammaire ; ce dernier s'était sans doute spécialisé dans la rhétorique et l'atticisme, mais on lui doit aussi une recension d'Homère. On reconnaît l'érudit à un épisode de sa vie : Léon habitait alors dans l'île d'Andros où il rencontra un homme de grand savoir qui lui enseigna la rhétorique, la philosophie et l'arithmétique ; il en apprit assez pour avoir envie d'approfondir ses connaissances et alla sur le continent pour puiser dans les bibliothèques des monastères. Sa motivation est caractéristique du changement d'atmosphère à Byzance : pendant la crise iconoclaste, des empereurs comme Léon l'Arménien avaient certes cherché avec acharnement des livres, mais à seule fin d'y trouver des arguments étayant leur thèse dans les controverses théologiques.

Des changements dans la présentation et la production des manuscrits coïncident avec cette renaissance du savoir, et l'ont peut-être même favorisée. Jusque-là, comme écriture de librairie, on avait surtout utilisé l'onciale qui était parfaitement développée dès le IVe siècle et s'était si peu modifiée depuis qu'on en est surpris. Bien qu'elle fît un excellent effet, elle avait le sérieux inconvénient d'être longue à tracer et si grande qu'une page ne pouvait contenir que très peu de texte. Quand la matière première peu onéreuse dont on s'était servi dans l'Antiquité se fit rare, soit que les plantations de papyrus aient été épuisées, soit qu'elles aient été exploitées essentiellement par les Arabes après la conquête de l'Égypte en 641, la demande de parchemin dut augmenter très fortement ; même si l'on ne s'intéressait guère à la littérature, on avait besoin de textes théologiques et liturgiques et il fallait en outre alimenter les services administratifs. C'est pourquoi on eut recours à un expédient : on adapta pour le livre l'écriture qu'utilisaient depuis un certain temps les milieux officiels pour les lettres, documents, rapports, etc., à savoir ce que nous appelons aujourd'hui la minuscule. Elle prenait moins de place et un scribe expérimenté pouvait l'écrire très vite. Le premier exemple daté qu'on en possède, les Évangiles Uspensky (Léningrad, gr. 219), nous met en 835 ; comme le tracé n'est ni hésitant ni maladroit, il s'en faut même de beaucoup, on peut penser qu'elle avait été adoptée au moins un demi-siècle plus tôt. Où ? Nous ne le savons pas exactement ; cependant on a lieu de croire qu'elle fut popularisée par les religieux du Stoudios, un grand monastère de la capitale qui devint par la suite un centre de production de livres très connu. L'onciale fut abandonnée progressivement et à la fin du Xe siècle elle n'était plus employée que pour quelques ouvrages liturgiques bien particuliers. La minuscule, exigeant moins de parchemin, favorisa la copie des textes qui sera encore stimulée par une autre invention. Lors de la prise de Samarcande en 751, les Arabes avaient capturé des Chinois qui leur apprirent à fabriquer du papier. La production étant devenue bientôt très importante en Orient et en Espagne, Byzance put en importer. Les hostilités entre les deux empires ont sans doute entravé le commerce, mais le papier devint manifestement très courant à Byzance et il aurait été utilisé dans les archives impériales à partir du milieu du XIe siècle.

Les érudits se mirent avec ardeur à translittérer les vieux livres en onciale. C'est grâce à eux surtout que l'on peut encore lire des œuvres grecques, car, pour presque tous les auteurs, nous sommes en définitive tributaires d'un ou plusieurs témoins écrits en minuscule à cette époque ou peu après, dont sont dérivées toutes les copies postérieures ; les textes donnés par les papyrus et les manuscrits en onciale ne représentent qu'une faible partie de ceux qui ont survécu. En translittérant, le copiste faisait parfois des erreurs, notamment des mélectures dans le cas de lettres voisines en onciale, et donc faciles à confondre. En maint endroit, on trouve dans tous les manuscrits existants les mêmes fautes, qui semblent provenir d'une source unique, où l'on voit en général une copie du IXe siècle. On admet aussi communément qu'on ne faisait qu'une translittération d'un livre en onciale, mis ensuite au rancart ; de la sorte, le témoin en minuscule devenait la source de toutes les autres copies. Cette théorie peut se justifier *a priori* pour deux raisons : d'une part, on n'était sans doute pas enclin à translittérer plus que de besoin une écriture devenant de moins en moins familière ; d'autre part, il est assez vraisemblable qu'après les destructions survenues au cours des siècles précédents, bien des textes n'existaient plus qu'en un seul exemplaire. Ces arguments n'ont pourtant pas force de preuve et il est des cas où il faut recourir à des hypothèses plus complexes. Dans la tradition de Platon, un manuscrit (Vienne, suppl. gr. 39) diffère beaucoup des autres dans ses erreurs, et l'on a peine à croire qu'il descend du même exemplaire du IXe siècle ; il peut au contraire provenir de la translittération d'un autre témoin en onciale, si bien que deux livres anciens au moins auraient survécu aux « siècles obscurs ». Un fait vient nous confirmer dans cette opinion : quand un texte grec a été traduit en une langue orientale à une époque reculée, mettons le Ve siècle, les leçons caractéristiques de cette traduction peuvent se retrouver dans un petit groupe de manuscrits grecs. Cela est vrai de la version arménienne de certains dialogues de Platon, de la traduction arabe de la *Poétique* d'Aristote et, si l'on nous permet de citer ici un texte patristique, de la version syriaque du *De virginitate* de Grégoire de Nysse. Autre argument allant dans le même sens : les difficultés qu'offre l'étude de manuscrits d'œuvres très fréquemment lues et donc copiées au Moyen Age, par exemple les tragédies d'Euripide inscrites au programme des écoles ; en l'occurrence, on ne peut recourir à la méthode usuelle pour déterminer la relation entre les témoins, car ils n'entrent pas dans des groupes stables, c'est-à-dire qui coïncident toujours dans leurs erreurs. Il faut donc supposer qu'érudits et professeurs d'autrefois comparaient souvent leur propre exemplaire à d'autres, y apportaient des altérations ou ajoutaient des variantes au-dessus de la ligne ; c'est ce qu'on appelle la contamination. Dans de tels cas, il est bien possible que plus d'une copie ait réchappé aux siècles de fer et l'on aurait fait au moins deux translittérations ; ou bien, il n'y eut qu'une copie, mais déposée en un endroit central où elle fut consultée par ceux qui s'y intéressaient et l'on aurait ajouté en marge les variantes trouvées ailleurs. On peut aisément imaginer, même si aucune preuve externe n'étaye cette hypothèse, que ces exemplaires semi-officiels furent confiés à la bibliothèque de l'académie créée par Bardas. L'académie patriarcale avait peut-être des témoins analogues, car un manuscrit des *Lois* de Platon (Vat. gr. 1) datant du début du Xe siècle, comporte des variantes ajoutées en marge par un érudit du siècle suivant qui dit les avoir tirées d'un « livre du patriarche » ; s'agissait-il d'un exemplaire personnel ou d'un volume appartenant à la bibliothèque du séminaire ? Nous ne le savons malheureusement pas.

L'université du César Bardas, qui avait été fondée sous d'heureux auspices, a vraisemblablement été le centre d'un groupe actif d'érudits, soucieux de retrouver et diffuser des œuvres classiques très diverses. Elle ne semble pourtant pas avoir eu le rayonnement escompté, car on s'y réfère très peu par la suite. Ses enseignants étaient totalement éclipsés par leur contemporain Photius (env. 810 - env. 893), un homme exceptionnel qui se signala autant par sa position dans l'Église et au gouvernement que par ses efforts inlassables pour encourager le savoir. Il occupa le trône patriarcal à deux reprises (858-867 et 877-886) et mena les négociations qui allaient conduire ensuite au schisme d'Orient ; c'est en raison de cette rupture entre Rome et l'Église de Byzance, qui eut tant d'autres conséquences, que les appels à l'aide lancés au XIVe et au XVe siècle par l'empire affaibli restèrent pratiquement sans écho. Pour notre propos toutefois, la phase la plus intéressante de la vie de Photius se place avant son élévation soudaine à la dignité de patriarche (il n'était pas encore dans les ordres une semaine plus tôt). Dans sa jeunesse, il avait étudié avec une égale ardeur des sujets très variés et parvint rapidement à mener deux carrières de front. La jalousie et le dépit aidant, on raconta qu'il avait, un peu comme Faust, acquis ses connaissances en vendant sa foi chrétienne à un magicien juif en échange du succès, du savoir et de la richesse. Il était très bien vu à la cour et avait la confiance de l'entourage de l'empereur ; mais, à côté, il animait une sorte de cercle littéraire privé. En 855, il fut chargé d'aller en ambassade auprès du gouvernement arabe pour négocier un échange de prisonniers de guerre. Avant d'entreprendre ce long et périlleux voyage, il rédigea et adressa à son frère Tarasius, pour le consoler de leur séparation, un résumé de livres qu'il avait lus au cour de longues années, omettant un certain nombre d'œuvres classiques que son frère était supposé connaître. Cette *Bibliothèque* (on dit aussi *Myriobiblos*) est passionnante : Photius y a inventé l'art du compte rendu. En 280 sections, qui vont d'une simple phrase à plusieurs pages, il récapitule et commente un très grand choix d'ouvrages païens et chrétiens (à peu près dans les mêmes proportions, 122 étant consacrées à des textes profanes). Dans la dédicace de l'œuvre, il prétend avoir fait appel à sa seule mémoire, mais on estime en général qu'il a remanié des notes prises au cours de vingt années de lecture. Il ne suit aucun plan et passe, dit-il, les auteurs en revue dans l'ordre où ils lui viennent à l'esprit, car il n'a pas le temps d'être plus systématique. La *Bibliothèque* a pour l'érudit moderne l'intérêt de résumer bien des œuvres aujourd'hui perdues ; tel est le cas pour une vingtaine des 33 historiens qui y sont commentés. On peut en tirer un riche enseignement sur ce qui attirait un grand Byzantin de l'époque : parmi les profanes, les historiens viennent en tête, mais on y trouve aussi des orateurs, des romanciers et des compilateurs de dictionnaires atticistes. Ce point est important, car il nous montre que Photius se préoccupait de stylistique, ce que nous constatons aussi dans les fréquentes remarques où il caractérisait brièvement la manière d'un auteur ; goûter du bel attique, et l'écrire, c'est d'ailleurs une des composantes de la culture byzantine. Photius avait des appétits intellectuels prodigieux. Qu'un homme pieux et un futur patriarche eût envie de connaître les romanciers grecs a déjà de quoi surprendre : il en savourait le style sans pouvoir évidemment en approuver le contenu. Qui plus est, il lisait des libelles anti-chrétiens, ce qui doit faire sérieusement réfléchir ceux qui soutiennent que l'Église essayait d'imposer une censure. La philosophie n'est pas très bien représentée dans la *Bibliothèque*, mais nous trouvons ailleurs dans l'œuvre de Photius la preuve de ses connaissances en la matière. La poésie en est absente ; cette lacune très sérieuse dénoterait une telle faute de goût qu'on peut se demander si l'ouvrage rend vraiment compte des lectures de l'auteur. On peut en inférer, sans en être certain, que la poésie classique n'attirait pas encore les milieux intellectuels, d'autant plus que les manuscrits qui nous en sont parvenus ne peuvent pas être antérieurs à 925 environ. Certes, Komètas étudia Homère, ainsi que nous l'avons vu ; mais cette objection n'en est pas une, car l'épopée garda dans le programme scolaire une position inviolable qui en fit une catégorie bien à part.

Avant d'en terminer avec Photius, il nous faut mentionner son *Lexique*, dont la première copie complète fut découverte en 1959 dans un monastère du fin fond de la Macédoine. Oeuvre typique du genre, précieuse pour ses brèves citations de textes classiques aujourd'hui disparus. Son but : amalgamer et réviser divers livres de la même espèce ; dans sa *Bibliothèque*, Photius indiquait déjà que l'entreprise serait fort utile. Il était modéré dans son atticisme et admettait volontiers des termes empruntés à des poètes, s'ils lui paraissaient mieux à même d'exprimer une idée. Ses citations n'impliquent pas qu'il avait lu les poèmes en entier ; il les tirait probablement telles quelles de ses sources. Il collabora en outre à un autre lexique au moins, et fit montre d'un purisme outrancier en corrigeant les usages dans les lettres de ses amis.

Qu'un personnage aussi distingué soit brusquement apparu après des siècles d'obscurité est remarquable, et cela d'autant plus qu'on ne sait pas qui le dirigea dans ses études, ni à quelles sources il puisa pour connaître tant de textes rares. A dater de là, grâce au cercle de Photius et à la nouvelle université, la tradition d'étudier les classiques ne s'est pour ainsi dire jamais interrompue à Byzance.

On recopia régulièrement les œuvres littéraires et l'on prêta une grande attention aux traités techniques - de mathématique et de médecine en particulier - surtout parce qu'ils étaient généralement encore les meilleurs du genre. C'est chez Aréthas (env. 860 - env. 935), qui devint archevêque de Césarée, en Cappadoce, que cet essor nouveau de l'érudition porte ses premiers fruits de valeur ; une fois de plus, c'est un homme d'église qui se passionne pour le savoir.

Alors que les livres de Photius n'ont pas survécu, ou du moins ne sont pas identifiés, on possède plusieurs volumes de la bibliothèque d'Aréthas et l'on sait que des copies furent tirées d'autres ouvrages maintenant disparus ; on peut donc avoir une bonne idée de sa collection. Les volumes qui nous ont été conservés sont des chefs-d'œuvre de calligraphie sur très beau parchemin, et leur propriétaire a parfois indiqué le prix qu'il les avait payés : 14 pièces d'or pour son Euclide (Bodl. Libr., D'Orville 301, daté de 888) et 21 pour son Platon, plus épais et d'un plus grand format (*ibid.*, E.D. Clarke 39, daté de 895 ; Planche III). Si l'on songe à ce qu'étaient les revenus à l'époque, on voit que les livres coûtaient très cher : un fonctionnaire débutait à 72 pièces d'or par an et pouvait, dans des cas exceptionnels, arriver jusqu'à 3 500. La bibliophilie n'était vraiment pas à la portée des bourses moyennes.

Aréthas fit appel à des scribes professionnels, le plus souvent des moines qui exécutaient des commandes moyennant rémunération ; il ajouta ensuite, de sa propre main, d'innombrables commentaires marginaux (Planche III). Bien qu'ils ne témoignent ni d'une grande puissance, ni d'une forte originalité, ils sont précieux, parce qu'il les tirait de bonnes sources ; on en veut pour preuve ses notes sur Platon et Lucien. Parmi les auteurs de sa bibliothèque qui nous sont parvenus, citons : Platon, Euclide, l'*Organon* d'Aristote (Urb. gr. 35), Aelius Aristide (Paris gr. 2951 + Laur. 60, 3), Lucien (Brit. Libr., Harley 5694) et quelques prosateurs chrétiens (Paris gr. 451). On a des raisons de penser qu'il possédait également Pausanias, Dion Chrysostome et un exemplaire de Marc-Aurèle qui assura sans doute la survie du texte. Remarquons que, là encore, la poésie fait défaut, alors que les écrivains atticistes sont bien représentés ; en outre Aréthas, contrairement à Photius, ne manifestait aucun goût pour l'histoire.

On ne connaît pas l'origine de sa collection. Il était diacre quand il fit l'acquisition du Platon et de l'Euclide. Il vivait probablement alors dans la capitale où l'on a pu pendant un temps se procurer sans peine la plupart des auteurs. Il fallait sans doute aller plus loin pour dénicher les textes rares, mais nous n'avons sur le commerce de librairie aucune information qui puisse nous renseigner sur les acquisitions d'Aréthas. Quoi qu'il en soit, puisque Georges le Syncelle, un historien se situant vers l'an 800, nous parle d'ouvrages anciens remarquables venant de Césarée (*Chronique*, éd. Bonn, p. 383, 7-11), on peut imaginer qu'Aréthas fit des trouvailles en Cappadoce pendant qu'il y fut archevêque.

6.– La fin de l'époque byzantine.

Avec la mort d'Aréthas, entre 930 et 940, s'ouvre une période où il devient beaucoup plus difficile d'identifier les érudits de grand talent et les bibliophiles. L'empereur Constantin VII Porphyrogénète (913-959) donna un élan à l'érudition en s'y consacrant lui-même. Condamné longtemps à une demi-retraite, il la mit à profit pour rédiger des traités sur l'art de gouverner, qui nous sont conservés en partie. Ce sont des compilations encyclopédiques qui ont une certaine importance pour les philologues classiques, car elles puisent à des sources historiques très variées dont on a perdu toute autre trace dans bien des cas. Constantin n'a évidemment pas pu mener seul à bien cette énorme tâche, mais nous ignorons tout de ses collaborateurs. Peu après, sans doute sous le règne de Jean Tzimiscès (969-976), un groupe d'érudits a sorti un ouvrage qui nous intéresse à peu près au même titre que ceux de Constantin : la *Souda*, appelée aussi à tort Suidas (comme s'il s'agissait d'un nom propre), tient à la fois du dictionnaire et de l'encyclopédie élémentaire. Ses articles portent sur de multiples personnages et sujets classiques et, en dépit de renseignements douteux, voire erronés, elle nous transmet des informations fort utiles. On a pu retrouver une partie de ses sources, l'une des plus fréquentes étant le texte et les scolies d'Aristophane, dont elle est en fait un témoin relativement important. Sa valeur tient néanmoins aux sources perdues, qui sont parfois difficiles à identifier maintenant. Même si ses auteurs n'étaient pas d'une rare intelligence, la *Souda* marque un progrès en ce qu'elle est infiniment plus qu'un lexique de l'attique : c'est l'un des premiers ouvrages à mériter le nom d'encyclopédie et c'est peut-être la première à suivre l'ordre alphabétique.

On aurait tort de croire, parce que les érudits de cette époque nous demeurent inconnus, qu'il ne restait rien de l'élan imprimé par Photius aux études littéraires. Les manuscrits existants attestent au contraire que dès le début du Xe siècle on avait commencé à s'intéresser à des poètes autres qu'Homère : les copies les plus anciennes de Théognis (Paris, supp. gr. 388) et de Musée (Bodl. Libr., Barocci 50) datent presque certainement de cette période. On se mit à en lire d'autres au milieu du siècle ou un peu plus tard et c'est bien à cela que nous devons quelques-uns des témoins les plus précieux qui nous aient été conservés. Voici des exemples : le manuscrit de l'Anthologie grecque, parfois dénommée *Anthologie palatine* pour la distinguer de l'anthologie de Planude qui lui est postérieure (Heidelberg, Pal. gr. 23 + Paris, supp. gr. 384) ; l'*Iliade* de Venise (Marc. gr. 454 ; Planche II), plus importante encore par ses scolies que par le texte ; l'Aristophane de Ravenne, le seul manuscrit médiéval donnant les onze pièces (Ravenne, gr. 429) ; le Laurentianus 32, 9, essentiel pour Sophocle et Apollonios de Rhodes, et de surcroît le seul témoin ancien qui contienne les sept tragédies d'Eschyle. Les prosateurs n'étaient pas négligés pour autant ; nous en voulons pour preuve le principal témoin de Polybe, écrit par le moine Ephrem en 947 probablement (Vat. gr. 124) et deux copies de Démosthène (Paris gr. 2935 et Laur. 59, 9). Ces trois manuscrits sont l'œuvre de scribes dont on peut reconnaître la main ailleurs, ce qui nous permet d'imaginer l'éventail de la production d'un scribe, même s'il s'agissait de travaux commandés, n'attestant donc pas ses goûts personnels. Ephrem, on le sait, a trois autres livres à son actif : l'*Organon* d'Aristote, de 954 (Marc. gr. 201) ; les Actes et les Épîtres (Athos, Lavra 184), non daté ; les Évangiles, de 948 (Athos, Vatopedi 747). Le Démosthène de Paris est en grande partie écrit par le scribe du Platon mentionné plus haut (Vat. gr. 1), alors que l'autre témoin démosthénique est sans doute de la même main que l'Aristophane de Ravenne. On peut ainsi relier, en identifiant les scribes, nombre de manuscrits d'auteurs classiques, et cela à différentes époques de l'histoire byzantine. Les livres qui nous sont restés ne représentent vraisemblablement qu'une faible proportion de tous ceux qui furent copiés ; le nombre des identifications qui ont été possibles nous donne cependant à croire que la copie des textes anciens était l'apanage d'un tout petit groupe d'érudits, de maîtres d'école et de scribes de métier.

On continua à étudier et enseigner les classiques au XIe siècle, tout comme devant, à ceci près que l'université impériale fut réorganisée ; est-ce parce que l'établissement tel que l'avait conçu Bardas périclitait ? Nous ne saurions le dire ; l'important, c'est qu'on y créa une faculté de droit et une de philosophie, en 1045, sous l'égide de l'empereur Constantin IX Monomaque. L'école de droit ne nous intéresse pas directement ; remarquons cependant qu'elle précéda de quelques années celle de Bologne, célèbre s'il en est, dont sont sorties en définitive les facultés de droit modernes. L'école de philosophie, où l'on enseignait aussi la grammaire, la rhétorique et la littérature était dirigée par Michel Psellos (1018-1078), l'homme de loin le plus divers de sa génération, qui se signala avec un égal bonheur comme fonctionnaire, conseiller privé de plusieurs empereurs, historien et professeur de philosophie. Sa production littéraire atteste son excellente connaissance des classiques, mais il était davantage attiré par la philosophie ; éminent conférencier et enseignant, il remit Platon et, dans une moindre mesure, Aristote en honneur. L'école connut des hauts et des bas. Pour des raisons plus politiques qu'intellectuelles, semble-t-il, les professeurs tombèrent en disgrâce à la cour et Psellos lui-même dut se retirer un temps dans un monastère ; mais la fortune lui sourit à nouveau et l'école continua sans doute à fonctionner.

Bien que l'essentiel de la production littéraire de Psellos ne rentre pas dans le cadre de ce livre, il y a tout de même une demi-douzaine d'essais, tous très brefs à une exception près, qui permettent d'apercevoir en lui un homme de lettres vivement intéressé par les œuvres païennes aussi bien que patristiques, et qui sont sans doute plus révélateurs que bien d'autres confessions d'écrivains byzantins. Comme Photius, il s'intéressait au roman grec et sa comparaison entre Héliodore et Achille Tatius ne manque pas d'intelligence. Lorsqu'il analyse son propre style, il reconnaît sa dette envers plusieurs modèles classiques qu'il avait étudiés, et relève les qualités qui l'ont le plus frappé chez Démosthène, Isocrate, Aelius Aristide, Thucydide, Plutarque et Lysias ; le seul Père de l'Église qu'il mentionne en leur compagnie est Grégoire de Nazianze.

Ses essais sur le style des Pères cappadociens et Jean Chrysostome ne sont pas des chefs-d'œuvre de critique littéraire, mais ils révèlent ce que ressentait un Byzantin cultivé au son d'une prose d'apparat comme celle de Grégoire de Nazianze : « Chaque fois que je le lis, note Psellos, et je reviens fréquemment à ses œuvres, surtout pour leur doctrine chrétienne, mais aussi pour leur charme littéraire, je suis rempli d'une beauté et d'une grâce indescriptibles ; et souvent j'abandonne mon propos et, oublieux du message théologique, je me promène avec délices dans la roseraie de son éloquence, emporté par mes sensations ; et me rendant compte que j'ai été emporté, j'adore et vénère celui qui m'a ainsi arraché à moi-même. » Nous pouvons soupçonner que cette oreille qu'il avait pour la rhétorique de la prose d'art était une caractéristique de l'élite littéraire.

En revanche on sera extrêmement sceptique sur le profit que Psellos, ou tout autre Byzantin, pouvait retirer de la poésie classique. Un de ses essais les plus brefs examine, avec le plus grand sérieux, la question de savoir qui fait les meilleurs vers, d'Euripide ou de Georges de Pisidie, un poète du VIIe siècle qui avait composé des ïambes de modèle classique en l'honneur de l'empereur Héraclius et sur quelques sujets théologiques. Bien que le texte de cet essai ne soit pas aisé à interpréter, il semble clair que Psellos n'arrive pas à prendre en considération la différence entre vers dramatiques et narratifs, ni à reconnaître la médiocrité de l'épigone byzantin.

Nouvel essor de la philosophie, mais surtout aristotélicienne cette fois, au début du XIIe siècle. Anne Comnène, cette princesse qui fut enfermée dans un couvent où elle écrivit sa fameuse *Histoire*, était liée avec deux érudits, Eustrate de Nicée et Michel d'Ephèse, à qui l'on doit des commentaires sur Aristote ; leurs traités - et c'est là le plus intéressant - sont consacrés essentiellement à la *Politique* et aux œuvres zoologiques qui n'avaient pas encore suscité de commentaires, bien que les travaux sur Aristote aient foisonné dans l'Antiquité et au début de la période byzantine. Il semblerait qu'Anne, consciente de cette lacune, ait décidé de la faire oublier.

A partir du XIIe siècle, on peut de nouveau retracer l'histoire des textes en se référant à des personnages de premier plan. L'érudit le plus distingué de l'époque est sans conteste Eustathe (actif entre 1160-1192 environ) qui, après avoir enseigné la rhétorique dans un des grands établissements de la capitale, fut nommé archevêque de Thessalonique en 1175. Il aurait fait œuvre d'érudit surtout pendant qu'il était professeur à Constantinople. Les bibliothèques de la cité renfermaient certainement des trésors encore inexploités et Eustathe n'aura peut-être pas éprouvé une joie sans mélange de s'en voir éloigné, fût-ce pour être élevé à une haute dignité ; en effet, Thessalonique, grande ville certes, n'était pas semble-t-il un centre intellectuel. Sans renoncer à l'étude des classiques, il prit sa charge épiscopale très au sérieux et nous avons encore son traité sur la réforme de la vie monastique ; il y montre notamment que la plupart des moines n'ont aucune envie de lire ou d'apprendre et sont indignes des vœux qu'ils ont prononcés ; le bibliophile pointe dans une anecdote : un abbé, dit-il, a vendu une magnifique copie calligraphiée de Grégoire de Nazianze parce que son monastère n'en avait pas l'emploi (§ 128-144, éd. Tafel, p. 245-249). Cela nous rappelle à ce propos que bien des membres de l'Église n'avaient pas l'esprit porté à l'étude, encore que de grands prélats aient prêché d'exemple par l'étendue de leur savoir. Eustathe eut lui-même connaissance d'ouvrages aujourd'hui disparus et qui nous auraient été précieux ; nous en avons deux indices : d'une part, il fit appel dans ses commentaires à des sources dont il ne subsiste aucune autre trace ; d'autre part, en citant dans son commentaire sur l'*Iliade* (15, 730) un passage de l'*Antigone* de Sophocle, il se réfère aux « bonnes copies » (ἀκριβῆ ἀντίγραφα) donnant intégralement les vers 1165 à 1168, alors qu'il en manque un dans tous les manuscrits qui nous sont parvenus, dont le texte est de ce fait incohérent (en fait, il a peut-être trouvé le texte correct chez Athénée qui cite deux fois le passage, en 280c et 547c). A en juger par une remarque de son introduction à Pindare (= fr. 10 Turyn), il eut très vraisemblablement entre les mains des *Epinicies* plus complètes que les nôtres.

Ses commentaires sur les auteurs classiques furent son œuvre maîtresse. Il ne nous reste rien de ses travaux sur Pindare, hormis l'introduction, et de ses notes sur Aristophane, quelques bribes seulement sont conservées dans des manuscrits tardifs. Mais nous possédons ses notes sur Denys le Périégète, un piètre versificateur du temps d'Hadrien, qui fit un précis de géographie en un millier d'hexamètres, si souvent copié qu'on est en droit d'y voir le manuel en usage dans les écoles byzantines. Même s'il s'agit avant tout de compilations où l'apport personnel d'Eustathe est minime, ses commentaires homériques l'emportent de loin en importance et en volume : celui de l'*Iliade* occupe à peu près 1400 grandes pages dans l'édition de Leipzig de 1827-1830 ; la discussion du premier vers y tient dix pages à elle seule : un professeur n'en eût-il utilisé qu'une modeste partie, que le pauvre écolier byzantin aurait été submergé par une foule de renseignements d'une pertinence discutable, qui l'auraient de surcroît empêché de lire le texte assez vite pour en tirer agrément.

Eustathe se complaît dans les interprétations allégoriques et fait grief à Aristarque de ne pas y recourir. L'érudit moderne trouve parfois une utilité à ces travaux, pour les raisons mêmes qui les rendaient indigestes en leur temps ; ils n'apportent pas plus d'éclaircissements au demeurant que n'en fournissaient la moyenne des commentaires rédigés dans l'Antiquité.

Deux contemporains d'Eustathe, de moindre envergure, méritent cependant d'être mentionnés. Jean Tzetzès (env. 1110-1180) aurait dirigé une école à Constantinople, encore qu'il ne fût pas dans les ordres. Il a laissé, outre quelques lettres nous en apprenant beaucoup sur sa personnalité et sur la vie quotidienne, des commentaires sur trois pièces d'Aristophane, sur Hésiode et sur quelques chants d'Homère. Sans avoir ni l'intelligence ni les connaissances d'Eustathe, il est très satisfait de lui-même, mais bien à tort. Comment respecter l'homme qui, au milieu d'une note sur Aristophane (*Ploutos*, v. 677), déclare qu'il ne s'y étendrait pas davantage s'il ne restait pas tant de blanc sur la page du livre ? Ses lettres témoignent par leurs allusions de l'étendue de son bagage ; il participa, nous le savons, à des réunions où l'on débattait de l'interprétation des textes classiques et nous aimerions beaucoup avoir plus d'informations sur ce club philologique (voir sa scolie aux *Grenouilles*, v. 897, p. 952-955 Koster). Tout comme Eustathe, il a lu des œuvres aujourd'hui disparues, de Callimaque et d'Hipponax notamment. Il en va de même pour un de ses benjamins, Michel Choniatès (appelé aussi Acominatus), qui correspondit avec Eustathe et fut nommé évêque assez loin de la capitale, lui aussi, à Athènes en l'occurrence, ce qu'il déplore dans ses lettres. Avoir pour cathédrale un Parthénon intact ne le consolait pas d'être privé d'une société cultivée, et ses ouailles, des paysans ignares, étaient bien incapables d'apprécier les belles envolées de ses sermons atticistes. Il était l'heureux possesseur d'un livre très rare, aujourd'hui perdu : l'*Hecalè* de Callimaque, et se plaisait à le citer dans sa correspondance (*testimonia* 35 et 36 Pfeiffer). Tzetzès et lui sont les derniers Byzantins dont on peut dire à coup sûr qu'ils avaient accès à des œuvres de la poésie classique qui ne sont pas venues jusqu'à nous.

Comment cela se fait-il ? La réponse est simple : la quatrième Croisade s'achève en 1204 par la prise et le sac de Constantinople, événement capital que vécut Michel Choniatès. Les ravages furent énormes et les bibliothèques très certainement mises à mal. Pour l'historien de la littérature, ce fut un désastre bien pire que le sac de 1453, plus connu pourtant. C'est en 1204 que furent détruits les textes rares indiqués au paragraphe précédent ; il n'en restait plus trace, en tout cas, quand le gouvernement byzantin se réinstalla à Constantinople, en 1261, après la chute du royaume latin. Sans les Croisés, ces volumes auraient fort bien pu être acheminés vers l'ouest par les innombrables visiteurs et bibliophiles italiens qui se rendaient en Grèce et en rapportaient des manuscrits. Au moment où la ville tomba entre les mains des Turcs, il n'y demeurait plus grand-chose qui pût attirer les collectionneurs ; le seul ouvrage important dont on est certain qu'il fut détruit par les Turcs, car Constantin Lascaris l'atteste (*P.G.*, t. 161, c. 918), est un exemplaire complet de l'*Histoire universelle* de Diodore de Sicile.

Avec la capitale occupée par les Francs et la majeure partie de la Grèce morcelée entre les barons d'Occident, l'administration byzantine végétait à Nicée où elle sauvegardait les possessions d'Asie Mineure. Pour appauvri et affaibli qu'ait été l'empire, l'exil de Nicée ne fut certes pas la période la plus noire des études littéraires. Les empereurs Jean Vatatzès et Théodore Ducas Lascaris veillèrent à encourager écoles et bibliothèques, et bâtirent en définitive une véritable tradition de l'enseignement secondaire. Les détails nous échappent, car bien rares sont les manuscrits que l'on peut dater avec certitude de l'empire de Nicée, mais il semble évident qu'on étudiait les poètes et les orateurs ; d'ailleurs, Théodore apparaît lui-même dans sa correspondance comme un homme cultivé ayant un penchant pour l'érudition. Érudit aussi le moine Nicéphore Blemmydès (env. 1179 - env. 1272), qui a quantité de travaux à son actif sur la logique, la physique et la géographie notamment, et se rendit dans les provinces de l'empire passées sous la domination latine pour en ramener des livres introuvables en Asie Mineure. Nous sommes à une de ces rares et brèves périodes où les lettres fleurissent hors de la capitale. Il se peut aussi que la culture se soit largement épanouie au XIIIe siècle dans le talon de la botte italienne, une lointaine possession byzantine. On a parlé grec à l'extrême sud de l'Italie ainsi qu'en Sicile pendant le Moyen Age et les monastères grecs, qui y étaient fort nombreux, nous sont bien connus. Constantinople y gardait des contacts spécialement étroits avec la région d'Otrante, où le grand monastère de Saint-Nicolas avait une école et une bibliothèque imposante. Les ouvrages qui y furent écrits, comme à Nardò et à Gallipoli - deux villes du voisinage - donnent à penser que l'enseignement y était raisonnablement développé ; des copies d'Homère (Pal. gr. 45), d'Hésiode (Vat. gr. 2383) et d'Aristote (Barb. gr. 75) proviennent sans aucun doute de ces trois centres, qui ont peut-être également à leur actif d'autres livres, des lexiques notamment. Aucune trace en revanche de travaux d'érudition sortant de l'ordinaire, non plus que de commentaires originaux sur des auteurs classiques.

Les royaumes latins de Constantinople et de Grèce s'effondrèrent en 1261 et les souverains byzantins purent regagner leur capitale traditionnelle ; l'empire cependant s'amenuisa et perdit de sa puissance, grignoté qu'il fut par les invasions des Turcs à l'est et par les empiètements des cités commerçantes italiennes - Gênes et Venise - en Grèce et dans les îles ; les mercenaires qu'il recruta pour se défendre firent souvent plus de mal que de bien : par exemple cette bande de Catalans qui dévastèrent plusieurs provinces avant de se tailler un petit état indépendant à Athènes. Néanmoins, la fin du XIIIe siècle et le début du XIVe virent paraître certains des meilleurs travaux byzantins sur les classiques.

On sait peu de choses il est vrai des grands établissements d'enseignement de la capitale ; il y avait pourtant plusieurs écoles à Constantinople et Thessalonique, dirigées par des hommes de valeur. Dans cet exposé succinct, nous ne pouvons nous attacher qu'à deux d'entre eux. Le premier, Maxime Planude (env. 1255-1305), un moine, vivait dans la capitale et fit beaucoup durant une vie relativement courte. Il dirigea une école pendant un temps, fut chargé d'une mission diplomatique à Venise où il acquit, s'il ne les possédait pas déjà, de solides connaissances de latin, chose extrêmement rare à Byzance (où on l'ignorait, exception faite de quelques juristes et interprètes). Il lut beaucoup et se passionna manifestement pour les auteurs latins, car il traduisit notamment Augustin, Boèce, Macrobe et, ce qui est vraiment notable, les *Héroïdes*, les *Métamorphoses* et les poèmes érotiques d'Ovide. Ces travaux ne sont pas tous publiés à l'heure actuelle, mais il n'est pas déraisonnable de penser que les traductions des œuvres religieuses pourraient aujourd'hui encore utilement initier les théologiens grecs aux pères latins ; le grec littéraire a si peu varié que les versions de Planude pourraient être publiées pratiquement sans changement, n'était que l'obstacle majeur, à savoir le refus de l'Église orthodoxe de se réconcilier avec Rome, n'a pas entièrement disparu. Ce contact entre Byzance et l'Occident, le premier qui n'ait pas eu pour objet des accords de commerce ou des controverses religieuses, ne donna aucun résultat immédiat ; au siècle suivant, le moine Démétrius Cydonès traduisit à son tour des œuvres de Thomas d'Aquin et un courant d'idées naquit en sens inverse quand les Italiens vinrent apprendre le grec à Constantinople. Les études de Planude sur les textes hellènes eurent d'emblée une plus grande portée pratique. On lui attribue généralement l'initiative d'un gros volume conservé à Florence (Laur. 32, 16), donnant un grand choix de poètes classiques, inscrits ou non au programme scolaire, comme Nonnos. Il était loin d'ailleurs de se cantonner aux textes habituellement étudiés à l'école ; nous le voyons chercher les œuvres de Plutarque dont il dressa un catalogue, et préparer une version révisée de l'Anthologie grecque qui comporte quantité d'épigrammes n'apparaissant pas dans le manuscrit palatin ; le manuscrit autographe de ce travail est aujourd'hui à Venise (Marc. gr. 481). Ses méthodes n'étaient pas toujours de nature à enthousiasmer les éditeurs modernes ; par exemple, travaillant sur un poème didactique d'Aratos (env. 315 - env. 240 avant J.-C.), qui était probablement le manuel d'astronomie en usage dans les écoles où elle était enseignée, Planude ne résiste pas à la tentation de modifier certaines parties du texte qui étaient scientifiquement inexactes ; mais au lieu d'indiquer dans un commentaire les progrès réalisés en la matière, il remplace tout bonnement les vers 481-496, 501-506 et 515-524 par une mouture de son cru (Planche VI). Ses lettres nous renseignent plus amplement sur ses goûts : il y mentionne les manuscrits du mathématicien Diophante (*Lettre* 33, p. 53-54 Treu) qu'il a lui-même transcrit (Ambros. & 157 sup., daté de 1292-1293), et nous savons qu'il s'intéressait aussi à Ptolémée et à Euclide ; il consacra un opuscule à l'introduction des chiffres arabes (les Grecs utilisaient encore la lourde numération alphabétique). Sa correspondance nous apprend également qu'il demandait souvent à l'un de ses amis vivant en Asie Mineure de lui procurer du parchemin et s'irritait quand, faute de mieux, le malheureux lui envoyait de la peau d'âne (*Lettres* 95 et 100, p. 123, 135 et 260 Treu). On est très surpris de voir à quel point la matière à écrire faisait défaut à qui travaillait dans la capitale ou à proximité. Rien n'indique, signalons-le au passage, que Planude, envoyé officiellement en ambassade, érudit notoire s'il en fut, obtînt jamais le patronage ou l'appui de l'empereur ; ce fut en général le lot des érudits byzantins, hormis ceux qui vécurent au temps de l'exil de Nicée.

Moins universel dans ses goûts, mais non moins important pour l'érudition, Démétrius Triclinius résida de 1305 environ à 1320 à Thessalonique, où il enseignait. On connaît ses travaux sur les textes poétiques normalement inscrits au programme, soit par les originaux ayant survécu, soit par les nombreux ouvrages ultérieurs reprenant des commentaires portant son nom (Planche VII). S'il mérite une place d'honneur dans l'histoire de la philologie, c'est avant tout parce qu'il fut le premier Byzantin à comprendre les mètres classiques et à exploiter ses connaissances. Jusqu'à lui, on avait fait bon marché de la métrique ou bien on n'avait pas saisi qu'elle pouvait être utile pour l'étude de la poésie ancienne. Triclinius découvrit par hasard un exemplaire du vieux traité d'Héphestion et s'en imprégna afin de rectifier les multiples passages des classiques qui lui paraissaient douteux ou indéniablement corrompus. C'est à lui probablement ou à ses prédécesseurs immédiats que nous sommes redevables des premières émendations systématiques et, dans son propre cas, nous possédons assez de documents pour juger de ses méthodes. S'il ne maîtrisait pas totalement la métrique, du moins pouvait-il corriger les ïambes ; il aboutit parfois à des résultats qu'approuvent tous les critiques modernes ; il lui est arrivé néanmoins de recourir à des solutions de facilité - par exemple introduire une cheville pour remédier à une faute métrique - et il n'était manifestement pas sensible aux différents registres de la poésie classique. Sorti des vers ïambiques, il était moins sûr de son terrain, mais il avait une arme absolue : il savait que dans la tragédie et la comédie, les passages lyriques chantés par le chœur doivent avoir leur correspondance exacte, et le texte d'Euripide corrigé de sa main (Laur. 32, 2 = L) nous le montre bien décidé à jouer les Procustes pour arriver à ses fins (voir p. 161). S'il est vrai qu'il utilisa souvent bien mal ses connaissances, il ne franchit pas moins une étape décisive dans le traitement des textes poétiques. Grâce à lui, la critique textuelle se retrouva au niveau qu'elle avait atteint dans l'Antiquité ; la tâche cependant était devenue beaucoup plus lourde : en copiant les œuvres depuis plus d'un millénaire, on y avait évidemment introduit bien des erreurs nouvelles.

Triclinius entreprit aussi de remanier les scolies sur divers auteurs. Après les avoir passées au crible, il choisissait celles qui lui paraissaient les plus utiles pour l'enseignement. Dans ce commentaire révisé, il ajouta un certain nombre de gloses ou d'autres notes rudimentaires, mais il eut tendance à supprimer ou à réduire les scolies qui sont précisément les plus intéressantes pour nous ; l'érudition dont avaient fait preuve les critiques de l'Antiquité n'avait pas toujours un rapport direct avec le texte, et Triclinius n'avait pas nos raisons de vouloir la préserver. Sachant combien sa connaissance de la métrique était importante, il consacra un commentaire métrique distinct à bon nombre de pièces de théâtre, s'inspirant dans le cas d'Aristophane des notices d'Héliodore reprises dans les vieilles scolies. Dans les ouvrages qu'il écrivit de sa propre main, il disposa en regard le commentaire métrique de son cru et l'ancienne scolie qu'il avait révisée.

De par ses travaux sur les textes et les scolies, qui dans l'ensemble sont plus complets et meilleurs que ceux de ses collègues, Triclinius mérite d'être tenu pour le précurseur des éditeurs modernes. Comme bien d'autres, il fit la chasse aux manuscrits dans l'espoir d'améliorer les textes. Certaines de ses notes font état de leçons différentes selon les témoins qu'il avait pu consulter. Il eut le bonheur de faire une trouvaille extraordinaire : un exemplaire de neuf tragédies d'Euripide pratiquement ignorées à Byzance. Les copies qu'il en fit faire par ses élèves ou par un scriptorium local (Laur. 32, 2 = *L* et Pal. gr. 287 + Laur., Conv. Soppr. 172 = *P*), et qu'il modifia d'ailleurs lui-même copieusement, sont aujourd'hui notre seule source. C'est donc surtout à Triclinius que nous devons de connaître la moitié à peu près des œuvres d'Euripide ayant survécu.

On peut dire de Planude et de Triclinius qu'ils furent les plus représentatifs de leur époque et les derniers Byzantins à avoir joué un rôle durable dans la transmission de la littérature classique. S'ils n'ont pas eu de successeurs les égalant, ils ne manquèrent pas de leur vivant de collègues, voire d'émules, qui utilisaient sensiblement les mêmes méthodes, à en juger par les travaux qui nous sont parvenus. Parmi les manuscrits de cette période relativement tardive, il en est qui sont précieux pour la restitution des textes. Ils comportent de bonnes leçons dues à la finesse des érudits du moment, ou représentent des rameaux de la tradition dont on ne trouve aucune trace antérieure. On était féru d'études classiques ; on lisait de la littérature évidemment, mais aussi des ouvrages techniques et scientifiques de l'Antiquité qui paraissaient encore assez actuels pour retenir l'attention. Parler de renaissance paléologue (du nom de la dynastie régnante) pourrait donc se justifier. L'enseignement secondaire se serait beaucoup développé bien que l'empire fût rien moins que brillant. Des maîtres d'école s'acharnaient à élucider ou corriger des textes qui n'étaient certainement pas destinés à leurs élèves ; nous avons vu par exemple comment Planude travaillait sur Nonnos et sur des auteurs scientifiques ; quant à l'étude de Triclinius sur les tragédies d'Euripide qu'il venait de découvrir, elle n'eut semble-t-il aucun impact sur le programme scolaire, car aucune de ces pièces n'y fut inscrite, du moins rien ne le prouve-t-il. Y figuraient des prosateurs attiques ou atticistes, des traités sur l'art de la rhétorique, ceux d'Hermogène et d'Aphthonius en particulier, les poètes, Homère le tout premier (Planche IV) et un choix de tragédies et de comédies. A la fin du XIIIe siècle, on avait coutume d'étudier trois œuvres de chacun des tragiques et d'Aristophane - les « triades » - mais l'habitude remontait peut-être au XIIe et même au delà, car Tzetzès consacra un commentaire entier aux trois comédies d'Aristophane qui devinrent ensuite de règle à l'école. Pour ces quatre dramaturges, la plupart des manuscrits se limitent à la triade et plus tard même à une ou deux pièces seulement ; peut-être le programme avait-il été réduit une fois de plus. Les œuvres n'appartenant pas à la triade auraient fort bien pu disparaître par négligence ; elles ont par bonheur survécu juste assez longtemps pour être sauvées par les visiteurs et les bibliophiles italiens de la Renaissance ; tous les manuscrits essentiels arrivèrent ainsi en Italie, où il s'en trouve encore beaucoup. Les textes des auteurs dramatiques ne sont qu'un exemple d'un processus général. Le grand mérite des Byzantins fut de s'être intéressés à des œuvres classiques très diverses, donc de les avoir sauvegardées jusqu'au moment où des érudits d'un autre pays furent capables de les apprécier. La tradition philologique passa aux mains des humanistes italiens, qui ne sont pas sans ressembler à leurs collègues byzantins. D'innombrables manuscrits quittèrent l'empire de Byzance au cours du dernier siècle de son histoire, et les collectionneurs restèrent longtemps encore à l'affût. On ne trouve pratiquement plus aujourd'hui de textes classiques dans les bibliothèques de l'Orient hellène ; mais il fallait à n'en pas douter qu'il en fût ainsi pour que la littérature grecque survive.

CHAPITRE III

L'OCCIDENT LATIN

1.— Les siècles obscurs.

Le VIe siècle vit l'effondrement définitif de ce qui restait de l'empire romain d'Occident. En Italie, le règne relativement éclairé de Théodoric (493-506) fut rehaussé par les deux personnages les plus éminents de cette période charnière entre l'Antiquité et le monde médiéval, Boèce et Cassiodore. Puis vint un déclin spectaculaire de la culture, quand le royaume ostrogothique eut été détruit par les Byzantins. Les provinces furent à peine moins mal loties. L'Afrique du Nord, tombée aux mains des Vandales, allait bientôt échapper à la civilisation occidentale ; une partie de son apport littéraire, l'*Anthologie latine* par exemple, gagna l'Europe à temps et passa donc à la postérité. L'Espagne, en proie aux attaques extérieures et aux luttes intestines, devait connaître à la fin du VIe siècle et au début du VIIe un réveil de la culture wisigothique qui culmina modestement avec Isidore de Séville ; mais elle succomba à son tour devant l'envahisseur musulman au début du VIIIe siècle. En Gaule, la vieille civilisation romaine s'attardait parmi la bonne société ; cependant la dynastie mérovingienne fondée par Clovis était totalement incapable d'en favoriser la pérennité.

Avec les ravages de l'invasion et de la barbarie, la vie culturelle semblait extrêmement compromise et dans cette peau de chagrin la place réservée à la littérature classique allait s'amenuisant. L'Église, qui prit rapidement en mains l'école et le livre, était dans l'ensemble hostile au paganisme. Entre les destructions continuelles inhérentes à la guerre et l'animosité, ou la négligence, des nouveaux intellectuels, les classiques paraissaient avoir très peu de chances de survivre.

Pourtant, ils en avaient une, essentielle qui plus est : il existait encore des livres. Nous ne savons pas ce qui subsistait des 28 bibliothèques publiques ayant fait l'orgueil de Rome au IVe siècle, mais du moins restait-il des vestiges des grandes bibliothèques privées de l'âge des Symmaque ; des centres religieux comme Rome, Ravenne et Vérone, avaient en outre réuni d'importantes collections, et les livres commençaient à trouver refuge dans les monastères. Les éditions de luxe de Virgile nous montrent que le commerce de librairie avait été florissant jusqu'à la fin du Ve siècle, et les magnifiques volumes dus à des moines italiens du VIe nous prouvent que l'art ne se perdit point quand le livre devint l'apanage des hommes d'église. Nombre de beaux manuscrits en capitales et en onciale du IVe et du Ve siècle nous sont parvenus, en fragments il est vrai le plus souvent ; on y trouve : Plaute et Térence, Ovide, Virgile, Lucain, un choix d'ouvrages de Cicéron, Salluste, Tite-Live, Pline l'Ancien, les tragédies et l'œuvre en prose de Sénèque, Fronton et Aulu-Gelle. Il est donc évident - et nous en avons d'autres preuves - qu'en l'an 500 il était encore possible, en Italie du moins, de se procurer la plupart des auteurs latins ; certes, Catulle et Properce étaient probablement rares et une très grande partie de la littérature archaïque avait sans doute déjà disparu à jamais. Cependant, au VIe siècle, Jean Lydus, qui travaillait à Constantinople, disposait d'un texte des *Questions naturelles* de Sénèque plus complet que le nôtre et il avait vu un Suétone avec un prologue et une dédicace à l'ami de Pline Septicius Clarus (*De magistratibus*, 2, 6, p. 61 Wünsch) ; en Afrique du Nord, Fulgence citait des passages de Pétrone que nous ne connaissons que par lui ; et dans la péninsule ibérique, Martin, évêque de Braga, pouvait plagier un ouvrage de Sénèque aujourd'hui perdu, qui ne lui a d'ailleurs sans doute pas survécu.

La littérature latine existait donc encore, en très bonne partie ; de plus, le mécanisme de transmission prenait déjà forme avec les bibliothèques et scriptoria monastiques. Ce sont les monastères qui allaient être appelés à jouer, bien souvent malgré eux, un double rôle majeur : préserver et transmettre ce qui subsistait de l'Antiquité païenne. On peut retrouver un autre fil, plus ténu certes mais qui fut parfois essentiel, dans les écoles cathédrales et les grandes bibliothèques capitulaires.

Le monastère de Vivarium, que Cassiodore fonda après 540 sur son domaine de Squillace, à l'extrême sud de l'Italie, est un exemple frappant de cette tradition de la prime époque. Sa conception et son caractère s'expliquent largement par les nécessités de l'heure, les dévastations de la guerre risquant d'anéantir les centres culturels et même les livres, dont dépendait l'étude, voire l'instruction élémentaire. Cassiodore installa une solide bibliothèque de travail et fit une très large place à l'enseignement ainsi qu'à la copie de manuscrits. Il exposa son programme dans les deux livres de ses *Institutiones divinarum et saecularium litterarum*, datant des environs de 562. Sans être exceptionnellement doué, il apparaît rétrospectivement comme un visionnaire : il a pressenti le rôle que les monastères étaient destinés à jouer au cours des siècles, et a compris qu'avec la désintégration de la vie politique, ils offraient la meilleure chance d'assurer la continuité intellectuelle ; or c'est là un point capital. Cassiodore avait au demeurant l'esprit pratique et avait su fort bien mener une longue et brillante carrière dans l'administration ostrogothique. Il comprit qu'il était nécessaire de traduire en latin les Grecs passés maîtres dans l'exégèse, la philosophie et les sciences, si l'on voulait les faire connaître mieux et davantage,- ce à quoi il parvint. Il appréciait en particulier la formule du recueil pour sa commodité et, chaque fois que possible, il groupait des textes apparentés sous une même reliure ; un de ces volumes composites contenait le *De inventione* de Cicéron, Quintilien, l'*Ars rhetorica* de Fortunatianus (*cf. Institutions*, II, 2, 10), et l'on comprend qu'au IXe siècle,

Loup de Ferrières ait remué ciel et terre pour essayer de se le procurer. Il attachait beaucoup d'importance à une copie méticuleuse, prêtait grande attention à l'orthographe et à la présentation et conféra, avec une éloquence touchante, une nouvelle dignité au scribe :

> felix intentio, laudanda sedulitas, manu hominibus praedicare, digitis linguas aperire, salutem mortalibus tacitum dare, et contra diaboli subreptiones illicitas calamo atramentoque pugnare (*Institutions*, 1, 30, 1).

> « c'est une intention bienheureuse, un louable empressement, que de prêcher aux hommes par la main, de délier les langues par les doigts, de donner en silence le salut aux mortels et de combattre par la plume et l'encre les menées illicites du diable. »

On pourrait être tenté d'exagérer les services que Cassiodore rendit à la tradition classique ; en fait, l'un de ses principaux objectifs fut d'arracher aux gens du siècle le monopole de l'enseignement supérieur. Les auteurs païens figuraient bien dans sa bibliothèque et son programme d'éducation, mais réduits à l'état de manuels. Les œuvres classiques qui avaient certainement place sur ses rayons ne sont pas légion ; le *De inventione* de Cicéron, le *De forma mundi* (aujourd'hui perdu) de Sénèque, Columelle, Quintilien, le *De interpretatione* du Pseudo-Apulée, un peu d'Aristote, quelques traités techniques ; des poètes qu'il cite et dont il fut nourri, apparemment rien. La bibliothèque de son contemporain Symmaque par exemple, qui était beaucoup plus convaincu des mérites de la culture païenne, aurait probablement été fort différente. Vivarium ne paraît pas d'ailleurs avoir participé directement à la transmission des classiques. Le monastère semble avoir disparu avec son fondateur ; on a prétendu que les volumes seraient ensuite passés au grand monastère de Bobbio, créé en 614 dans le nord de l'Italie, assurant ainsi le lien entre l'Antiquité et le Moyen Age, mais rien ne reste actuellement de cette théorie ; les livres dont on a pu retrouver la trace auraient pour la plupart été acheminés vers la bibliothèque du Latran, à Rome, où ils auraient été peu à peu dispersés par la générosité des papes successifs. On a certes identifié un certain nombre de manuscrits qui ont été écrits à Vivarium ou bien ont eu des ancêtres provenant de la collection de Cassiodore, notamment le célèbre *Amiatinus* de la Vulgate (voir p. 184), mais il ne s'agit en aucun cas de textes classiques. Cassiodore est intéressant à plus d'un titre, ne serait-ce que pour nous fournir le seul exemple d'une bibliothèque au VIe siècle ; il dut néanmoins exister d'autres collections - meilleures du point de vue classique - dont nous ne savons rien.

Plus limité dans son ambition, mais incomparablement plus important par ses incidences, le Mont-Cassin fut fondé vers 529 par Benoît de Nursie qui jeta pour des siècles les bases de la vie monastique en Occident, lorsqu'il édicta la règle bénédictine. Hormis un laps de temps réservé chaque jour à la lecture, considérée d'ailleurs comme un exercice spirituel avant tout, elle ne prescrivait pas d'occupations intellectuelles et n'indiquait pas la copie des manuscrits au nombre des idéaux du moine ; mais en ne disant rien, elle laissait la voie ouverte aux influences libérales qui se manifesteraient le moment venu ; en outre, pour pouvoir lire, il fallait bien avoir des livres.

Les principaux centres culturels de l'Europe médiévale.

Si l'Italie connut une renaissance pendant la première moitié du VIe siècle, la culture wisigothique ne s'épanouit pas en Espagne avant la fin du siècle et le début du suivant. Ce renouveau mérite une place dans l'histoire de la culture classique, grâce surtout à celui qui en fut le plus beau fleuron, Isidore de Séville (env. 570-636). Ses œuvres se répandirent avec une rapidité prodigieuse - fait extraordinaire à l'époque pré-carolingienne - et il devint bien vite l'un des intermédiaires privilégiés qui transmirent et firent comprendre l'érudition antique. Ses *Étymologies* furent à la fois la dernière manifestation de la tradition encyclopédique romaine et le point de départ de presque toutes les compilations médiévales ; les trois premiers livres, les plus fréquemment reproduits, qui couvraient les matières du *trivium* et du *quadrivium*, ont dû très fortement contribuer à la consolidation du système scolaire. Cette encyclopédie, construite méthodiquement, bourrée de renseignements, justes ou faux, sur tous les sujets - des anges aux éléments de la selle - tombait si souvent dans l'étymologie fantaisiste et dans un bric-à-brac débridé, qu'on ne peut la lire sans sourire. Pourtant Isidore a droit à notre respect, voire à notre affection, parce qu'il aime manifestement la connaissance en soi. Il lui arrive d'afficher son hostilité à la littérature païenne et il est plus à son aise au milieu des scolies et des compilations que devant les auteurs classiques eux-mêmes, qu'il cite de seconde main, à de rares exceptions près ; en revanche, sa curiosité est sans bornes et il tient pour admise la valeur intrinsèque de la culture profane. Quand il grappille chez les pères de l'Église des bribes de poésie classique et d'érudition païenne pour les réinsérer à leur juste place dans le système traditionnel, cet évêque recrée paradoxalement, en la sécularisant à nouveau, la structure fondamentale du savoir antique.

Cela dit, pour que se déclenche le processus permettant d'assurer la survie de la littérature latine, il faudra attendre que les classiques soient considérés avec plus de sympathie et d'objectivité qu'ils ne le furent en général sur le continent pendant cet âge de ténèbres. Les chrétiens y vivaient encore dans l'ombre de la culture païenne qui éclipsait la leur et menaçait indubitablement leur morale et leur dogme. Tout changera quand la civilisation latine sera transplantée sur une terre lointaine où ceux qui veulent apprendre la langue de l'Église peuvent se tourner vers l'Antiquité sans crainte ni complexe, puisqu'il ne peut être question de rivalité, et que la masse des fidèles se trouve protégée du paganisme par son ignorance du latin. L'Europe continentale, elle, n'en viendra pas là avant la renaissance carolingienne de la fin du VIIIe siècle, et entre temps une bonne partie des œuvres classiques auront disparu.

Les époques si sombres qu'aucun rai de lumière n'y pénètre ont beau être rares, les classiques latins traversèrent sur le continent d'épaisses ténèbres presque sans discontinuer de 550 à 750 grosso modo : on avait pratiquement cessé d'en faire des copies. Parmi les multiples manuscrits patristiques, bibliques et liturgiques qui nous ont été conservés de cette période, il y a quelques rares textes d'auteurs classiques : du VIe siècle, nous avons des fragments de deux manuscrits de Juvénal (Ambr., Cimelio 2 ; Vat. lat. 5750), un de Pline l'Ancien (Paris. lat. 9378) et les vestiges d'un témoin de Pline le Jeune (Vat. lat. 5750 + Ambros. E 147 sup.), encore deux de ces documents datent-ils des premières années du siècle ; du VIIe, il nous reste un fragment de Lucain (Vat. lat. 5755) ; du début du VIIIe, rien.

Le sort qui fut bien souvent réservé aux beaux livres de l'Antiquité, nous le découvrons mélancoliquement dans les palimpsestes, ces manuscrits dont le texte original a été lavé pour faire place à une œuvre plus demandée alors. Bien des ouvrages qui n'avaient pas été engloutis sous les ruines de l'empire d'Occident, disparurent entre les murs des monastères ; certains d'entre eux étaient peut-être trop détériorés quand ils y parvinrent pour être encore utilisables, et l'on n'avait pas le respect des haillons, aussi vénérables fussent-ils. C'est au VIIe siècle et au début du VIIIe que l'opération bat son plein et, si des palimpsestes d'origine très diverses ont survécu, la plupart cependant nous viennent des monastères irlandais de Luxeuil et de Bobbio. Les auteurs païens ont été sacrifiés, non parce qu'on leur était hostile, mais parce que personne n'avait envie de les lire et que le parchemin était trop précieux pour qu'on y conservât un texte obsolète ; des œuvres chrétiennes, hérétiques ou superflues, furent elles aussi mises au rancart, alors que les grammairiens antiques, qui intéressaient particulièrement les Irlandais, se trouvent fréquemment en écriture supérieure. Les classiques payèrent néanmoins un très lourd tribut aux palimpsestes : on y trouve Plaute et Térence, Cicéron et Tite-Live, les deux Pline, Salluste et Sénèque, Virgile et Ovide, Lucain, Juvénal et Perse, Aulu-Gelle et enfin Fronton qui, condamné à avoir toujours le dessous, survit dans trois palimpsestes. Parmi les œuvres qui nous sont parvenues ainsi mutilées, il en est qui sont du plus haut intérêt : le *De republica* de Cicéron (Vat. lat. 5757 ; Planche X), écrit en onciale du IVe ou du Ve siècle et recouvert à Bobbio au VIIe par le commentaire de saint Augustin sur les Psaumes, une copie du Ve siècle du *De amicitia* et du *De vita patris* de Sénèque (Vat. Pal. lat. 24) qui succomba à la fin du VIe siècle ou au début du VIIe sous l'Ancien Testament, et un codex du Ve siècle des *Histoires* de Salluste (Orléans 192 + Vat. Regin. lat. 1283 B + Berlin lat. qu. 364), lequel fut supplanté par Jérôme au tournant du VIIe, en France, à Fleury probablement. Parmi les autres palimpsestes importants citons : le Plaute ambrosien (G 82 sup.) et le Tite-Live de Vérone (Bibl. capit. XL [38]), l'un et l'autre du Ve siècle.

2.— L'Irlande et l'Angleterre.

Un nouveau mouvement intellectuel qui allait attacher aux textes classiques plus de prix que n'en coûtait le parchemin s'était déjà amorcé dans une marche lointaine de la chrétienté : l'Irlande, qui connaissait la culture latine dès la fin du Ve siècle, était destinée à jouer un rôle capital dans la civilisation européenne. Quelle était vraiment l'étendue de sa culture classique à l'époque pré-carolingienne ? On en débat beaucoup ; elle semble néanmoins avoir été limitée. La connaissance intime de la poésie latine qu'on attribue à Colomban (env. 543-615), la figure de proue de leur littérature, est une donnée controversée et illusoire. Ce qui compte pour nous chez les Irlandais n'est donc pas ce qu'ils savaient des classiques, mais le fait qu'ils dévoraient tous les livres leur tombant sous la main, qu'ils s'enthousiasmaient et étaient doués pour les sciences, et qu'importe s'il ne s'agissait parfois que de pseudo-sciences, et qu'ils produisirent au cours des VIIe et VIIIe siècles quantité de travaux de grammaire et d'exégèse. Ils avaient aussi des talents artistiques indéniables : à partir des manuscrits en semi-onciale qu'ils s'étaient procuré en Gaule au Ve et au VIe siècles, ils ont inventé deux écritures caractéristiques : une semi-onciale fort élégante, dont le plus bel exemple est le Livre de Kells (Dublin, Trinity College, 58 [A.1.6]), et une minuscule plus courante. Ils deviennent importants pour la transmission du domaine classique du jour où ils quittent l'Irlande, poussés par un prosélytisme qui allait avoir des conséquences incalculables. En faisant de Iona, fondé en 563 environ, le centre de la chrétienté celte hors d'Irlande, Colomba déclencha bel et bien la conversion de l'Écosse, et prépara l'établissement de grands monastères, Lindisfarne en Northumbrie et Malmesbury dans le sud-ouest de l'Angleterre. La mission de Colomban sur le continent fut plus spectaculaire encore ; il y laissa une traînée flamboyante dont les jalons s'appellent Luxeuil, en Bourgogne (590), qui donnera naissance à Corbie un siècle plus tard, Bobbio au nord de l'Italie (614) et Saint-Gall, né d'un ermitage que son disciple Gallus créa en Suisse vers 613. L'Europe était habituée, au VIIIe et au IXe siècles, à la présence de ces *Scotti peregrini*, des originaux sans doute, mais qui pouvaient aussi se prévaloir de belles réalisations : des hommes comme Virgile de Salzbourg, Dungal, Sédulius Scottus et Jean Scot Erigène suffisent à le démontrer. Que ces érudits aient très largement participé à la renaissance carolingienne est indéniable ; il est non moins vrai que leur savoir avait un bel écho de harpe irlandaise.

Pendant que la culture latine irlandaise s'infiltrait au nord, le sud de l'Angleterre renoua plus directement avec Rome et son passé quand Grégoire le Grand confia à Augustin, en 597, la mission de convertir les Anglo-Saxons. Cantorbéry y devint le centre de la chrétienté romaine et Augustin en fut le premier archevêque. Plus importante, parce que plus efficace, la deuxième mission (668) conduite par Théodore de Tarse et Hadrien de Nisida parvint à implanter l'Église de Rome dans tout le pays. Théodore, un Grec, et Hadrien, un Africain de naissance, étaient tous deux très cultivés Une fois les contacts rétablis avec Rome, les livres affluèrent. Grégoire avait envoyé à Augustin les vêtements sacerdotaux et les vaisseaux nécessaires au service divin « ainsi que des manuscrits en quantité » (Bède, *Hist. ecclésiastique*, 1, 29). Il s'agissait manifestement de bibles et de livres liturgiques ; comme la plupart étaient sûrement écrits en onciale, ils furent à l'origine d'une jolie onciale anglaise qui connut deux siècles de gloire avant de céder le pas au VIIIe siècle à la minuscule introduite en Northumbrie par les Irlandais. Théodore et Hadrien arrivèrent nantis d'un programme éducatif et littéraire ; ils ont dû apporter également quantité de livres, latins et grecs, chrétiens et païens aussi sans doute, mais nous ne possédons aucun détail à ce sujet. La culture anglo-latine, née des influences convergentes de l'Irlande et de Rome, exigeait des ouvrages très divers ; il en arriva de France et d'Espagne, mais surtout d'Italie, c'est-à-dire de Rome et du sud de la péninsule. Wilfrid (env. 634-709), évêque d'York et abbé de Ripon, se rendit plusieurs fois à Rome d'où il ne revint certainement pas les mains vides ; de même Aldhelm. Le grand voyageur fut pourtant

Benoît Biscop, le fondateur des deux monastères jumeaux de Wearmouth et Jarrow (674 et 682), qui ne fît pas moins de six expéditions en Italie. La cinquième est la plus célèbre : *innumerabilem librorum omnis generis copiam adportauit* (« il rapporta une masse incalculable de livres en tous genres » ; Bède, *Hist. des abbés de Wearmouth et de Iona*, 6). L'histoire anglaise doit mettre en très bonne place Benoît Biscop et son protégé l'abbé Céolfrid, car ils permirent à Bède, qui n'avait jamais mis les pieds hors de sa Northumbrie natale, d'acquérir une érudition sans pareille dans l'Europe d'alors et de jeter un pont sur le gouffre apparemment infranchissable séparant son univers du bas empire romain. Des livres furent encore importés au VIIIe siècle ; nous le savons par les somptueuses bibliothèques constituées à Cantorbéry et à York.

Que lisaient donc les érudits anglais du VIIe et du VIIIe siècle ? Nous en avons un aperçu par Aldhelm (env. 639-709) et Bède (673-735), le premier un produit du Wessex et du Kent, le second de la Northumbrie. La gamme de leurs références est exceptionnelle à n'en pas douter, mais elle prouve en tout cas que les ouvrages étaient à portée de main. La liste imposante des auteurs classiques qu'ils nomment ou citent dénote un sain respect de la tradition plus qu'elle n'atteste une connaissance directe, car elle est empruntée en bonne partie à Macrobe, à Isidore et aux grammairiens. Il faudrait sans doute y opérer des coupures ; Aldhelm cependant avait lu, semble-t-il, Virgile et Lucain, Perse et Juvénal, Pline l'Ancien, un peu de Cicéron, peut-être Ovide ; pour sa part, Bède avait étudié dans le texte même nombre de grammairiens, Virgile, certains livres de Pline l'Ancien, Macrobe, Eutrope et Végèce, voire Ovide et Lucain, encore que ce soit moins sûr. Répertoire impressionnant donc, corroboré d'ailleurs un peu plus tard par Alcuin (env. 735-804) qui, par bonheur, nous laisse entrevoir dans un poème à la gloire d'York les richesses de sa grande bibliothèque. Quand il s'agit de dresser un catalogue, un poème ne vaut certes pas un fichier ; certains auteurs et titres étant omis pour des exigences métriques, la liste reste vague et incomplète. Toutefois, parmi une belle brochette de théologiens, nous trouvons des *auctores* : Virgile, Stace, Lucain, Cicéron, Pline et Pompeius. L'épithète *rhetor* accolée à Cicéron signifie qu'il s'agit du *De inventione* et par Pompeius il faut entendre l'épitomé de Justin dû à Trogue-Pompée. Ces allusions nous révèlent que la littérature chrétienne et païenne était alors mieux et davantage connue en Angleterre que nulle part ailleurs.

3.— *Les missionnaires anglo-saxons.*

La riche et vigoureuse culture qui s'épanouissait chez les Anglo-Saxons se répandit bientôt en Europe continentale. Les Irlandais avaient transmis la flamme missionnaire et les plus célèbres successeurs de Colomban furent Willibrord (658-739), originaire de Northumbrie, et Boniface (env. 675-754), né dans le Wessex. Willibrord partit évangéliser les Frisons en 690 ; avec lui, l'influence anglo-saxonne pénétra sur le continent où elle allait se maintenir jusqu'au IXe siècle. Consacré archevêque des Frisons à l'instigation de Pépin II, il fut le premier lien entre la maison carolingienne et la papauté. Boniface décida en définitive de centrer ses efforts sur l'Allemagne centrale, mais son expédition missionnaire, activement soutenue par la dynastie carolingienne, par Charles Martel notamment, encouragée par le pape et servie surtout par sa prodigieuse capacité d'organisation, fit si bien boule de neige qu'elle déboucha sur la réforme de toute l'Église franque, l'Allemagne passant sous l'obédience de Rome. Boniface se heurta à l'opposition théologique de Virgile de Salzbourg, évêque de cette ville de 746 à 784, un Irlandais haut en couleurs qui alliait un vaste savoir au goût de la satire. Ce qui nous intéresse en lui, c'est son envolée cosmologique : l'ouvrage connu sous le nom de *Cosmographie* d'Aethicus Ister nous montre qu'il fut le premier, au nord des Alpes, à connaître les travaux du géographe Pomponius Méla ; elle est le maillon d'une chaîne qui relie la Ravenne antique à la Renaissance (voir p. 73). Un de ses compatriotes, si ce n'est Virgile de Salzbourg lui-même, est peut-être bien responsable de la glose pro-irlandaise qui affleure dans le texte de Méla : à la description peu flatteuse des vieux Irlandais *omnium virtutum ignari magis quam aliae gentes* (« dépourvus de vertus plus que les autres peuples » ; *Géographie*, 3, 6, 53), répond le commentaire suivant : *aliquatenus tamen gnari* (« pourvus tout de même, jusqu'à un certain point »).

Cette conjugaison de l'enthousiasme missionnaire et des intérêts temporels aboutit à la création de grands évêchés, Mayence et Wurtzbourg par exemple, et de nouveaux monastères ; or, les uns comme les autres avaient besoin de bibliothèques et de scriptoria. C'est de cette époque que datent Fulda, fondé en 774 par un disciple de Boniface, Sturm, et Hersfeld, qui lui est très apparenté et fut créé vers 770 par Lull, un Anglo-Saxon assistant de Boniface. Deux autres monastères importants, Reichenau sur le lac de Constance (724) et sa filiale Murbach (727), furent établis par Pirmin, un homme d'origine obscure qui aurait fui l'Espagne wisigothique à l'arrivée des Arabes en 711.

Les Anglo-Saxons apportèrent avec eux une écriture, des livres, une attitude libérale envers les choses de l'esprit et la conviction qu'une bibliothèque bien fournie et bien équilibrée était la base de l'éducation ecclésiastique. Des livres, on en importa sans doute beaucoup et pas seulement d'Angleterre ; Boniface et Lull ne cessaient d'en réclamer dans leurs lettres. L'écriture anglo-saxonne qui conquit droit de cité dans les communautés soumises à l'influence insulaire fut souvent employée dans les scriptoria concurremment avec les tracés continentaux, et resta très usitée, par endroits, jusqu'au milieu du IXe siècle ; certaines de ses caractéristiques, en particulier les signes d'abréviation, furent adoptées par l'écriture continentale.

4.– L'influence insulaire sur les textes classiques.

L'impact de la culture anglo-saxonne sur le renouveau intellectuel du continent - qui allait trouver sa plus belle expression dans Alcuin -, les livres disponibles, les scriptoria et les scribes, autant de facteurs qui ont dû jouer un rôle incalculable dans la renaissance, donc la survie, de la littérature latine. Il est malaisé cependant de le démontrer en détail, car les preuves sont fragmentaires et disparates. Il nous reste deux manuscrits classiques écrits certainement au VIIIe siècle en Northumbrie ; cela signifie qu'une partie de la tradition textuelle a effectivement traversé le nord de l'Angleterre à haute époque. L'un des deux contient des fragments des livres II à VI de l'*Histoire naturelle* de Pline (Voss. lat. F 4 ; Planche XII) ; l'autre est un simple feuillet de Justin (Weinheim, ms. Fischer). Tous deux ont été copiés en Northumbrie et tous deux reproduisent des œuvres qui appartenaient, nous l'avons vu, à la bibliothèque d'York. Le second a réellement accompli le trajet qu'auraient effectué, pense-t-on, d'autres textes classiques : il a traversé la Manche, s'est frayé un chemin jusqu'à la cour carolingienne où il engendra la famille transalpine - la meilleure du reste - des manuscrits de Justin. Un fragment, publié depuis peu et présentant des extraits du commentaire sur l'*Énéide* dit « Servius auctus », semble avoir été écrit dans le sud-ouest de l'Angleterre dans la première moitié du VIIIe siècle (Spangenberg, Pfarrbibliothek, s. n.) ; il fut associé ensuite à Fulda et l'on a supposé qu'il avait été emporté en Allemagne par Boniface ou quelqu'un de son entourage.

Pour certains auteurs, nous possédons des manuscrits copiés en écriture insulaire sur le continent (c'est ce qu'on appelle paradoxalement « l'insulaire continentale ») et dont nous sommes largement redevables aux missionnaires anglais et irlandais. Les textes survivant dans des témoins dont on sait qu'ils ont été confectionnés ou conservés dans des monastères ou évêchés britanniques du continent, ont également bénéficié de ce mouvement d'évangélisation, même si leur écriture ne l'atteste pas. Il en va de même pour les textes présentant des « symptômes d'insularité », c'est-à-dire des erreurs qu'on s'explique le mieux par une transcription fautive de lettres ou abréviations particulières à l'écriture anglaise ou irlandaise. Elles indiquent que ces textes ont eu une tradition insulaire à un moment de leur histoire antérieur à l'époque des manuscrits qui nous sont parvenus. Il faut toutefois accueillir ces hypothèses avec prudence : les symptômes, surtout quand ils sont peu nombreux, peuvent être mal diagnostiqués et l'ancêtre insulaire - tout comme le fameux grand-père colonel de la garde - est plus souvent un mythe qu'une réalité. La parenté insulaire est tout à fait probable dans les cas suivants : Ammien Marcellin, les *Tusculanes* et le *De senectute* de Cicéron, le commentaire de Macrobe sur le *Songe de Scipion*, les poésies épiques de Stace et de Valérius Flaccus, le *De architectura* de Vitruve ; elle est vraisemblable dans d'autres. L'activité des insulaires fut spécialement intense à Hersfeld et Fulda qui jouèrent un rôle déterminant dans la conservation de certaines œuvres, mais ce fut surtout pendant la renaissance carolingienne ; nous en parlerons donc plus loin.

5.– *La renaissance carolingienne.*

La renaissance classique de la fin du VIIIe siècle et du début du IXe, qui fut sans doute aucun l'étape la plus importante mais aussi la plus critique de la transmission de l'héritage romain, eut pour toile de fond un empire reconstitué, s'étendant de l'Elbe à l'Ebre, de Calais à Rome, dont un souverain s'imposant par ses exploits guerriers autant que par ses richesses, et ayant de surcroît la bénédiction du pape, fit pour un temps une entité politique et spirituelle. Certes, l'acquit politique de Charlemagne (768-814) s'effrita entre les mains de ses successeurs, mais le mouvement culturel qu'il avait encouragé continua sur sa lancée au IXe et même au Xe siècle.

L'administration séculière et ecclésiastique d'un immense territoire exigeait une multitude de fonctionnaires et de prêtres chevronnés. L'Église, seul dénominateur commun de cet ensemble hétérogène, dépositaire du double héritage classique et chrétien, était de toute évidence l'instrument à utiliser pour appliquer le programme d'enseignement qui formerait des exécutants de valeur. Or elle était tombée en décrépitude sous les Mérovingiens ; les prêtres étaient parfois si ignorants du latin que Boniface entendit un curé administrer un baptême d'une efficacité contestable *in nomine patria et filia et spiritus sancti* (*Lettre,* 68) ; quant à la connaissance de l'Antiquité, elle s'était à ce point amenuisée que l'auteur d'un sermon croyait fâcheusement que Vénus était un homme. La réforme amorcée sous Pépin le Bref ne répondait plus aux besoins accrus de l'heure et Charlemagne fut convaincu qu'il se devait d'élever le niveau intellectuel et culturel du clergé et, par son entremise, de ses sujets :

> igitur quia curae nobis est ut nostrarum ecclesiarum ad meliora proficiat status, oblitteratam paene maiorum nostrorum desidia reparare vigilanti studio litterarum satagimus officinam, et ad pernoscenda studia liberalium artium nostro etiam quos possumus invitamus exemplo. (*Epist. gen.*, in *M.G.H.*, *Legum sectio* II, *Capit. Regum Francorum*, I, p. 80).

> « ainsi donc, parce que nous avons souci d'améliorer l'état de nos églises, nous nous efforçons de rétablir par un soin vigilant l'enseignement des bonnes lettres, que l'incurie de nos prédécesseurs avait presque laissé disparaître, et nous invitons, par notre exemple même, ceux que nous pouvons à se plonger dans l'étude des arts libéraux. »

Les Anglo-Saxons étaient passés maîtres dans l'art de créer une classe cultivée en partant de rien, ou presque, et Charlemagne se montra fort avisé lorsqu'il se tourna vers York, qui était alors le haut-lieu de l'éducation en Angleterre, donc en Europe : en 782, il demanda à Alcuin, qui y dirigeait les études, de devenir son conseiller et de prendre en mains l'école du palais.

Alcuin était avant tout un excellent professeur. Rien d'ambitieux dans le système scolaire qu'il transplanta sur le continent, où il l'affina : élémentaire et utilitaire, il visait à apprendre la lecture plus que la littérature, et son contenu classique, décharné du reste, était totalement subordonné aux fins chrétiennes. Le programme carolingien d'enseignement s'étiola avant de pouvoir s'imposer largement ; cependant grâce aux écoles attachées aux monastères comme aux cathédrales, en vertu d'un édit impérial, les rudiments d'instructions continuèrent d'être assurés, du moins çà et là, en Europe, graines prêtes à germer quand les circonstances s'y prêteront. La culture carolingienne n'était d'ailleurs pas enchaînée à l'école. Alcuin pouvait atteindre les sommets quand il le voulait, et la cour devint le foyer d'une interaction fructueuse entre les poètes et les érudits accourus de toute l'Europe ; on y vit des lettrés remarquables par l'élégance de leur imagination et de leur savoir : par exemple Pierre de Pise et Paul Diacre, venus d'Italie, Dungal, l'érudit irlandais, Théodulphe, un poète espagnol. Il émanait de ce cénacle un courant culturel de qualité et plus nettement profane ; il s'y trouva des hommes pour franchir les limites de la pensée et de la littérature carolingiennes, la plupart du temps étriquées, et aborder les Anciens avec une réelle curiosité d'esprit et un honnête sens esthétique. Un programme d'enseignement en plein essor, fortement organisé, parti de la cour pour gagner monastères et cathédrales, exigeait évidemment des livres ; on en produisit comme jamais auparavant, dans une agitation fébrile qui nous sauvegarda la majeure partie de la littérature latine.

6.– La formation de la minuscule caroline.

Cet ordre nouveau, dans son souci du détail et de l'uniformité, fit adopter universellement un nouveau type d'écriture, la minuscule caroline (Planche XIII) ; elle apparut trop tôt certes pour qu'on puisse y voir la main de Charlemagne ou d'Alcuin, mais c'est manifestement grâce à eux qu'elle se généralisa et se raffina. A la fin du VIIe siècle et pendant le VIIIe, on chercha partout à mettre au point une écriture économique et moderne ; elle s'imposait. Pendant que les Irlandais et les Anglais en créaient une à partir de la semi-onciale, d'autres minuscules étaient nées sur le continent. De plus humble extraction, elles dérivaient non pas des onciales qui les influencèrent pourtant ici et là, mais de la cursive romaine demeurée de règle pour les transactions commerciales et les documents officiels. Peu attrayante, elle fut néanmoins à l'origine d'une écriture de librairie qui évolua différemment selon les régions, et aboutit aux « écritures nationales » de l'Espagne, de l'Italie méridionale et de la Gaule : wisigothique, bénéventaine et mérovingienne.

La wisigothique, usuelle en Espagne du début du VIIIe siècle au XIIe, nous intéresse moins car il nous reste très peu de manuscrits classiques où elle apparaît, et rien ou presque ne prouve qu'elle ait été utilisée dans les ancêtres de manuscrits conservés. La bénéventaine ainsi dénommée d'après le vieux duché de Bénévent (on ne dit plus aujourd'hui « lombarde ») ressemblait beaucoup à la wisigothique et fut couramment employée en Italie, au sud de Rome, et dans certaines régions de la côte dalmate (Planche XIV). Cette belle écriture composée exclusivement d'éléments cursifs vit le jour au VIIIe siècle, triompha au XIe et s'attarda jusqu'au XVe, bien qu'on lui ait préféré la minuscule caroline pour les œuvres littéraires à dater du XIIIe siècle. Elle rayonna du Mont-Cassin (voir p. 75) mais, sous l'influence byzantine, une variante émergea le long de la côte adriatique, à Bari notamment, et nombre de textes classiques - surtout Térence (Ambros. G 130 inf.), Cicéron (Iesi, Bibl. Balleani, L. II. 10) Salluste (Vat. lat. 3327), Virgile (Oxford, Bodl. Libr., Can. class. lat. 50) et Ovide (Naples, B.N., IV. F. 3) - sont donc écrits dans cette variété apulienne de la bénéventaine.

Les minuscules apparues en Gaule à l'époque mérovingienne ont leur importance, non pas qu'elles aient beaucoup servi à la transmission d'œuvres classiques, mais elles sont les précurseurs des mains carolingiennes. Plus souples que les écritures italiennes et espagnoles, elles débouchent, après les tâtonnements de calligraphes passionnés, sur une minuscule qui allait devenir la norme en Europe occidentale. La minuscule française fait son apparition à Luxeuil, d'où son nom, et connaît son apogée vers 700 ; la palme revient ensuite à Corbie où l'on peut identifier dans la seconde moitié du VIIIe siècle trois types distincts utilisés concurremment d'ailleurs, que les techniciens dénomment : écriture *en*, écriture *ab*, écriture dite de *Maurdramme*. C'est dans les textes bibliques copiés à Corbie sous l'abbatiat de Maurdramme (772-780) qu'on voit la première minuscule caroline se dégager de ses trois prédécesseurs. Les éléments cursifs ont disparu, les caractères sont arrondis, séparés, réguliers ; la résultante est un chef-d'œuvre de grâce et de clarté qui a dû énormément contribuer à la survie de la littérature classique, car elle en rendait la lecture facile et attrayante pour tous. Elle se répand dans tout l'empire carolingien en quelques dizaines d'années, traverse la Manche au Xe siècle et a balayé toutes ses rivales à la fin du XIIe.

7.– *Les bibliothèques carolingiennes et les classiques latins.*

Des recherches récentes nous ont permis de découvrir le tréfonds de la renaissance carolingienne, en montrant qu'une liste d'auteurs consignée dans un manuscrit de Berlin (Diez B. 66), remarquable par son contenu à la fois rare et riche, n'était rien moins qu'un catalogue partiel des volumes rassemblés à la cour de Charlemagne aux alentours de 790. On y trouve : Lucain, la *Thébaïde* de Stace, Térence, Juvénal, Tibulle, l'*Art poétique* d'Horace, Claudien, Martial, des discours de Cicéron (les *Verrines*, les *Catilinaires*, le *Pro rege Deiotaro*), une série de morceaux oratoires extraits des œuvres de Salluste (y compris des *Histoires*). D'autres classiques cités dans la poésie de cour de l'époque donnent à penser que la bibliothèque comptait d'autres raretés, les *Cynegetica* de Grattius et les *Silves* de Stace par exemple ; on peut raisonnablement supposer, d'après la correspondance d'Alcuin (*Lettres* 155 et 170), qu'elle possédait même un exemplaire de Pline l'Ancien. Paul Diacre fit son abrégé de Festus exprès pour l'offrir à Charlemagne (cf. p. 163), et nous savons que le *Liber medicinalis* de Q. Serenus fut copié sur les instructions du souverain. Certains des ouvrages mentionnés dans cette liste impressionnante étaient sans doute d'anciens témoins en capitales et en onciales, et il n'y a rien d'étonnant à ce que certains des manuscrits dont nous savons qu'ils ont été copiés dans le scriptorium palatin soient aussi remarquables par la qualité de leur texte que par celle de leur exécution. C'est là que furent écrits, vers l'an 800, nos meilleurs manuscrits de Lucrèce et de Vitruve (Voss. Lat. F. 30 ; British Libr., Harley 2767).

Il est manifeste, car nous en avons la preuve, que les abbés et évêques bien introduits pouvaient enrichir leurs collections en faisant copier des livres de la bibliothèque impériale ; Charlemagne mort et sa bibliothèque dispersée, sans qu'on sache d'ailleurs par le menu comment elle le fut, quantité de volumes prirent le chemin des monastères. Par exemple, il existe une remarquable corrélation entre les ouvrages énumérés dans le catalogue du palais et ceux qui furent copiés à Corbie vers le milieu du siècle : le témoin unique contenant la série bien connue des discours et lettres tirés de Salluste (Vat. lat. 3864) en est l'exemple le plus frappant. A signaler aussi la réapparition des mêmes discours cicéroniens dans le codex Holkhamicus, aujourd'hui à la British Library (Add. 47678) ; cet important témoin fut écrit pendant les premières années du IXe siècle, à Tours - où Alcuin fut abbé de Saint-Martin de 796 à 804 - et l'on peut sans peine en deviner l'origine. Mentionnons également que le manuscrit de Tite-Live le plus célèbre, le Puteanus de la troisième décade (Paris lat. 5730 ; Planche XI), écrit en Italie au Ve siècle et source de tous les témoins suivants, fut copié à Tours aux environs de l'an 800 (Reg. lat. 762 ; Planche XIII), puis à Corbie vers le milieu du IXe siècle (Laur. 63, 20) ; on a tout lieu d'en inférer que le Puteanus avait trouvé asile au palais impérial. Le rôle de premier plan joué par le scriptorium palatin semble avoir continué sous le règne du successeur de Charlemagne, Louis le Pieux, car parmi les manuscrits qu'on lui attribue pour cette période figurent deux témoins très importants, tous deux conservés à Bamberg, l'un des *Lettres* de Sénèque (Class. 46) et l'autre de l'*Histoire naturelle* de Pline l'Ancien (Class. 42).

Plus florissante de décennie en décennie, la copie fit rage d'un bout à l'autre de l'empire. Le modèle suivi par nombre de traditions carolingiennes, avec leurs deux axes de transmission orientés l'un vers l'ouest, à travers les Pays-Bas et le nord de la France, l'autre vers le sud, en remontant le Rhin jusqu'aux rives du lac de Constance, suggère comme point de départ ce creuset que fut Aix-la-Chapelle, et de nouvelles études sur l'origine paléographique et les déplacements des manuscrits confirmeront sans aucun doute le rôle fondamental joué par le palais dans la diffusion des textes classiques. Tous les manuscrits anciens, aux majuscules imposantes, qu'on pouvait découvrir, furent translittérés, souvent à la hâte, en minuscules ; ces exemplaires en engendrèrent d'autres qui se ramifièrent suivant ces arbres généalogiques compliqués dans lesquels la théorie stemmatique réduit cette fascinante progression. On peut se faire une idée de l'ampleur de ces travaux de copie d'après les témoins latins sortis à Corbie au tout début de la seconde moitié du siècle. Les modèles venaient en partie du palais et c'est sans doute à Hadoard, le bibliothécaire, que revient le mérite de cette activité débordante ; qu'on en juge : une bonne partie des œuvres de Cicéron, la première et la troisième décade de Tite-Live, Salluste, Columelle, Sénèque le Père, Pline le Jeune, la *Guerre des Gaules* de César, la *Rhétorique à Herennius*, le commentaire de Macrobe sur le *Songe de Scipion*, la *Thébaïde* de Stace, Martial, les *Héroïdes* et les *Amours* d'Ovide, Térence, Vitruve et Végèce, pour ne citer que ceux-là. Les catalogues des bibliothèques carolingiennes qui nous sont parvenus et des documents divers nous prouvent que des collections comparables existaient ou se créaient dans d'autres communautés religieuses : à Tours, Fleury, Ferrières, Auxerre, Lorsch, Reichenau et Saint-Gall. Les textes courants se multipliant, il va de soi que ces bibliothèques possédaient parfois les mêmes ouvrages ; plutôt que d'entrer dans le détail, mieux vaut se cantonner aux pièces maîtresses pour essayer de voir ce que la renaissance carolingienne a pu sauver du naufrage de l'Antiquité.

Le monastère de Lorsch, en Hesse, bien que de fondation récente (764), jouissait de la faveur de Charlemagne et constitua rapidement une des plus riches bibliothèques carolingiennes. Le fameux codex Pithoeanus de Juvénal et de Perse (Montpellier, H 125) est sorti de cette communauté, qui possédait aussi des exemplaires des *Lettres* de Cicéron, une rareté à l'époque. Elle acquit d'autres manuscrits très remarquables : le codex du Ve siècle, qui est notre seule source pour la cinquième décade de Tite-Live (Vienne, ÖNB 15) et qui avait auparavant circulé aux Pays-Bas ; le principal témoin du *De beneficiis* et du *De clementia* de Sénèque (Palat. lat. 1547), écrit en Italie du nord vers l'an 800 et l'un des tout premiers manuscrits classiques de la période carolingienne ; le Palatinus de Virgile (Palat. lat. 1631), en capitales rustiques de la fin du Ve siècle ou du début du VIe ; un palimpseste célèbre venu d'Italie (Palat. lat. 24), fabriqué à partir de ce qui restait de manuscrits très vénérables, notamment des codex de Sénèque, Lucain, Fronton et Aulu-Gelle.

Nous avons vu précédemment l'importance des communautés insulaires de Fulda et Hersfeld. Les deux manuscrits d'Ammien Marcellin (Vat. lat. 1874 ; Kassel, Phil. 2° 27), dont tous les autres dérivent, en proviennent, et si nous connaissons les *Oeuvres mineures* de Tacite et le *De grammaticis* de Suétone, c'est par un témoin écrit dans l'un ou l'autre des deux monastères et conservé ensuite à Hersfeld (Iesi, Bibl. Balleani, 8). Fulda non seulement enrichit de manuscrits importants la tradition de certains auteurs comme Pline le Jeune (Laur. 47, 36), Aulu-Gelle (Leeuwarden, 55), Eutrope (le témoin utilisé par F. Sylburg pour son édition de 1590) ou Nonius Marcellus (Genève, lat. 84), mais joua aussi un rôle déterminant dans l'histoire d'autres textes. Le seul manuscrit médiéval qui nous reste de Valérius Flaccus (Vat. lat. 3277) y a été copié ; sur les deux témoins carolingiens de Columelle que nous possédons, l'un fut confectionné à Corbie (Leningrad, Class. Lat. F. v. 1) et l'autre à Fulda (Ambros., L 85 sup.) ; le principal manuscrit de l'*Histoire Auguste* (Pal. lat. 899), lui-même originaire d'Italie du nord, doit être passé par Fulda, car une copie directe (Bamberg, Class. 54) est dans l'écriture caractéristique de ce scriptorium ; les livres I à VI des *Annales* de Tacite nous sont parvenus grâce à un manuscrit écrit à Fulda et conservé à Corvey (Laur. 68, 1), communauté dépendant de Corbie ; signalons enfin, pour terminer sur une note plus légère, que si l'un des premiers manuscrits du livre de cuisine d'Apicius porte sans conteste la marque de Tours (Urb. lat. 1146), l'autre (un mélange de minuscule anglo-saxonne et d'écriture continentale) peut être presque certainement attribué à Fulda (New York, Acad. Med., 1).

Tours nous est déjà apparue comme la patrie de certains des premiers et des plus beaux de nos manuscrits carolingiens ; on peut leur adjoindre le plus ancien témoin de Suétone (Paris lat. 6115). C'était aussi la tête d'une série d'abbayes qui, par Fleury, Ferrières et Auxerre, joignait la vallée de la Loire à celle de l'Yonne et constituait une des artères principales par où s'est diffusée la culture classique. Fleury, a joué un rôle important dans la transmission de Quintilien et de la *Guerre des Gaules* de César. Fleury et Auxerre, si étroitement liés par le cercle de Loup et d'Heiric qu'il est difficile de rendre à chacun son dû, se taillent la part du lion dans l'étape la plus ancienne du texte de Pétrone. Les échanges féconds entre tout ce groupe de monastères, qu'on peut ressaisir dans le cas de traditions comme celles de Nonius Marcellus et du commentaire de Macrobe sur le *Songe de Scipion*, ont sans aucun doute été intensifiés par l'activité de Loup et d'Heiric qui, au milieu du IXe siècle, firent de cette région le foyer des études classiques et ne contribuèrent pas ou peu à en développer les riches bibliothèques, si importantes pour les renaissances médiévales à venir et même pour les progrès de la philologie au XVIe siècle.

Deux des grands manuscrits de Virgile, l'Augusteus et le Romanus (Vat. lat. 3256 et 3867) portent l'ex-libris de Saint-Denis de Paris et peuvent avoir été conservés dans cette abbaye depuis cette époque. Les monastères des alentours du lac de Constance, en particulier Reichenau et Saint-Gall, qui étaient situés à la fois près du cœur de la renaissance carolingienne et au contact de l'Italie du nord, ont été d'une importance décisive pour la survie des classiques. Nous savons qu'à l'époque Reichenau possédait des textes aussi rares que les *Métamorphoses* et l'*Art d'aimer* d'Ovide, Silius Italicus et les *Questions naturelles* de Sénèque. Sa filiale Murbach rivalisait avec elle par sa collection de manuscrits où se trouvaient un témoin ancien de l'*Appendix Vergiliana* dont l'influence a dû être grande, et l'archétype perdu de Velléius Paterculus. Bobbio conservait des textes poétiques peu attestés, comme Lucrèce, Manilius et Valérius Flaccus, et son exemplaire de ce dernier auteur a peut-être été l'archétype de toute notre tradition ; certains des nombreux textes qui avaient trouvé refuge dans cette abbaye ne réapparurent pas avant le XVIe siècle, et d'autres encore plus récemment.

En dressant l'inventaire des œuvres classiques existant à la fin du IXe siècle, on constaterait que certains auteurs étaient si solidement implantés dans la tradition littéraire et scolaire, si largement étalés sur les rayons des bibliothèques, que leur survie ne faisait plus aucun doute ; rangeons dans ce groupe : Virgile et Horace (les *Satires* et *Epîtres*, plus que la poésie lyrique moins appréciée au Moyen Age), Lucain, Juvénal et Perse, Térence, les épopées de Stace, le Cicéron des œuvres rhétoriques et philosophiques (les *Lettres* et les *Discours* étaient encore rares ou inconnus), Salluste avec son *Catilina* et son *Jugurtha*, Pline l'Ancien, Justin et Vitruve. On trouvait aussi Sénèque le rhéteur et Valère-Maxime ; de même Aulu-Gelle et les *Lettres* de Sénèque, mais l'un comme l'autre n'existait qu'en deux volumes séparés, dont l'un beaucoup plus rare, et les exemplaires complets étaient rares ou inexistants ; Quintilien se rencontrait moins fréquemment qu'on n'aurait pu s'y attendre (sa place avait été usurpée par la *Rhétorique à Herennius* et le *De inventione*), et il était incomplet lui aussi ; la plupart de ses manuscrits étaient *mutili*, encore qu'un texte intégral ait été disponible en Allemagne au Xe siècle. Martial et Suétone se trouvaient peu, bien que la *Vie de Charlemagne* d'Eginhard soit, grâce à une heureuse liaison avec Fulda, une brillante adaptation de la manière de Suétone et une pierre d'angle de la biographie profane ; Plaute, Lucrèce, Tite-Live et Pline le Jeune étaient plus rares encore ; quant à Ovide, il attendait son heure de gloire. Dans certains cas, il existait si peu d'exemplaires - parfois un seul - que l'avenir des classiques restait précaire : on a certes copié à l'époque les *Lettres* de Cicéron, Tacite, Columelle, Pétrone, Apicius, Valérius Flaccus et Ammien, mais pas assez pour garantir qu'ils survivraient aux guerres, aux catastrophes naturelles et, plus prosaïquement, aux ravages constants des souris et de l'humidité ; il allait falloir une autre *renovatio* pour leur assurer la sécurité. Les exemplaires, rares ou uniques, de Tibulle et de Catulle, les *Tragédies* de Sénèque et les *Silves* de Stace étaient somme toute en hibernation, tandis que les *Dialogues* de Sénèque, l'*Ane d'or* d'Apulée, une bonne partie de Tacite, Manilius, Cornélius Népos et Velléius Paterculus étaient encore des inconnus.

Dans ces conditions, comment ne pas s'émerveiller devant le fil si fragile à quoi tenait le destin des classiques latins. Dans bien des cas, il ne restait qu'un témoin - et dans quel état ! - au temps de la renaissance carolingienne. A la fin de cette grande époque, des œuvres maîtresses de la littérature latine étaient encore confiées à un seul manuscrit dormant sur une seule étagère. Le moindre accident aurait pu nous priver de certains de nos textes les plus précieux, de Catulle et Properce, de Pétrone ou Tacite. Il est des exemples de survie extraordinaires : le manuscrit du Ve siècle de la cinquième décade de Tite-Live, qui trouva refuge à Lorsch (Vienne, 15), parvint jusqu'au XVIe siècle sans avoir même été copié ; un simple accident et cinq autres livres de Tite-Live auraient disparu à jamais.

8.– La philologie au IXe siècle.

A considérer l'époque carolingienne, on est frappé par la quantité fabuleuse de parchemin qui s'y consomma : on faisait débauche de publication ; depuis la poésie d'imagination jusqu'aux manuels de rhétorique, de dialectique, de métrique et de grammaire, en passant par l'histoire, la biographie, l'hagiographie, la théologie, la philosophie et l'exégèse biblique. Tout cela nous intéresse, dans le mesure où tout ce qui impliqua une étude plus poussée et une exploitation plus raffinée de la langue et de la littérature latines fut bénéfique à la tradition classique. Cependant si, pour notre propos, nous nous cantonnons à l'étude de la littérature classique et à la vraie érudition, il est peu de noms qui retiennent notre attention. Le plus renommé des manuscrits de Lucrèce, l'Oblongus (Voss. lat. F. 30), copié dans le scriptorium palatin au tout début du IXe siècle, nous permet d'entrevoir la façon dont l'érudition carolingienne approchait les textes classiques. Il a été corrigé, parfois même complété, en écriture insulaire, par le mystérieux « corrector Saxonicus » dont la main caractéristique a permis au paléographe de l'identifier : pas saxon du tout le monsieur, puisqu'il s'agit tout bonnement de Dungal, l'érudit irlandais, l'astronome faisant alors autorité, que nous voyons sans surprise s'intéresser au plus vieux texte de Lucrèce que nous possédions. L'histoire de la philologie doit faire cependant une beaucoup plus large place à un autre Irlandais qui travaillait à Liège au milieu du siècle, Sédulius Scottus. Très doué en de multiples domaines, théologien et versificateur, auteur de commentaires grammaticaux sur Priscien notamment, il est d'abord pour nous le compilateur d'un *Collectaneum* ; ce recueil de morceaux choisis est un de ces méli-mélo fréquents au Moyen Age, mais Sédulius Scottus ne tient pas pour négligeable le style des écrivains qu'il cite et il possède un bagage absolument remarquable : nombre des œuvres de Cicéron (en particulier les *Philippiques*, le *Pro Fonteio*, le *Pro Flacco*, l'*In Pisonem*), Valère-Maxime, Macrobe, les traités militaires de Frontin et Végèce, l'*Histoire Auguste*. Pour les discours de Cicéron, il semble avoir utilisé l'un des grands manuscrits existants (Vat., Arch. S. Pietro, H. 25), copié en Italie probablement sur un modèle en onciale. Hadoard, le *custos librorum* de Corbie (voir p. 67) nous a laissé une compilation analogue, presque certainement de sa propre main (Reg. lat. 1762, du milieu du IXe siècle). Il se montre beaucoup moins respectueux de ses auteurs : il détache du contexte leurs maximes morales, sabre les noms et références historiques qui les rattachent à un lieu ou une époque, et les christianise au besoin ; mais il a, lui aussi, des connaissances très étendues, surtout en ce qui concerne Cicéron ; qu'on en juge : *Premiers Académiques, De natura deorum, De divinatione, De fato, Paradoxes, De legibus, Timée, Tusculanes, De officiis, De amicitia, De senectute, De oratore*. Il présente moins d'importance pour la tradition textuelle qu'on ne l'imaginerait, car certains des manuscrits dont il se servit nous sont parvenus. Nous sommes plus attirés – car il reflète toute la carrière et les goûts personnels de l'auteur – par le carnet de notes (Saint-Gall, 878) de Walafrid Strabon (808-849), poète, précepteur du futur Charles le Chauve et abbé de Reichenau. Les extraits eux-mêmes ne révèlent pas ses préférences littéraires : il se borne, pour les classiques païens, à Columelle et aux *Lettres* de Sénèque : le choix du premier ne saurait surprendre chez l'auteur d'un charmant poème sur le jardin de son monastère. Son ouvrage nous permet cependant de voir qu'il a pris à la transmission du domaine classique une part plus active qu'on n'aurait pu l'escompter d'un compilateur, en montrant que la belle main qui compléta et, par endroits, écrivit ou récrivit notre plus ancien manuscrit d'Horace (Reg. lat. 1703) est celle de Walafrid Strabon en personne.

L'érudit qui domine ses contemporains est pourtant Loup de Ferrières (env. 805-862). Auteur du fameux dicton *propter se ipsam appetenda sapientia* (« la science mérite d'être recherchée pour elle-même » ; *Lettre* 1), il est le seul de son époque à donner un avant-goût de la Renaissance. Il commence ses études à Ferrières et les termine à Fulda avec le plus grand professeur de la période post-alcuinienne, Raban Maur (780-856) ; revenu à Ferrières en 836, il en devient l'abbé en 842 et le reste jusqu'à sa mort. Ses lettres sont passionnantes : bien qu'il soit mêlé aux choses du siècle, sa correspondance est avant tout celle d'un érudit. Pour accroître les ressources de la bibliothèque, modestes du temps qu'il était écolier, il demande partout des livres à hauts cris : à Éginhard (qui a quitté la cour pour se retirer à Seligenstadt), à Tours, à York et même au pape. Il n'est évidemment pas le seul à faire la chasse aux manuscrits en ce IXe siècle ; mais il a ceci de particulier qu'il cherche à se procurer des témoins qu'il possède déjà, afin de corriger et compléter son propre texte par collation. Il parvient ainsi à combler certaines des lacunes de Valère Maxime à l'aide de l'épitomé de Julius Paris, un texte très rare qui remonte au IVe siècle. Un extrait d'une lettre adressée à un moine de Prüm va nous montrer comment il procédait :

Tullianas epistolas quas misisti cum nostris conferri faciam, ut ex utrisque, si possit fieri, veritas exculpatur. Tu autem huic nostro cursori Tullium in Arato trade, ut ex eo quem me impetraturum credo, quae deesse illi Egil noster aperuit, suppleantur (*Lettre* 69).

« je ferai collationner sur notre copie les lettres de Cicéron que tu m'a envoyées, afin que, si possible, la vérité se dégage de la comparaison des deux. Toi de ton côté, remets au porteur de cette lettre les *Aratea* de Cicéron, afin que, grâce à l'aide du manuscrit que j'espère obtenir, je puisse compléter les lacunes que notre ami Egil y a signalées. »

Aussi heureux de donner que de recevoir, Loup répond volontiers à des questions touchant la grammaire, la prosodie ou l'exégèse, et nous donne un aperçu éclatant de la vie intellectuelle d'un groupe d'érudits carolingiens. Il produisit peu et, hormis ses lettres, son humanisme se manifesta surtout dans les manuscrits des auteurs classiques — une bonne douzaine — où l'on retrouve sa main. Le plus important, d'un certain point de vue, est un *De oratore* de Cicéron aujourd'hui à la British Library (Harley, 2736), qu'il écrivit lui-même ; parmi ceux qu'il annota, retenons : des textes de Cicéron, dont le plus ancien témoin du corpus philosophique de Leyde (Vienne, 189), les livres VI à X de Tite-Live (Paris lat. 5726), Valère-Maxime (Berne, 366), Aulu-Gelle (Reg. lat. 597), le commentaire de Macrobe sur le *Songe de Scipion* (Paris lat. 6370) et celui de Donat sur l'*Énéide*, I-VI (Reg. lat. 1484). Nous savons qu'à la demande de Loup, Éginhard envoya un Aulu-Gelle à Fulda où Raban le fit copier en 836 (*Lettre* 5). On a découvert un manuscrit de cet auteur écrit à Fulda (Leeuwarden, 55) et l'on espérait qu'il s'agissait du texte ayant permis à Loup de rectifier son propre exemplaire ; il n'en est rien malheureusement. Sa méthode - laisser des blancs quand des lacunes sont flagrantes ou présumées, signaler les passages corrompus, consigner les variantes - dénote une saine approche des textes classiques, qui fait oublier la pauvreté de sa propre contribution critique. Bien avant Loup cependant, Théodulphe, évêque d'Orléans et abbé de Fleury, qui mourut en 821, collationnait déjà les manuscrits de la Bible. Il avait fait une édition de la Vulgate où il laisse prévoir les méthodes modernes, en mettant des sigles marginaux pour distinguer les sources des variantes : un ā pour la version alcuinienne, un s̄ pour la recension espagnole, par exemple.

Le professeur que fut Loup mérite l'attention ; il eut pour élève Heiric d'Auxerre (env. 841-876) qui forma à son tour des érudits de la génération suivante, tels Hucbald de Reims et Remi d'Auxerre. Si l'on se rappelle que Loup fut l'élève de Raban qui avait été celui d'Alcuin, on voit à l'évidence l'un des fils qui a couru dans la trame de la culture carolingienne. Heiric figure en bonne place dans l'histoire des textes classiques. Il publia un recueil d'extraits de Valère Maxime et Suétone (la première partie de ses *Collectanea*), qu'il avait pris sous la dictée de son maître. Le Valère Maxime appartenant à Loup est d'ailleurs arrivé jusqu'à nous (Berne, 366). Au début du IXe siècle, il existait des textes de Suétone à Tours (Paris lat. 6115), mais aussi à Fulda où Loup avait probablement réussi à s'en procurer un. Heiric est, à notre connaissance, le premier à s'être servi des extraits de Pétrone qui commençaient à circuler au IXe siècle, et il rassembla une série de textes rares, ses « *Collectanea* », dans un témoin écrit à Auxerre entre 860 et 862, qu'il annota de sa main (Vat. lat. 4929). Ce salmigondis est extrêmement intéressant, car nous connaissons un peu son histoire antérieure et postérieure ; parmi les textes qu'il donne, il en est deux, l'épitomé de Valère Maxime par Julius Paris et la géographie de Pomponius Méla, qui ont une souscription indiquant qu'ils furent édités à Ravenne au VIe siècle par Rusticius Helpidius Domnulus, un poète chrétien du deuxième quart du siècle. Ravenne, qui avait été un centre intellectuel florissant à la fin de l'Antiquité, fut au Ve et au VIe siècles la résidence principale de plusieurs empereurs ; libérée de la domination byzantine au milieu du VIIIe siècle, elle a sans doute été avec Rome l'une des grandes sources où les premiers Carolingiens puisèrent des livres. Quoi qu'il en soit, Méla avait atteint l'Europe septentrionale au milieu du VIIIe siècle, puisque Virgile de Salzbourg l'avait lu (voir p. 62), et les deux textes arrivèrent en fin de compte entre les mains de Loup et d'Heiric. Les Irlandais du continent peuvent n'avoir pas été étrangers à leur transmission : Méla était donc connu de ce Virgile, illustre enfant de l'île, et glana une glose pro-irlandaise au cours de ses voyages. C'est Heiric qui, à son tour, fit passer la petite encyclopédie d'Helpidius à la postérité : par le truchement d'une copie du XIIe siècle, les textes de ses *Collectanea* parvinrent à Pétrarque qui les fit largement connaître sous la Renaissance.

9.– *Le crépuscule carolingien.*

Au temps de la renaissance carolingienne, la vie intellectuelle avait été étroitement liée à la cohésion et à la sécurité de l'empire inhérentes à la politique de Charlemagne. Aux IXe et Xe siècles, les Vikings, les Sarrasins et les Hongrois font incursion à maintes reprises, dévastant des régions entières et mettant les monastères au pillage. Les dissensions intérieures aboutissent au partage de 843 qui préfigure le morcellement de l'Europe moderne. Cependant la machine scolaire mise en route par Charlemagne et Alcuin, avec les écoles monastiques et cathédrales comme engrenages, était suffisamment lancée pour continuer à tourner jusqu'à ce que des générations nouvelles puissent reprendre la tradition classique et l'exploiter plus complètement.

Le Xe siècle est avant tout une période de transition entre l'ère carolingienne et l'expansion tant économique qu'intellectuelle des deux siècles suivants. La culture et la production de manuscrits sont partout en déclin, mais on continue à étudier les auteurs classiques et à copier leurs œuvres. Qui plus est, parmi les érudits de cette époque, il en est deux dont le savoir n'aurait pu être égalé au siècle précédent : Rathier (env. 887-974), évêque de Liège et, par trois fois, de Vérone, et Gerbert de Reims (env. 950-1003). Rathier est l'un des personnages les plus turbulents d'un siècle tumultueux. Sa grande culture classique, il la doit à n'en pas douter aux nombreux changements de résidence que lui valurent un caractère impétueux et une causticité qui puisait son vitriol chez les satiriques latins, au grand dam de ses confrères, et qui le condamna à sillonner l'Europe de long en large, tel un héros picaresque. Il appelle spécialement notre attention pour avoir connu deux textes rares, Plaute et

Catulle. Il est possible qu'il a découvert le théâtre de Plaute en France, où a pris naissance la famille « palatine » des manuscrits, et il en va peut-être de même pour Catulle. En effet, si l'œuvre de ce dernier a, pour l'essentiel, été découverte à Vérone, le poème 62 était déjà inclus dans le *florilegium Thuaneum* (Paris lat. 8071) écrit en France à la fin du IXe siècle. Du culte que Rathier vouait aux classiques, il nous reste une preuve admirable : le manuscrit le plus important de la première décade de Tite-Live (Laur. 63, 19 = *M*), qui fut copié à Vérone sur ses instructions ; les notes marginales, dont certaines sont explosives, trahissent d'emblée leur auteur. Un témoin identique, datant peut-être de la même époque et offert à Otton Ier, parvint à la cathédrale de Worms, où Beatus Rhenanus le découvrit.

C'est en Allemagne que les traditions carolingiennes restèrent les plus vivaces, en particulier sous la dynastie des Otton (936-1002), et Gerbert, précepteur d'Otton III, fut au centre de ce renouveau intellectuel. Professeur éminent, pionner en mathématique, grand collectionneur de manuscrits, Gerbert était un homme d'une rare valeur ; natif d'Aurillac, il fut abbé de Bobbio à plusieurs reprises, archevêque de Reims et de Ravenne, avant de devenir le pape Sylvestre II. Il connaissait des auteurs aussi rares que Celse et Manilius (il avait trouvé ce dernier à Bobbio), et l'un de nos manuscrits du *De oratore* de Cicéron (Erlangen, 380) fut copié pour lui. L'existence du Saint Empire romain impliquait évidemment des contacts fructueux entre l'Allemagne et l'Italie et à la fin du Xe siècle, puis au XIe, les écoles germaniques firent beaucoup pour la transmission de la culture classique. Un autre témoin fameux de Tite-Live, en l'occurrence un manuscrit en onciale de la quatrième décade datant du Ve siècle, fut acquis à Plaisance par Otton III, qui l'emporta en Allemagne. Henri II en fit don à la bibliothèque capitulaire de Bamberg ; il nous en reste quelques lambeaux retrouvés dans des reliures (Bamberg, Class. 35a). Mais il en fut pris au moins deux copies ; l'une, notre principale source, date du XIe siècle (Bamberg, Class. 35), l'autre est l'ancêtre de deux descendants célèbres, aujourd'hui perdus : le premier se trouva à Spire à un moment donné, le second à Chartres où il engendra toute la tradition de la Renaissance (voir p. 88). Il faut également porter au crédit des écoles germaniques un gros recueil des œuvres de Cicéron datant du XIe siècle ; ce manuscrit qui avait appartenu à la cathédrale de Cologne est actuellement à la British Library (Harley 2682). Il contient des discours, des lettres, des œuvres philosophiques, dont il est parfois un témoin précieux.

Alors que les cathédrales devenaient des centres intellectuels de plus en plus actifs, les monastères connurent un déclin qui prit fin avec la réforme clunisienne sur le continent et les initiatives de Dunstan et Ethelwold en Angleterre. Avec les livres qu'elle se mit à importer au Xe siècle, l'Angleterre découvrit l'écriture continentale. Le principal manuscrit des *Aratea* de Cicéron (Harley 647), un témoin français de l'ère carolingienne, y arriva à la fin du siècle et y produisit bientôt deux descendants (Harley 2506 et l'ancêtre de Brit. Libr., Cotton Tib. C. 1). Il nous reste du Xe siècle anglais des manuscrits de Juvénal et de Perse, dont l'un en belle minuscule insulaire (Cambridge, Trinity College, O.4.10) qui doit compter parmi les derniers classiques transcrits dans ce caractère, et un livre comprenant une partie de l'*Art d'aimer* d'Ovide, qui fut en partie écrit au pays de Galles à la fin du IXe siècle (Oxford, Bodl. Libr., Auct. F. 4. 32) et a bel et bien appartenu à saint Dunstan.

10.– *La résurgence du Mont-Cassin.*

L'extraordinaire sursaut du Mont-Cassin est l'événement le plus marquant de l'histoire de l'érudition au XIe siècle ; la maison mère de l'ordre brilla de son plus bel éclat alors que les Bénédictins perdaient rapidement de leur primat culturel en Europe. Le magnifique essor artistique et intellectuel qui fut à son acmé au temps de l'abbé Didier (1058-1087), s'accompagna d'un regain d'intérêt pour les Anciens ; c'est au Mont-Cassin et dans d'autres communautés bénédictines que prirent naissance à la fin du XIe siècle et au début du XIIe d'admirables manuscrits bénéventins d'auteurs classiques ou non. Quantité de textes furent sauvés d'un seul coup, qui sinon auraient pu être à jamais perdus ; à ce seul monastère et pendant cette seule période, nous devons d'avoir encore la deuxième partie des *Annales* et les *Histoires* de Tacite (Laur. 68, 2 ; Planche XIV), l'*Ane d'or* d'Apulée (même ms., 2ème partie), les *Dialogues* de Sénèque (Ambros. C 90 inf.), le *De lingua latina* de Varron (Laur. 51, 10), les *Acqueducs de Rome* de Frontin (Mont-Cassin, 361) et une trentaine de vers de la sixième satire de Juvénal qui ne figurent nulle part ailleurs (Bodleian Libr., Canonici class. lat. 41 ; cf. p. 136). Le Mont-Cassin avait de solides connexions avec l'Allemagne au XIe siècle, et le Tacite en particulier nous renvoie à Hersfeld et Fulda.

11.– *La renaissance du XIIe siècle.*

L'enseignement - nous l'avons déjà signalé incidemment - échappait peu à peu aux moines pour passer au clergé séculier des écoles cathédrales et urbaines. Les monastères restaient importants de par leurs bibliothèques, leurs scriptoria et leur vie culturelle, mais les activités créatrices se déplaçaient vers les écoles cathédrales qui se développèrent rapidement à partir du milieu du XIe siècle, au point que certaines devinrent ensuite les premières universités. La carte intellectuelle de l'Europe avait changé du tout au tout. Le droit romain était remis à l'honneur à Bologne ; la première école de médecine naquit à Salerne ; dans le royaume normand de Sicile et d'Italie du Sud, on traduisait en latin les traités techniques grecs et, à l'occasion de la reconquête de l'Espagne sur les Maures, Tolède devint le grand centre des traductions qui allaient mettre la science et l'érudition arabes à la portée de l'Occident. Au nord, la France et l'Angleterre normandes occupaient maintenant le devant de la scène avec Le Bec et Cantorbéry, toutefois les écoles anglaises ne rattrapaient que peu à peu leur retard ; les lettres classiques avaient surtout Orléans et Chartres pour fiefs, tandis que la philosophie et la dialectique étaient l'apanage de Paris qui devint de ce fait la capitale intellectuelle de l'Europe. La littérature de la Rome antique restait la base de l'enseignement et la grande source d'inspiration, mais un nouveau rôle lui était dévolu : répondre aux besoins d'une société complexe où le droit et la médecine, la rhétorique et la logique étaient professionnellement utiles. On se passionnait alors pour

Euclide et Ptolémée, pour le Digeste et tous les ouvrages du corpus aristotélicien ou médical qui devenaient disponibles. En même temps, on étudiait davantage et mieux le patrimoine antique. La prospérité, un sens plus aigu de l'élégance, l'art et les lettres descendant dans le siècle, autant de raisons de se tourner plus résolument vers une littérature qui n'était pas destinée au cloître.

Le XIIe siècle marque un tournant dans l'évolution du public. Depuis la fin de l'Antiquité, la culture laïque avait pour ainsi dire disparu, et seuls le clergé et les membres des familles régnantes étaient capables de lire. La vitalité de la renaissance littéraire et l'usage toujours plus fréquent de documents écrits dans le commerce et l'administration témoignent d'un changement culturel. Lecture et écriture, d'abord l'apanage de la noblesse anglo-normande, se répandirent peu à peu dans toutes les classes de la société et étaient très répandues à la fin du XIIIe siècle. Il est révélateur que jusque vers le milieu de ce siècle, le terme de *litteratus* ait signifié la capacité de lire et d'écrire le latin ; ensuite il dénote une certaine familiarité avec la littérature latine, et tend vers un sens voisin de « cultivé ». L'apparition de nouvelles couches de lecteurs a beaucoup accru la demande de livres, et favorisé le goût pour la littérature.

A cette époque, qui eut bientôt ses propres écrivains, en latin ou en langue vernaculaire, on sut redécouvrir avec sympathie les techniques de l'épopée et de l'histoire antiques. On se jetait sur les poèmes d'amour et sur les œuvres morales des satiriques : les Anciens parlaient aux sens et à la conscience tout à la fois. Ils subirent quelques coups de pouce au passage : Virgile fut allégorisé, Ovide moralisé, les satiriques surchargés de gloses et de commentaires ayant rarement un rapport avec leur prime intention. Les résultats furent inégaux. Dans son *De amicitia* Aelred de Rievaulx sut repenser le problème des relations humaines en termes chrétiens et reprendre le dialogue de Cicéron sans vraiment maltraiter son modèle et sans sacrifier pour autant sa propre originalité. Sénèque, subtilement truffé d'extraits empruntés à des chrétiens, inspira de nobles passages, à Guillaume de Saint-Thierry par exemple, encore qu'il perdît son identité dans l'affaire ; Gautier de Saint-Victor, en le sollicitant habilement, parvint à lui faire dénoncer l'étude du domaine païen. Ovide scintilla à travers certaines des scènes les plus érotiques de la comédie élégiaque de l'époque, mais bien souvent on le considéra comme un professeur de morale et de bien d'autres choses, et on dénatura son chant et son propos de façon si grotesque que les *Remèdes à l'amour* purent devenir un livre de classe ; le nez qu'il avait fort, c'est bien évident quand on s'appelle Ovidius Naso, était devenu un organe suprêmement capable de distinguer le vice d'avec la vertu.

Virgile, Horace, Ovide, Lucain, Juvénal, Perse, Cicéron, Sénèque constituaient le plat de résistance littéraire au XIIe siècle ; Stace (hormis les *Silves*) et Térence avaient le vent en poupe ; Quintilien était connu mais rarement exploité et Martial voyait sa cote monter ; quant à Plaute (du moins les huit premières pièces) et à Tite-Live, ils commençaient à être diffusés. Aucune époque n'aurait pris plus de plaisir aux poèmes de Catulle, Tibulle et Properce, mais les copies rares ou uniques qui en existaient demeuraient inutilisées ; il en allait de même pour Tacite. Le sort réservé à Lucrèce nous montre à l'évidence comment un texte répandu au IXe siècle a pu pratiquement tomber dans l'oubli pendant le reste du Moyen Age. On peut jauger l'importance accordée aux auteurs de l'Antiquité pendant cette renaissance au fait qu'ils apparaissent plus souvent en écriture supérieure dans les palimpsestes qui nous ont été conservés : la roue avait tourné, sans que les classiques aient d'ailleurs trouvé grâce pour autant aux yeux des éducateurs.

Que la littérature latine ait été familière aux plus grands esprits du siècle, on le devine dans les travaux de deux Anglais, Guillaume de Malmesbury (mort vers 1143), le plus grand historien de son temps, et Jean de Salisbury (env. 1110-1180), le plus pur représentant de la renaissance littéraire du XIIe siècle. Bibliothécaire de Malmesbury, Guillaume avait libre accès au monde des livres par la très belle collection dont il disposait et qu'il enrichit d'ailleurs sensiblement ; outre les textes scolaires habituels, il avait lu la *Guerre des Gaules* de César, Aulu-Gelle, Suétone, Martial et une œuvre aussi peu répandue à l'époque que l'*Apocolocyntose* de Sénèque ; il fut le premier au Moyen Age à extraire des citations du corpus entier des *Lettres* de Sénèque. Chercheur au plein sens du terme, féru d'histoire et d'antiquité, il s'est taillé une place d'honneur dans l'histoire de l'érudition classique. Il aimait surtout dénicher des textes apparentés qu'il regroupait, et certaines de ses collections, souvent autographes, existent encore. Le corpus historique où sont réunis Végèce, Frontin et Eutrope (Oxford, Lincoln College, lat. 100) en est un bon exemple. Du recueil où il avait essayé de rassembler les œuvres complètes de Cicéron, il nous est resté une copie postérieure (Cambridge, Un. Libr., Dd XIII 2) ; on y trouve une défense explicite de son goût pour la littérature classique et ce qui est peut-être la première édition des fragments de l'*Hortensius* et du *De republica*, savamment extraits des œuvres de saint Augustin.

Jean de Salisbury, qui avait fait ses études à Chartres et à Paris, fut un styliste sans pareil au Moyen Age ; non seulement il étudia de multiples œuvres patristiques, médiévales et classiques, mais il fut capable d'en voir la résonance sur les problèmes pratiques de l'heure. Cicéron, Sénèque et les *exempla* de Valère Maxime avaient sa préférence, mais sa très vive curiosité des Anciens le conduisit vers des œuvres peu répandues - les *Stratagèmes* de Frontin et l'*Histoire Auguste* par exemple - et il connaissait tout le Pétrone existant, ce qui était exceptionnel. Il utilisa les morceaux choisis d'Heiric pour Suétone et parfois sans doute d'autres florilèges. Ses critiques acerbes contre les empiètements de la dialectique nous montrent que la renaissance littéraire proprement dite touche à sa fin.

Guillaume de Malmesbury et Jean de Salisbury sortent évidemment de l'ordinaire ; nombre de leurs contemporains se donnaient de faux airs d'érudits en pillant tout simplement les encyclopédistes, les grammairiens et les auteurs de florilèges : le savoir de seconde main avait conquis droit de cité. Robert de Cricklade dédia à Henri II une *defloratio* de Pline l'Ancien en neuf livres, Guillaume de Malmesbury compila un *Polyhistor* et Étienne de Rouen commit un abrégé de Quintilien. Lorsqu'ils ont été rassemblés par qui avait accès à de nombreux ouvrages, car ils puisent à une tradition antérieure aux manuscrits existant aujourd'hui et à des sources différentes. Le *florilegium Gallicum*, réuni dans le nord de la France au XIIe siècle, nous fournit un bon exemple : il contient des extraits de quantité d'auteurs et n'est pas sans présenter d'intérêt pour le texte de Tibulle, de Pétrone et de Valérius Flaccus notamment. Un florilège datant du début du XIIIe siècle et consacré essentiellement aux classiques (Paris lat. 15155, et des fragments ailleurs) nous donne des extraits de Properce et la *Laus Pisonis*. Wibald, abbé de Corvey de 1146 à 1158, nourrit l'ambition, comme Guillaume de Malmesbury avant lui, de réunir tout Cicéron en un seul volume ; il ne fut pas loin d'y parvenir, puisque notre manuscrit le plus complet des œuvres de Cicéron, écrit à Corvey au XIIe siècle (Berlin, lat. fol. 252), est presque certainement le résultat de son effort. Avec ses œuvres oratoires et philosophiques, sa gamme impressionnante de discours et une partie des *Epistulae ad familiares*, il constitue une source textuelle précieuse, outre qu'il est un imposant témoin de l'humanisme au XIIe siècle.

A qui demanderait comment la renaissance de la fin du XIe siècle et du XIIe influa sur la transmission du patrimoine classique, on pourrait répondre qu'elle consolida les acquits de l'ère carolingienne. Les scriptoria déversaient à flots les textes des auteurs qui étaient les piliers de l'école médiévale ou jouissaient de la faveur du public ; c'est ainsi que nous possédons pour Ovide et Sénèque quatre à cinq fois plus de manuscrits du XIIe que nous n'en avons pour l'ensemble des siècles précédents. Nombre d'entre eux n'ont d'ailleurs aucune valeur textuelle, car ils ne contiennent rien que l'on ne trouve sous une forme plus pure dans des témoins antérieurs, mais il arrive souvent que le texte ait gagné à cet élargissement de la tradition. Le meilleur manuscrit des lettres *Ad familiares* de Cicéron appartient au IXe siècle (Laur. 49, 9) ; cependant pour en corriger les erreurs et combler les lacunes, il faut faire appel à une autre branche de la tradition, carolingienne par son origine, mais attestée seulement à partir du XIIe siècle. Dans d'autres cas, seuls les manuscrits de cette époque nous ont été conservés : par exemple, il ne nous reste plus aucun témoin carolingien des *Questions naturelles* de Sénèque, et ce sont les copies qui en furent faites aux XIIe et XIIIe siècles qui en ont assuré la survie.

12.-- *La période scolastique.*

A la fin du XIIe siècle et tout au long du XIIIe, les écoles et universités eurent pour souci premier d'assimiler et d'organiser le matériau que le ferment intellectuel venait de faire lever, et non de trouver du nouveau. Pour systématiser ces connaissances récentes et unifier les doctrines, on fit appel à la dialectique et à la logique, sciences subtiles qui dominaient non seulement la philosophie, la théologie, les techniques spécialisées, mais aussi la grammaire et l'exégèse littéraire. Une fois intégré dans le système de pensée du temps, tellement porté à l'allégorie et à la sophistication, le patrimoine classique ne pouvait qu'être dénaturé ; il eut d'ailleurs à subir d'autres avanies. Avec tant d'autres choses pour solliciter l'esprit, on abandonna la longue fréquentation des Anciens pour les manuels plus pratiques, les *auctores* pour les *artes*, et les nouveaux traités de grammaire et de rhétorique utilisés furent bien souvent marqués au coin de la scolastique. Les classiques restèrent une mine d'anecdotes morales et purent fournir des renseignements très divers à un public curieux de nature, mais qui ne goûtait plus la forme ni le style ; quant au contenu, il devenait plus assimilable une fois réduit à des extraits ou des *exempla*. Par ailleurs, les écrivains de l'époque prirent place aux côtés des maîtres de l'Antiquité ; ils ne les chassèrent pas, certes, mais ils brisèrent leur monopole.

C'est pourquoi, le siècle qui vit le Moyen Age triompher dans bien des domaines, n'est pas spécialement attirant pour le philologue classique. Les manuscrits inondent le marché, c'est entendu, mais les textes, copiés depuis des générations, sont de plus en plus corrompus ; le bon grain va diminuant et l'ivraie augmentant ; les manuscrits eux-mêmes, avec leurs lourdes gothiques, sont moins élégants qu'aux siècles précédents. Et pourtant, les classiques loin d'être submergés par la marée scolastique, marquent des points là où l'on s'y attendrait le moins. Les héros de l'époque étaient les bâtisseurs des puissants systèmes philosophiques et théologiques, mais parmi ceux qui entendaient organiser le savoir, il en est qui réservèrent une belle place à la littérature païenne. Vincent de Beauvais, qui mourut vers 1264, fut l'encyclopédiste le plus extraordinaire du Moyen Age ; dans son *Speculum maius*, il s'efforça de réunir toute la somme des connaissances en un seul corpus. Anti-païen par principe, comme beaucoup d'autres, il comprit toutefois la valeur des textes profanes et se justifia en toute bonne foi de s'en servir. Il puisa amplement dans le patrimoine antique ; Ovide et Sénèque venaient largement en tête, Virgile était éclipsé. Il emprunta une bonne partie de ses citations à des sources de seconde main et s'il a fait une place à Tibulle, un auteur rare, c'est qu'il s'en est remis à des compilations antérieures, le *florilegium Gallicum* en particulier.

Vers 1250, c'est-à-dire quelques années après la publication du *Speculum maius*, Richard de Fournival, un Amiénois qui allait devenir chancelier de la cathédrale, travaillait à sa *Biblionomia*. Pour l'édification de ses concitoyens, il montre toute la littérature et la sagesse du monde éployées dans un jardin raffiné où chaque branche du savoir a sa propre parcelle. Ce charmant parterre devient bientôt une bibliothèque où les volumes sont disposés sur des pupitres selon le sujet qu'ils traitent. Cette bibliographie méthodique n'est pas, comme on le crut parfois, la projection imaginaire d'un amateur de livres, mais le catalogue même de la collection que Fournival avait réunie avec amour. Elle devait comporter à peu près trois cents ouvrages et, par son importance et sa diversité, pouvait rivaliser avec les bibliothèques monastiques et capitulaires de son temps. Elle contenait des textes classiques précieux dont les plus remarquables sont trois œuvres poétiques, celles de Tibulle, de Properce et les *Tragédies* de Sénèque.

Le premier descendait peut-être du manuscrit ayant appartenu à la bibliothèque du palais de Charlemagne ; il passa en 1272, avec l'essentiel de ses volumes, à la bibliothèque de la Sorbonne, mais il est aujourd'hui perdu. Eût-il survécu qu'il aurait été notre plus vieux témoin de Tibulle, sinon la source d'une bonne partie de la tradition de la Renaissance. En revanche, ses exemplaires de Properce et de Sénèque le Tragique nous ont été conservés et sont maintenant identifiés. Les *Tragédies* avaient déjà donné signe de vie : quelques extraits figuraient dans le *florilegium Thuaneum* (Paris lat. 8071), écrit en France au IXe siècle et notre témoin complet le plus ancien, l'Etruscus (Laur. 37, 13 = *E*), remonte au XIe ; toutefois ces pièces étaient restées presque ignorées. Il faut attendre le XIIIe siècle pour voir apparaître l'autre branche, la principale du reste, de la tradition (dénommée *A*) ; elle refit surface dans la France septentrionale, bien que le plus vieux de ses représentants (Cambridge, Corpus Christi College, 406) ait, semble-t-il, vu le jour en Angleterre. Le manuscrit que les éditeurs désignent par *P* (Paris lat. 8260) a été écrit pour Richard de Fournival.

Si l'on ne tient pas compte de quelques échos à la fin du XIIe siècle, Properce était un homme nouveau pour le Moyen Age : l'un des plus grands poètes latins n'est pas revenu à la lumière avant l'époque scolastique ; ce texte, comme bien d'autres à venir, nous le devons à un phénomène jusque là inconnu : le riche collectionneur privé. Le volume que se fit faire Fournival est notre manuscrit *A* (Voss. lat. Q. 38), dû au scribe qui lui copia son Sénèque ; c'est l'un des deux témoins les plus importants du texte et l'ancêtre de la tradition humanistique.

Les *Tragédies* n'étaient pas la seule œuvre de Sénèque diffusée à l'époque dans l'Europe septentrionale. Les *Dialogues*, remontant du Mont-Cassin vers le nord, atteignirent Paris dans la première moitié du XIIIe. Jean de Garlande les connut dès 1220 et, cinquante ans après, Roger Bacon frétillait d'enthousiasme quand il annonça, un peu plus tard il est vrai, les avoir « découverts ». Ces textes avaient réapparu aussi dans le nord de la France, mais parmi leurs premiers lecteurs, une place de choix revient à Roger Bacon et Jean de Galles. Grâce à ces deux Franciscains, pouvant l'un et l'autre se réclamer aussi bien d'Oxford que de Paris, on s'aperçut que les ordres mendiants anglais jouaient désormais un rôle, moins brillant certes, mais non négligeable dans l'essor des études classiques. Certains d'entre eux avaient dressé au XIIIe siècle un *Registrum librorum Angliae* (conservé par des copies : Bodleian Library, Tanner 165 et Cambridge, Peterhouse, 169) ; ce catalogue général des livres disponibles dans les bibliothèques de leur pays, un remarquable ouvrage d'ailleurs, incluait des auteurs classiques. Les traités de Jean de Galles, tels le *Communiloquium* et le *Compendiloquium*, fourmillaient de références aux Anciens et ouvraient tout grand une belle fenêtre sur le classicisme ; ils entendaient servir de guide non pas seulement au professeur et au prédicateur, mais aussi à l'« honnête homme » de l'époque. Un peu plus tard, Nicolas Trivet, un Dominicain se rattachant lui aussi à Oxford et à Paris, s'acquit une telle notoriété d'érudit et d'exégète qu'on lui demanda d'Italie des commentaires sur Tite-Live et sur les *Tragédies* de Sénèque (voir p. 87). Il frayait ainsi la voie au groupe des religieux spécialistes du classicisme que nous découvrons à l'œuvre en Angleterre au début du XIVe siècle. Ces frères, qui formaient un groupe sans grande cohésion et dont Thomas Waleys et Robert Holcot sont peut-être les représentants les plus renommés, contribuèrent beaucoup à faire connaître le monde antique par les allusions aux œuvres classiques contenues dans leurs commentaires bibliques et leurs sermons ; ils suscitèrent un public ayant le goût de l'histoire et des mythes de l'Antiquité. Avec son érudition, particulièrement brillante dans son commentaire des dix premiers livres de la *Cité de Dieu* achevé en 1332, son admiration pour les Anciens et sa connaissance de textes rares, Thomas Waleys frôle de très près l'humaniste, sans doute parce qu'il vécut un temps à Bologne et en Avignon. Il se targuait d'avoir vu une copie des *Métamorphoses* d'Apulée et pouvait citer des passages de la quatrième décade de Tite-Live, alors presque ignorée, grâce à un livre que lui avait prêté l'évêque de Modène. Cet amour des classiques, commun à tous les membres du groupe, aurait pu déboucher sur l'humanisme si les circonstances avaient été autres ; en l'occurrence, étant donné leur style assez peu raffiné, leur processus de pensée médiéval, leur profession et leur absence de contacts avec un milieu d'intellectuels fortunés, ils s'orientèrent dans une autre direction, qui tourna court.

Ainsi donc, on augmenta de plus en plus le vaste trésor culturel qui s'était constitué au cours des siècles. L'étude des classiques survécut, progressa et s'adapta fort bien aux goûts et conditions de l'heure, mais le contexte ne lui ayant jamais permis de jaillir en une grande flambée, elle resta à couvert sous la cendre. Il appartiendra aux humanistes de la Renaissance, qui exploitèrent sans vergogne d'ailleurs le bel héritage médiéval, de donner à cet acquis une forme nouvelle qui allait être décisive.

13.– Le grec en Occident au Moyen Age.

Sous l'empire romain, l'Italie avait été virtuellement bilingue, mais quand vint le déclin l'usage du grec se perdit, sauf dans le sud et en Sicile, où nombre de villes étaient d'anciennes colonies hellènes. Vivarium, ce monastère fondé par Cassiodore près de Squillace, possédait, on le sait, une collection de livres grecs, mais rien n'indique qu'ils aient contribué de façon tangible à la sauvegarde de la langue. Savoir le grec fut un exploit durant le Moyen Age dans toutes les autres régions de l'Europe occidentale, où il ne s'était jamais implanté solidement, pour autant même qu'il y ait été parlé. Même les relations diplomatiques pâtirent parfois du manque de traducteurs et d'interprètes qualifiés.

Le IXe siècle s'intéressa au grec pendant un temps très court. Quelques manuscrits bibliques bilingues dont l'écriture atteste qu'ils sont des produits du monde latin ont survécu (Saint-Gall, 48 ; Dresde, A. 143b) ; ils viendraient, croit-on, du scriptorium de Saint-Gall. En 827, l'empereur de Byzance envoya au roi des Francs une copie, qui existe encore à Paris, du Pseudo-Denys l'Aréopagite (Paris gr. 437) ; elle servit pour la traduction en latin de ce faux qui connut une vogue extraordinaire. Quelques années plus tard, l'Irlandais Jean Scot Erigène traduisit à son tour le manuscrit, ainsi que des œuvres de Grégoire de Nysse, Grégoire de Nazianze et Maxime le Confesseur. Encore que ses versions aient eu une vaste audience, il ne fit pas entrer l'étude du grec dans les mœurs et aucun autre texte hellène n'était alors accessible, hormis quelques travaux d'Aristote sur la logique traduits par Boèce et la version du *Timée* de Platon faite au IVe siècle par Calcidius.

Au XIIe siècle, le domaine des traductions s'élargit très sensiblement. Le mérite en revient en partie à deux personnages qui nous restent obscurs, Burgundio de Pise (1110-1193), qui avait été interprète à Constantinople de 1135 à 1138, et Jacques le Vénitien, un canoniste dont Jean de Salisbury eut entre les mains en 1159 la version des *Seconds Analytiques* d'Aristote. Nous en savons un peu plus sur les lourdes traductions littéraires de Platon, Euclide et Ptolémée faites en Sicile, vers 1160, sous l'égide d'Henri Aristippe, archidiacre de Catane (mort en 1162), qui aurait acheté certains des manuscrits dont l'empereur de Byzance avait fait présent au roi normand de Sicile. Aristippe traduisit lui-même le *Phédon* et le *Ménon* de Platon, quelques œuvres d'Aristote et peut-être les *Pneumatica* de Héron, qui traitent des moteurs à vapeur, des « machines à sous » et autres amusettes ayant une résonance singulièrement moderne. On le connaît aussi pour les versions d'Euclide, de Proclus et de Ptolémée, auxquelles il mit la main. A signaler aussi l'amiral Eugène qui traduisit l'*Optique* de Ptolémée d'arabe en latin (le texte grec est aujourd'hui perdu). Ces hommes étaient manifestement attirés surtout par les sciences.

Ils ont eu cependant moins d'influence qu'on ne pourrait le croire, car Gérard de Crémone aurait traduit de l'arabe l'*Almageste* de Ptolémée à Tolède, vers 1175, ignorant semble-t-il la version qui en existait déjà. Les érudits espagnols spécialistes de l'arabe, qui ne connaissaient pas les originaux grecs, ont davantage contribué à faire connaître Aristote. Les versions et commentaires en arabe d'Avicenne surtout, mais aussi d'Averroès (mort en 1198), furent traduits en latin à Tolède au milieu et à la fin du XIIe siècle. Une grande partie du corpus aristotélicien se répandit ainsi rapidement dans le reste de l'Europe.

Au XIIIe siècle, quelques personnages éminents s'intéressèrent au grec mieux qu'en passant. Robert Grosseteste (env. 1168-1253), bien qu'il l'eût appris sur le tard et eût toujours besoins du concours d'hellénophones, étudia Aristote et traduisit le Pseudo-Denys l'Aréopagite ; son exemplaire du texte grec se trouve à la bibliothèque Bodléienne (Canon. gr. 97). Son élève Roger Bacon (env. 1214-1294) écrivit une grammaire grecque (Oxford, Corpus Christi College, 148), mais il eut beau insister pour qu'on étudiât les textes dans la langue originale et non dans des versions souvent inintelligibles, il ne fut guère écouté. Un de ses contemporains flamands, Guillaume de Moerbeke, traduisit une partie d'Aristote à la demande de Thomas d'Aquin. Il vécut un moment en Grèce ; on le trouve à Nicée en 1260, avant qu'il devienne archevêque de Corinthe. Un Grec, Nicolas de Reggio (actif entre 1308-1345 environ), eut aussi son importance ; il s'installa à la cour des Angevins de Naples, où il traduisit quantité d'œuvres attribuées à Galien, dont certaines n'ont survécu que dans son texte en latin.

CHAPITRE IV

LA RENAISSANCE

1.– L'humanisme.

Pour le propos de notre brève étude, nous entendons par Renaissance la période qui va de l'an 1300 environ au milieu du XVIe siècle. Un mouvement culturel où l'on peut reconnaître l'humanisme, cet aiguillon de la Renaissance, perçait dans certaines régions de l'Italie à la fin du XIIIe siècle et avait gagné la plus grande partie de l'Europe occcidentale au milieu du XVIe, transformant, parmi bien d'autres choses, la transmission et l'étude de l'Antiquité classique. L'érudit de la fin de la Renaissance avait accès à presque autant d'œuvres grecques et romaines que nous en possédons aujourd'hui ; il pouvait la plupart du temps les lire sans peine ni dépenses excessives : elles étaient imprimées ; et les traductions du grec en latin et des deux dans les langues nationales avaient mis une bonne partie de la littérature antique à la portée du grand public. Cet érudit trouvait déjà, lui, une critique historique et textuelle reposant sur des bases solides.

Même s'il finit par rayonner sur tous les domaines intellectuels et artistiques, l'humanisme fut un phénomène avant tout littéraire qui consista à étudier et imiter les auteurs classiques. Le terme, né au XIXe siècle, dérive d'*umanista*, mot d'argot forgé dans les universités italiennes de la fin du XVe, par analogie avec *legista* et *iurista*, pour désigner les professeurs enseignant les humanités, les *studia humanitatis*, qui englobaient à l'époque la grammaire, la rhétorique, l'histoire, la poésie et la morale, canon aussi important par ce qu'il excluait que par ce qu'il incluait. Les harmoniques qu'engendra ensuite l'humanisme découlent en partie seulement de sa tonalité première : enseigner, étudier et mettre à l'honneur la littérature classique.

Bien des humanistes, au XVe siècle en particulier, enseignaient effectivement les humanités ; à ce titre, ils prirent la place des *dictatores* médiévaux, ces hommes qui apprenaient à rédiger des lettres, des discours et d'autres documents essentiels pour la diplomatie et l'administration. Le *dictamen* toutefois était un phénomène spécifiquement médiéval, bien déterminé, stéréotypé, sentant le manuel et la composition-modèle. L'élégance du style ne devait pas grand-chose à la fréquentation des

Anciens, la poésie était ignorée et les études classiques ont été généralement beaucoup moins « humaines », à certains égards, en Italie qu'ailleurs. Pourquoi l'humanisme est-il donc précisément sorti de ce berceau ? Il est difficile de le dire, car la réponse n'est pas simple. On a fait remarquer que la plupart des humanistes de la première heure étaient des notaires, des avocats, bref des hommes de loi. Les écoles de droit occupaient en Italie une position prééminente, et la résurrection du droit romain à Bologne avait rétabli un lien avec l'Antiquité. Les *dictatores* avaient tenu le haut du pavé aux XIIe et XIIIe siècles, et la très solide base grammaticale et rhétorique que les futurs juristes avaient reçue avant de se spécialiser, aussi peu classique qu'elle fût alors, leur avait néanmoins donné la maîtrise du latin et un sens aigu du style. D'autres facteurs entrèrent en jeu : l'éducation italienne était séculière, le développement des villes avait favorisé une culture raffinée et il existait des hommes qui, de par leur métier, avaient la formation, les moyens et les loisirs leur permettant de s'adonner encore à l'étude des classiques tout en étant suffisamment mêlés à la vie de la cité pour mettre en pratique la rhétorique nouvelle quand l'occasion s'en présentait. Il faut également tenir compte de la personnalité de certains d'entre eux - un Lovato ou un Pétrarque par exemple - qui avaient le don de communiquer leur enthousiasme ardent, sans oublier un fait bien simple : on avait à portée des bibliothèques où puiser les livres à même d'orienter l'humanisme dans une direction nouvelle et de rompre nettement avec le passé. Quand le mouvement s'étendit à d'autres domaines, la fonction de *dictator* ne perdit pas de son importance pour autant, mais on s'aperçut que pour bien parler et bien écrire il fallait prendre modèle sur les Anciens ; on se tourna vers les classiques latins non pas seulement parce qu'ils étaient inscrits au programme, mais parce qu'ils donnaient la clé même de l'éloquence. Ce fut sa maîtrise du latin qui permit à l'homme de la Renaissance d'en imposer à ses pairs, de dénoncer ses ennemis, de fulminer pour défendre sa foi ou sa ville. On en vint ainsi à étudier plus volontiers tous les aspects de la vie des Anciens et à s'identifier, aussi illusoire que fût ce sentiment, à l'homme du monde antique et à ses idéaux : c'est ce qui caractérise le néo-classicisme.

Ce désir d'approcher de plus près l'esprit classique, de revivre et de repenser le passé en fonction du présent transcende totalement l'approche médiévale. La littérature latine finit par se libérer du petit rôle qu'on lui avait dévolu : celui de servante de l'Église. Si l'humanisme fut fondamentalement séculier, c'est certainement en partie à la tradition ténue mais jamais interrompue de l'enseignement laïc en Italie qu'il le doit. Les humanistes appartenaient au siècle : parfois professeurs de grammaire ou de littérature, plus fréquemment notaires, secrétaires pontificaux ou chanceliers de la cité. Ils se constituaient en général des collections de livres, imposantes bien souvent, et l'essor des bibliothèques privées et du commerce de librairie aidèrent à briser le monopole du savoir que les ecclésiastiques détenaient de longue date. Le mouvement gagna rapidement l'Église elle-même, et l'on trouva bientôt des humanistes aux postes-clé de sa hiérarchie.

2.– *Les premiers humanistes.*

L'humanisme prit naissance - on le discerne fort bien - dans une petite coterie littéraire qui grandit à Padoue dans la seconde moitié du XIIIe siècle. Le chef de file était un juge, Lovato Lovati (1241-1309), que passionnait la poésie classique ; il avait un flair remarquable pour dénicher des textes inconnus depuis des siècles et savait communiquer sa ferveur à son groupe d'amis. Il nous reste de lui une série de poèmes, notamment des *Épîtres métriques*, où il se montre au mieux un honnête versificateur, malgré une certaine fraîcheur dans son retour aux sources d'inspiration classique. Ce qui est renversant, c'est la connaissance de la poésie romaine qu'ils révèlent : ces réminiscences, étant plus souvent des échos que des citations directes, ne nous fournissent pas des preuves aussi nettes que nous le souhaiterions, elles sont suffisantes néanmoins pour imposer le respect. Battant ses contemporains d'une bonne longueur, Lovato aurait connu Lucrèce, Catulle, les *Odes* d'Horace, tout Tibulle, Properce, Martial, les *Silves* de Stace, Valérius Flaccus et des œuvres aussi peu répandues que l'*Ibis* d'Ovide. Il a fallu réviser complètement la chronologie de l'humanisme : Pétrarque n'était pas le premier à avoir été familier de Properce, ni Salutati à posséder un Tibulle complet ; Lovato lisait Lucrèce et Valérius Flaccus un siècle et demi avant que Poggio ne les découvrît et utilisait Catulle cinquante ans avant la date traditionnelle de sa résurrection à Vérone. D'autres membres du cénacle possédaient le même bagage poétique, fait sans précédent depuis l'Antiquité et qui ne se reverra plus jusqu'au XVe siècle.

On a trouvé un magnifique indice de l'origine de certains textes dans un manuscrit, actuellement à la British Library (Add. 19906), qui contient en particulier l'*Epitomé* de Justin et des poèmes de Lovato lui-même, et fut écrit par notre versificateur aux environs de 1290. A la fin du Justin, il recopia la souscription qui figurait dans son modèle ; elle nous indique que le témoin dont il s'était servi avait été copié au monastère de Pomposa, dans le delta du Pô, juste avant 1100. Dès le XIe siècle, cette abbaye possédait entre autres classiques, une rareté : le théâtre de Sénèque. En établissant aussi que Lovato a utilisé le fameux codex Etruscus des *Tragédies* (Laur. 37, 13), on a du même coup révélé la provenance de ce manuscrit fort mal nommé et confirmé que Lovato avait pu exploiter les ressources d'une des plus riches bibliothèques de l'Italie septentrionale. Point n'est besoin d'être grand clerc pour deviner qu'il puisa également dans la bibliothèque capitulaire de Vérone. Pourtant, on n'a pas encore résolu toutes les questions posées par ses belles trouvailles ; quand ces textes réapparurent par la suite, ce fut en France, en Suisse et en Allemagne, c'est-à-dire hors de l'orbite de notre petite chapelle. Padoue constitue un chapitre à part et encore obscur dans l'histoire du retour à la vie de l'Antiquité.

Lovato nous a également laissé une note succincte sur la métrique et la prosodie des tragédies de Sénèque, ayant ceci de remarquable qu'il l'a tirée non pas de traités médiévaux, mais d'une étude intelligente de la pratique même du dramaturge. Elle fut poussée plus avant par ses successeurs, ce qui atteste le vif intérêt que la tragédie romaine suscitait chez les préhumanistes. Il tâta aussi de l'archéologie : il vit dans un squelette dégagé par des ouvriers les restes du fondateur légendaire de Padoue, le Troyen Anténor ; c'était une magnifique erreur, bien entendu. Cela dit, il est manifeste qu'on était entré dans une ère nouvelle.

A l'opposé, un autre juge padouan faisant partie du même cercle, Geremia da Montagnone (env. 1255-1321), qui ne se piquait pas de littérature, suivait les sentiers battus du florilège didactique : son *Compendium moralium notabilium*, probablement réuni au cours de la première décennie du XIVe siècle, connut un grand succès et fut imprimé finalement à Venise en 1505. Geremia est plus typique certes de son temps mais son *Compendium*, par certains de ses aspects, le classe sans conteste parmi les humanistes. Il a énormément lu, classe méthodiquement ses extraits en précisant les références et semble citer les auteurs de première main ; son sens de la chronologie est très honnête pour l'époque et il établit une fine distinction (par exemple *poeta* et *versilogus*) entre les écrivains classiques et médiévaux. Ses extraits de Catulle et Martial, des *Odes* d'Horace et de l'*Ibis* d'Ovide, tout comme ses multiples emprunts aux tragédies de Sénèque, montrent à l'évidence qu'il fut influencé par l'humanisme padouan.

Successeur spirituel de Lovato, dont il était l'ami et le concitoyen, Albertino Mussato (1262-1329), notaire de son état, se tailla une belle réputation dans la politique, la diplomatie et la littérature. Fortement marqué par Lovato, il lut les mêmes poètes latins que lui, mais s'enfonça plus loin dans la tragédie de Sénèque ; il prit en outre modèle sur Tite-Live, Salluste et César pour ses *Historiae*. Il monta au zénith en 1315 : pour ouvrir les yeux des Padouans qui risquaient de tomber entre les griffes du maître de Vérone, Cangrande della Scala, il écrivit une tragédie à la Sénèque, l'*Ecerinis*, où il dépeignait sous des couleurs sinistres l'ascension et la chute de l'ancien tyran de Padoue, Ezzelin III. Cette tragédie, la première à être écrite en mètres classiques depuis l'Antiquité, fut un prodigieux succès littéraire et politique ; les Padouans couronnèrent son auteur de lauriers, reprenant ainsi une coutume romaine qui parlait à l'imagination des hommes de la Renaissance et convenait particulièrement au pionnier de la dramaturgie classique moderne.

Bien que son rayonnement ait été limité par les piètres moyens de communication et le morcellement de la vie politique en Italie, l'humanisme padouan gagna bientôt Vicence, la ville voisine, où Benvenuto Campesani (env. 1255-1323), un notaire, composa au tout début du XIVe siècle une épigramme, célèbre et énigmatique, chantant le retour à Vérone de son enfant depuis longtemps disparu, Catulle. Une tradition d'humanisme plus philologique fut encouragée à Vérone, et alimentée par la bibliothèque capitulaire, qui comptait parmi ses trésors des textes en prose : le Veronensis des *Lettres* de Pline, aujourd'hui perdu, qui avait été connu de Rathier, et notre plus ancien témoin de l'*Histoire Auguste* (Pal. lat. 899), descendu à Vérone juste à temps pour marquer l'historiographie de la Renaissance. Ces deux témoins furent utilisés par Giovanni de Matociis (actif entre 1306 et 1320), le sacristain de la cathédrale, à qui l'on doit une *Historia Imperialis*, son œuvre principale, et une *Brevis adnotatio de duobus Pliniis*, la première critique d'histoire littéraire parue sous la

Renaissance. S'appuyant sur le Pline de Vérone et sur un texte de Suétone, il put scinder la figure composite du Moyen Age en attribuant à chacun des deux Pline ce qui lui revenait. La bibliothèque capitulaire eut en outre son propre compilateur : en 1329, un de ses utilisateurs réunit des *Flores moralium auctoritatum* (Vérone, Bibl. cap. CLXVIII [155]) qui, tout en dérivant en partie d'autres florilèges, donne des extraits de textes rares se trouvant certainement à Vérone : Catulle, Pline le Jeune, l'*Histoire Auguste,* les *Res rusticae* de Varron, les *Lettres à Atticus* et *à Quintus* de Cicéron.

3 — La consolidation de l'humanisme : Pétrarque et ses contemporains.

Quels que soient les mérites de ce préhumanisme, que nous avons appris à apprécier, ils ne sauraient obscurcir l'entrée éblouissante que Pétrarque (1304-1374) fit dans la littérature européenne. Il écrase ses précurseurs sur toute la ligne : le poète et l'homme sont incomparablement plus grands que l'un quelconque d'entre eux ; ses horizons sont plus vastes et son influence, qui ne s'arrêta jamais aux limites étroites d'une ville ou d'une province, rayonne sur presque toute l'Europe occidentale ; il est à même de réaliser son rêve : unir les deux brins de l'humanisme d'alors - les lettres et la philologie ; il peut tout à la fois essayer de décrocher la lune et se livrer à de minutieuses recherches ; il tente plus que quiconque de faire revivre au sein d'une société chrétienne les idéaux de la Rome antique et, en voulant approcher les grands hommes du passé, voire devenir leur émule, non sans se payer de gloriole d'ailleurs, il débride d'ambitieuses passions qui vont exhumer tout le patrimoine culturel des Anciens, dont le sceau s'imprimera sur les modes de penser et d'écrire de la Renaissance.

Il est heureux pour Pétrarque, et pour la continuité de la tradition classique en Occident, que la papauté ait été transférée de Rome en Avignon pendant une période critique (1309-1377). Avignon était bien placée pour devenir le point de contact culturel entre le nord et le sud, et l'afflux à la cour pontificale de personnages venus de tous les horizons géographiques et intellectuels ne fut pas sans avoir des conséquences importantes. En particulier, les hommes d'église et de robe cultivés qui, s'intéressant toujours plus aux classiques, voulaient appréhender le monde antique mieux qu'ils n'avaient appris à le faire à l'école, se mirent à exploiter l'héritage médiéval du nord. Les bibliothèques monastiques et capitulaires de France étaient à leur portée et s'ils avaient besoin d'aide pour comprendre les auteurs les plus ardus, ils pouvaient se tourner vers Oxford, vers l'encyclopédique Nicolas Trivet, qui écrivit ses commentaires sur les *Tragédies* de Sénèque (env. 1315) et sur Tite-Live (env. 1318) à la demande expresse d'un cardinal et du pape. En arrivant à Avignon, Pétrarque trouva donc des aînés se passionnant pour des œuvres qu'on ne lisait pratiquement plus depuis des siècles. Aussi redevable qu'il fût à cette ambiance stimulante, il avait en plus l'imagination et le sens historique lui permettant de voir qu'il ne fallait pas regarder l'Antiquité à travers le prisme du Moyen Age ; il décida de la recréer comme il l'entendait.

Il y a à la British Library un manuscrit de Tite-Live (Harley 2493 ; Planche XV) qui a prouvé, autant qu'un document isolé le puisse, qu'Avignon fut un pont entre le Moyen Age et la Renaissance, et que Pétrarque joua un rôle important dans cette étape. Ce volume, qui contenait originellement trois décades (livres 1-10 et 21-40), fut réuni par le poète alors qu'il n'avait qu'un peu plus de vingt ans ; il en copia lui-même une partie. Le noyau de l'ouvrage est un manuscrit de la troisième décade, écrit vers 1200 ; comme tous nos autres témoins complets, il dérive en dernière analyse du Puteanus ; Pétrarque ajouta à cette partie centrale, aux environs de 1325, une copie de la première décade, puis de la quatrième quelques années plus tard. En 1329, il était l'heureux possesseur d'un Tite-Live plus complet et meilleur que tous ceux qui existaient alors. Chacune des décades de l'*Histoire romaine*, en effet, avait eu ses propres avatars pendant le Moyen Age et en grouper trois sous une même couverture était un véritable exploit, d'autant que la quatrième était extrêmement rare à l'époque. Les autres livres de Tite-Live qui nous ont été conservés (41-45) n'ont été découverts qu'au XVIe siècle (cf. p. 95). Pétrarque compléta, corrigea, annota - donc édita en un sens - l'ensemble de l'ouvrage ; les variantes qu'il releva dans ses notes sur les livres 26-30 sont spécialement précieuses, car elles proviennent d'un manuscrit qui ne descendait pas du Puteanus. Il eut manifestement accès, pour ces livres comme pour la quatrième décade, à un témoin appartenant à la même tradition que le manuscrit aujourd'hui perdu de la cathédrale de Spire qu'utilisèrent deux érudits, Beatus Rhenanus et Gelenius, pour l'édition Froben de 1535 et qu'on a essayé péniblement de reconstituer à partir de celle-ci. On a maintenant le fin mot de l'histoire. En 1328, Landolfo Colonna (la famille Colonna protégeait Pétrarque), qui avait été durant des années chanoine à Chartres, apporta en Avignon un manuscrit ancien de Tite-Live qu'il avait découvert dans sa cathédrale. Ce *vetus Carnotensis*, comme on le dénomme, était très proche du Spirensis ; tous deux descendent, pour la quatrième décade, du témoin en onciale du Ve siècle qu'Otton III avait trouvé à Plaisance et emporté en Allemagne (voir p. 74). Le beau Tite-Live de Pétrarque passa ensuite à Laurent Valla dont les célèbres émendations figurent toujours en marge (voir p. 97).

Nous savons maintenant que le texte de Pomponius Méla a eu le même destin. Nous avons vu (p. 73) qu'une série d'ouvrages rares, dont un Méla et un Julius Paris, furent édités à Ravenne au VIe siècle par Rusticius Helpidius et survivent dans une copie qui fut faite au IXe à Auxerre et qu'annota Heiric (Vat. lat. 4929). Ces textes furent très prisés pendant la Renaissance et les exemplaires de l'époque proviennent tous de l'archétype d'Auxerre, par le truchement d'un manuscrit du XIIe siècle, maintenant disparu, que Pétrarque avait acquis en Avignon. Cela nous en sommes certains, car les notes de Pétrarque ont été souvent reproduites avec le texte ; c'est ainsi que dans le premier des témoins humanistiques (Ambros. H 14 inf.) nous trouvons entre autres cette remarque révélatrice : *Avinio. Ubi nunc sumus 1335* (« Avignon. Où nous sommes maintenant, 1335 »). L'histoire du texte de Properce répond elle aussi au même schéma. Le plus vieux manuscrit (Gud. lat. 224 = *N*), écrit dans le nord de la France, atteignit l'Italie assez tôt pour influencer la majeure partie de la tradition humaniste, laquelle descend en ligne directe de l'autre témoin ancien de Properce (Voss. lat. O. 38 = A) qui, lui, n'avait jamais quitté l'Europe septentrionale. Le lien entre ce dernier et les manuscrits humanistiques est une copie ayant appartenu à Pétrarque. Par cette copie, perdue aujourd'hui, nous remontons à A qui nous conduit, via la bibliothèque de la Sorbonne - où il se trouvait quand Pétrarque se rendit à Paris en 1333 - au jardin studieux de Richard de Fournival et, par son entremise, aux bibliothèques médiévales du nord de la France. Comme il en fut de Tite-Live, il en fut aussi de Méla et de Properce. Dans la ville si animée qu'était l'Avignon des papes, le jeune Pétrarque devint le point de convergence des fils de la transmission qui remontaient, à travers le Moyen Age, jusqu'à l'Antiquité même et descendaient par de complexes ramifications vers la Renaissance de la grande époque.

Parce qu'il était à la fois un bibliophile et un érudit, Pétrarque se constitua, au fil des années, une collection de livres classiques qui par son ampleur et sa qualité était alors sans égale. Nous pouvons reconstituer dans une certaine mesure son corpus de Cicéron, - un auteur qu'il tenait pour son *alter ego* - pour lequel il écuma toute l'Europe. La liste est impressionnante : presque toutes les œuvres philosophiques, la plus grande partie des traités de rhétorique, les *Lettres à Atticus* et *à Quintus*, une remarquable série des discours qu'il réunit sa vie durant et qui allaient du *Pro Archia*, qu'il découvrit à Liège en 1333 et copia de sa main (perdu ; cf. *Senile*, XVI, 1), jusqu'au *Pro Cluentio* que Boccace fit transcrire à son intention en 1355 (perdu ; cf. *Familiare*, XVIII, 4), à partir d'un manuscrit du Mont-Cassin datant du XIe siècle (Laur. 51, 10). Il attachait le plus grand prix aux *Lettres à Atticus* qui lui parurent valoir immédiatement une lettre à Cicéron lui-même. Il les découvrit, comme d'autres avant lui, à la bibliothèque capitulaire de Vérone en 1345. Ce sont elles, mais plus encore celles de Sénèque (dont il possédait toute l'œuvre), qui inspirèrent ses propres lettres, charmantes au possible, le meilleur de son œuvre en prose.

Cela dit, l'essentiel n'est pas tant l'étendue de sa collection que l'usage fréquent qu'il en faisait, car il lisait et relisait attentivement les livres qu'il jugeait importants. Or on se contentait aisément pendant la Renaissance de n'être qu'un bibliophile. Nous voyons avec quelle patience il corrigeait et annotait ses textes, par les éditions embryonnaires que sont le Tite-Live de la British Library et le Virgile ambrosien (A 79 inf.), bel exemplaire de son poète préféré. Par un heureux hasard, nous pouvons non seulement reconstituer la majeure partie de sa collection et le voir travailler dur sur ses livres, mais aussi connaître intimement ses goûts littéraires : la page de garde d'un manuscrit de Paris (lat. 2201) nous donne ce qui s'est avéré être, après un brillant déchiffrage, la liste de ses ouvrages favoris : liste fort instructive par les titres qu'elle comporte et leur ordre de priorité, comme par ceux dont elle ne fait pas mention. Il ne faut pas oublier cependant qu'elle date de la première moitié de sa vie ; or c'est plus tard qu'il découvrit certains des ouvrages qu'il prisait fort. Cicéron est en tête – ce qui ne saurait surprendre –, ses œuvres « morales » ayant la préséance ; vient ensuite Sénèque, avec les *Lettres* à la place d'honneur, suivies des *Tragédies* qui sont expressément rejetées dans une seconde liste plus sélective se trouvant sur la même page. Puis on arrive à l'histoire, dont Valère Maxime et Tite-Live sont les chefs de file ; les *exempla* forment une catégorie spéciale où s'insèrent Macrobe et Aulu-Gelle. La poésie est représentée par Virgile, Lucain, Stace, Horace, Ovide et Juvénal ; Horace est gratifié d'un *praesertim in odis* totalement à contre-courant de l'opinion médiévale. Viennent enfin les traités techniques : grammaire, dialectique et astrologie. Saint Augustin a droit à une rubrique spéciale, et avec la *Consolation de la philosophie* de Boèce on a fait le tour de la pensée chrétienne. La seule œuvre grecque est l'*Éthique* d'Aristote (en latin évidemment), encore disparaît-elle dans la liste sélective. Sur le droit que Pétrarque apprit à Bologne, rien ; et rien non plus des écrivains du Moyen Age, rendus superflus par le contact direct avec l'Antiquité.

Le premier à subir l'influence de Pétrarque et de son humanisme fut son benjamin Boccace (1313-1375). Sous le règne de Robert d'Anjou, un mécène, Naples était devenue dès le début du siècle un grand centre intellectuel. Boccace y passa sa jeunesse. Ses premières œuvres, écrites en italien, s'inscrivent dans la tradition médiévale de la rhétorique et du roman courtois. C'est surtout son admiration pour Pétrarque, rencontré en 1350, qui lui fit abandonner l'italien pour le latin, la littérature pour l'érudition, où il était loin d'ailleurs d'égaler son maître ; il n'avait pas assez de patience pour être même un bon copiste. Il aimait avant tout rassembler des faits sur la vie et la littérature des Anciens ; les ouvrages encyclopédiques où il traite des biographies, de la géographie et de la mythologie antiques furent très en vogue pendant la Renaissance et permirent de mieux comprendre les auteurs classiques. Sa passion pour les poètes l'entraîna, par les sentiers les moins fréquentés de la littérature latine, vers une poésie inconnue de Pétrarque, l'*Ibis* d'Ovide et l'*Appendix Vergiliana* ; notre plus vieux manuscrit des *Priapées* (Laur. 33, 31) est de sa main.

Parmi les œuvres en prose qu'il possédait, il en est une série indiquant clairement qu'un nouveau courant de la tradition médiévale était monté à la surface. Les *Annales* et les *Histoires* de Tacite, l'*Ane d'or* d'Apulée et le *De lingua latina* de Varron lui étaient familiers ; on doit en inférer que la porte des trésors du Mont-Cassin avait été déverrouillée. Nous savons maintenant que le mérite en revient largement à un humaniste que connaissaient Pétrarque et Boccace, Zanobi da Strada. Secrétaire de l'évêque ayant juridiction sur le Mont-Cassin, il avait accès au monastère, où il vécut de 1355 à 1357 ; les notes marginales des trois plus anciens manuscrits d'Apulée (y compris le mystérieux « spurcum additamentum » de *Métamorphoses*, 10, 21, 1) sont de sa plume et prouvent qu'il s'intéressait beaucoup aux richesses de la bibliothèque. Les textes que seul le Mont-Cassin avait sauvegardés durant le Moyen Age furent bientôt entre les mains des humanistes florentins, grâce évidemment à l'homme qui se trouvait dans la place. Boccace ne fut pourtant pas étranger à l'opération ; il fit, à ce qu'il semble, une visite au Mont-Cassin en 1355 et peut alors avoir établi ou obtenu une copie des deux textes inconnus du manuscrit bénéventin Laur. 51, 10, le *De lingua latina* de Varron et le *Pro Cluentio* de Cicéron, car plus tard dans l'année il était en mesure d'envoyer à Pétrarque une copie de ces œuvres écrites de sa propre main. Il pouvait s'enorgueillir d'avoir un Tacite et un Apulée (sa copie autographe d'Apulée existe toujours : Laur. 54, 32). Le Tacite du Mont-Cassin se retrouva en définitive à Florence, et Boccace aurait joué un rôle peu reluisant dans cette affaire.

Sans être un érudit de premier plan, Boccace mit son talent et son enthousiasme au service de l'humanisme et détermina en partie les lignes qu'il allait suivre. Il l'implanta à Florence et fut le premier à essayer, même si ce fut alors en vain, d'introduire l'enseignement du grec dans la ville qui allait en devenir le haut-lieu en Occident.

4.– *Coluccio Salutati (1331-1406).*

Cette alliance du génie créateur et de la curiosité humaniste donne à Pétrarque et à Boccace une aura qui aurait manqué à un simple philologue. Coluccio Salutati, lui, avait un petit talent littéraire et une érudition simplement honnête ; et pourtant il fut un maillon essentiel de la chaîne humaniste, ne le cédant en importance qu'à Pétrarque. Il correspondit avec lui sur le tard, connut bien Boccace et fut fortement marqué par l'un et l'autre. Inspiré par la génération précédente, il passa le flambeau à la « nouvelle vague » ; il pouvait se targuer d'y compter des disciples, dont Poggio Bracciolini et Leonardo Bruni. A compter du décès de Pétrarque en 1374 et jusqu'à sa propre mort en 1406, il fut le chef de file du mouvement humaniste.

Un goût déconcertant pour l'exégèse allégorique le rattachait certes au Moyen Age, mais il possédait pleinement les qualités spécifiques de l'homme de la Renaissance. Chancelier de Florence pendant plus de trente ans, il put sceller définitivement la solide alliance qui s'était nouée entre l'humanisme et la politique, utiliser son latin et son savoir pour fouailler ses adversaires - ennemis de la cité ou détracteurs des classiques. Il lisait les Anciens avec passion dans le texte et entra dans leur intimité avec la même aisance que Pétrarque. Il conjuguait l'esprit humaniste et l'érudition classique : il collationnait les manuscrits, saisissait remarquablement les processus de corruption et enrichit d'apports non négligeables la critique textuelle, dont il est sans conteste l'un des pionniers (son émendation de Scipio Nasica en Scipio Asina en Valère Maxime, 6, 9, 1 est bien connue). Mais surtout, c'est lui qui, en invitant Chrysoloras à Florence, allait faire démarrer en 1397 l'enseignement du grec en Europe occidentale.

La bibliothèque de Coluccio est un de ses autres titres de gloire ; on a identifié plus d'une centaine de ses livres, dont un texte classique copié entièrement de sa main, les *Tragédies* de Sénèque (Brit. Libr., Add. 11987), auxquelles il avait ajouté l'*Ecerinis* de Mussato. Bien qu'elle n'ait pas la valeur intrinsèque de celle de Pétrarque, cette jolie collection fut un grand outil culturel, non seulement du vivant de Coluccio, mais après qu'elle fut dispersée. Il vaut de signaler qu'il avait, entre autres merveilles, le plus vieux manuscrit complet de Tibulle (Ambros. R 26 sup. = A), l'un des trois témoins primaires de Catulle (Ottob. lat. 1829 = R) et une copie des *Lettres familières* de Cicéron, son plus beau trésor. Les premiers humanistes attachaient un prix tout particulier à cette correspondance ; elle leur donnait l'impression d'entrer dans l'intimité de Cicéron, de pouvoir remonter le cours du temps jusqu'à l'époque classique et revivre des heures avec celui qu'ils tenaient pour le plus grand des Romains. Les *Lettres familières* furent découvertes dans la bibliothèque capitulaire de Verceil par Pasquino Cappelli, chancelier de Milan, qui s'était mis en chasse à l'instigation de Coluccio. Celui-ci cherchait en réalité un manuscrit des *Lettres à Atticus*, connu de Pétrarque, et il ne se tint plus de joie lorsqu'en 1392 il reçut - aubaine inespérée - une collection totalement ignorée ; comme il mit la main l'année suivante sur un exemplaire des *Lettres à Atticus*, il fut le premier depuis des siècles à posséder les deux ouvrages ; ses copies existent toujours (Laur. 49, 7 et 18) ; la seconde est un témoin particulièrement important (M) pour le texte des *Lettres à Atticus*. Le témoin de Verceil fut en définitive emporté à Florence, où il se trouve encore (Laur. 49, 9) ; c'est le seul manuscrit carolingien qui nous reste des *Lettres* de Cicéron. Il n'est pas sans intérêt de souligner que l'image de Cicéron qui se dégage de sa correspondance provoqua des réactions très différentes chez Pétrarque et chez Coluccio. Le premier fut consterné en découvrant que son héros avait abandonné la philosophie pour se lancer dans l'action et l'intrigue ; au contraire, c'est ce mélange d'appétits intellectuels et d'ambitions politiques qui suscita l'admiration de Coluccio et des hommes de la pleine Renaissance.

5.— L'époque des grandes découvertes : le Pogge (1380-1459).

La littérature de l'Antiquité fut mise au jour peu à peu ; ces retrouvailles jalonnent la Renaissance, depuis le préhumanisme padouan jusqu'à la seconde moitié du XVe siècle au moins. Lovato, Pétrarque, Zanobi et Coluccio ont été par excellence ceux qui enrichirent la liste des œuvres classiques accessibles aux écrivains et penseurs de leur temps ; mais quand il s'agit simplement de dénicher des textes perdus, ils sont tous distancés par le Pogge (Poggio Bracciolini), un personnage hors du commun que ses fonctions - il était secrétaire pontifical - n'empêchèrent pas de se consacrer à des genres littéraires fort divers, allant de l'histoire et des essais de morale à la polémique et à une pornographie d'une si parfaite obscénité qu'il est bien évident que les œuvres les plus épicées de l'Antiquité n'avaient pas été redécouvertes pour rien.

Le Concile de Constance (1414-1417), réuni pour mettre fin au Grand Schisme et régler d'autres problèmes, fut la grande brèche par où s'engouffrèrent les classiques. Toute la cour pontificale s'installa à Constance et les humanistes qui assistaient au Concile s'aperçurent très vite, en hommes qu'ils étaient, que les activités intéressantes ne figuraient pas toutes à l'ordre du jour ; ils passèrent leur temps libre à faire la chasse aux œuvres classiques. Le Pogge fit plusieurs expéditions, la première, en 1415, au monastère de Cluny, en Bourgogne, où il trouva un manuscrit ancien des discours de Cicéron comportant le *Pro Cluentio*, le *Pro Roscio Amerino* et le *Pro Murena* (tous deux inconnus jusque là), le *Pro Milone* et le *Pro Caelio*. Ce vetus Cluniacensis, comme on l'appelle, remontait au moins au VIIIe siècle ; sa reconstitution partielle en 1905, à l'aide de copies et d'extraits, est peut-être le plus beau fait d'armes du grand éditeur de Cicéron que fut A.C. Clark. L'image la plus fidèle du *Cluniacensis* perdu est fournie par une copie partielle exécutée avant que le Pogge ne l'emportât en Italie (Paris lat. 14749). Ce témoin a maintenant livré son secret : il est de la main de Nicolas de Clamanges, l'humaniste français.

Son deuxième raid, à Saint-Gall cette fois, Poggio l'accomplit à l'été 1416 avec trois de ses amis, Bartolomeo da Montepulciano, Cencio Rustici et Zomino da Pistoia. Le butin est beau : un Quintilien complet (on devait auparavant se contenter en général de *mutili*), le *Commentaire* d'Asconius sur cinq discours de Cicéron et un manuscrit contenant quatre livres (i-iv, 377) des *Argonautiques* de Valérius Flaccus. Le Quintilien trouvé à Saint-Gall existe encore (Zurich, C. 74a), mais il a peu de valeur pour les éditeurs modernes. Les autres manuscrits ont disparu ; pour l'Asconius, nous sommes tributaires des trois copies résultant du voyage de Saint-Gall : une faite par Poggio, une par Zomino, qui est la meilleure (Pistoia, 37), et une dérivant de l'autographe de Bartolomeo (Laur. 54, 5). Il a fallu reconstituer le *Sangallensis*, disparu, des *Argonautiques* à partir d'un trio analogue ; l'un des manuscrits, où se trouve également sa copie d'Asconius, est certainement de la main du Pogge (Madrid, Bibl. Nac. 8514), mais nous avons pour Valérius Flaccus un témoin complet (Vat. lat. 3277, du IXe siècle), beaucoup plus important, qui provient de Fulda et prit en fin de compte le chemin de l'Italie, lui aussi.

Au début de 1417, forts d'une autorisation officielle, Poggio et Bartolomeo firent une descente très bien organisée à Saint-Gall encore et dans d'autres monastères de la région ; ils en rapportèrent notamment Lucrèce, Silius Italicus et Manilius. Les manuscrits des trois poètes ont disparu, mais leur postérité demeure. Poggio fit du Manilius une copie qui est un témoin précieux (Madrid, Bibl. Nac. 3678) ; son Lucrèce engendra la famille entière des *Itali* et tous nos manuscrits de Silius descendent des copies exécutées lors de ce voyage. Par ailleurs, Poggio se procura à Fulda son célèbre manuscrit d'Ammien (Vat. lat. 1873), qu'il emporta en Italie ; il avait également des vues sur l'Apicius qui fut en définitive emmené lui aussi à Rome, par Enoch d'Ascoli, en 1455 (New York, Acad. Med., 1). A la même époque ou un peu plus tard, il se procura un manuscrit de Columelle (un auteur déjà familier aux Italiens) ; il s'agissait sans doute du *codex* insulaire de Fulda qui arriva en Italie au XVe siècle (Ambros. L 85 sup.).

Pendant l'été 1417, Poggio, étendant son champ de prospection, se rendit en France et en Allemagne : il y fit deux grandes trouvailles. Tout d'abord, huit discours inconnus de Cicéron : *Pro Caecina, Pro Roscio comoedo, De lege agraria i-iii, Pro Rabirio perduellionis reo, In Pisonem, Pro Rabirio Postumo*. Le *Pro Caecina* venait de Langres, les autres de la cathédrale de Cologne probablement. On a maintenant retrouvé la transcription qu'il en fit lui-même (Vat. lat. 11458 ; cf. p. 22), ce qui évite un travail fastidieux de reconstitution. Il découvrit également un des textes les plus rares, les *Silves* de Stace ; nos témoins descendent tous de la copie qu'il en fit prendre (Madrid, Bibl. Nac. 3678).

Une fois le Concile terminé, Poggio passa quelques années en Angleterre d'où il rapporta en tout et pour tout ce que dans une lettre (*Epist.* II, 3) il appelle une *particula Petronii*, autrement dit les *excerpta vulgaria* ; ce manuscrit, perdu, est à l'origine de tous les exemplaires du XVe siècle. Sur le chemin du retour, il trouva à Cologne, en 1423, un deuxième témoin de Pétrone, contenant la *Cena Trimalchionis* ; il en fit faire une copie qui est notre unique source complète (Paris lat. 7989). Niccolò Niccoli l'ayant empruntée, elle fut perdue de vue, mais réapparut heureusement à Trau, en Dalmatie, vers 1650 (d'où son nom de « codex Traguriensis »).

Grâce à ses découvertes prodigieuses, Poggio joua un rôle décisif dans l'histoire de quantité de textes importants. Qui plus est, des études récentes ont ajouté une feuille à ses lauriers : on s'aperçoit qu'il a inventé l'écriture humanistique (Planche XVI). Avec le temps, mais surtout depuis le début du XIIIe siècle, la minuscule caroline s'était faite plus anguleuse, plus épaisse, beaucoup moins élégante ; elle était devenue ce qu'on appelle la gothique. L'écriture humanistique est un retour délibéré à une forme antérieure de la minuscule caroline ; le premier livre où elle apparaît, un Catulle (Marc. lat. XII. 80 [= 4167]), peut être daté de 1402 ou 1403 ; il est de la main du Pogge, qui a pu être influencé par Coluccio ; un autre de ses protégés, Niccolò Niccoli, semble avoir mis au point la forme cursive. Quand naquit l'imprimerie, l'écriture posée devint le romain et la cursive l'italique.

Nous arrivons au moment où l'essentiel de la littérature latine que nous connaissons a revu le jour. Nous allons donc passer assez vite sur ce qui fut découvert d'important par la suite. En 1421, dans la cathédrale de Lodi, au sud-ouest de Milan, Gerardo Landriani déniche une série de traités de rhétorique, y compris le *De oratore* et l'*Orator* (connus jusque-là uniquement par des *mutili*) et une œuvre ignorée, le *Brutus* : tous ces textes sont rapidement transcrits avant la disparition du « codex Laudensis ». En 1429, Nicolas de Cuse apporte à Rome un manuscrit allemand de Plaute du XIe siècle (Vat. lat. 3870) contenant notamment les douze pièces que l'on ne connaissait pas encore. Poggio savait dès 1425 qu'Hersfeld détenait l'unique manuscrit des *Opera minora* de Tacite (Iesi, Bibl. Balleani, 8 ; fragments), mais il ne réussit pas à l'acquérir ; cette merveille parvient à Rome en 1455, sans doute grâce à Enoch d'Ascoli. Les *Annales* 1-6 de Tacite sont subtilisées à Corvey pour être envoyées à Rome en 1508 (Laur. 68, 1). Signalons encore, parmi les trouvailles du XVe siècle, Cornélius Nepos, Celse, le *De aquis* de Frontin et les Panégyriques latins.

Ce que Sabbadini appelle la période héroïque de la découverte prend fin quand on trouve à Bobbio, en 1493, quantité de traités de grammaire. Des textes importants continuent néanmoins à voir le jour. Entre 1501 et 1504, Sannazar met la main en France sur l'archétype des *Halieutica* pseudo-ovidiens et des *Cygenetica* de Grattius (Vienne, 277) et sur une copie, faisant partie du *florilegium Thuaneum* (Paris lat. 8071), qui n'est pas moins intéressante, car le manuscrit de Vienne est aujourd'hui incomplet. Cependant, la plupart des ouvrages tirés de l'oubli au début du XVIe siècle, l'ont été par les érudits groupés à l'époque à Bâle, où vivaient alors

Érasme et Beatus Rhenanus, de même que des imprimeurs comme Froben et Cratander. Beatus Rhenanus trouva un Vélleius Paterculus à Murbach en 1515 et sortit l'édition princeps en 1520. S'appuyant sur un nouveau manuscrit, Cratander put donner en 1528 une édition de la *Correspondance* de Cicéron contenant cinq lettres à Brutus ignorées jusque là et pour lesquelles son livre reste notre unique source. En 1527, Grynaeus découvrit à Lorsch les livres de la cinquième décade de Tite-Live ayant survécu (Vienne, 15). Les érudits des générations suivantes firent rarement pareilles trouvailles ; on n'en resta pas moins à l'affût de textes inédits d'autant que deux sources nouvelles pouvaient être exploitées : les palimpsestes et les papyrus.

On ne nous en voudra pas de signaler à ce propos que les humanistes étaient parfaitement capables de perdre, eux aussi, des manuscrits. Une fois qu'ils avaient soigneusement recopié un texte, il leur arrivait de se désintéresser complètement du témoin qui l'avait préservé. Les Cicéron de Cluny et de Lodi, les Veronenses de Catulle et de Pline ont péri ; du Tacite d'Hersfeld il ne subsiste que quelques feuillets ; la *Cena Trimalchionis* a bien failli disparaître à jamais. D'autres manuscrits sans feu ni lieu vécurent jusqu'à la Renaissance (leur progéniture humaniste nous le prouve), mais pas au-delà. Le XVIe siècle fut néfaste entre tous. Nombre de beaux manuscrits prirent le chemin sans retour de l'imprimerie ; citons, parmi les victimes, l'*Histoire Auguste* de Murbach, prêtée à Érasme et réduite à quelques restes retrouvés dans une reliure (Nuremberg, Stadtbibl., Fragm. lat. 7) ; le manuscrit des *Lettres* de Pline, datant du VIe siècle, seule source du livre X, qu'Alde avait réussi à emprunter à l'abbaye Saint-Victor à Paris (il en reste de même un fragment : Pierpont Morgan Libr., M. 462) ; les Tite-Live de Worms et de Spire, utilisés par Beatus Rhenanus et Gelenius. Pourtant ces deux savants sont moins coupables qu'on ne l'a cru parfois : c'est à la fin du siècle que l'Ammien Marcellin d'Hersfeld fut transformé en couvertures de dossiers, dont certaines ont miraculeusement survécu (Kassel, Philol. 2º 27). Quant au manuscrit de Murbach qui servit à l'édition de Velléius Paterculus, il existait encore en 1786, quand on en entendit parler pour la dernière fois dans une salle de vente.

6.– *La philologie latine au XVe siècle : Valla et Politien.*

La vie et la littérature des Anciens, sous tous leurs aspects, inspiraient une curiosité toujours plus vive, constamment éperonnée par les découvertes nouvelles ; d'où un essor vigoureux des disciplines essentielles pour comprendre parfaitement l'Antiquité. Alors que l'archéologie, la numismatique, l'épigraphie et l'études des institutions romaines prenaient un bon départ avec un Flavio Biondo (1392-1463), la critique historique et textuelle, capitale pour les classiques, était lancée avec un singulier brio par deux humanistes dont on peut dire qu'ils représentent l'élite de l'époque, Laurent Valla (1407-1457) et Ange Politien (1454-1494). Étant donné qu'ils vont retenir notre attention, nous devons préciser qu'ils tranchent sur leurs contemporains. L'érudit moyen n'atteignait pas alors ces sommets, encore qu'on ait travaillé beaucoup et scrupuleusement sur les textes latins. Les corrections et les conjectures intéressantes, auxquelles on ne rend toujours pas justice parce qu'elles sont anonymes, foisonnèrent bientôt. Mais il y avait aussi les gâte-sauce, ces médiocres qui se croyaient capables d'émender et d'élucider les textes classiques, sans avoir le bagage nécessaire, et dont les notes désinvoltes pouvaient fort bien vicier l'original, même si telle n'était pas leur intention. On était tenté d'embellir, de produire le texte élégant qu'attendait le public. C'est pourquoi les éditeurs se montrent très prudents devant les manuscrits de cette période.

Il était devenu facile d'étudier attentivement la littérature latine, grâce aux splendides bibliothèques, toujours plus nombreuses, fondées ou enrichies par de généreux mécènes : les Visconti à Pavie, le duc Frédéric d'Urbino, Alphonse V à Naples, les Médicis à Florence et, à Rome, le pape Nicolas V. Marchant dans leur foulée, nous trouvons des hommes d'affaires remarquablement organisés, comme le libraire Vespasiano da Bisticci (1421-1498) qui était prêt à aligner quarante-cinq scribes quand il recevait commande d'une collection. Puis, lorsque les manuscrits firent place aux livres imprimés, les œuvres classiques, et le travail philologique qui commençait à les accompagner, purent être diffusés sans limite.

Laurent Valla mit soigneusement au point les principes critiques qui allaient régir cet humanisme jaillissant. Ayant appris le grec et le latin avec les meilleurs professeurs du moment, Aurispa et Leonardo Bruni en particulier, exceptionellement doué, il était manifestement destiné à marquer son époque. Cependant, sa nature vaine et agressive qui le portait à partir en guerre contre tous les monstres sacrés et l'entraîna dans des polémiques venimeuses, avec Panormita et Poggio notamment, aurait pu nuire sérieusement à sa carrière s'il n'avait joui de la protection d'Alphonse V d'abord, du pape Nicolas V ensuite. Ce dernier ouvrit les portes de la Curie à l'enfant terrible et son successeur en fit un secrétaire pontifical. A partir de 1450, il eut une chaire de rhétorique à Rome.

Il exerça très tôt ses talents de critique sur la Donation de Constantin, un document célèbre fabriqué dès le VIIIe ou le IXe siècle, qui donnait du poids aux revendications temporelles du pape, car il rapportait le don de Rome et des provinces italiennes que Constantin aurait fait à la papauté ; en 1440, Valla démontra, avec preuves historiques et linguistiques à l'appui, que la Donation était un faux. Il contesta aussi, à juste titre, l'authenticité d'une correspondance entre Sénèque et saint Paul, qui connaissait un succès immérité depuis l'époque de Jérôme. Son œuvre la plus renommée, les *Elegantiae*, traite du style, de l'usage et de la grammaire du latin ; il l'écrivit pendant qu'il était à Naples ; imprimée pour la première fois en 1471, elle ne comptait pas moins de 59 éditions en 1536 et fit autorité durant les XVe et XVIe siècles. Par l'érudition critique et l'indépendance dont elle témoigne, elle porte l'étude de la langue latine à un sommet jamais encore atteint. Puis viennent, en 1446-1447, les *Emendationes sex librorum Titi Livi* (livres 21-26). Ce chef-d'œuvre philologique, scintillant d'une causticité qui se retrouvera dans des ouvrages du même genre, vise à discréditer deux autres érudits de la cour d'Alphonse V, le Panormitain et Facio, en montrant avec une cruelle évidence que seuls les meilleurs pouvaient s'offrir le luxe d'émender Tite-Live. Une de ses armes pour ce combat, c'était le grand manuscrit qu'avait constitué Pétrarque (Brit. Libr., Harley 2493), et l'on voit encore en marge les commentaires écrits de sa plume (Planche XV). Ne doutant de rien, il travaille sur la Vulgate elle-même ; ses notes et corrections fondées sur l'original grec et sur des textes patristiques de la première heure, furent tout à fait du goût d'Érasme qui les fit imprimer en 1505. En outre, il trouve le temps de traduire quantité d'ouvrages grecs.

Politien, né à Montepulciano, fait ses études à Florence. Son talent précoce lui vaut d'être accueilli très tôt par Laurent de Médicis qui en fait le précepteur de ses enfants et l'honorera sa vie durant de son amicale protection. A 30 ans, c'est un professeur si réputé que des érudits accourent de toute l'Europe pour assister à ses conférences sur la littérature grecque et latine. C'est aussi le poète, en italien et en latin, le plus remarquable de son temps ; enfin, en matière de philologie, il lui arrive de dominer, et de beaucoup, tous ses contemporains.

Politien s'est acquis une place de choix dans l'histoire de la tradition classique à deux titres : d'une part, son érudition ne peut être prise en défaut ; d'autre part, il sait montrer la littérature antique dans toute sa perspective. Valla avait recommandé l'étude de Quintilien, mais comme il tenait à ce que l'on écrivît le latin le plus classique, il avait avivé encore le culte du style de Cicéron. Politien au contraire rejeta le cicéronianisme et choisit de se créer une écriture éclectique empruntant à toute la latinité : *'non exprimis' inquit aliquis 'Ciceronem'. Quid tum ? Non enim sum Cicero, me tamen (ut opinor) exprimo* (*Epist.* 8, 16 ; « on me dira 'tu ne t'exprimes pas comme Cicéron'. Eh bien ! C'est sûr que je ne suis pas Cicéron et cela ne m'empêche pas, je pense, de m'exprimer moi-même »). Il fut aussi le premier à prêter grande attention à la prose et à la poésie de l'époque impériale.

Politien donna toute sa mesure dans ses *Miscellanea* ; cette collection d'études plus ou moins longues consacrées à divers problèmes d'érudition met en évidence les nombreuses facettes de son savoir. La première partie (*Centuria prima*) fut publiée à Florence en 1489 ; on a découvert récemment chez un libraire de cette ville une seconde série de 69 chapitres écrits de sa main. Par leur forme, les *Miscellanea* s'apparentent aux *Nuits attiques* d'Aulu-Gelle ; là encore l'influence des écrivains de basse époque transparaît. Nous allons voir en quoi consistait cet ouvrage par quelques exemples des sujets traités : l'origine des noms des jours de la semaine, le sens primitif du mot « panique », la signification d'une pièce de monnaie frappée par Brutus le représentant coiffé d'un bonnet et portant deux dagues. Pour savoir comment écrire le nom de Virgile - la question se posait à l'époque -, Politien s'appuie sur des inscriptions et sur l'orthographe de très vieux manuscrits. Il recourt à Callimaque pour corriger un passage corrompu de Catulle (66, 48). Dans un chapitre important pour l'évolution de la critique textuelle (*Misc.*, I, 18), il signale que le manuscrit des *Epistulae ad familiares*, confectionné en 1392 pour Coluccio (Laur. 49, 7 = *P*) est une copie de celui de Verceil (Laur. 49, 9 = *M*) et démontre que *P* lui-même, dans lequel un certain nombre de feuillets ont été déplacés lors de la reliure, est certainement l'ancêtre de toute une famille de témoins postérieurs, où une série de lettres ne se suivent pas non plus dans l'ordre voulu. Il fit une déduction du même genre à propos des manuscrits de Valérius Flaccus. Il faudra attendre le XIXe siècle pour retrouver cette application méthodique du principe de l'*eliminatio codicum descriptorum* (voir p. 144). Dans les *Lettres à Atticus* (15, 4, 4), il change le *cera* de la vulgate en *cerula*, sur la foi de la leçon *ceruia* de *M*, le meilleur des manuscrits italiens (Laur. 49, 18). Le principe dont il s'inspire plus d'une fois, à savoir que les conjectures doivent se fonder sur le stade de la tradition le plus ancien qui se puisse atteindre, ne sera plus appliqué systématiquement avant Lachmann.

Certes, Politien se montrait trop absolu en croyant que les manuscrits tardifs dérivent toujours des témoins plus anciens ; il n'empêche qu'en utilisant sans cesse les plus vieux textes disponibles, par méfiance des copies humanistiques, il ne pouvait qu'obtenir d'incontestables résultats. Il fut singulièrement aidé du reste par la multiplication des bibliothèques et l'apparition du livre imprimé : la grande majorité des classiques latins fut mise sous presse entre 1465 et 1475. Il fit appel à toutes les ressources des bibliothèques, publiques ou privées, de Florence et d'ailleurs, en particulier celle des Médicis, dont il avait en prêt 35 manuscrits au moment de sa mort. Parmi les nombreux grands témoins classiques que l'on sait qu'il examina ou collationna, citons : le Bembinus de Térence (Vat. lat. 3226 ; IVe-Ve siècle), le Romanus de Virgile (Vat. lat. 3867 ; V^e-VIe siècle), l'Etruscus de *Tragédies* de Sénèque (Laur. 37, 13), le Neapolitanus de Properce (Gud. lat. 224) ou bien un manuscrit très voisin, et l'archétype perdu de Valérius Flaccus. Certains de ceux qu'il employa sont aujourd'hui perdus, mais ses collations attentives, habituellement consignées (par lui ou pour lui) dans son exemplaire d'une édition imprimée de fraîche date, constituent de précieux témoins. En voici deux exemples : l'editio Parmensis d'Ovide se trouvant à la bibliothèque Bodléienne (Inc. Auct. P. II. 2 ; Parme, 1477) et comportant des leçons écrites de sa main tirées du Marcianus des *Tristia*, maintenant perdu ; et son édition princeps des *Scriptores rei rusticae* (Paris, B. N., Rés. S 439 ; Planche XVII), qui contient la collation d'un manuscrit très ancien de Columelle (sans conteste celui de Fulda : Ambros. L 85 sup.) et surtout celle de l'archétype perdu des traités d'agriculture de Caton et de Varron. Les collations qu'il a notées dans son exemplaire de l'édition princeps des *Silves* (Rome, Bibl. Corsiniana, Inc. 50 F. 37 ; Venise, 1472) ont été longtemps citées par les éditeurs de Stace comme un témoin indépendant, mais on pense maintenant qu'il a utilisé la copie faite pour le Pogge (Madrid, Bibl. Nac. 3678) plutôt que son modèle, de sorte que ses collations n'ont plus de valeur en elles-mêmes.

Que Politien se voit vivement intéressé aux traités techniques de l'Antiquité est indéniable ; nous le savons par une énorme édition de Pline l'Ancien conservée aujourd'hui à Oxford (Bodl. Libr., Inc. Auct. Q. I. 2 ; Rome, 1473) où furent transcrites ses notes et ses collations. Ces dernières sont tirées de cinq manuscrits différents (scrupuleusement désignés par les sigles *a b c d e*) et des *Castigationes Plinianae*, ouvrage critique d'un érudit de la même époque, Ermolao Barbaro. Pour Apicius,

Politien a pu collationner les deux témoins du IXe siècle (*E* et *V*), de Fulda et de Tours respectivement, sur quoi se fonde le texte. Le manuscrit de Tours est maintenant au Vatican (Urb. lat. 1146), celui de Fulda à l'Académie de Médecine de New York, alors qu'un fragment du propre exemplaire de Politien, présentant ses collations de *E* et de *V*, a fini par réapparaître en Union soviétique (Leningrad, Acad. des Sciences, 627/2, *olim* V. 645) : périple remarquable et pittoresque pour un livre de cuisine. Politien étudia aussi et recopia de précieux traités de médecine, dont le Celse que Giovanni Lamola avait découvert à Milan en 1427 (Laur. 73, 1). La copie qu'il fit prendre d'un vieux témoin de l'*Art vétérinaire* de Pélagonius est aujourd'hui notre seule source (Riccardianus 1179) ; sa souscription, typique, nous montre avec quel respect et quelle science il abordait le témoignage des manuscrits :

> Hunc librum de codice sanequam vetusto Angelus Politianus, Medicae domus alumnus et Laurenti cliens, curavit exscribendum ; dein ipse cum exemplari contulit et certa fide emendavit, ita tamen ut ab illo mutaret nihil, set et quae depravata inveniret relinqueret intacta, neque suum ausus est unquam iudicium interponere. Quod si priores institutum servassent, minus multo mendosos codices haberemus. Qui legis boni consule et vale. Florentiae, anno MCCCCLXXXV, Decembri mense.
>
> « Ange Politien, protégé de la famille des Médicis et client de Laurent [le Magnifique], a fait copier ce livre d'après un manuscrit extrêmement ancien ; ensuite il l'a lui-même collationné sur son modèle et corrigé en parfaite bonne foi, en prenant soin de ne s'écarter en rien de celui-ci et de laisser intacts mêmes les passages qu'il y trouvait corrompus et il n'a jamais fait intervenir son jugement. Si nos prédécesseurs avaient respecté cette règle, nous aurions des manuscrits beaucoup moins fautifs. Lecteur, sois satisfait et porte-toi bien. Florence, décembre 1485. »

7.– *Les études grecques : diplomates, réfugiés, bibliophiles.*

On pourrait penser que les études grecques auraient normalement été introduites assez tôt dans les cités de l'Italie centrale et septentrionale, par le truchement des communautés hellénophones de l'extrême sud et de la Sicile. Cependant le sud, totalement isolé du reste de la péninsule, n'avait pas partagé l'enrichissement et l'essor des grandes villes du nord ; tel sera d'ailleurs son lot jusqu'à une époque avancée de notre siècle. A l'occasion, des hommes de valeur montaient il est vrai vers le nord, chargés de missions diplomatiques ; deux d'entre eux y reçurent au XIVe siècle un accueil enthousiaste des grands érudits et écrivains de l'heure. Chacun sait que Pétrarque prit des leçons avec le moine Barlaam qu'il rencontra à la cour pontificale d'Avignon. Le moine était certes un maître en théologie et en logique - même ses opposants doctrinaux les plus virulents devaient en convenir - mais le pédagogue laissait à désirer, et Pétrarque ne sut jamais assez le grec pour lire le manuscrit d'Homère dont un ambassadeur de Byzance lui fit présent (Ambros. I 98 inf.). L'étude du grec aurait pu aussi s'implanter en 1360, quand Leonzio Pilato, un élève de Barlaam, fut intercepté par Boccace à Florence, alors qu'il se rendait en Avignon. Il se laissa convaincre d'y rester pour donner des conférences, moyennant une rétribution annuelle du gouvernement, mais instable et impatient de nature, il n'y demeura pas très longtemps. Il accepta, non sans rechigner, de faire des traductions : Homère, à peu près quatre cents vers de l'*Hécube* d'Euripide pour Boccace, et quelques *Vies* de Plutarque pour Coluccio Salutati. Le latin en était très maladroit et Coluccio entreprit d'améliorer l'Homère traduit mot à mot. Dans la version de Leonzio, les premiers vers de l'*Iliade* se lisaient ainsi :

> iram cane dea Pelidae Achillis
> pestiferam quae innumerabiles dolores Achivis posuit,
> multas autem robustas animas ad infernum antemisit...
>
> « Chante, déesse, la colère funeste d'Achille, fils de Pélée, qui a donné aux Achéens d'innombrables douleurs, ayant auparavant envoyé aux enfers bien des âmes vaillantes... »

Les contacts furent plus fructueux avec Constantinople qu'avec le sud de l'Italie. L'empire grec sur son déclin devait souvent implorer l'aide de l'étranger contre l'envahisseur turc ; il dépêcha même un envoyé au lointain roi d'Angleterre. Nous avons vu que Maxime Planude, au retour d'une mission diplomatique à Venise, put révéler la littérature latine aux Byzantins. Un siècle plus tard presque exactement, un autre diplomate byzantin, Manuel Chrysoloras, fut le premier à donner régulièrement des cours de grec en Italie ; il commença à Florence en 1397 - date capitale donc pour l'histoire culturelle de l'Europe - et les poursuivit pendant quelques années, tout en continuant son activité de diplomate. Il eut plusieurs élèves de marque, notamment Guarino et Leonardo Bruni. Grâce à lui, on traduisit des œuvres grecques en latin ; il insistait pour qu'on abandonnât le mot à mot d'antan, afin de sortir un texte ayant quelque valeur littéraire. Son enseignement fut très apprécié et son traité de grammaire grecque, les *Erotemata*, extrêmement demandé ; ce fut le premier manuel du genre à être imprimé (1471) ; Érasme et Reuchlin ne dédaignèrent pas de l'utiliser.

Pour un Italien du XVe siècle, rien de plus facile que d'apprendre le grec. Nombre de Byzantins vinrent s'installer dans la péninsule où les réfugiés affluèrent après 1453 ; ils arrivaient en général à Venise par la Crète et tous s'efforçaient de gagner leur vie en enseignant leur langue maternelle ou en travaillant comme copiste. Par bonheur pour eux, quantité de gens avaient envie de lire les auteurs hellènes si fréquemment cités ou mentionnés par les classiques latins, que l'on connaissait alors de mieux en mieux. Il est néanmoins difficile de dire combien d'Italiens surent en fait assez bien le grec pour le lire sans difficulté. L'enthousiasme des néophytes a pu tomber assez vite, parce qu'ils ne trouvaient pas de bon professeur ou qu'ils étaient rebutés par des précis de grammaire non méthodiques ; Érasme lui-même se plaignait des efforts qu'exigeait la maîtrise de la langue. Des Italiens, dont Politien, apprirent le grec tout seuls en s'aidant d'une traduction latine - par exemple celle de la Bible par saint Jérôme ou celle d'Aristote par Théodore Gaza. Sans professeur et sans grammaire convenable, c'était un véritable tour de force. Bien des érudits en devenir ont certainement dû se contenter de lire les versions en latin ; il en sortait d'ailleurs des quantités, notamment à l'instigation du pape Nicolas V (1447-1455), qui commanda des traductions de Thucydide, Hérodote, Xénophon, Platon, Aristote, Théophraste, Ptolémée et Strabon. Une petite minorité d'enthousiastes eurent le courage - et les moyens - d'aller apprendre le grec à Constantinople ; tel fut le cas de Filelfe (1398-1481) et de Guarino (1374-1460), deux célébrités de l'époque.

On allait en Orient pour une autre raison aussi : la chance aidant, on pouvait en rapporter, qui sait, des manuscrits de textes inconnus. Des collectionneurs eurent la main particulièrement heureuse : Giovanni Aurispa revint en Italie en 1423 avec 238 livres grecs (Planche IV) ; à l'heure actuelle, on trouverait substantielle une aussi grande collection d'ouvrages grecs imprimés, mais il ne faut pas surestimer celle d'Aurispa qui avait sans aucun doute beaucoup de titres en double ; Filelfe, avec ses quarante livres, était probablement plus représentatif de son époque. Les dirigeants des principautés italiennes étaient eux aussi amateurs de manuscrits. En 1492, Laurent de Médicis envoya Janus Lascaris, un des érudits réfugiés, en chercher dans diverses provinces byzantines, et le Vatican ne fut pas le dernier à enrichir ses collections. La grande bibliothèque de Venise a une origine assez différente : en 1468, le cardinal Bessarion lui fit don de tous ses volumes ; il s'efforçait depuis longtemps de rassembler la littérature grecque dans sa totalité et chargeait ses agents d'écumer tous les territoires de l'ancien empire. Nous savons qu'une partie de ses ouvrages, notamment le manuscrit de Quintus de Smyrne (dit codex Hydruntinus, perdu depuis), grande nouveauté à l'époque, et peut-être le fameux Venetus d'Aristophane (Marc. gr. 474), provenaient du monastère de Saint-Nicolas d'Otrante.

8.– *La philologie grecque au XVe siècle : Bessarion et Politien.*

Si l'on voulait rendre pleinement compte des études grecques au XVe siècle, il faudrait parler d'un très grand nombre d'humanistes éminents ; pour ce petit ouvrage, il suffira de nous arrêter aux deux érudits les plus représentatifs de leur temps, par les objectifs auxquels ils visaient et l'œuvre qu'ils ont accomplie. L'un d'eux incarne le savoir grec, l'autre nous permet de voir ce que les Italiens ont appris de leurs maîtres.

L'aîné, le cardinal Bessarion (env. 1400-1472), est né à Trébizonde et fait ses études à Constantinople dans l'école dirigée par Georges Chrysococcès, où il rencontre pour la première fois Filelfe avec qui il échangera plus tard une correspondance suivie. Entré dans les ordres en 1423, il passe cinq années (1431-1436) à Mistra, dans le Péloponnèse, où il fréquente le cercle de Georges Gémiste Pléthon, un libre penseur ; c'est de là sans doute que date son admiration pour Platon. Pléthon le présente à l'empereur qui s'assure son concours, le nomme en 1436 abbé d'un des monastères de la capitale et, l'année suivante, évêque de Nicée. En 1438, il fait partie de la délégation chargée de négocier, au Concile de Florence et Ferrare, la réunion des Églises grecque et romaine. On avait certes tenté maintes fois de rétablir l'unité religieuse, mais l'empire byzantin estimait alors d'autant plus urgent de mettre fin au schisme qu'il se désintégrait rapidement - il ne contrôlait plus qu'une infime partie de ses anciennes possessions - et qu'il espérait obtenir ainsi une aide militaire de l'Occident. Des négociations interminables débouchèrent enfin sur un accord, grâce surtout à Bessarion qui, par ses arguments puissants, réussit à vaincre l'opposition farouche de plusieurs membres de sa délégation. L'union resta d'ailleurs lettre morte, car la masse de la population de l'empire grec, encouragée par la grande majorité du clergé, refusa d'y voir un juste compromis ; la minorité qui l'accepta forma l'Église grecque uniate, laquelle doit donc son existence à Bessarion. Bien que le Concile n'ait eu aucune incidence politique durable, le pape ne méconnaît pas les services rendus par Bessarion et le consacre cardinal ; il va dès lors résider en permanence en Italie où il prendra une part considérable aux affaires religieuses ; il sera même plusieurs fois « papabile ».

Le palais du cardinal à Rome fut un centre littéraire où Grecs et Latins se retrouvaient en bonne intelligence ; on y vit d'un côté Théodore Gaza et Georges de Trébizonde, qui traduisirent diverses œuvres grecques en latin ; de l'autre, le Pogge et Valla, lequel qualifia Bessarion de *Latinorum Graecissimus, Graecorum Latinissimus* ; le cardinal connaissait de fait admirablement la langue et la littérature latines. Sa bibliothèque était exceptionnellement riche : environ cinq cents livres grecs, sans compter les autres, vers la fin de sa vie ; il avait réuni nombre de beaux manuscrits classiques, car ce prélat ne s'intéressait pas uniquement à la théologie et à la philosophie. Il en prenait grand soin, la preuve en est les notes de possession, les cotes et autres indications portées sur les pages de garde. Il n'avait pas toujours été un collectionneur impénitent, puisqu'à Constantinople il s'était contenté de s'approvisionner chez les libraires ; mais la chute de l'empire byzantin, en 1453, lui fit concevoir, dit-il dans une de ses lettres, le projet de réunir une collection aussi complète que possible de la littérature hellénique pour la mettre à la disposition des Grecs qui avaient réussi à gagner l'Italie. Voilà l'une des raisons qui lui firent offrir, de son vivant, en 1468, ses propres livres à la cité de Venise : ils devaient constituer le noyau d'une bibliothèque publique dans cette ville qui servait de point de ralliement à une grande majorité des réfugiés.

Bessarion était aussi un écrivain. On lui doit une traduction en latin de la *Métaphysique* d'Aristote, un long ouvrage où il s'en prend aux détracteurs de Platon ; quantité d'opuscules nous sont restés, de même qu'une bonne partie de sa correspondance. Deux de ces petits traités méritent notre attention. Le premier découla des négociations sur l'unité de l'Église. Le point crucial opposant Grecs et Latins était la procession du Saint-Esprit : était-il exactement de même nature que Dieu le Père ou simplement d'une nature similaire ? Bessarion fit mouche quand il découvrit dans le *Contre Eunome* de saint Basile un passage qui correspondait précisément à la thèse de Rome et aurait donc pu être la base de la réconciliation, puisque l'autorité de ce docteur était incontestée dans l'Église grecque. Les adversaires du cardinal au Concile, ces membres de la délégation hellène décidés à n'accepter un accord que s'ils gagnaient sur toute la ligne, clamèrent que le passage n'était pas de Basile, que c'était un faux dû à un réformateur précédent ou même aux Italiens, et qu'il ne figurait pas dans les manuscrits qu'ils avaient en mains. Bessarion avait beau être sûr de son fait, il ne put le prouver d'emblée et dut se rabattre sur des arguments moins décisifs pour désarmer l'opposition. Mais lorsqu'il regagna Constantinople, pour peu de temps d'ailleurs, il résolut d'en avoir le cœur net et se mit à étudier toutes les copies du texte qu'il put se procurer. Au moment du Concile, seul un des six exemplaires disponibles semblait donner raison aux adversaires du cardinal ; or, tout indiquait qu'il avait été falsifié, car le fameux passage avait été supprimé et remplacé par un autre. Bessarion trouva bientôt dans les bibliothèques monastiques de la capitale deux copies anciennes, l'une sur papier datée du milieu du XIIe siècle, l'autre sur parchemin, plus vieille encore, qui apportaient de l'eau à son moulin ; seuls les exemplaires très récents, écrits semble-t-il pendant le Concile ou juste après, étayaient la thèse opposée. Pour emporter le morceau, le cardinal mit en avant la date des deux témoins anciens, antérieurs l'un et l'autre à l'époque où vivaient certains membres du clergé grec qui avaient été favorables à la réunification ; il ne pouvait donc s'agir de faux qui leur soient imputables, non plus qu'aux Italiens du reste étant donné l'excellence de la langue.

Venons-en au deuxième opuscule : nous allons y voir Bessarion faire le meilleur usage d'autres méthodes philologiques, mais toujours dans un contexte théologique. Après une lecture de l'Évangile selon saint Jean, lors d'un service célébré dans sa demeure romaine, une discussion animée s'engagea sur le texte en 21, 22. Le texte lu était celui de la Vulgate qui donne à tort *sic* au lieu de *si* (le grec dit ἐάν). Bessarion a soutenu que cette erreur sur une seule lettre était tout simplement le fait d'un copiste. Comme il n'avait pas réussi à convaincre tout à fait son auditoire, il exposa ses arguments par écrit. Dans sa brochure, il énonce plusieurs principes essentiels et traite tout le problème avec un bon sens qui nous paraît aujourd'hui naturel, mais ne fut pas du goût des conservateurs bornés pour qui chaque mot de la traduction de Jérôme était sacré. Fort de l'autorité de saint Augustin, il déclare que le texte grec étant l'original doit l'emporter sur la traduction latine. Il signale aussi que les citations de haute époque - celles d'Origène, Cyrille et Chrysostome - donnent toutes la même leçon et que celle de la Vulgate ne va pas avec le contexte. Ce petit ouvrage est très important en ce qu'il annonce Érasme, pour qui l'interprétation du Nouveau Testament doit nécessairement se fonder sur le texte grec. Valla eut peut-être son mot à dire ; il rencontrait fréquemment Bessarion et, comme nous l'avons vu (p. 97), il avait rédigé, sans les publier, des *Adnotationes in Novum Testamentum* où il mettait en question l'exactitude de la Vulgate.

A l'opposé du prélat grec qui se fixa en Italie et mit son érudition au service de la théologie et de la philosophie surtout, voici Politien (cf. p. 97 ss). Le poète, en italien et en latin, ne le cédait en rien à l'érudit. C'est la littérature ancienne qui l'attirait d'abord, mais il était versé aussi dans des disciplines subsidiaires, comme l'épigraphie et la numismatique, car il comprenait qu'elles pouvaient permettre de mieux appréhender le monde de l'Antiquité. Nous avons déjà rencontré cette combinaison du poète et du philologue chez Callimaque et Ératosthène, et ce n'est peut-être pas tout à fait un hasard si Politien fut le premier humaniste à s'attacher à la poésie hellénistique.

Nous avons vu précédemment qu'il était un latiniste accompli et saisissait l'importance des vieux manuscrits. Signalons au passage qu'il infléchit les études grecques et latines sensiblement de la même manière, en développant le goût des auteurs post-classiques : en latin, il avait souligné les mérites de Quintilien, Suétone et des poètes de l'âge d'argent ; en grec, il fit des conférences sur Callimaque et Théocrite. Il fut le premier Italien à qui l'on reconnut en général de savoir le grec aussi bien que les Hellènes eux-mêmes ; c'est d'ailleurs ce qu'il déclare dans une lettre à Matthias Corvin, roi de Hongrie (*Epist.* 9, 1), à qui il offre ses services soit comme traducteur de textes classiques, soit comme panégyriste officiel : il ajoute qu'aucun Italien n'a réussi cet exploit depuis mille ans. Il s'en glorifie implicitement aussi dans l'exorde de sa conférence inaugurale sur Homère. Vanité, peut-être, mais justifiée : il est le premier Italien de la Renaissance qui ait fait œuvre durable dans le domaine hellénique, à telle enseigne qu'on trouve encore son nom dans l'apparat critique d'une édition moderne (les apports de Valla au texte de Thucydide s'expliquent probablement plus par la valeur des manuscrits dont il se servit que par sa propre ingéniosité). Autre preuve - et non des moindres - des capacités linguistiques de Politien : il composa à 17 ans des épigrammes en grec ; il nous en reste une cinquantaine en mètres divers, et même si la scansion et la prosodie n'en sont pas parfaites, elles attestent une remarquable maîtrise de la langue, notamment dans l'emploi d'un vocabulaire très étendu.

On lui doit également plusieurs traductions : une version bien venue d'Hérodien, un historien de basse époque, et quelques petits essais d'Épictète et de Plutarque. Les prosateurs les plus renommés ayant déjà été traduits, Politien s'orienta dans d'autres directions. C'est dans les *Miscellanea* qu'il montre le mieux les multiples facettes de son savoir. La plupart des chapitres traitent de questions latines, mais il cite quantité d'auteurs grecs pour justifier ou étayer un argument. Nous avons vu comment il recourt au texte de Callimaque pour émender un passage corrompu chez Catulle (*cf.* p. 97). Dans le chapitre le plus intéressant peut-être, il présente le cinquième hymne de Callimaque, le *Bain de Pallas*, accompagné d'une traduction en élégants distiques élégiaques. Il donne un texte grec non accentué pour éviter les anachronismes, sage précaution que n'ont pas suivie les générations suivantes, et il se tire fort bien de cette édition princeps de l'hymne.

9.– Les premiers livres grecs imprimés : Alde Manuce et Marc Musurus.

Si le jeune art de l'impression donna un flot d'éditions classiques latines à partir de 1470, il n'en alla pas du tout de même pour les œuvres grecques. Cela tient en partie à ce qu'il était difficile de trouver une fonte qui ne fût pas déraisonnablement diversifiée en raison des multiples combinaisons des lettres avec les accents et les esprits. Certains des premiers imprimeurs, désirant à tort reproduire l'écriture grecque du moment, mirent au point des polices qui revenaient très cher tout en ne donnant pas de beaux résultats ; tel fut le cas même des célèbres caractères d'Alde qui servirent longtemps de modèles aux typographes. Pourtant tous les imprimeurs de l'époque ne tombèrent pas dans ce défaut ; le fameux Nicolas Jenson, un Français qui travaillait à Venise, créa une fonte remarquable, et celle qui fut utilisée pour les passages en grec des *Miscellanea* l'emporte même par certains côtés : elle ne comportait ni accents, ni esprits, évitait les ligatures et ne ressemblait donc pas exactement à l'écriture manuelle, mais était beaucoup plus lisible. Il est surprenant que l'on n'ait pas immédiatement adopté l'une de ces formules simplifiées.

Les difficultés typographiques étaient réelles, certes ; le vrai problème pourtant tenait à ce que la demande était trop faible pour que le jeu valût la chandelle. Fort peu de gens savaient le grec ; au contraire, les tirages des traductions latines pouvaient être assez élevés pour être rentables. C'est pourquoi Platon ne fut pas imprimé avant 1513 en langue originale, alors que la version de Marsile Ficin parut en 1485 à 1025 exemplaires. C'était un tirage exceptionnellement important il est vrai, car on ne dépassait guère en moyenne, semble-t-il, le chiffre de 250 ; il fut pourtant épuisé en six ans et l'on dut en faire un autre. En revanche, l'édition princeps d'Isocrate en grec qui sortit à Milan en 1493 s'écoula si lentement qu'en 1535 les invendus furent remis sur le marché avec une nouvelle page de titre. Avant la création des presses aldines, il y eut au total à peine plus d'une douzaine de volumes imprimés en grec, dont les grammaires de Chrysoloras et Constantin Lascaris ; Isocrate mis à part, les grands classiques étaient uniquement représentés par Homère, Théocrite et l'Anthologie grecque.

C'est Alde Manuce (1449-1515) qui eut l'idée de fonder une maison d'édition destinée essentiellement aux œuvres grecques. Il en conçut le projet pendant qu'il était à Carpi, aux environs de Modène, où il était le précepteur des fils du seigneur de l'endroit. On pourrait penser que Florence s'imposait pour l'implantation de son entreprise ; mais, d'une part la mort de Laurent le Magnifique privait le monde des lettres de son protecteur le plus puissant ; d'autre part, Venise, grâce au don de Bessarion, possédait un plus grand nombre d'ouvrages grecs que n'en avaient rassemblé les Médicis (et Alde ne savait peut-être pas qu'ils étaient en fait inaccessibles) ; enfin, elle s'était acquis une très belle réputation dans l'impression : plus de la moitié des livres mis sous presse en Italie avant 1500 l'avaient été dans la cité des doges, ce qui n'était sans doute pas négligeable pour Alde ; il y trouverait des ouvriers connaissant bien leur métier.

De 1494 à 1515 quantité de classiques sortent de ses presses, qui périclitent à sa mort. S'il ne fait paraître en première édition qu'un seul texte latin, mineur de surcroît - il arrivait trop tard -, on lui doit en revanche la primeur de presque tous les grands auteurs helléniques dont il eut le quasi-monopole pendant ses vingt années d'activité. Dans le territoire de la république de Venise, il tenait du gouvernement des privilèges revenant à lui accorder le droit exclusif d'utiliser les caractères qu'il avait dessinés lui-même.

Il n'aurait pas pu réaliser son grand dessein sans l'aide de ses nombreux amis, Grecs ou Italiens. Il fut redevable du plus gros travail d'édition à Marc Musurus (1470-1517), un Crétois ; sa propre contribution est probablement de premier plan, mais il n'est pas toujours facile de déterminer ce qui revient à l'un et l'autre ou à d'autres membres de leur groupe. Bien souvent, les pages de titre et les lettres dédicatoires d'Alde n'indiquent pas le nom de l'éditeur du texte ; c'est vraisemblablement parce que plusieurs de ses amis y avaient collaboré. Plus tard, et à partir de 1502 en tout cas, les pages de titre font référence à la Neakademia - un club qu'il avait fondé pour encourager les études grecques. Une des clauses du règlement, rédigé en grec, précisait que ce serait la seule langue utilisée pendant les séances. On a pu identifier de trente à quarante membres. Il n'était pas nécessaire de résider à Venise pour en faire partie, puisque Musurus, qui enseigna à Padoue et à Carpi pendant un temps, semble en avoir été membre. Les érudits étrangers de passage y étaient les bienvenus, l'exemple le plus célèbre est celui d'Érasme.

Les presses sortirent, au plus fort de leur activité, des éditions princeps en quantité ; c'est là une preuve de l'enthousiasme des collaborateurs et de l'excellente organisation de l'entreprise. On ouvrit le feu avec un petit auteur, Musée, choisi sans aucun doute parce qu'il fallait faire du facile avant de s'aventurer sur un terrain délicat. Vint ensuite un texte de Théocrite et d'Hésiode plus complet que celui qui était déjà paru imprimé. Puis on s'attaqua à la tâche monumentale d'éditer Aristote et Théophraste : cinq in-folio sortis entre 1495 et 1498. Les presses ne s'arrêtèrent que pendant la guerre menée par la Ligue de Cambrai contre Venise, c'est-à-dire de 1505 à 1507 et de 1510 à 1512. Leurs années les plus fécondes se situent entre 1502 et 1504, quand elles firent connaître Sophocle, Euripide, Hérodote, Thucydide et Démosthène. Loin de se limiter aux grands classiques, Alde publia aussi des textes comme l'*Histoire* d'Hérodien, Pollux, Étienne de Byzance et la *Vie d'Apollonius* de Philostrate, précédée d'une préface où il avoue tout de go, avec une candeur surprenante dans la profession, que l'œuvre vaut moins que rien : « je ne me souviens pas d'avoir jamais rien lu d'aussi mauvais ... ». Il se cantonna presque toujours aux classiques, avec un écrivain chrétien par-ci par-là. Il aurait envisagé un Ancien Testament en hébreu, grec et latin, de même qu'un Nouveau Testament en grec et en latin, mais ce projet n'aboutit pas de son vivant.

A l'époque, un éditeur se heurtait à mille difficultés. Il lui fallait d'abord trouver des manuscrits à confier aux typographes et, si le texte était corrompu, ce qui arrivait souvent, il devait ou bien l'émender ou bien essayer de s'en procurer un meilleur. Les préfaces nous donnent une idée de ces servitudes. Alde nous dit par exemple qu'il n'a pu trouver dans toute l'Italie qu'un seul témoin de Théophraste (cela suffirait à prouver qu'il n'a pas pu exploiter les richesses de la bibliothèque de Bessarion) ; à la fin de son introduction à Thucydide, il signale qu'il aurait aimé y joindre Xénophon et Gémiste Pléthon, mais qu'il a dû y renoncer faute de manuscrits. Musurus, pour sa part, indique dans sa préface aux épistolographes que certains passages d'Alciphron étaient à ce point corrompus qu'il n'a pu les restituer, et demande au lecteur d'excuser le texte inintelligible qui lui est présenté. D'autres ouvrages nous permettent de suivre d'un peu plus près ses méthodes de travail. Le premier livre important que Musurus édita certainement lui-même est l'Aristophane de 1498 (Planche VIII) ; il travailla à partir de quatre manuscrits, dont l'un est aujourd'hui à Modène (Estensis *a*. U. 5. 10), pour établir le texte qui serait envoyé à la composition. Il dut aussi rédiger les scolies qui furent imprimées en marge à la place même qu'elles occupaient dans un témoin médiéval. Comme elles étaient de nature différente dans les sources dont il disposait, il lui fallut choisir les notes, les combiner et les mettre en forme pour l'impression, basse besogne peut-être, mais énorme. Il dut également restituer le texte en bien des endroits. Il se trouva devant les mêmes problèmes quelques années plus tard quand il mit en chantier le *Lexique* d'Hésychius, un dictionnaire grec du VIe siècle qui ne survit que dans un seul témoin (Marc. gr. 622). Plutôt que de refaire de bout en bout une copie destinée à la composition, il apporta dans le manuscrit toutes les corrections et les instructions nécessaires à l'imprimeur ; comme le texte était peu lisible à force d'abréviations, il récrivit en entier, au dessus de la ligne ou dans la marge, chaque mot abrégé ; il rectifia, de plus, maintes erreurs et le plus récent éditeur a constaté que chaque page comporte quelque émendation attestant sa compétence et ses connaissances linguistiques. Un exemple amusant nous montre que Musurus va beaucoup plus loin que les critiques modernes ne le jugent bon : dans la troisième bucolique de Moschos, il a composé six hexamètres pour boucher un trou entre les vers 92 et 93 ; ils étaient très inspirés de Théocrite et visaient tout simplement sans doute à indiquer le sens général qu'appelait le contexte. D'aucuns ont cependant pensé qu'ils étaient authentiques et que Musurus les avait probablement tirés d'un manuscrit unique disparu depuis lors.

Musurus a-t-il été un grand philologue ? Il est difficile de le dire avec précision, car la plupart des manuscrits qu'il donna à l'impression sont perdus et, avec eux, la meilleure source qui nous aurait permis de répondre à la question. Mais s'il est réellement l'auteur de toutes les bonnes leçons apparaissant pour la première fois dans les éditions dont il surveilla l'impression, il est à n'en pas douter le critique le plus doué qu'ait jamais produit son pays.

10.— *Érasme (env. 1469-1536).*

Voyons maintenant ce qu'était l'érudition dans l'Europe septentrionale et à quel niveau elle se situait. On pense bien entendu d'emblée à Érasme. Ce moine de Steyn, près de Gouda, réussit à obtenir l'autorisation de quitter définitivement sa communauté ; il va à Paris où il se met au grec ; la langue lui paraît ardue et il ne tire pas grand profit des leçons d'un réfugié, Georges Hermonyme. Afin de se perfectionner, il part en 1506 pour l'Italie, où il prendra ensuite contact avec Alde. Il est à l'époque honorablement connu dans le monde des lettres pour sa première édition des *Adages*, une série de proverbes assortis de commentaires, et pour avoir publié l'*Enchiridion militis Christiani*, où il exposait sans mâcher ses mots des vues sur la religion que ne partageait pas la hiérarchie. Il jette de l'huile sur le feu en 1505 quand il supervise l'impression d'un ouvrage qui n'est pas du goût de l'Église établie, ces *Adnotationes in Novum Testamentum* où Laurent Valla ne traite pas la Bible comme un texte sacré, mais comme un œuvre littéraire quelconque. Qu'il se mette en rapport avec Alde va donc de soi, et il part bientôt pour Venise où il est l'hôte de l'imprimeur pendant quelques mois. Plus tard, il décrira sans fard le train de maison misérable et la pauvre chère, dans *Opulentia sordida*, l'un de ses *Colloques*, mais on a lieu de croire qu'il a noirci le tableau pour répondre aux attaques grossières d'Alberto Pio de Carpi. A Venise, il eut évidemment la possibilité d'apprendre autant de grec qu'il lui en fallait et de puiser dans la belle bibliothèque personnelle d'Alde ; aussi publia-t-il bientôt une édition nouvelle de ses *Adages*, très étoffée par le matériel grec dont il venait de découvrir les richesses.

Beaucoup plus tard, il consacra une brochure à la prononciation correcte du grec ; elle assura le succès de la prononciation qu'on appelle toujours érasmienne. Les réfugiés enseignaient en général la langue classique en utilisant la prononciation moderne, qui est à coup sûr très différente de celle en usage dans l'Antiquité. Déjà Antonio de Nebrija (1444-1522), un érudit espagnol, et des membres du cénacle d'Alde l'avaient fait remarquer, preuves à l'appui. L'épithète « érasmienne » ne rend donc pas justice à qui de droit ; on doit cependant à l'équité de dire qu'Érasme ne prétendit jamais avoir inventé la prononciation nouvelle, dont il avait sans doute eu connaissance pendant qu'il habitait chez l'imprimeur vénitien.

Malgré de beaux résultats, l'association d'Érasme avec Alde eut beaucoup moins d'importance que la collaboration qu'il apporta pendant des années à une des grandes maisons d'édition au nord des Alpes, celle des Froben à Bâle. Ce milieu était fait pour Érasme, qui s'occupa activement de l'aspect scientifique de l'édition et noua avec Jean Froben une amitié qui devait être décisive pour la promotion de l'humanisme chrétien. Un des premiers résultats de cette alliance, et le plus spectaculaire sans doute, est l'édition princeps du Nouveau Testament grec (1516). Coïncidence, on le préparait aussi pour l'impression à Alcalá, en Espagne (en même temps que l'Ancien Testament en grec et en hébreu) ; mais en raison de difficultés diverses, il ne put sortir qu'en 1520. Il vaut de signaler que si le cardinal Ximénez, principal éditeur de la Bible polyglotte d'Alcalá, recommandait d'étudier la Bible dans le texte original, ses collaborateurs ne partageaient peut-être pas tous cet avis : une des lettres liminaires au moins donne à entendre que la version en latin a la plus haute autorité. Pour Érasme au contraire, établir le texte original du Nouveau Testament s'imposait. On sait maintenant comment il procéda. Il se mit sérieusement au travail en Angleterre où il séjourna en 1512-1513, et se servit de quatre manuscrits grecs ; on en a identifié un : c'est le manuscrit de Leicester, du XVe siècle (City Museum, s. n.). Pendant que l'ouvrage s'imprimait à Bâle, en 1515-1516, il avait cinq manuscrits en main ; nous en avons conservé un qui servit manifestement de copie aux imprimeurs (Bâle, A. N. IV. 1). Cet exemplaire du XIIe siècle n'a aucune valeur particulière. Érasme savait sans doute que les manuscrits vraiment anciens pouvaient présenter de l'intérêt, mais il connaissait trop peu la paléographie pour être capable de dater à bon escient. C'est ainsi qu'il tenait en très haute estime un manuscrit de l'Apocalypse qui, à son avis, pouvait bien remonter jusqu'aux temps apostoliques : la philologie moderne l'a retrouvé et fait descendre jusqu'au XIIe siècle (Schloss Harburg, I 1, 4°, 1).

De ce point de vue, Érasme était inférieur sans conteste à Politien, et presque sûrement à Bessarion. Il se servait en général de livres assez tardifs, alors qu'il pouvait de toute évidence se procurer des textes plus anciens, donc meilleurs, en s'adressant à ses nombreux correspondants. Son attitude en face du Vaticanus *B* (Vat. gr. 1209, du IVe siècle) est typique. Certes il pensait, à juste titre, que c'est un témoin d'âge vénérable et il a pu, grâce à un ami, le citer de-ci de-là dans un tirage suivant de son Nouveau Testament ; en revanche, il ne semble pas avoir cherché à l'utiliser systématiquement et lorsque l'humaniste et théologien espagnol Sepúlveda lui fit remarquer qu'il s'accordait souvent avec la Vulgate, il lui rétorqua qu'il avait dû être trafiqué, sans réaliser que le grand âge de *B* rendait cette supposition peu plausible (*Opus epistolarum*, n° 2873 et 2905). A ce propos, Érasme suggère d'aller plutôt chercher le texte original dans les citations des Pères grecs, d'Origène à Cyrille : proposition un peu exagérée, mais qui n'est pas entièrement déraisonnable.

Il y aurait beaucoup à dire encore sur cette édition du Nouveau Testament ; bornons-nous à signaler deux points : pour l'Apocalypse, il disposa d'un seul manuscrit, où manquaient les derniers versets et qui était inintelligible par endroits ; bien décidé à faire imprimer un texte en grec, il traduisit lui-même ces divers passages, pas toujours parfaitement d'ailleurs, à partir de la Vulgate. C'était pousser le zèle plus loin qu'on ne le demande à un éditeur. Dans la première épître de saint Jean (5, 7), Érasme, suivant en cela le grec, ne reprit pas le *comma Johanneum*, une allusion au dogme de la Trinité, figurant alors dans la Vulgate. Une polémique s'en étant suivie, il offrit inconsidérément d'insérer, dans toute nouvelle édition, le passage incriminé si on le trouvait dans un manuscrit grec. Bien entendu, on en fabriqua un sur le champ pour les besoins de la cause (Dublin, Trinity College, 30) et il fut obligé de tenir sa promesse ; il précisa toutefois qu'il doutait de l'authenticité du témoin. Cette histoire nous montre que, faute de principes logiques permettant d'évaluer les manuscrits, les érudits se trouvaient désarmés devant des adversaires n'hésitant pas à recourir à des faux. Bessarion, on le sait, s'était trouvé dans la même impasse lors du Concile de Florence ; il lui avait cependant été plus facile de réfuter les arguments de ses antagonistes, car il s'agissait pour lui de prouver l'authenticité d'un passage en s'appuyant sur des manuscrits antérieurs aux falsificateurs éventuels. Érasme, lui, ne pouvait que se prévaloir de la haute autorité de témoins fort anciens.

Bien qu'elle soit loin d'être parfaite, l'édition du Nouveau Testament grec marque un très grand progrès dans l'histoire de la philologie. Érasme y établit, contre vents et marées, de sains principes, à savoir qu'il faut se fonder sur des textes en langue originale et non sur des traductions, et que les Écritures doivent être interprétées, comme tout autre ouvrage, selon les règles de la logique et du bon sens. Valla et Bessarion n'avaient pas prêché dans le désert.

Érasme avait été attiré à Bâle surtout parce que c'était déjà le centre de l'édition patristique. Son Nouveau Testament fut immédiatement suivi par les *Lettres* de saint Jérôme, et celles-ci par une longue suite de Pères de l'Église, - Cyprien, Hilaire, Ambroise, Augustin -, dont il produisit les éditions soit seul, soit en collaboration avec d'autres, n'hésitant pas à revenir sur un auteur et à le republier. Ces in-folio rendent un hommage impressionnant à son énergie et à sa science : il fallait un travail considérable pour éditer cette masse de textes, d'autant que les premiers éditeurs n'avaient fait qu'un assez mince travail critique.

Malgré ces entreprises gigantesques, Érasme, fidèle à son programme humaniste, ne négligeait pas les classiques. Les services qu'il a rendus au grec sont relativement faibles, bien qu'il ait produit un certain nombre de traductions, et édité Aristote et Démosthène ; le seul auteur dont il ait donné l'édition princeps est Ptolémée (1533). En revanche, la littérature latine lui doit bien davantage : il a publié Térence, Tite-Live, Suétone, Pline l'Ancien et Sénèque. Les deux éditions de ce dernier permettent de caractériser les mérites et les faiblesses d'Érasme philologue. La première, parue en 1515, a été gâchée par une précipitation typique. Son éditeur n'était pas là au moment de l'impression, et de toute façon il avait largement de quoi faire avec son Nouveau Testament et son Jérôme, tous deux en voie d'achèvement. Éditer un texte, préparer la copie pour l'impression et relire les épreuves, ces trois activités interféraient alors ; on laissa une trop grande initiative à des *correctores* auxquels Érasme par la suite reprocha leur incompétence, et bien pire encore. Le texte avait été ravivé par l'art du critique, mais Érasme savait combien il aurait pu être meilleur, et il y revint en 1529 pour réparer ce qu'il considérait comme une infamie. La deuxième édition, qui a pour préface un essai sur Sénèque admirable d'équilibre et de sensibilité (*Opus epistolarum*, n° 2091), prouve à l'évidence le jugement et la science de son auteur (on y trouve deux fois plus de conjectures réussies que dans la première). Mais là encore, l'impression a été un peu bousculée : des manuscrits continuaient d'arriver quand une partie du livre était déjà composée. Érasme fit un usage judicieux des témoins qu'il put rassembler, mais ceux-ci semblent avoir été sans grand intérêt, à une exception près. Il eut accès aux leçons du manuscrit de Lorsch du *De beneficiis* et du *De clementia* (Palat. lat. 1547), l'archétype de toute notre tradition. Hélas, il ne lui vint pas à l'idée d'en faire la base de son texte ; suivant les habitudes de son temps, il se contenta de l'utiliser çà et là pour corriger le texte qu'il avait devant lui, et ainsi une grande occasion fut perdue.

CHAPITRE V

QUELQUES ASPECTS DE LA PHILOLOGIE DEPUIS LA RENAISSANCE

1.— La Contre-Réforme et la fin de la Renaissance en Italie.

Au XVIe siècle, les progrès de la philologie furent freinés par d'incessantes controverses théologiques. Certes, de telles discussions avaient jadis incité Bessarion à écrire deux petits ouvrages très importants pour le développement de la méthode critique, mais il est difficile de trouver des résultats aussi positifs à celles qui agitèrent les contemporains d'Érasme et la génération suivante.

Érasme lui-même, qui avait exploité les travaux de Valla et de Bessarion pour son édition du Nouveau Testament et tenait Politien pour un philologue éminent, n'avait pas les connaissances paléographiques qui auraient permis de franchir de nouvelles étapes ; et, en s'installant à Bâle, alors que la plupart des grandes bibliothèques publiques se trouvaient encore au sud des Alpes, il ne pouvait guère espérer accroître beaucoup son expérience en la matière. Les querelles théologiques absorbèrent à la fin de sa vie une bonne partie de son temps et de son énergie ; nous le voyons déplorer en 1524 (*Opus epistolarum*, n° 1531) que la lutte opposant Luther à ses adversaires préoccupe à ce point les milieux littéraires que le commerce de librairie en est affecté et que dans l'Europe germanophone il est pratiquement impossible de vendre des ouvrages consacrés à un autre sujet.

Ailleurs, notamment en Italie, c'est une autre polémique, dont Érasme fut aussi l'un des grands ténors, qui mobilisait les lettrés : fallait-il ou non tenir Cicéron pour le parangon de la prose latine ? Les discussions avaient continué, avec plus ou moins d'ardeur, depuis l'époque du Pogge et de Valla. Érasme leur insuffla une vie nouvelle en publiant à Bâle, en 1528, son *Ciceronianus*, un dialogue où il tournait en ridicule maintes absurdités imputables à des admirateurs par trop enthousiastes de Cicéron. Sa position modérée ne fut pas généralement acceptée, tant s'en faut, et ne mit donc pas fin au débat. Au milieu du siècle, les cicéroniens impénitents étaient la majorité, semble-t-il, mais par la suite une évolution du goût modifia les préférences littéraires et la façon d'écrire. Sénèque et Tacite prirent le pas sur Cicéron et devinrent les modèles qu'on s'efforça d'imiter en latin ou dans sa langue maternelle ; le philologue classique Juste Lipse est l'un des meilleurs représentants de cette tendance nouvelle.

La grande phase des découvertes était passée. Toutefois, si la presque totalité de la littérature latine était déjà imprimée, certains auteurs grecs d'importance n'étaient pas encore accessibles dans leur texte original au moment de la mort d'Érasme. Leur publication s'échelonna pendant tout le siècle. En 1544, Flavius Josèphe et Archimède sortirent à Bâle, tandis qu'à Paris Robert Estienne (1503-1559), l'imprimeur royal, fut très actif durant cette décennie. On lui doit les éditions princeps de l'*Histoire ecclésiastique* d'Eusèbe et de deux traités d'histoire romaine, ceux de Denys d'Halicarnasse et de Dion Cassius. Il s'était déjà fait un nom en publiant son dictionnaire latin (1531) et une série d'éditions de la Bible accrurent sa célébrité, mais aussi son impopularité en Sorbonne. Il rechercha de bons manuscrits de la Vulgate entre 1532 et 1540 et dans sa préface à l'édition de 1551, fameuse par ailleurs pour la division en versets universellement adoptée depuis lors, on trouve un commentaire intéressant sur la valeur de cette traduction. Il affirme, non sans raison, qu'elle nous donne un témoignage sur le texte grec au tout début de son histoire. Pourtant cette édition est décevante malgré un apparat critique qui reporte les variantes de quinze manuscrits.

L'importance d'une traduction relativement ancienne avait été, deux ans plus tôt, appréciée à sa juste valeur par le meilleur philologue italien de l'heure, Pier Vettori (1499-1585). Pour son édition de la *Rhétorique* d'Aristote (1549), il s'était servi de la traduction latine due à Guillaume de Moerbeke, dont il cite environ 300 leçons. Dans sa préface, il montre que cette version littérale et inélégante peut révéler avec précision le texte grec employé par le traducteur, dont l'intérêt majeur tient à ce que, antérieur aux manuscrits conservés, il n'a pas subi les corruptions qu'apporte inévitablement le processus de copie. Il relève que la version de Moerbeke coïncide fréquemment avec le manuscrit grec le meilleur et le plus ancien (Paris gr. 1741), dont il put utiliser les leçons. S'il ne connaît pas la théorie stemmatique en tant que telle et ne semble pas avoir compris que le manuscrit de Paris est antérieur même à la traduction de Moerbeke (mais pas forcément à la source de celle-ci), il traite cette tradition indirecte ou secondaire avec une compétence philologique qui mérite d'être mentionnée même dans un rapide tour d'horizon.

Vettori était en relations avec les Estienne et après que Robert eut été obligé de quitter Paris et d'installer son imprimerie à Genève, il publia avec son fils, Henri († 1598), une édition d'Eschyle, la première à donner le texte intégral de l'*Agamemnon* (les vers 323-1050 ne figuraient pas dans les précédentes). Le jeune Estienne est au moins aussi important que son père, mais sa principale contribution à la philologie classique est d'avoir achevé en 1572 le *Thesaurus Linguae Grecae* commencé par Robert. Plus lexicographe qu'éditeur, il publia bien les *Anacreontea*, un texte fort apprécié à l'époque (que l'on songe à Ronsard ou à Rémy Belleau), mais il ne mit pas son point d'honneur à donner au public l'un ou l'autre des quelques textes grecs qui restaient encore inédits ; mentionnons juste les plus célèbres : les *Ennéades* de Plotin (Perna ; Bâle, 1580), la *Bibliothèque* de Photius (D. Höschel ; Augsbourg, 1601), Sextus Empiricus (Genève, P. et J. Chouët, 1621) et les œuvres du mathématicien Diophante (C.-G. Bachet ; Paris, 1621).

Le fait que ces éditions soient dues à des Transalpins montre bien que l'Italie va perdre la place de choix qu'elle avait longtemps occupée dans l'Europe savante. Toutefois, avant de la quitter, il vaut la peine d'évoquer deux figures attachantes, un critique, Francesco Robortello, d'Udine (1516-1567) et un antiquaire, Fulvio Orsini (1529-1600).

Le premier est surtout connu pour l'édition princeps du *Traité du sublime* de Longin (1554) et pour une importante édition de la *Poétique* d'Aristote (1548), mais il mérite notre attention ici à un autre titre. Il publia en 1557 une courte étude *De arte critica sive ratione corrigendi antiquorum libros disputatio* (Dissertation sur l'art critique, ou méthode pour corriger les écrits des anciens) ; c'était, semble-t-il, la première fois qu'on essayait d'écrire un petit manuel de critique textuelle. Robortello y revendique l'invention d'une théorie de l'émendation. Après une brève section, assez superficielle, sur la valeur des témoins anciens, où l'on voit qu'il connaît l'intérêt des manuscrits en écriture « lombarde » (par là, il entend probablement une écriture précaroline, peut-être même majuscule), il aborde les principes régissant l'art de la conjecture. Le critique doit mettre à l'épreuve ses idées en regardant si elles ne heurtent pas la paléographie, le style de l'auteur ou le sens général du sujet traité. Viennent ensuite huit rubriques sous lesquelles on peut ranger les émendations, la plupart illustrées par quelques exemples. La classification fait état de notions essentielles, comme l'intrusion de gloses qui évincent les leçons primitives et les risques d'erreur inhérents à une division incorrecte des mots. Les exemples sont pour la plupart tirés d'auteurs latins, mais quelques-uns sont empruntés à Plutarque et à la *Rhétorique* d'Aristote, peut-être sous l'influence de Vettori. Aucune trace de la théorie stemmatique dans l'argumentation, et les connaissances paléographiques sont assez décevantes, si l'on songe aux collections de bons manuscrits auxquelles Robortello avait accès. Il eut néanmoins le grand mérite d'avoir tenté d'exposer systématiquement la démarche que doit suivre le critique quand il entreprend de rétablir l'état originel des textes classiques.

Avec Fulvio Orsini, l'étude de l'Antiquité classique gagne une autre dimension : les objets deviennent aussi importants que les textes. Issu de la main gauche de la grande famille dont il portait le nom et qui lui battait froid, il dut ses inclinations et préférences intellectuelles tout d'abord à Gentile Delfini, un savant chanoine de Saint-Jean de Latran où Orsini débuta comme choriste, puis au patronage des Farnèse et plus précisément des trois cardinaux qu'il servit comme bibliothécaire. Érudit et collectionneur dans la plus pure tradition de la Renaissance, il eut à son actif nombre de publications importantes et originales, tel ce *Virgilius illustratus* (1567) qui montre tout ce dont Virgile est redevable à la culture hellénique, des travaux sur l'iconographie (*Imagines et Elogia*, 1570) et la numismatique (*Familiae Romanae*, 1577), l'édition princeps de la majeure partie des livres fragmentaires de Polybe (1582). Ce qui nous frappe chez Orsini, c'est la variété de ses curiosités et de ses enthousiasmes qui embrassaient toutes les antiquités, depuis les manuscrits jusqu'aux sculptures, aux inscriptions, aux monnaies et aux joyaux.

Fort bien placé pour nouer de fructueuses relations avec les érudits des autres pays, il connut Lipse, aida Gruter, reçut Pierre Daniel et le président de Thou. Sa grande collection archéologique aboutit à Naples, mais ses livres et manuscrits comptèrent parmi les premières acquisitions maîtresses du Vatican. Ils comprenaient, outre une précieuse collection de manuscrits autographes des grands humanistes, de Pétrarque à ceux de son temps, nombre de livres très anciens : l'*Augusteus* de Virgile (Vat. lat. 3256) dont Claude Dupuy lui avait fait cadeau, non sans se faire tirer l'oreille d'ailleurs, et d'autres provenant de l'héritage de Pietro Bembo, qu'il avait obtenus après d'interminables démêlés - un Pindare important (Vat. gr. 1312), le *Vaticanus* de Virgile (Vat. lat. 3225) et le grand Térence en capitales rustiques que nous appelons encore le *Bembinus* (Vat. lat. 3226).

On peut considérer comme un symbole de la culture orientée de la Contre-Réforme le fait que Fulvio Orsini ait dû, bien malgré lui, établir le texte d'auteurs comme Tertullien, Arnobe et Lactance. Le concile de Trente (1545-1563) avait entraîné un renouveau des études patristiques en Italie. L'édition princeps de Clément d'Alexandrie, due à Vettori, fut imprimée en 1550 à Florence mais dédiée au cardinal Cervini, le futur pape Marcel II. De fait, celui-ci voulait monter une imprimerie à Rome pour sortir des éditions de textes théologiques qui concurrenceraient et, si possible, supplanteraient celles d'Érasme, dont les commentaires sur les Écritures et les Pères de l'Église étaient jugés dangereux, voire proprement hérétiques. L'index très sévère de 1558 (vite amendé, il faut le dire) jeta la panique chez les savants romains ; la venue en grande pompe du plus illustre imprimeur d'Italie, Paulus Manutius Aldi filius, suscita leur enthousiasme, qui ne dura guère. Un système trop rigide et des contrôles trop tâtillons n'étaient favorables ni à l'édition ni à l'érudition ; d'où le grand nombre d'entreprises qui n'aboutirent pas ou pas bien. La chasse à l'hérésie était un bien mauvais principe philologique et la critique textuelle reçut un coup sévère en 1587 lorsque le pape Sixte-Quint décréta, lors de la fondation de la *Typographia Vaticana*, que les problèmes trop ardus pour les éditeurs devaient être tranchés par l'inspiration divine réservée au Souverain Pontife.

Pourtant la base de la pyramide était bonne et on rencontrait dans les congrégations romaines des érudits capables d'un travail consciencieux et intelligent comme l'attestent des documents relatifs à une nouvelle édition de saint Augustin (Vat. lat. 4991-4992), jamais parue, ou le Codex Carafianus (Vat. lat. 12959), apparat critique d'une Bible, hélas parue. En effet, l'événement littéraire marquant du pontificat de Sixte-Quint fut la publication en 1590 de la Vulgate, assortie d'une menace d'excommunication visant quiconque oserait par la suite modifier ses leçons ou imprimer les variantes de manuscrits. Le pape-philologue avait superbement dédaigné les avis du cardinal Antonio Carafa et de ses autres conseillers. Ceux-ci ouvrirent les yeux de Clément VIII qui, en dépit des foudres de son prédécesseur, fit rentrer tous les invendus et paraître une édition considérablement modifiée (1592) ; elle devint et resta le texte officiel de l'Église catholique romaine jusqu'à ce qu'elle soit remplacée par l'édition bénédictine publiée à Rome depuis 1926.

Si l'on passe de Rome en Angleterre, on aura la surprise de trouver des méthodes philologiques voisines de celles des « papistes », mais qui dans une atmosphère plus libérale donneront parfois de meilleurs résultats. C'est ainsi qu'à Oxford, Thomas James (1573-1629), le premier bibliothécaire de la Bodléienne, qui prenait plaisir à relever les insuffisances des éditions préparées par les érudits catholiques du continent, constitua en 1610-1612 une équipe de collaborateurs chargés de collationner des manuscrits de Grégoire, Cyprien et Ambroise. Ils trouvèrent dans les textes imprimés d'innombrables leçons erronées ou douteuses, et James compara sa tâche au nettoyage des écuries d'Augias. Avec l'aide de son équipe, il travailla sur plus de cinquante manuscrits et il envisagea, mais sans pouvoir mener son projet à bien, une série de textes patristiques fondés sur les meilleurs manuscrits. En cela, il annonçait l'œuvre des Bénédictins de la congrégation de Saint-Maur, qui purent utiliser une partie de ses matériaux, comme ils le firent d'ailleurs pour ceux amassés par les *scholastici Vaticani*.

Si l'œuvre de Thomas James mérite notre respect pour sa quête minutieuse de la vérité, c'est avec admiration qu'on se reporte toujours aux huit in-folio dans lesquels Sir Henry Savile (1549-1622), directeur du Merton College d'Oxford et principal d'Eton, a publié l'œuvre de saint Jean Chrysostome (Eton, 1610-1613). Cette édition d'un des pères de l'Église les plus populaires et les plus marquants, est pour beaucoup de textes la meilleure dont nous disposions aujourd'hui encore. Les travaux préparatoires de Saville remplissent près de 16 000 pages et ne sont pas, à beaucoup près, le seul fruit d'une vie consacrée à maints domaines de l'érudition. Une observation de sa femme nous donne une idée de son activité : « Sir Henry », lui dit-elle un jour, « je voudrais être un livre moi aussi, car vous auriez un peu plus d'égards pour moi ».

2.– *Les débuts de l'humanisme et de la philologie en France.*

Nulle part ailleurs l'humanisme ne prit racine et ne s'épanouit aussi rapidement et avec autant de vigueur qu'en Italie. En France, le classicisme resta plus traditionaliste et ne fit pas un bond aussi spectaculaire, bien que l'influence italienne y eût pénétré, surtout par Avignon, dès le début du XIVe siècle. Mais en raison de la force et de la vitalité de la culture médiévale française, l'humanisme pouvait puiser en Italie ce qui lui était nécessaire, sans en être par trop tributaire, et se frayer son propre chemin en suivant les grandes lignes de sa propre tradition. La susceptibilité des philologues français sur ce point et les nombreux signes de réaction contre leurs confrères transalpins attestent à la fois leur dette envers l'humanisme ultramontain et leur fierté de faire œuvre originale.

Pierre Bersuire († 1362) fut l'un des premiers à bénéficier des échanges culturels si vivaces en Avignon et de contacts personnels avec Pétrarque lui-même, qui lui accorda son amitié et l'aida dans ses études classiques. Sa traduction de Tite-Live en français renforça beaucoup la popularité dont jouissait depuis peu l'historien, et son *Ovide moralisé* laisse transparaître l'influence du poète italien ; son mode de pensée restait cependant trop médiéval pour que Pétrarque même pût rien y changer et il ne fut rien moins qu'un humaniste.

Ce qui en mérite pleinement le nom en revanche, c'est le groupe puissant qui émergea en France à la fin du siècle et comptait, entre autres, Jean de Montreuil (1334-1418) et son ami intime Nicolas de Clamanges (env. 1360-1437). S'ils connaissaient bien nombre d'auteurs classiques, notamment Cicéron, grâce à leurs contacts avec des érudits italiens et à des manuscrits importés, leur humanisme avait de solides racines dans le nord et ils surent découvrir eux-mêmes de nouveaux textes. Cluny fut une source particulièrement riche. Le Pogge lui-même ne pouvait pas toujours dénicher un texte inconnu sans qu'on lui dise où chercher, et la présence de Jean de Montreuil au concile de Constance eut sans doute des effets secondaires d'importance. Ce n'est pas une coïncidence si le Pogge trouva le *Pro Caecina* à Langres où Nicolas de Clamanges, qui connaissait admirablement les discours de Cicéron, avait été chanoine et trésorier du chapitre de la cathédrale. Et bien que le Pogge se soit targué d'avoir découvert le *vetus Cluniacensis* et l'ait de fait envoyé en Italie, il ne faut pas oublier que la meilleure et la plus consciencieuse copie (Paris lat. 14749) de ce témoin aujourd'hui perdu est celle qu'en fit Nicolas de Clamanges avant que le manuscrit n'ait franchi les Alpes. Il reste beaucoup à dire sur les réalisations de ce groupe.

Les progrès, intermittents semble-t-il, de l'humanisme français furent renforcés par deux événements qui eurent lieu dans la seconde moitié du XVe siècle : l'apparition de professeurs de grec et la création de la première imprimerie en France. On avait essayé auparavant d'organiser l'étude du grec à Paris, sans grand succès. Gregorio Tifernate, arrivé en 1456, n'y séjourna que quelques années. Georges Hermonyme, de Sparte, qui s'installa en France en 1476, est connu surtout pour le piètre enseignement qu'il dispensa à Budé ou Érasme. Mais, avec la venue de Janus Lascaris (1495) et de Jérôme Aléandre (1508), les études helléniques fleurirent et devinrent un élément important de l'humanisme français. Les premiers imprimeurs furent des Allemands et ils publièrent d'abord les *Epistolae* de l'humaniste italien Gasparino Barzizza, une collection de lettres modèles ; toutefois, c'est à l'initiative d'un Français, Guillaume Fichet, « docteur en théologie de Paris » et bibliothécaire de la Sorbonne, que la presse à imprimer venait de faire son entrée en France : en accord avec le prieur Jean Heynlin, il l'avait installée dans le collège même. La production fut résolument humaniste ; les typographes utilisaient exclusivement des caractères romains et sortirent d'abord ou bien des textes latins classiques, - Salluste, Cicéron, Juvénal, Térence par exemple - ou bien des ouvrages consacrés aux beautés du style latin, telles les *Elegantiae* de Valla et la propre *Rhétorique* de Fichet. C'est en 1507 seulement que parut le premier livre grec imprimé en France.

Le premier grand philologue classique français est Guillaume Budé (1468-1540). Issu d'une famille riche et ne répugnant pas dans sa jeunesse à mener l'existence traditionnelle des privilégiés, il ne se mit pas sérieusement à l'étude avant l'approche de la trentaine et semble avoir été largement un autodidacte. Des années de travail acharné portèrent finalement leur fruit. En 1505, il donna sa traduction latine de trois traités de Plutarque et en 1508 un ouvrage essentiel qui fit de lui l'un des fondateurs de la science juridique. Dans ces *Annotationes in XXIV libros Pandectarum*, commentaire sur une partie du Digeste, il essaya de retrouver le texte et l'esprit du droit romain en le débarrassant de cette gangue que constituaient les gloses et les commentaires médiévaux. Ni ses charges diplomatiques et administratives, ni sa nombreuse famille, ni ses migraines effroyables n'arrêtèrent cet érudit opiniâtre. En 1515 parut son *De asse*, une étude des monnaies et mesures de l'Antiquité qui est aussi pénible à lire qu'elle est importante. Grâce à une parfaite connaissance des sources anciennes et à un esprit pratique l'inclinant à utiliser une balance et à consulter le boulanger local, il surpassa tous ses devanciers et produisit l'un des chefs-d'œuvre qui ont le plus contribué à établir les études classiques comme une discipline scientifique. Ses *Commentarii linguae graecae* ont un caractère plus lexicographique et furent largement repris ensuite dans le *Thesaurus* d'Henri Estienne. Dans les œuvres plus tardives, par exemple le *De philologia* et le *De transitu Hellenismi ad Christianismum*, il s'efforça de définir la place des études classiques, grecques en particulier, dans la société chrétienne de l'époque et de justifier la position, encore un peu inconfortable, de l'humaniste chrétien.

Il reste aujourd'hui un monument rappelant l'un des innombrables services qu'il rendit à l'érudition, le Collège de France ; c'est en bonne partie la ferme pression exercée par Budé qui décida enfin François Ier à créer le Collège des lecteurs royaux, son ancêtre, qui reconnut une certaine indépendance à l'étude des langues anciennes et les libéra des préjugés et des programmes traditionalistes de l'université. En traduisant concrètement son opinion, à savoir que l'humanisme ne se borne pas à l'élégance de la forme, Budé amorça une puissante tendance de la philologie française de l'époque, qui faisait grand cas d'un savoir solide et d'une connaissance approfondie de tous les aspects de la vie antique. Même s'il s'attacha surtout à éclairer la teneur des textes anciens, Budé savait qu'il ne pouvait y parvenir sans une critique serrée des sources elles-mêmes et ses recherches numismatiques par exemple ont laissé une empreinte durable sur le texte des passages pertinents de Pline l'Ancien.

Alors que Budé se laissa entraîner contre son gré dans la controverse cicéronienne, Jules-César Scaliger (1484-1558) choisit à un âge assez avancé de se faire rapidement un nom en écrivant deux libelles venimeux contre le *Ciceronianus* d'Érasme. Bien que d'origine italienne (savoir s'il était de haute ou de basse extraction alimenta une vive polémique internationale), il quitta son pays natal en 1525 pour devenir médecin de l'évêque d'Agen, se fixa dans cette ville, épousa une Française qui lui donna quinze enfants dont l'un sera plus célèbre que son père. Les travaux de Scaliger vont de commentaires sur les œuvres botaniques et zoologiques d'Aristote et de

Théophraste, qui lui sont inspirés par l'exercice de la médecine, à la philologie et à la critique littéraire. Son *De causis linguae latinae* (1540) est remarquable pour l'époque, en ce qu'il vise à une analyse scientifique des principes du latin, mais il atteignit à la renommée qu'il avait convoitée par sa *Poetica*, publiée en 1561, après sa mort. Il s'y efforce, avec lucidité et cohérence, d'élaborer une théorie de la poésie applicable à la littérature latine, qu'il considère comme un ensemble homogène allant des poètes classiques jusqu'à ses contemporains, Érasme et Dolet ; le livre n'est pas moins intéressant si on le lit comme un recueil d'essais de critique littéraire.

Budé et Scaliger ne s'étaient pas consacrés avant tout à la critique textuelle. Ils furent suivis par une cohorte de philologues qui ont fait nettement progresser à la fois les normes et les techniques de l'édition des textes classiques. Le premier fut Adrien Turnèbe (1512-1565) qui occupa une chaire à Toulouse puis à Paris, avant de devenir en 1547 lecteur royal de grec ; il le resta jusqu'à sa mort. Directeur de l'imprimerie royale (1552-1556), il publia une série d'auteurs grecs, notamment Eschyle, Philon et Sophocle. Il travailla aussi sur des textes latins et on lui doit une importante édition du *De legibus* de Cicéron. Son ouvrage le plus substantiel est un recueil d'*Adversaria* - extraits d'œuvres anciennes corrigées et expliquées - que Joseph Scaliger qualifia d'*abortivus foetus* ; il lui faisait grief non pas tant de son contenu qui lui paraissait souvent digne de louanges que de sa présentation, qui suivait une mode lancée par Politien et Vettori. On admire Turnèbe pour sa perspicacité, son jugement, ses dons pour la conjecture. Heureux celui qui peut laisser une marque aussi durable sur le texte d'Eschyle. Son édition de Sophocle (1553) donne pour la première fois les scolies de Triclinius ; leur influence se fait trop sentir sur le texte édité, mais il n'empêche que Turnèbe a le mérite de poser le problème de cette recension médiévale, de donner une apparence nouvelle au texte de Sophocle et d'ajouter au corpus des scolies disponibles de son temps. Bien qu'il s'en fût tenu à la méthode habituelle à l'époque - *emendatio ope codicum* -, il vit la nécessité de recourir à des manuscrits plus anciens et meilleurs que ceux utilisés pour les éditions imprimées antérieures, et savait reconnaître un *codex vetustus* quand il en voyait un.

C'est grâce à lui que ne s'est pas évanoui un important témoin de Plaute, les *Fragmenta Senonensia*, plus connu sous le nom de *codex Turnebi*. C'était un manuscrit fragmentaire appartenant au monastère de Sainte-Colombe de Sens ; Turnèbe l'eut en mains pendant un temps et il disparut sans doute en 1567 quand le couvent fut incendié par les calvinistes. On ne le connaissait que par les leçons citées dans les *Aduersaria* ou par des allusions de Lambin et de Scaliger, qui avaient disposé soit du manuscrit soit plutôt des collations de Turnèbe. La situation fut transformée en 1897 quand on découvrit une édition de Plaute (Bodleian Libr., Linc. 8° D 105) où le juriste François Duaren les avait soigneusement reportées. Ce livre d'ailleurs est comme un miroir de l'époque puisqu'il est passé entre les mains de Rémy Belleau et de Tabourot des Accords, de Scaliger et de Daniel Heinsius.

L'homologue de Turnèbe pour la philologie latine était Denis Lambin (1520-1572). Avant d'être nommé lecteur royal en 1561, il avait fait de très longs séjours en Italie où il avait rencontré des érudits, tels Faerno et Muret, et collationné à loisir des manuscrits dans les bibliothèques. Ces recherches portèrent leur fruit quand il publia sa magnifique série d'éditions qui comprend notamment Horace (1561), Lucrèce (1563) et tout Cicéron (1565-1566), pour ne citer que les plus célèbres ; elles se succédèrent à des intervalles très rapprochés, ce qui n'est pas leur moindre caractéristique. Lambin possédait une connaissance hors pair de la littérature de l'âge d'or, une intelligence aiguë, un sens raffiné de la langue latine qui ressort dans l'exquise élégance de son propre style. Il avait une prédilection particulière pour Lucrèce et son édition magistrale fit autorité jusqu'à Lachmann. L'un des cinq manuscrits qu'il utilisa est le codex quadratus du IXe siècle (Voss. lat. Q 94 = Q), l'un des deux témoins sur lesquels s'appuie encore le texte aujourd'hui. Il se trouvait alors au monastère de Saint-Bertin, près de Saint-Omer, et Lambin eut accès à une collation effectuée pour Turnèbe. Pour les lettres de Cicéron, il employa un manuscrit excellent qui appartenait à l'imprimeur lyonnais Jean de Tournes et dont on entendit parler pour la dernière fois en 1580 ; ses leçons ne nous sont connues que par le témoignage de trois philologues français de l'époque, Lambin, Turnèbe et Bosius.

Les collectionneurs de manuscrits de cette période, souvent érudits et éditeurs eux-mêmes, apportèrent une insigne contribution aux études classiques. L'un d'eux est une figure de premier plan : Pierre Daniel (env. 1530-1603), un juriste d'Orléans, réussit un coup de maître en achetant les manuscrits de Fleury après que l'abbaye eut été mise à sac par les huguenots en 1562. Sa collection, dont la majeure partie se trouve aujourd'hui au Vatican ou à Berne, contenait d'importantes reliques de l'héritage culturel de cette région, par exemple la copie du Valère Maxime de Loup de Ferrières (Berne 366). Il publia également les éditions princeps du *Querolus* (1564) et de la version longue de Servius (1600), appelée parfois maintenant encore le *Servius Danielis*. Pierre Pithou (1539-1596) pour sa part fit connaître le *Pervigilium Veneris* (1577) et les *Fables* de Phèdre (1596) ; dans les deux cas, il fondait son texte sur un manuscrit du IXe siècle (Paris lat. 8071 ; New York, Pierpont Morgan Libr., M. A. 906) qui demeure la base du nôtre. Cette recherche des témoins anciens lui permit de donner de remarquables éditions de Pétrone ; rappelons aussi qu'il fut le premier à employer le manuscrit de Lorsch pour le texte de Juvénal et de Perse (1585), ce fameux codex Pithoeanus qui est conservé aujourd'hui, avec bien d'autres de ses manuscrits, à la Faculté de Médecine de Montpellier (H. 125). Jacques Bongars (env. 1554-1612) compte lui aussi parmi les grandes figures du siècle. Son énorme bibliothèque, qui provenait en partie des collections de Daniel et Cujas, et se trouve actuellement à Berne, contenait des pièces de choix, tels le célèbre manuscrit irlandais d'Horace (Berne, 363) et notre meilleur manuscrit des *excerpta vulgaria* de Pétrone (Berne, 357). L'histoire compliquée de ce texte pendant la seconde moitié du XVIe siècle résume l'activité d'une pléiade de philologues français : Pierre Daniel, les frères Pithou, Bongars, Scaliger et Jacques Cujas, le grand juriste qui avait été leur professeur à tous et fut peut-être à l'origine de leur entreprise. Sa complexité montre également combien il est difficile pour nous, même dans le cas de textes essentiels, de reconstituer un puzzle dont les éléments sont les hommes et les manuscrits ; il reste sûrement beaucoup à découvrir sur cette période cruciale dans l'histoire des textes et des bibliothèques.

A la fin du siècle, la philologie classique européenne était dominée par deux grands Huguenots, Joseph-Juste Scaliger (1540-1609) et Isaac Casaubon (1599-1614). Le premier était aussi chéri des dieux que le second l'était peu. Lancé dans le latin par son père, Scaliger bénéficia trente années durant de la protection d'un noble tourangeau et quand on lui offrit la chaire que Juste-Lipse avait occupée à Leyde, il était tenu pour un philologue si éminent qu'il put se permettre d'accepter cet honneur et d'en refuser les servitudes. Sa grande compétence, il la devait à l'énorme savoir qu'il avait acquis en maints domaines et à sa capacité de traiter un auteur ou un sujet comme un tout. On le voit surtout dans sa magistrale édition de Manilius (parue d'abord en 1579) qui devança dignement celles de Bentley et de Housman, et dans des travaux échelonnés de 1583 à 1606, où il reconstruisit les systèmes chronologiques du monde antique et apporta une contribution fondamentale aux études historiques. L'intérêt particulier qu'il portait au latin archaïque s'exprima dans son édition de Festus, un travail de pionnier. Ses tentatives d'émendation sont parfois violentes et, paradoxalement, découlent d'une approche plus scientifique de la critique textuelle. Quand il édita Catulle, il essaya de prouver par la nature des corruptions (confusion de *a* et *u*) que tous les manuscrits descendaient d'un ancêtre commun en minuscule précaroline. En fait, c'était inexact, mais il n'en arriva pas moins à la notion d'archétype médiéval. Cette conception, renforcée par son attitude critique même envers les bons manuscrits, l'encouragea à prendre des libertés considérables avec le texte transmis.

Scaliger ne fut pas épargné, tant s'en faut, par les troubles religieux de l'époque, mais le cas de son jeune ami Casaubon montre mieux encore les sinistres répercussions qu'ils eurent sur l'érudition au XVIe siècle. Né à Genève d'une famille de réfugiés protestants, obligé d'apprendre le grec caché dans une grotte des montagnes françaises, entraîné contre son gré dans la querelle parce qu'il était un érudit éminent et obligé de consacrer une bonne partie de son temps et de son talent à une polémique aride, Casaubon se retira sur la fin de sa vie en Angleterre et trouva le repos à l'abbaye de Westminster. Avec lui, la philologie française de cette période se termine, comme elle avait commencé, sur une note pantagruélique. C'était un homme très diligent et un grand érudit, mais il avait aussi le don, plus rare, d'utiliser son savoir pour rédiger des commentaires destinés à éclairer plus qu'à faire impression. Il semble avoir choisi de travailler sur les auteurs qui offraient le champ le plus vaste à son immense culture, tels que Diogène Laërce, Strabon et Athénée. Parce qu'il opta pour des textes difficiles et souvent diffus, dont la plupart des gens qui étudient les classiques n'ont qu'une connaissance fugace, on ne rend pas toujours justice à ses services. Et pourtant, il est toujours parmi nous. Ses *Animadversiones* sur Athénée ont formé le cœur du commentaire de Schweighäuser (1801) ; aujourd'hui encore, on cite habituellement Strabon en se référant aux pages de son édition et ses notes sur Perse sont la trame du commentaire de Conington. Gendre d'Henri Estienne et, pendant un temps, adjoint du Président de Thou à la Bibliothèque Royale, Casaubon se sentait le plus à son aise dans le monde des livres et des manuscrits où il trouvait de quoi alimenter ses recherches et celles de ses correspondants répandus dans toute l'Europe. On n'a pas étudié, comme il le mériterait, l'usage qu'il fit des manuscrits ; il paraît toutefois n'avoir pas fait de découvertes spectaculaires, à ceci près que dans sa deuxième édition des *Caractères* de Théophraste (1599), il en ajouta cinq (24-28) à ceux qui étaient alors connus.

3.− *Les Pays-Bas aux XVIe et XVIIe siècles.*

Bien qu'Érasme ait pu parler avec dégoût de l'ignorance qui sévissait aux Pays-Bas dans sa jeunesse, il est vraisemblable que l'instruction élémentaire y était plus répandue qu'ailleurs. Le mérite en revient largement aux Frères de la vie commune, ces membres d'une communauté fondée à Deventer à la fin du XIVe siècle, qui consacraient une grande partie de leur énergie à l'enseignement et à la copie de livres. Parmi les nombreuses écoles qui leur devaient leur existence ou leur excellence, il y avait celles que fréquenta Érasme à Deventer et Bois-le-Duc. Le niveau général de l'instruction de base et la croissance des villes marchandes prospères aidèrent à créer les conditions propices à l'épanouissement du savoir, malgré un départ tardif.

C'est aux universités et aux imprimeries, qui travaillaient souvent en étroite collaboration, que les Pays-Bas sont largement redevables de leur puissante tradition classique. L'université de Louvain naquit en 1425 et avec la création en 1517 du *Collegium trilingue* destiné à l'étude du latin, du grec et de l'hébreu, la ville put à plus juste titre encore se prévaloir d'être pour un temps l'un des plus grands centres intellectuels de l'Europe du nord. L'université de Leyde, fondée en 1575 pour commémorer l'héroïque résistance des habitants assiégés par les Espagnols, acquit de même une position dominante dans les Pays-Bas septentrionaux. Ainsi les protestants au nord et les catholiques au sud possédaient leurs centres respectifs d'études supérieures, et de même ils avaient des traditions typographiques tout aussi célèbres. Bien que la prime histoire de l'imprimerie aux Pays-Bas soit obscure, il est intéressant de relever qu'un livre scolaire aussi courant que l'était l'*Art mineur* de Donat sortit de leurs presses vers 1470, et que Jean de Westphalie publia à Louvain dès 1475 un certain nombre d'auteurs scolaires. Son successeur, Thierry Martens, était lui-même un érudit et un ami d'Érasme. A partir de 1512, il sortit des ouvrages classiques pour répondre à la demande universitaire et imprima les premiers textes grecs parus dans cette partie de l'Europe. Pendant la grande période de l'impression aux Pays-Bas, la fin du XVIe et le XVIIe siècle, c'est Plantin qui régna au sud et Elzévir au nord. Le premier, originaire de Touraine, se fixa à Anvers en 1550 ; à sa mort en 1589, l'affaire passa aux mains de son gendre, Jan Moretus (Moerentorf) ; elle resta dans les mêmes locaux et la même famille durant trois siècles, jusqu'à ce qu'elle devienne le musée Plantin-Moretus. Encore que son titre de gloire soit la Bible polyglotte en huit volumes (1568-1573), Plantin, qui eut une production énorme et variée, fit paraître d'innombrables éditions classiques dont certaines magnifiquement imprimées. Il était en relations suivies avec des érudits comme Canter et Lipse, et sortit maintes éditions princeps d'auteurs grecs, notamment Nonnos (1569) et Stobée (1575). Louis Elzévir s'établit à Leyde en 1580, à l'origine comme libraire. Son premier livre, une édition d'Eutrope (1592) témoignait d'un vigoureux intérêt pour l'Antiquité, qui, par bonheur, coïncida avec la grande période de l'érudition hollandaise et se traduisit par une série de textes d'excellente qualité. Les charmants petits in-12 d'écrivains classiques que ses fils commencèrent à sortir en 1629 eurent en particulier beaucoup d'influence. A un florin le volume, ils attiraient qui voulait étudier et répandirent dans toute l'Europe à la fois le nom d'Elzévir et une saine tradition d'érudition classique, tout comme les grandes séries de textes grecs et latins inaugurées en 1824 allaient faire du patronyme de B.G. Teubner un mot d'usage courant et assurer une base solide à la philologie moderne.

Même si le plus grand érudit classique hollandais du XVIe siècle fut sans conteste Juste Lipse, il en était d'autres dont les préoccupations particulières appellent notre attention. L'un d'eux, Willem Canter (1542-1575), se spécialisa dans la critique textuelle d'auteurs grecs. Il est connu surtout pour avoir édité les trois tragiques, mais il eut aussi à son actif la préparation de l'édition princeps de l'*Eclogè* de Stobée, sortie sur les presses de Plantin. Il a droit à une mention spéciale pour son travail sur les parties lyriques, et son édition d'Euripide, imprimée par Plantin en 1571, est la première à prêter une attention particulière à la correspondance strophique et à son rôle dans l'émendation. Il écrivit également un court manuel de critique textuelle, *Syntagma de ratione emendandi scriptores Graecos*, mis en annexe à sa traduction latine des discours d'Aelius Aristide (1566). C'est une classification méthodique des différents types d'erreur trouvés dans les textes grecs ; elles figurent sous des rubriques telles que : confusion de certaines lettres, séparation inexacte de mots, omissions, additions et transpositions, fautes résultant d'assimilations ou d'une interprétation erronée d'abréviations, et sont illustrées d'exemples empruntés presque exclusivement à Aristide. Canter fournit ainsi un guide succinct, mais pratique, des erreurs des scribes et bien que son livre n'ait pas dû apporter beaucoup de neuf aux grands philologues du temps, il avait l'avantage de fournir, pour certains principes fondamentaux, un exposé clair et explicite malgré certaines insuffisances dans le détail.

François de Maulde (Franciscus Modius, 1556-1597) est moins remarquable pour son érudition - il édita cependant un certain nombre de textes latins - que pour avoir souligné à maintes reprises que la conjecture seule est inutile et même dangereuse, qu'il faut garder un juste équilibre entre l'autorité des manuscrits et l'émendation, et que la recension est un préalable essentiel à l'édition. Fort de cette conviction, mais obligé aussi par le malaise politique en Hollande de changer souvent de résidence, il explora systématiquement les collections de manuscrits dispersées dans une vaste région allant du nord de la France à Fulda et Bamberg en passant par les

Pays-Bas. Son activité est remarquable par son ampleur, et ses collations rassemblées dans ses *Novantiquae Lectiones* (1584) ont pris une grande valeur quand les originaux ont disparu : c'est par exemple le cas du Silius Italicus de la cathédrale de Cologne. Le seul autre témoignage de première main sur ce manuscrit nous vient de son ami, et plus tard ennemi, Louis Carrion (1547-1595), également fécond mais de moindre envergure. Jacob Cruquius se consacra presque uniquement à Horace et il acquit la célébrité en inventant le « commentateur Cruquianus », un fantôme aujourd'hui exorcisé, et en étudiant à point nommé quatre manuscrits d'Horace au monastère du Mont-Blandin, près de Gand avant que celui-ci ne soit détruit en 1566. L'un de ces manuscrits était le très important, bien que controversé, *Blandinius vetustissimus* qui conféra au professeur de Bruges une petite part de cette immortalité dont Horace se déclarait assuré.

Ce fut une chance singulière pour la jeune université de Leyde d'avoir attiré si tôt après son inauguration l'un des plus brillants latinistes du siècle. Juste Lipse (1547-1606), élevé dans la religion catholique, fut associé dans sa jeunesse à l'université de Louvain, mais sa conversion au protestantisme lui ouvrit la voie de la chaire d'histoire de Leyde qu'il occupa de 1579 à 1591, comme son retour au catholiscisme le ramena en 1592 à Louvain, où il fut professeur d'histoire à l'université et de latin au Collège trilingue.

La qualité de ses travaux s'explique par une connaissance approfondie de l'histoire et des antiquités de Rome, - il disserte sur les sujets les plus variés, de la conduite de la guerre à celle des repas -, et qui, conjuguée à une lecture attentive des textes, en fit un commentateur et un critique de premier ordre. Bien qu'il ait fait œuvre utile sur Plaute, Properce et sur les *Tragédies* de Sénèque, il s'attacha principalement aux prosateurs de la période impériale et l'on se souvient surtout de ses éditions de Tacite (1574, souvent révisée) et de Sénèque (1605). L'intérêt qu'il portait à cette période l'amena à modifier son propre style, cicéronien à l'origine, pour adopter une écriture hachée qui eut une influence considérable sur la prose en latin comme en langue vernaculaire. Son Tacite est son grand exploit et un coup d'œil jeté au hasard sur l'apparat critique de toute édition moderne, où son nom revient avec une régularité écrasante, montre qu'il fut capable de transformer le texte, même s'il était fondamentalement prudent devant l'émendation. Dans sa jeunesse, il avait passé deux ans en Italie où, suivant la mode du temps, il étudia les antiquités, explora les bibliothèques et rencontra Muret, mais il eut plus de chance avec les monuments qu'avec les manuscrits. Il n'eut ni l'occasion, ni d'ailleurs l'envie, d'examiner les deux *Medicei* de Tacite (Laur. 68, 1 et 2) et dut se contenter de copies tardives jusqu'à sa dernière édition (parue en 1607, après sa mort), pour laquelle il fut en mesure d'utiliser les collations publiées en 1600 par Curzio Pichena, tout heureux de découvrir qu'elles confirmaient si souvent ses conjectures. Son Sénèque est un magnifique in-folio imprimé, comme tant de ses travaux, par les presses de Plantin. Établi d'après de médiocres témoins, il n'a pas en général l'éclat du Tacite ; il couronne néanmoins fort bien le labeur d'un homme qui, en préparant son ouvrage, étudia tellement à fond le stoïcisme qu'il put le faire renaître comme une force vive dans cette période troublée de l'histoire des Pays-Bas. Sa *Manuductio ad Stoicam philosophiam* et sa *Physiologia Stoicorum* (1604) donnent le premier exposé complet de la doctrine stoïcienne, tandis que son propre *De constantia* (1584), qui doit tant à Sénèque à la fois pour la pensée et pour le style, eut trente-deux éditions et fut traduit en plusieurs langues.

Au XVIIe siècle, la Hollande échappa au fléchissement général du niveau de la philologie classique que l'on peut discerner dans d'autres pays. Elle garda sa tradition florissante très avant dans le XVIIIe siècle, quand l'influence de Bentley, qui se manifestait par le truchement de Hemsterhuys, contribua à un brillant renouveau des études grecques qui compensa l'opiniâtreté besogneuse de Burman l'aîné et l'incompétence de Haverkamp. Leyde attira de grands philologues étrangers qui rehaussèrent l'érudition hollandaise. Joseph Scaliger y occupa de 1593 jusqu'à sa mort la chaire laissée libre par Lipse et qui, vacante de 1609 à 1631, fut à nouveau attribuée, au grand dam de Vossius, à un étranger, l'érudit quelque peu dilettante Claude de Saumaise (1588-1653). Il est bien connu pour avoir possédé le témoin de l'Anthologie latine qui porte son nom (Paris lat. 10318, « codex Salmasianus ») et contribua, dans une bien moindre mesure qu'on ne le suppose parfois, à faire connaître la teneur du célèbre manuscrit palatin de l'Anthologie grecque. Cependant il avait donné le meilleur de lui-même avant d'aller à Leyde. Une autre recrue célèbre est J.F. Gronovius (1611-1671), originaire de Hambourg ; il se fixa bientôt aux Pays-Bas et sa famille y fit partie de la tradition classique au même titre que celles des Vossius et des Heinsius.

G.J. Vossius (1577-1649) élargit la base de l'érudition hollandaise en traitant une vaste gamme de sujets d'une manière systématique et encyclopédique. Il fut professeur de rhétorique à Leyde pendant dix ans, jusqu'à ce qu'il acceptât, en 1632, la chaire d'histoire à l'Athénée qui venait d'être créé à Amsterdam. Il devint aussi prébendier de Cantorbéry. Il écrivit un traité général de rhétorique, puis des *Institutions poétiques* (1647) qui marquèrent davantage ; on lui doit deux ouvrages importants sur la grammaire et l'usage latins, l'*Aristarchus* et le *De vitiis sermonis et glossematis latino-barbaris*, tandis que ses *De historicis graecis* et *De historicis latinis* (1624, 1627), dictionnaires d'historiens allant de l'Antiquité au XVIe siècle, le conduisent dans le domaine négligé de l'histoire littéraire. Son *De theologia gentili*, encore presque médiéval dans ses déformations, est certainement l'un des premiers livres consacrés à la mythologie classique. L'intérêt qu'il portait à la théorie poétique était partagé par son contemporain Daniel Heinsius (1580-1655), le dévoué protégé de Scaliger, qui publia en 1611 une édition de la *Poétique* d'Aristote et un petit traité, *De tragoediae constitutione* ; cet ouvrage succinct expose à nouveau avec autorité la conception aristotélicienne de la tragédie, complétée à l'aide de références à l'*Art poétique* d'Horace et d'exemples tirés de la tragédie grecque et de Sénèque ; il eut une influence considérable sur la dramaturgie néo-classique et sur le théâtre français en particulier. Vossius était un versificateur élégant et un professeur stimulant, mais il eut un succès très mitigé comme critique textuel et ce qu'il donna de meilleur à la culture classique, ce fut son fils.

L'édition d'auteurs latins continua d'être l'activité centrale de la philologie hollandaise ; deux grands amis se distinguèrent dans la seconde moitié du XVIIe siècle, J.F. Gronovius, déjà cité, et Nicolas Heinsius (1620-1681) qui dominèrent respectivement la prose et la poésie. Le premier avait voyagé en Angleterre, en France et en Italie avant de s'installer à Leyde, et en avait profité pour étudier des manuscrits latins. C'est à Florence, en 1640, qu'il découvrit par hasard l'Etruscus des *Tragédies* de Sénèque (Laur. 37, 13), négligé depuis la Renaissance ; il en reconnut immédiatement la valeur et en établit fermement l'autorité dans son édition de 1661. Il fit d'autres travaux utiles sur la poésie latine, mais il est surtout connu pour ses nombreuses éditions des prosateurs de la Rome impériale, notamment Tite-Live, Pline l'Ancien, les deux Sénèque, Tacite et Aulu-Gelle, production énorme caractérisée, comme ses recueils d'*Observationes*, par un vaste savoir, un jugement sûr, une érudition équilibrée.

Heinsius était plus doué. Il n'avait pas de charge universitaire et ne pouvait consacrer à l'étude que le temps que lui laissait une carrière bien remplie dans la diplomatie et la vie publique. Ses missions lui avaient donné l'occasion d'explorer un bon nombre des bibliothèques européennes, et les collations exactes qu'il avait accumulées lui valurent la notoriété. Sa qualité maîtresse cependant était un sens aigu de l'élégance de la poésie latine qui lui venait en partie de sa propre habilité à écrire des vers, d'une juste appréciation des nuances du style et de l'usage, qui en faisait un critique sensible et presque magicien. Ses principales éditions furent celles d'Ovide, Virgile, Valérius Flaccus et des poètes tardifs Claudien et Prudence, mais il laissa sur d'autres poètes des notes qui furent publiées après sa mort, et il fit quelques travaux sur la prose latine de l'âge d'argent. Il survit et pas simplement comme critique modèle : les recherches sur l'identification des nombreux manuscrits qu'il collationna se poursuivent et les éditeurs qui marchent sur ses traces admettent, non sans respect, que l'opinion de Heinsius compte toujours.

Isaac Vossius (1618-1689) est surtout pour nous un bibliophile ou même cet anglican de fraîche date et libre-penseur qui osa lire Ovide à St George's Chapel pendant le service divin. Arrivé en Angleterre en 1670, il passa son doctorat à Oxford, devint donc chanoine de Windsor, et une personnalité en vue, quoique un peu originale, de la société londonienne sous Charles II. Ses incursions diverses dans les chemins détournés de l'érudition n'ont pas laissé d'empreinte durable, mais il façonna de manière décisive certaines de nos plus grandes collections de manuscrits. Comme Saumaise, Heinsius et Descartes, il fut invité à Stockholm par cette personnalité extraordinaire qu'était Christine de Suède, et bénéficia de son patronage de 1649 à 1652. Il lui donna des leçons de grec, mais l'aida aussi à réaliser son ambition : monter une bibliothèque comparable à celle des autres cours d'Europe. Parmi les manuscrits qu'il lui procura, citons ceux de son père Gérard Vossius et du juriste français Paul Petau qui avait lui-même acheté une partie de la collection de Pierre Daniel. La majorité des manuscrits de la souveraine sont maintenant à la bibliothèque Vaticane, où ils constituent le fonds des Reginenses. Mais Vossius ne mit pas longtemps à exploiter sa compétence pour son propre compte et il laissa à sa mort une magnifique collection. Ces Vossiani furent offerts à la Bodléienne et Bentley déploya beaucoup d'énergie pour essayer de les faire acheter, mais ils partirent finalement pour Leyde, et avec eux les deux grands manuscrits de Lucrèce (Voss. lat. F. 30 et Q. 94) qui, s'ils n'avaient pas été emmenés hors de la portée de Bentley à un moment crucial, auraient pu changer le cours des études textuelles.

4.– Richard Bentley (1662-1742) : études classiques et théologiques.

Le personnage de premier plan qui vient ensuite dans l'histoire de la critique textuelle est Richard Bentley, qui fut directeur du Trinity College de Cambridge à partir de 1699. Pendant qu'il assumait cette fonction, une bonne partie de son temps fut absorbée par les intrigues universitaires endémiques à Oxford et Cambridge aux XVIIe et XVIIIe siècles ; mais grâce à son extraordinaires maîtrise de soi, il parvint à ne pas se laisser détourner totalement de la philologie, et la liste de ses travaux ferait grand honneur à bien des hommes qui eurent une carrière paisible. Il se fit un nom dès 1691 en publiant l'*Epistula ad Joannem Millium*. C'était une série d'observations sur le texte de Jean Malalas, un chroniqueur byzantin obscur et médiocre du VIe siècle, imprimé alors pour la première fois. Le prodigieux savoir de Bentley lui permit de rectifier le texte en maints endroits et d'offrir au passage des commentaires et des corrections au texte d'autres auteurs mieux connus. Ce sont probablement ces propositions, alliées à la vivacité séduisante de son style latin qui lui valurent très vite la célébrité chez un public moins spécialisé que celui des philologues professionnels ; nous le voyons en effet en 1697 membre d'un cercle étroit où l'on trouvait Newton, Wren, Locke et John Evelyn.

Quelques années plus tard, Bentley se distingua à nouveau par des travaux sur les lettres de Phalaris. Une fois encore, c'est un texte obscur, sans valeur littéraire qui mobilisa ses efforts les plus louables mais, comme nous allons le voir, on ne peut l'accuser d'avoir uniquement recherché la satisfaction pédante que donne l'étude d'écrivains insignifiants. Les *Lettres*, qui se veulent écrites par le premier tyran d'Agrigente, ont été en réalité composées pendant la seconde sophistique et rien n'atteste explicitement leur existence avant l'anthologie de Stobée (Ve siècle après J.-C.). Bentley ne fut certes pas le premier à mettre en doute leur authenticité : Politien l'avait déjà fait. Mais certains érudits les tenaient encore pour originales et la controverse jaillit quand parut une nouvelle édition. Elle s'inscrivait dans la querelle des Anciens et des Modernes, et d'aucuns soutenaient que, authentiques ou non, elles étaient l'un des meilleurs produits littéraires de l'Antiquité. La *Dissertation* de Bentley, même si ses conclusions n'ont pas été pendant longtemps acceptées par tous, apporte la preuve magistrale que les lettres étaient un faux piteux et sans valeur aucune, enlaidi par tous les anachronismes possibles et écrit dans un dialecte qu'ignorait l'auteur présumé ; les connaissances dont il fit montre pour justifier sa conclusion prouvèrent à l'évidence que, dans toute l'Europe, nul critique ou commentateur ne pouvait sérieusement rivaliser avec lui.

Comme critique textuel, Bentley est peut-être connu surtout pour les travaux qu'il consacra plus tard à des œuvres latines. Son goût pour l'émendation, qui est relativement aisée chez les auteurs dont les textes sont mal conservés et qui n'ont jamais reçu l'attention d'un bon critique, le fourvoya dans le cas d'auteurs comme Horace, et il acquit la notoriété par la modification amusante qu'il proposa d'apporter à la fable du renard pris dans le grenier (*Épître*, 1, 7, 23). Parce qu'un renard ne mange pas de grain, Bentley suggéra à la place « mulot » (*nitedula* au lieu de *vulpecula*), oubliant tout à fait que l'auteur avait choisi l'animal qui représentait l'avidité rusée, au mépris des faits de l'histoire naturelle. Cette insistance sur la logique, qui ne tenait pas compte des licences poétiques et de la liberté de l'écrivain, gâche la contribution de Bentley au texte des grands auteurs latins qu'il édita, à savoir Horace en 1711 et Térence en 1726 (bien qu'il ait apporté au texte de ce dernier de bonnes corrections fondées sur la métrique, pour lesquelles il avait profité des travaux de Gabriele Faerno) ; et cela est plus vrai encore de sa tentative pour rétablir les œuvres de Milton dans ce qu'il supposait avoir été leur état originel avant qu'un interpolateur présumé n'eût imposé une série d'altérations au texte du poète aveugle. En revanche, quand la difficulté faisait prime, comme dans le poème astronomique de Manilius, Bentley pouvait donner toute sa mesure et, selon les experts, il interpréta avec un éclat exceptionnel les passages les plus impénétrables de ce poème très ardu, dont l'édition ne parut qu'en 1739 bien qu'elle eût été achevée longtemps avant.

Bentley fit nombre d'émendations chez d'autres auteurs, dont une forte proportion ont été acceptées ou prises sérieusement en considération par les éditeurs postérieurs. Cependant ses recherches les plus intéressantes portent sur deux projets qui ne vinrent jamais à terme : les éditions d'Homère et du Nouveau Testament. En ce qui concerne Homère, sa découverte la plus importante est qu'on pouvait expliquer le mètre de nombreux vers en postulant l'existence du digamma, notion qui contribua particulièrement à l'intelligence du texte.

Bien qu'on voie en général dans Bentley un philologue classique pur et simple en raison de ses réalisations remarquables, il avait assez de compétence en matière de dogme pour être nommé professeur royal de théologie en 1717. Trois ans plus tard, il publiait un opuscule intitulé *Propositions pour une édition du Nouveau Testament*, où il déclarait explicitement que la version s'appuierait sur les manuscrits les plus anciens du texte grec et de la Vulgate. Bentley savait qu'il pouvait mettre la main dans les bibliothèques anglaises sur plus d'un manuscrit ayant environ mille ans et il demanda que des collations de manuscrits aussi vieux soient faites à l'étranger. A l'aide de ces informations, il était certain de pouvoir rétablir le texte tel qu'il était consigné dans les meilleures copies circulant à l'époque du concile de Nicée (325). Il est intéressant de relever qu'il n'espérait pas donner le texte exact des originaux, et signalons au passage que l'un de ses successeurs les plus distingués, Lachmann, annonça en 1830 son intention de restituer le texte tel qu'il existait aux environs de 380. Bentley avait déjà commencé ses collations et bien qu'il n'ait jamais beaucoup avancé en besogne, il put déclarer dans ses *Propositions* avec la confiance qui le caractérisait :

« Je constate qu'en extrayant 2 000 erreurs de la Vulgate papale autant de celle du pape protestant Estienne, je peux, sans utiliser un seul livre ayant moins de 900 ans, faire une édition de chacun des deux textes, disposée en colonnes qui correspondront si exactement, mot pour mot et, ce qui me stupéfia d'abord, ordre pour ordre, que deux encoches sur la taille, deux exemplaires d'un contrat ne peuvent coïncider mieux » ; (par « ordre », il fait allusion aux innombrables variantes des manuscrits concernant l'ordre des mots). Venait ensuite cette promesse beaucoup moins caractéristique : « Je ne changerai pas une lettre de mon propre chef sans l'autorité de ces témoins anciens », qui est fort éloignée du principe qu'il adopta pour la critique textuelle des auteurs profanes. Puisque cette édition ne fut jamais terminée, ce qu'on appelle le *textus receptus*, autrement dit le texte dans la forme que lui avaient donnée Érasme et Estienne, continua d'être réimprimé. En de très rares occasions, un critique audacieux manifesta son indépendance d'esprit et s'exposa aux tracasseries de l'Église en publiant d'autres leçons ou ses propres conjectures, et il fallut attendre 1881 pour que les principes de la recension et de la critique textuelle soient rigoureusement appliqués au Nouveau Testament dans l'édition de B.F. Westcott et F.J.A. Hort.

Bentley paraîtrait donc en avance d'un siècle et demi sur son temps ; nous devons néanmoins à l'équité de relever que ses *Propositions* ne marquent guère de progrès sur les travaux de ce polémiste acharné que fut l'oratorien Richard Simon (1638-1712). Pour notre propos, l'œuvre maîtresse de Simon est une *Histoire critique du texte du Nouveau Testament*, parue à Rotterdam en 1689 (la censure et l'*odium theologicum* l'empêchèrent de la publier dans son propre pays) et traduite en anglais la même année. C'est, semble-t-il, la première fois qu'on tentait d'écrire une monographie sur la transmission d'un texte ancien, et celle-ci, malgré son apparence rébarbative et son souci polémique, donne dans les chapitres sur les manuscrits d'importants exemples de l'emploi des principes critiques ; il est impossible de croire que Bentley les ignorait et ne les approuvait pas. Après avoir fait observer qu'il n'y a dans la tradition grecque rien d'analogue à la massorah pour assurer la stabilité d'un texte, il déclare avoir pour ligne de conduite l'étude systématique des manuscrits grecs, des différentes versions et des scolies. Vient ensuite un examen de l'histoire du texte du Nouveau Testament depuis l'époque de Valla, avec des commentaires sur les éditions imprimées, qui visent essentiellement à montrer si elles ont ou non fourni un apparat satisfaisant de ces différentes leçons. Il sait que le grand âge d'un manuscrit ne garantit pas automatiquement l'exactitude de ses leçons et il pense, comme ses devanciers, que le texte grec doit être comparé aux citations patristiques de la première heure, car elles sont antérieures au schisme d'Orient à la suite duquel, selon certains critiques, le texte grec fut délibérément falsifié. Son emploi des différentes versions ressort admirablement de son analyse de Jean 7, 39 où il recourt à la Vulgate et aux traductions syriaques pour élucider le passage. Cela le conduit à émettre cette opinion, étonnamment moderne et subtile, que les textes obscurs ou ambigus étaient expliqués par des scolies qui, lorsqu'elles étaient courtes, pouvaient fort bien s'incorporer au texte. En ce qui concerne son utilisation de manuscrits grecs anciens, il passa une bonne partie de son temps sur les leçons du codex Bezae (Cambridge, University Libr., Nn II 41, = *D*) qui offre un texte très différent de celui de la plupart des autres témoins et pose certains problèmes de critique les plus ardus. Mais Simon était également conscient de l'importance du Vaticanus *B* (Vat. gr. 1209) et de l'Alexandrinus (British Libr., Royal I D VIII). En admettant qu'il n'égale pas Bentley, c'est sur un seul point : il était tellement occupé à réfuter les vues des autres érudits sur des passages particuliers, qu'il ne semble pas avoir jamais donné un exposé systématique des principes à suivre pour l'édition du texte grec.

5.– *Les origines de la paléographie.*

Les premières initiatives visant à donner une base solide à l'étude des manuscrits ne remontent qu'à la fin du XVIIe siècle. Bessarion et Politien avaient assurément quelques connaissances paléographiques et le premier au moins les mit à profit pour confondre ses adversaires au Concile de Florence. Alors que la technique de l'édition et l'art de la critique textuelle se perfectionnèrent lentement à la fin de la Renaissance et au siècle suivant, on ne s'intéressait guère, voire pas du tout, à la date et à l'origine des manuscrits utilisés pour les éditions de textes classiques et chrétiens. Là encore, ce sont les controverses religieuses qui engendrèrent des progrès. Une querelle éclata entre les Jésuites et les Bénédictins ; un Jésuite, Daniel van Papenbroeck (1628-1714, plus connu sous le nom de Papebroch) prouva en 1675 qu'une charte, soi-disant délivrée par le roi Dagobert en 646 et garantissant certains privilèges aux Bénédictins, était un faux.

Une branche française de l'ordre de saint Benoît, qui venait d'être reconstituée sous le nom de Congrégation de Saint-Maur et se consacrait à diverses tâches d'érudition, releva le gant. L'un de ses membres les plus compétents, Dom Jean Mabillon (1632-1707), passa plusieurs années à examiner chartes et manuscrits, élaborant, pour la première fois de façon méthodique, une série de critères pour vérifier l'authenticité des documents médiévaux. Le résultat fut le *De re diplomatica* (1681), auquel nous devons le mot « diplomatique » normalement employé comme terme technique quand il s'agit de l'étude de documents juridiques et officiels. L'ouvrage traitait aussi, dans une moindre mesure, des manuscrits, mais se limitait au domaine latin. Il fut immédiatement tenu pour un chef-d'œuvre, même par Papebroch qui échangea avec Mabillon des lettres cordiales où il reconnut qu'en essayant de prouver que toutes les chartes mérovingiennes étaient apocryphes il avait péché par excès de scepticisme. En revanche, sa thèse sur la charte de 646 se trouva confirmée.

Les Mauristes avaient en projet, entre autres choses, de nouvelles éditions des Pères grecs et latins. Un groupe nombreux de moines y travaillait dans l'abbaye de Saint-Germain-des-Prés, à Paris. Des connaissances sur les chartes médiévales n'avaient qu'une utilité pratique limitée, mais les observations de Mabillon sur les manuscrits incitèrent un des jeunes moines à examiner de plus près l'écriture de livres grecs. Dom Bernard de Montfaucon (1655-1741) avait été ordonné en 1676 après avoir dû quitter l'armée pour raisons de santé. Il travaillait depuis 1687 à l'édition des Pères grecs, Athanase en particulier. L'année qui suivit la mort de Mabillon, il publia sa *Paleographia graeca* et, là encore, le titre du livre comportait un néologisme universellement adopté depuis lors. Dans son domaine, l'ouvrage était supérieur à celui de Mabillon, car il resta le meilleur en la matière pendant deux siècles environ et représenta la première tentative pour comprendre l'histoire de la forme des différentes lettres, qui est fondamentale pour la paléographie. Il ne couvre pas le même champ, car très peu de chartes ou autres documents médiévaux en grec étaient accessibles à Montfaucon (ils sont encore pour la plupart dans les archives des monastères du Mont-Athos, où il ne se rendit jamais), et en tout cas leur authenticité ne soulevait pas de problème pour Montfaucon et ses contemporains. Il put ainsi se consacrer à l'examen des manuscrits, et son étude d'exemples que l'on peut dater incontestablement ou presque d'après les souscriptions des scribes eux-mêmes, garde toute sa valeur. Son autre contribution à la paléographie fut la *Bibliotheca Coisliniana* (1715), première description systématique d'une série entière de manuscrits, en l'espèce la belle collection de 400 livres que Coislin, le prince-évêque de Metz, avait héritée du chancelier de France Pierre Séguier (elle se trouve aujourd'hui à la Bibliothèque nationale). Bien qu'il eût donné, dans son *Ecloga Oxonio-Cantabrigiensis* de 1600, une liste très utile des manuscrits rassemblés dans les bibliothèques des deux universités anglaises, Thomas James n'avait pas essayé d'en faire une description un tant soit peu détaillée, et l'on ne saurait dire qu'il devança notre Bénédictin. Il vaut de noter au passage que Montfaucon n'était nullement enfermé dans une spécialité étroite et qu'il ne se cantonnait pas aux seuls manuscrits. Parmi ses autres travaux, signalons un dictionnaire des antiquités classiques en dix in-folio, auxquels cinq autres vinrent s'ajouter ensuite, comme supplément. Il parut en 1719 sous le titre *L'Antiquité expliquée* ; 1 800 exemplaires furent vendus en dix mois et il fallut faire un deuxième tirage à 2 200.

Malgré la masse énorme de leur production, Mabillon et Montfaucon trouvèrent le temps de voyager, notamment en Italie, pour aller voir d'autres collections de manuscrits où ils pourraient puiser des renseignements pour leurs travaux. A la bibliothèque capitulaire de Vérone, dont les trésors étaient bien connus des humanistes de la Renaissance, le visiteur de la fin du XVIIe siècle s'entendait dire que ces livres étaient introuvables. Cet état de choses, qui mettait les lettrés au supplice, éveilla la curiosité d'un aristocrate du lieu, féru d'antiquité, le marquis Scipione Maffei (1675-1755). Outre qu'il s'était fait un nom avec sa tragédie *Mérope*, qui fut un jalon dans le renouveau du théâtre italien, le marquis se trouva entraîné dans une controverse historique en 1712 quand il écrivit une brochure contre le duc François Farnèse. Celui-ci s'était laissé convaincre par des aigrefins d'acheter le titre de grand-maître d'un ordre de saint Jean, prétendument créé par l'empereur Constantin. Le pape et l'empereur d'Autriche mordirent à l'appât eux aussi et l'on attribua à Farnèse, pour son ordre, la belle église Santa Maria della Steccata à Parme. Maffei montra qu'il s'agissait nécessairement d'un attrape-nigaud, car tous les ordres de ce genre dataient du Moyen Age. Ce qui n'empêcha pas son livre d'être mis à l'index.

Maffei indiqua au bibliothécaire de la cathédrale de Vérone qu'il désirait très vivement savoir ce qu'il était advenu des manuscrits qu'elle possédait jadis. Un matin de 1712, ce bon chanoine les découvrit ; ils avaient été empilés sur le haut d'une armoire pour les mettre à l'abri des inondations, et on les avait ensuite complètement oubliés. On porta immédiatement la nouvelle à Maffei qui se précipita à la cathédrale en chemise de nuit et pantoufles. Quand il jeta les yeux sur les livres, une admirable collection dont la plupart des pièces remontaient à une date très reculée, il crut rêver ; mais il ne rêvait pas et avant qu'il fût longtemps il étudiait les manuscrits chez lui. Cette étude se traduisit par un très grand progrès théorique dans la compréhension des écritures latines. Mabillon les avait réparties en cinq catégories distinctes gothique, lombarde, saxonne, mérovingienne et romane. Mais il n'avait pas parlé de rapports possibles entre les unes et les autres. Maffei devina que la diversité des écritures latines au début du Moyen Age devait s'expliquer par le fait qu'à la fin de l'Antiquité il y avait certains types fondamentaux, majuscule, minuscule et cursive, dont des variantes naquirent indépendamment après la dislocation de l'empire romain. C'est cet éclair de perspicacité qui donna une base théorique nette à la paléographie. Le seul progrès notable accompli par la suite est associé au nom de Ludwig Traube (1861-1907), dont le grand mérite fut de montrer que les manuscrits, outre qu'ils sont les sources principales pour les textes de la littérature classique et médiévale, peuvent être considérés comme des documents illustrant l'histoire de la culture médiévale. Un manuscrit qui s'avère peut-être absolument inutile en tant que témoin d'un texte, peut néanmoins présenter le plus grand intérêt à un autre égard, car s'il est possible d'identifier avec certitude son lieu d'origine ou, mieux encore, son scribe, il nous dira quelque chose sur l'histoire intellectuelle du Moyen Age.

6.– *Découvertes de textes depuis la Renaissance.*

a/ Palimpsestes.

La mise au jour d'un texte ancien inconnu suscite une excitation particulière, sentiment que le monde des lettrés eut rarement l'occasion d'éprouver pendant les siècles qui suivirent la Renaissance. Pourtant une nouvelle série de découvertes, moins éblouissantes mais nullement stériles, s'amorça quand on comprit que des textes classiques étaient encore dissimulés dans l'écriture inférieure des palimpsestes. De tels manuscrits existaient certes depuis longtemps dans certaines des bibliothèques européennes les mieux connues - à Paris et à Rome, Milan et Vérone - toutefois ils n'ont pas été réellement exploités avant le XIXe siècle, quand les grandes trouvailles de Mai et Niebuhr conférèrent une aura romanesque à l'humble texte sous-jacent et lui permirent de faire une entrée spectaculaire dans l'histoire de la philologie classique.

Le premier palimpseste porté à la connaissance du public fut un important témoin de la Bible grecque, le codex Ephraemi rescriptus du Ve siècle (Paris gr. 9), mis au jour en 1692 par Jean Boivin, garde des manuscrits de la Bibliothèque Royale. Le premier texte classique qui émergea ensuite d'un palimpseste était encore en grec et fut lui aussi découvert à Paris en 1715-1716 par J.J. Wettstein, qui cependant ne sut pas l'identifier correctement : le codex Claromontanus des Lettres de saint Paul (Paris gr. 107, du VIe siècle) avait été, à un moment donné, rafistolé en y insérant deux feuilles provenant d'un manuscrit (Ve siècle) du *Phaéthon* d'Euripide, qui fut alors en partie réutilisé. Ce manuscrit, complété en 1907 par un papyrus du IIIe siècle avant J.-C. (P. Berol. 9771), nous donne presque tout ce que nous possédons de la pièce d'Euripide. D'autres philologues du XVIIIe siècle ont bien été sur la voie de certaines découvertes faites plus tard, mais parce qu'ils ignoraient les procédés chimiques qui seront employés ultérieurement pour raviver l'écriture décolorée, ou qu'ils hésitaient à recourir à des techniques de ce genre, ils n'ont pas compris toute l'importance de ce qu'ils avaient trouvé. Scipione Maffei avait découvert, à Vérone, certains des textes en écriture inférieure, notamment la partie oblitérée et la seule feuille qui ne l'ait pas été des *Institutes* de Gaius (Bibl. capit. XV [13]), mais il faudra attendre 1816 pour que le texte soit correctement identifié. Au milieu du siècle, Dom Tassin, l'un des auteurs du *Nouveau traité de diplomatique* (une version revue et améliorée de l'œuvre de Mabillon), laissa entendre que l'une des écritures inférieures d'un manuscrit réemployé à Corbie (Paris lat. 12161) contenait un fragment de Fronton, auteur qui était alors complètement inconnu. Qu'il ait anticipé la découverte de Mai est remarquable ; ce qui ne l'est pas moins, c'est que le fragment du VIe siècle qu'il détecta ne fut pas apprécié à sa juste valeur avant 1956, soit presque exactement deux siècles plus tard, quand Bernard Bischoff l'identifia comme un fragment des lettres de Fronton (*Ad Verum*, 2, 1). En 1772, P.J. Bruns découvrit le substrat du Palatinus latinus 24, une riche mosaïque de manuscrits anciens, à partir duquel il édita un fragment du Livre 91 de Tite-Live. L'année suivante, G. Migliore sortit des écritures inférieures du même manuscrit deux textes fragmentaires qu'il attribua à Cicéron, mais qui étaient en fait les restes du *De amicitia* et du *De vita patris* de Sénèque, réédités ensuite par Niebuhr et Studemund.

On avait donc fait, dans l'exploration des palimpsestes, des progrès considérables, bien que parfois mal assurés, avant la deuxième décennie si féconde du XIXe siècle. Grâce à un concours de circonstances, on fit alors un grand bond en avant. Les principaux facteurs qui entrèrent en jeu furent l'énergie inlassable et presque impitoyable d'Angelo Mai (1782-1854), et la chance qui lui valut d'être chargé successivement de la bibliothèque Ambrosienne et de celle du Vatican, entre lesquelles se partageait la collection particulièrement riche des palimpsestes de Bobbio. Il fut aussi le premier à utiliser avec succès des réactifs qui, permettant de détecter plus aisément les textes sous-jacents, rendaient l'écriture plus lisible et facilitaient l'identification ; c'est à cela qu'il faut attribuer une bonne partie de son succès. Il publia, à dater de 1814 et en l'espace de quelques années, toute une série de textes nouveaux, en particulier des fragments de certains discours de Cicéron et les *scholia Bobiensia* (Ambros. R 57 sup.), les lettres de Fronton (E 147 sup.) et, à partir du grand palimpseste ambrosien de Plaute (G 82 sup.), ce qui restait de la *Vidularia* jusque-là inconnue. En 1819, il quitta Milan pour le Vatican et vers la fin de l'année il couronna sa carrière en découvrant le texte que des hommes comme Roger Bacon et Pétrarque avaient cherché passionnément et que même les érudits les plus optimistes avaient cru à jamais perdu, le *De republica* de Cicéron (Vat lat. 5757 ; Planche X). Il en publia l'édition princeps en 1822.

D'autres érudits pénétrèrent rapidement dans le champ du palimpseste, dont certains travaillèrent mieux et plus méticuleusement que Mai, lequel allait trop vite, manquait de sens critique et n'était pas scrupuleux à l'excès ; mais il avait écrémé la collection. L'un d'entre eux fut le grand historien allemand Barthold Georg Niebuhr (1776-1831), qui arriva en 1816 à Rome comme ambassadeur du roi de Prusse, après avoir fait en cours de route la seule trouvaille qui pût rivaliser avec les découvertes plus spectaculaires de Mai. A Vérone, il avait réussi à lire, en s'aidant de réactifs, l'écriture inférieure du palimpseste de Gaius, en partie *ter scriptus*, ce qui permit de sortir enfin, en 1820, la première édition intégrale des *Institutes*. Bien que sa supériorité intellectuelle ait rendu un peu difficiles les rapports avec le bibliothécaire du Vatican, il aida celui-ci dans son édition du *De republica*.

Aucun exposé, aussi bref soit-il, sur le déchiffrage et la publication de palimpsestes ne peut passer sous silence Wilhelm Studemund (1843-1889) qui consacra des années d'une vie de philologue fécond, et finit par y laisser ses yeux, à transcrire avec beaucoup de patience et de soin des textes de palimpsestes. Les plus célèbres sont ses transcriptions du Gaius (1874) et du Plaute ambrosien (1889) ; celle-ci porte l'inscription touchante, tirée de Catulle 14 : *Ni te plus oculis meis amarem* (« si je ne t'aimais plus que mes yeux »). Les recherches des philologues plus tardifs pâtirent de l'emploi antérieur de réactifs qui avaient taché et quelquefois corrodé le parchemin, provoquant souvent des résultats désastreux. Le premier réactif connu fut l'acide gallique, le seul utilisé par Mai, qui eut parfois la main lourde ; plus tard, on se servit du bisulfate de potasse ou du procédé d'un chimiste turinois, Giobert, qui consistait à appliquer successivement de l'acide chlorhydrique et du cyanure de potassium. Ils étaient tous plus ou moins nocifs (pourtant leur action délétère était plus lente que leur composition redoutable n'aurait pu donner à le croire), si bien qu'on peut rarement utiliser pour les manuscrits ainsi traités les techniques actuelles moins dangereuses et plus évoluées, notamment la photographie aux ultra-violets, qui furent perfectionnées en particulier par Alban Dold à l'Institut des palimpsestes de l'abbaye de Beuron, en Wurtemberg. Par conséquent, les éditions et transcriptions du XIXe siècle gardent leur valeur.

Au début de notre siècle, J.L. Heiberg découvrit à Contantinople un palimpseste d'Archimède (Metochion du Saint-Sépulcre, 355), dont il tira deux ouvrages notables. L'un, *Sur les corps flottants*, était déjà connu dans la traduction latine de Guillaume de Moerbeke, mais l'autre, *La Méthode*, était tout à fait nouveau et marqua dans l'histoire des mathématiques, car il montrait qu'Archimède avait mis au point un procédé analogue au calcul intégral. Il vaut de signaler deux autres palimpsestes découverts assez récemment. Le premier, qui se trouve à Jérusalem (Bibl. Patriarcale, 36) contient des fragments de plusieurs tragédies d'Euripide. Écrit probablement au XIe siècle, c'est le plus ancien témoin qui contienne une fraction substantielle des œuvres d'Euripide ; pourtant, en dépit de sa date, il n'améliore guère le texte. Le second est à Leyde (B.P.G. 60A) et présente des parties de certaines pièces de Sophocle ; c'est le jumeau du fameux manuscrit de la Laurentienne, écrit pratiquement à la même date (Laur. 32, 9).

b/ Papyrus.

Jusqu'à la fin du siècle dernier, nous n'avions guère connaissance des textes antiques que par les copies qui en avaient été faites au Moyen Age, car les manuscrits remontant aux derniers siècles de l'Antiquité ne constituaient qu'une infime minorité. A partir de la Renaissance, lorsqu'on découvrit des textes nouveaux, ou de meilleurs manuscrits d'ouvrages déjà connus - ce qui était le cas le plus fréquent -, il s'agissait en général de témoins médiévaux tombés dans l'oubli. Une exception notable pourtant : on exhuma, au cours des fouilles d'Herculanum, les restes calcinés de rouleaux de papyrus contenant les pensées abstruses du philosophe épicurien Philodème. Tout changea lorsque les archéologues travaillant en Égypte mirent au jour quantité de livres antiques, souvent appelés génériquement papyrus, bien qu'une minorité non négligeable d'entre eux soient écrits sur parchemin. Ce sont B.P. Grenfell et A.S. Hunt qui firent les trouvailles les plus remarquables à Oxyrhynchus en Haute-Égypte. Pour la première fois, les philologues pouvaient consulter une masse de livres antiques ayant en moyenne un millier d'années de plus que les témoins dont ils étaient jusque-là tributaires. Depuis lors, on continue à en découvrir et à en publier d'autres. Même si les papyrus contenant des textes littéraires sont nettement moins nombreux - dix fois moins peut-être - que les documents de tous ordres, ils sont de la plus grande importance par le témoignage qu'ils donnent sur la tradition de textes connus et par les inédits dont ils viennent enrichir le corpus de la littérature grecque. Ces textes ne sont pas tous complets et n'ont pas toujours une réelle valeur littéraire, mais il en est qui sont très importants, par exemple la *Constitution d'Athènes* d'Aristote (P. Lit. Lond. 108), les *Odes* de Bacchylide (P. Lit. Lond. 46), des fragments substantiels d'un drame satyrique de Sophocle, les *Limiers* (P. Oxy. 1174), l'*Hypsipyle* d'Euripide (P. Oxy. 852) et, de Ménandre, le *Dyscolos* pratiquement complet (P. Bodmer 4), les *Epitrepontes* et la *Samienne* (P. Cairo inv. 43227), et le *Sicyonien* (P. Sorbonne, 72, 2272, 2273). Il y a toutefois une large prédominance des auteurs scolaires et en regard d'une poignée de papyrus vraiment intéressants, il faut mettre les centaines d'Homère qui ont survécu. Autres découvertes passionnantes : de nombreux papyrus bibliques importants, dont le plus remarquable est un petit fragment de l'évangile selon saint Jean (P. Rylands 457), qu'on peut dater du début du IIe siècle, et ces documents si révélateurs du racisme antique que l'on désigne sous le nom d'*Actes des martyrs païens*.

Presque tous les papyrus viennent d'Égypte, mais quelques-uns de Doura-Europos sur l'Euphrate et de Nessana, dans le désert du Néguev. Ils ont, dans leur énorme majorité, été découverts dans une province située à bonne distance de la capitale. On est assez surpris par le nombre et la variété des textes littéraires mis au jour, car on ne s'attend guère à trouver dans un district rural les preuves d'une culture aussi étendue. Si les papyrus ont survécu, c'est que dans les villages les déchets, y compris les papiers au rebut, étaient lancés sur d'énormes tas d'ordures qui s'élevaient assez haut pour que l'intérieur fût à l'abri de l'humidité et de toutes ses conséquences pendant la saison des inondations ou de l'irrigation ; le climat très sec évita bien souvent que les papyrus ne se détériorent davantage. Il en est, assez peu d'ailleurs, qui ne viennent pas directement des tas d'ordures, mais des tombes, comme les *Perses* de Timothée (P. Berol. 9875), ou de la boîte cartonnée dans laquelle on enfermait les momies. Ce carton était constitué de couches de papyrus agglutinées un peu comme du papier mâché et pour en avoir en suffisance il fallait évidemment acheter la matière première en grosse quantité. Elle provenait la plupart du temps de livres en mauvais état qui n'étaient plus d'aucune utilité à leurs propriétaires et nous devons à cette bonne habitude des entrepreneurs de pompes funèbres égyptiens de connaître le *Sicyonien* de Ménandre, une centaine de vers de l'*Antiope* d'Euripide (P. Lit. Lond. 70) et une centaine d'autres de l'*Erechthée* du même (P. Sorbonne 2328).

c/ Autres découvertes de manuscrits.

Depuis la fin de la Renaissance, on n'a pas découvert beaucoup de textes inconnus, sauf parmi les papyrus. Mais pendant longtemps l'exploration des collections de manuscrits fut loin d'être systématique, si bien que des philologues eurent de temps à autre la chance de mettre au jour des textes anciens ayant une importance non négligeable, et il vaut la peine de signaler ici les exemples les plus notables.

En 1743, Prospero Petronio, en travaillant à la bibliothèque Vaticane, dénicha un manuscrit unique des *Caractères* de Théophraste, qui est toujours le seul témoin connu des n°s 29 et 30 (Vat. gr. 110), et compléta ainsi le texte de ce petit livre séduisant et important. Quelques années plus tard, en 1780, parut l'édition princeps de l'*Hymne à Déméter*, basée sur un manuscrit conservé aujourd'hui à Leyde (B.P.G. 33H), mais provenant des Archives impériales de Moscou : son inventeur, Ch. F. Matthaei, affirmait l'avoir trouvé dans une ferme où il serait resté des années au milieu des porcs et des poulets... Une autre découverte, faite celle-là à Venise, allait avoir des conséquences d'une beaucoup plus grande portée.

C'est en 1788 que Villoison publia les scolies de l'*Iliade* inscrites dans la marge du manuscrit appelé aujourd'hui Venetus *A* (Marc. gr. 454). On y trouve une masse énorme de renseignements nouveaux sur les critiques alexandrins d'Homère et ces informations incitèrent F.A. Wolf à écrire ses *Prolegomena ad Homerum*, l'un des ouvrages ayant fait date dans l'histoire de la philologie classique (1795). Alors que Robert Wood, dans son *Essai sur le génie originel d'Homère*, avait déjà vu en 1767 que l'image habituelle d'un Homère cultivé, couchant par écrit ses poèmes, ne pouvait en expliquer totalement la forme présente, c'est à Wolf qu'il appartint de démontrer, à l'aide des scolies qui venaient d'être découvertes, que les problèmes textuels chez Homère ne sont pas du même type que chez d'autres auteurs, et qu'on pourrait rendre compte de cet état de fait en supposant que le texte d'Homère n'avait pas été mis par écrit avant l'époque de Solon ou de Pisistrate. Le livre de Wolf commence l'étude sérieuse de ce qu'on appelle traditionnellement la question homérique.

Pour l'histoire de la philologie grecque au XIXe siècle, il convient de mentionner que le Crétois Minoïde Mynas a découvert au Mont-Athos un manuscrit des fables en vers de Babrius (maintenant British Libr., Add. 22087). Les espoirs des chercheurs ont cependant parfois été déçus. En 1823, le célèbre poète Giacomo Leopardi, qui était aussi le meilleur philologue italien de l'époque, trouva au Vatican ce qui semblait être un morceau encore inconnu de prose attique. Mais l'absence de titre dans le manuscrit et le manque d'instruments de travail bien au point lui avaient joué un mauvais tour : le texte s'avéra être un spécimen de littérature patristique écrit dans la meilleure imitation de l'attique, c'est-à-dire en grec atticiste ; il s'agissait du traité où saint Basile vante à ses neveux les mérites de la littérature classique.

Pour le latin, le palmarès est encore plus pauvre, car la plupart des belles trouvailles de l'époque moderne ont été faites dans les palimpsestes, comme nous l'avons indiqué précédemment. Une exception notable est la *Cena Trimalchionis* de Pétrone, qui, malgré une apparition fugitive pendant la Renaissance, ne fut publiée qu'en 1664 à Padoue. De plus, en 1899, un étudiant d'Oxford qui travaillait sur une copie de Juvénal écrite au XIe siècle en bénéventaine (Canonici class. lat. 41), constata qu'elle comportait dans la satire VI trente-six vers supplémentaires, et bien que le texte soit extrêmement corrompu on incline aujourd'hui à penser qu'ils sont authentiques. Il convient de mentionner également qu'une lettre inconnue de saint Cyprien fut découverte, il n'y a pas longtemps, dans un manuscrit du XVe siècle (Holkham Hall, lat. 121) qui est manifestement apparenté à un témoin écrit au Mont-Cassin : même si la lettre n'a pas en soi grande valeur, cette filiation montre une fois de plus le rôle essentiel que joua la communauté cassinienne dans la transmission des textes.

Une autre source importante, et qui n'est pas encore tarie, c'est la bibliothèque de Bobbio. Une copie humanistique (Vat. lat. 2836) nous a révélé une collection de poèmes qui y étaient conservés, et qu'on appelle pour cela *Epigrammata Bobiensia*. Certains des auteurs représentés appartiennent à la période augustéenne ou au Ier siècle, tandis que les n°s 2 à 9 sont le fait du compilateur de la collection, Naucellius, un illustre lettré de la fin du IVe siècle. Et il y a quelques années, on a détaché d'un manuscrit provenant de Bobbio (Turin, B.N., F IV 25) un fragment de parchemin qui nous livre, hélas mutilés, trente-neuf vers nouveaux de Rutilius Namatianus.

d/ Textes épigraphiques.

Les livres, sous leurs diverses formes, ont été le principal véhicule qui nous a transmis le vaste héritage littéraire des Grecs et des Romains ; toutefois la masse imposante des inscriptions conservées, qui s'accroît d'année en année, nous rappelle opportunément que, beaucoup plus que nous, les Anciens aimaient écrire sur la pierre ou le bronze. Déjà à la Renaissance, on comprenait combien l'épigraphie, aidée de la numismatique, peut nous éclairer sur la civilisation antique. Faire l'histoire de cette science sortirait du cadre de cet ouvrage ; cependant il vaut la peine de mentionner ici certains textes épigraphiques, soit qu'ils transmettent des œuvres d'importance inconnues par ailleurs, soit qu'ils permettent de compléter ou de corriger une tradition purement livresque, un peu comme ces stèles gravées qui, en Chine, révèlent un état très ancien dans la transmission des classiques.

L'exemple le plus typique de la première catégorie est peut-être les *Res gestae Divi Augusti*, un document crucial pour l'étude d'Auguste et du début du principat. C'est le relevé de ses réalisations qu'Auguste laissa en exprimant le vœu formel qu'il fût gravé dans le bronze et placé sur la façade de son mausolée. Le manuscrit lui-même, déposé chez les Vestales, et l'inscription originale ont disparu l'un et l'autre sans laisser de traces, mais des copies avaient été envoyées dans les provinces, avec parfois une paraphrase en grec à l'intention des populations locales, et l'essentiel du texte pu être retrouvé dans trois témoins découverts en Galatie, dont le plus long, connu depuis 1555, est sur les murs d'une mosquée à Ankara. Bien que ce soit un exemple assez spécial et grandiose, les *Res Gestae* appartiennent à la tradition plus large de la *laudatio*, ou notice nécrologique, et pour des raisons évidentes ce genre est particulièrement bien représenté par les textes épigraphiques, qui vont de l'oraison grandiloquente aux témoignages humbles et touchants d'affection personnelle. Il en est une célèbre qu'on dénomme la *Laudatio Turiae* (*I.L.S.* 8393), oraison funèbre d'une matrone romaine de la fin du Ier siècle avant J.-C. et beau morceau de littérature. Cependant même les pierres, comme les Anciens le répétaient inlassablement, meurent et une grande partie de la vie vertueuse de cette grande dame ne serait pas passée à la postérité si la plume n'était venue finalement au secours du burin ; car, sur les six fragments qui ont été mis au jour dans diverses parties de Rome depuis le XVIIe siècle, trois ont disparu et ne survivent aujourd'hui que dans des copies manuscrites que nous devons surtout au savant jésuite Jacques Sirmond (Paris lat. 9696) et à Joseph-Marie Suarès, bibliothécaire du cardinal Barberini et plus tard évêque de Vaison (Vat. lat. 9140).

La table de bronze de Lyon (*I.L.S.* 212), qui conserve le discours que prononça l'empereur Claude devant le Sénat en 48 après J.-C. pour préconiser l'admission de nobles gaulois, présente un intérêt littéraire autant qu'historique. Ce texte en effet, découvert en 1528 et publié dès 1542 par G. Paradin dans son *De antiquo statu Burgundiae liber*, nous offre la possibilité unique de comparer la véritable allocution de Claude, décousue et pédante, à la sobre adaptation littéraire qu'en donne Tacite (*Annales*, 11, 24). Le monument d'Antiochus Ier de Commagène, découvert à la fin du siècle dernier à Nemrud Dagh, dans l'est de la Turquie, sur les pentes raides d'un volcan éteint, s'est acquis une place importante dans l'histoire littéraire. Son texte flamboyant, aussi élevé par le style que par le lieu de son repos, a comblé une faille critique de nos connaissances en nous fournissant notre seul exemple de l'éloquence fleurie dite « asianique », qui joue un si grand rôle dans les discussions sur l'art oratoire au temps de Cicéron.

Nous devons un texte philosophique remarquable à un philanthrope impénitent, Diogène d'Oinoanda, qui fut tellement impressionné par l'efficacité de la pensée épicurienne que vers l'an 200 après J.-C. il fit apposer sur la place du marché d'Oinoanda, en Lycie, pour l'édification de ses concitoyens, son exposé des doctrines d'Epicure. Les fragments conservés - presque une centaine, et l'on en découvre encore - sont éparpillés dans les ruines d'Oinoanda et constituent pour les éditeurs un casse-tête vraiment monumental. On peut en tout cas être sûr que les textes, mis en colonnes comme dans un rouleau de papyrus, se présentaient à peu près comme les livres de l'époque. Le plus ancien exemple connu d'une hymne chrétienne composée dans la métrique propre à Byzance nous vient également d'une source inattendue : une inscription dans une catacombe de Kertsch, en Crimée, qu'on peut dater de 491. C'est une partie de la liturgie du baptême.

Des apports plus officieux à notre capital de littérature ancienne ont été fournis par les gens qui écrivaient sur les murs. Nous avons ainsi trouvé une quantité non négligeable de poèmes originaux, mais bien souvent les graffiti ne sont que des citations d'œuvres qui nous sont déjà parvenues par des canaux plus orthodoxes. Ils présentent à l'occasion un intérêt pour le critique textuel, comme preuve d'une tradition indirecte. C'est ainsi qu'un tesson du IIe siècle avant J.-C. peut trouver place dans l'apparat critique d'Euripide (*Hippolyte*, 616-624), et les innombrables *arma virumque cano* gribouillés sur les murs de Pompéi attestent que c'est bien ainsi, et non par *ille ego qui quondam*, que commençait l'*Énéide*. Un exemple vaut d'être signalé : un distique de Properce (3, 16, 13-14) trouvé sur une basilique de Pompéi. Alors que toute la tradition manuscrite se lit :

>Quisquis amator erit, *Scythicis* licet *ambulat* oris,
>nemo *deo* ut *noceat* barbarus esse volet

l'inscription donne :

>Quisquis amator erit, *Scythiae* licet *ambulet* oris,
>nemo *adeo* ut *feriat* barbarus esse volet (*C.I.L.* 4, 1950)

et est exacte dans deux au moins des quatre endroits où elle diffère de la tradition directe.

7.- *Épilogue.*

Le moment est venu de rassembler les fils de cet exposé assez sélectif sur les progrès de la philologie entre la fin de la Renaissance et le début de ce qu'on peut vraiment considérer comme la période moderne. Notre propos, tout au long de ce livre, fut de montrer comment la transmission de la littérature antique a tenu, d'une part à des facteurs matériels, tels que la forme du livre et l'approvisionnement en matière première, d'autre part à des mouvements intellectuels et à une modification des méthodes d'enseignement, et comment la survie et la qualité des études littéraires furent favorisées par l'évolution graduelle des techniques de l'érudition. Une fois que l'imprimerie se fut affirmée comme le moyen de diffuser les textes (non sans s'être heurtée à la résistance de certains, comme le duc Frédéric d'Urbino qui déclara, dit-on, qu'aucun ouvrage imprimé ne figurerait jamais dans sa bibliothèque, ou comme la Confrérie parisienne des libraires, relieurs, enlumineurs, écrivains et parcheminiers qui expulsa Jean Fust de la ville lorsqu'il essaya de vendre des Bibles imprimées), une partie de notre étude était terminée, puisque la survie des textes était assurée. Mais il valait la peine à notre avis de poursuivre l'histoire des méthodes de travail, du moins en ce qui concerne l'étude des textes, et de mettre en lumière certains des événements qui ont permis d'utiliser plus et mieux l'héritage du passé. La médiocrité générale des premières éditions imprimées montre qu'il restait beaucoup à faire pour la théorie de la critique textuelle, que l'examen minutieux des ressources qu'offrent les manuscrits en était tout juste à ses débuts, que l'édition pâtissait du fait qu'on ne saisissait pas la complexité de l'étude de la civilisation antique dans son ensemble (*Altertumswissenschaft*).

Dès le XVIe siècle, la prospérité matérielle des principaux états les rendait en principe capables de consacrer aux bonnes lettres une plus grande part de leurs ressources, mais il restait encore beaucoup d'obstacles à surmonter. Dans certains pays, la liberté de penser était limitée. L'imprimerie n'était pas assez bon marché pour qu'on fût assuré de faire des bénéfices en publiant des œuvres très spécialisées. Les savants s'entraidaient, et c'était là une manifestation honorable du désir qu'ils avaient de créer la « république des lettres », une expression qu'on trouve sur la page de titre du *Journal des Sçavants* pour 1665-1666 et qui remonte peut-être à une lettre de Francesco Barbaro au Pogge, datée de 1417. Toutefois même l'énorme correspondance d'un géant comme Érasme avait besoin d'autre chose pour devenir vraiment efficace. Les sociétés savantes et les universités auraient dû fournir le soutien nécessaire, mais malgré certains efforts louables, les résultats finaux furent généralement décevants. Les érudits de la Renaissance formèrent aussi des académies. De ces nombreux clubs, le seul qui ait reçu une mention favorable dans notre exposé est le groupe qui travaillait autour d'Alde Manuce. Beaucoup d'autres n'avaient rien pour retenir notre attention d'historien des textes. Pendant longtemps aussi les universités ne réussirent pas à coordonner leurs efforts et à gérer leurs propres maisons d'édition. Même Oxford et Cambridge, dont les presses universitaires fonctionnèrent depuis le XVIe siècle, étaient plus concernées par le recrutement de ministres pour l'Église d'Angleterre que par l'avancement du savoir, une situation qui ne changea pas avant le milieu du XIXe siècle, l'époque de Darwin et des réformes.

C'est grand dommage que l'une des académies les plus distinguées et les plus productives, la Royal Society (exactement la « Société royale de Londres pour l'amélioration de la connaissance naturelle »), ait été fondée dans une ville sans université et aussi tard qu'en 1660, c'est-à-dire à une époque où le concept de « connaissance » avait été profondément marqué par la révolution scientifique et allait l'être encore davantage par la Querelle des Anciens et des Modernes. Il en résulte que les premiers volumes de ses *Philosophical Transactions* ne contiennent aucune contribution qui ressortisse à la philologie classique. Plus tard il y aura quelques rares exceptions à cette règle ; par exemple une note de l'astronome Humphrey Wanley sur « L'âge des manuscrits ». On se réjouit de constater que le *Journal des Sçavants* avait, lui, une gamme plus large d'intérêts. C'est ainsi qu'en 1666 ses rédacteurs trouvèrent la place voulue pour rendre compte de l'édition princeps de la *Cena Trimalchionis* et d'une dissertation qu'avait provoquée cette nouvelle publication.

Mais, comme disait le Dr Johnson en évoquant les espoirs qu'avait fait naître la fondation de la Royal Society, la marche du progrès est naturellement lente. En notre domaine, la vérité de cette maxime éclate si nous essayons de voir comment s'est imposée une pratique qui est pour nous une évidence, l'édition de textes dans des séries uniformes. L'initiateur en est peut-être Pierre-Daniel Huet (1630-1721), qui fut aux côtés de Bossuet précepteur du Grand Dauphin, le fils de Louis XIV. C'est à lui ou au duc de Montausier que revient le mérite d'avoir organisé une collection d'auteurs latins *ad usum Delphini*, qui comptait une soixantaine de volumes (l'expression évoque aujourd'hui non plus l'excellence des textes et des index, mais les scrupules des pédagogues qui avaient éliminé quelques passages osés). Signe des temps, Leibniz, alors résident à Paris, fut invité à donner l'édition de Vitruve ; il demanda à en être déchargé en arguant de son incompétence en architecture, mais offrit à la place de publier l'obscur Martianus Capella. C'est peut-être cette série qui inspira la plus fameuse de toutes, commencée en 1824 à Leipzig par l'éditeur Benedikt Gotthelf Teubner, à l'instigation de W. Dindorf et F. Passow.

Les études classiques, dans la mesure où elles se consacraient à la littérature plus qu'à l'archéologie, en plein développement pendant les Lumières, avaient à se remettre du coup sérieux que leur avait porté la Querelle des Anciens et des Modernes. Elles avaient repris une nouvelle jeunesse quand, en 1777, Friedrich August Wolf réussit à se faire inscrire à Göttingen non pas à la faculté de théologie, mais comme étudiant en philologie, *studiosus philologiae*.

Au XIXe siècle, les raffinements des méthodes de travail que, jusque récemment, on associait exclusivement au nom de Lachmann, permirent d'envisager un nouveau stade dans l'édition des textes classiques : ils seraient désormais établis de façon scientifique et sûre, pour autant que la qualité des documents accessibles le permettrait. L'utilisation de la photographie permit, dans la seconde moitié du siècle, de faire disparaître bien des obstacles qui rendaient cet idéal irréalisable. Ces progrès, déjà sensibles dans la Collection des auteurs grecs publiée par Ambroise Firmin-Didot, rendirent possible la transformation des éditions Teubner qui, de scolaires qu'elles étaient, devinrent véritablement savantes. Aujourd'hui aucune édition critique ne peut être prise au sérieux si elle n'indique pas clairement la nature de la tradition manuscrite et les critères qui servent à évaluer les différents témoins ; et les philologues peuvent presque toujours suivre à la lettre le conseil du vice-chancelier de l'université de Cambridge qui déclara, devant une demande de mission en Italie : « Que M. Porson fasse venir ses manuscrits chez lui ! » Maintenant que les voyages sont rapides et confortables, et que les collections de microfilms les rendent moins indispensables, nous oublions facilement les difficultés qu'affrontèrent nos prédécesseurs. La description systématique des manuscrits est aussi devenue une branche de l'érudition et les catalogues officiels des grandes bibliothèques sont de nos jours une source précieuse qui faisait en général défaut à nos devanciers.

En outre, et c'est là un facteur très important, les collections de manuscrits se déplacent de moins en moins. La plupart de ceux qui contiennent des textes grecs et latins sont maintenant détenus par des établissements dont on peut être assuré qu'ils les garderont toujours, tandis qu'au moins jusqu'à la fin du siècle dernier, bien des manuscrits importants étaient aussi instables qu'aux jours troublés du Moyen Age et de la Renaissance. Dans le présent ouvrage, nous avons fait quelques allusions à ces migrations et certaines autres sont expliquées dans les notes qui accompagnent l'index des manuscrits. C'est là une facette mineure, mais non pas totalement négligeable dans l'histoire de la philologie et de la culture.

Les guerres du XIXe et du XXe siècle ont quelque peu réduit la masse des manuscrits médiévaux. Mais d'autre part on a aussi découvert des collections inconnues, comme en 1959 celle du monastère de Zavorda, au fin fond de la Macédoine (cf. p. 43) et plus récemment encore un important stock de fragments, cachés derrière une paroi, à Sainte-Catherine du Sinaï. On ne peut guère espérer beaucoup de telles trouvailles, mais les papyrus, dont la découverte et la publication se poursuivent, réservent sûrement encore plus d'une belle surprise : c'est en 1959 qu'a été édité le papyrus Bodmer de Ménandre et en 1975 qu'on a eu connaissance, grâce à un papyrus de Cologne, d'une exceptionnelle biographie de Mani.

En plus des manuscrits, on s'efforce aujourd'hui de mettre en valeur toutes les sources primaires qui permettent d'établir les meilleurs textes possibles et, parallèlement, on accumule et on évalue les objets - inscriptions, papyrus documentaires ou œuvres d'art - qui ont été exhumés par les archéologues et servent à éclairer l'histoire, l'art, la culture du monde antique. Un des grands mérites de l'érudition allemande du XIXe siècle est d'avoir développé les échanges entre ces différents types de recherche : c'est sur eux que se fonde la conception moderne d'une étude globale de l'Antiquité. Il reste beaucoup à faire et la matière ne manquera pas tant que les études classiques garderont leur place comme discipline intellectuelle.

CHAPITRE VI

CRITIQUE TEXTUELLE

1.– Introduction.

Dans les chapitres précédents, nous avons essayé d'indiquer comment les classiques grecs et latins nous sont parvenus à travers le Moyen Age, et de décrire à grands traits les phénomènes historiques et culturels qui ont eu le plus fort impact sur cette transmission. La critique textuelle suit, en un sens, le processus inverse : elle remonte le long des fils de transmission pour restituer aussi exactement que possible le texte primitif.

Aucun autographe des auteurs classiques n'ayant survécu, nous sommes nécessairement tributaires de manuscrits (et parfois d'éditions imprimées) qu'un nombre inconnu d'intermédiaires séparent de l'original. Ce sont des témoins plus ou moins dignes de foi ; tous ont souffert à des degrés divers au cours du processus de transmission : dégâts matériels, erreurs des scribes ou interpolations délibérées. Pour restituer le texte original, il faut évidemment recourir à des opérations délicates, complexes, qui comportent deux étapes.

La première est la recension (*recensio*). Elle a pour objet de reconstituer, grâce aux manuscrits qui subsistent, la forme la plus ancienne possible du texte qu'ils sous-tendent. Sauf si l'on ne dispose que d'un témoin unique, il faut d'abord déterminer les relations entre chacun des manuscrits ayant survécu ; puis éliminer ceux qui dérivent exclusivement d'autres témoins existants, et qui n'ont donc pas de valeur intrinsèque (*eliminatio codicum descriptorum*) ; et enfin à partir des relations ainsi établies (exprimées idéalement par un *stemma codicum* ou arbre généalogique) restituer le ou les manuscrits dont descendent les témoins qui nous ont été conservés. Une fois le texte rétabli dans l'état le plus primitif que permettent d'atteindre les manuscrits, on passe à la seconde grande étape. Le critique doit examiner le texte en question et dire s'il est ou n'est pas authentique (*examinatio*) ; dans le deuxième cas, il doit l'émender (*emendatio*), s'il peut le faire avec une certitude raisonnable, ou du moins isoler les corruptions. Sa tâche se trouve souvent compliquée par l'existence de deux ou plusieurs variantes dont chacune peut à bon droit être tenue pour le texte transmis. On donne encore parfois le nom traditionnel, mais prêtant à confusion , d'*emendatio* à l'ensemble de cette seconde phase.

2. – *La formation d'une théorie de la critique textuelle.*

L'invention de Gutenberg et, en particulier, l'apparition des premières éditions imprimées de Cicéron en 1465, assura l'avenir des textes classiques ; mais elle eut une conséquence secondaire fâcheuse : les premiers imprimeurs, du seul fait qu'ils mirent un ouvrage sous presse, donnèrent au texte une autorité et une stabilité qu'il méritait pourtant bien rarement. L'édition princeps d'un auteur classique est en général tout bonnement la transcription du témoin humanistique choisi comme copie de travail, une réplique en caractères d'imprimerie d'un livre manuscrit courant. Ce texte, reproduit d'une édition à l'autre avec des modifications mineures, constitua bientôt une vulgate, que rien n'empêchait d'améliorer de-ci de-là par des émendations, mais que la force d'inertie et le conservatisme aidant, il devint difficile d'écarter au profit d'un texte totalement nouveau.

On continua donc à corriger, comme on l'avait toujours fait ; les outils essentiels du critique - bon sens, jugement, goût - étaient innés plutôt qu'acquis, même si la découverte de certains grands principes d'émendation et les rapides progrès de la philologie classique en général permirent de s'attaquer plus efficacement à la corruption textuelle. Toutefois il est impossible d'employer la critique conjecturale avec un maximum d'efficacité, si la recension n'a pas fait auparavant son œuvre, et jusqu'au XIXe siècle les érudits furent obligés, dans la plupart des cas, d'exercer leurs talents critiques, souvent très réels, non pas sur le texte transmis, au sens exact du terme, mais sur une vulgate sacro-sainte. Ils essayèrent de la corriger non seulement à coup de conjectures, mais aussi à l'aide de tous les manuscrits qu'ils purent découvrir ; or, en dépit de trouvailles remarquables, la plupart de ces témoins nouveaux ne valaient pas mieux que les manuscrits dont dérivait la vulgate. A une époque où nombre de bibliothèques n'étaient pas répertoriées, où les voyages étaient difficiles, la photographie inconnue et la paléographie dans l'enfance, ils étaient obligés de travailler à l'aveuglette. Pis encore, les bons manuscrits, en admettant qu'on en découvrît, n'avaient qu'une faible utilité, puisqu'on s'y référait uniquement lorsque la vulgate était manifestement déficiente.

On fit le premier pas vers une critique textuelle plus scientifique, quand on cessa de prendre la vulgate comme base de travail et d'obéir au conservatisme illogique pour lequel recourir à un manuscrit était s'éloigner de la tradition et non pas y retourner. Le départ fut donné une fois de plus par les études sur le Nouveau Testament, où le problème se posait avec le plus d'évidence ; la richesse de la tradition manuscrite laissait peu de place à l'émendation conjecturale, et démêler la vérité parmi les variantes était d'autant plus malaisé que le *textus receptus* était presque tabou. En 1721, Richard Bentley, plus connu des philologues pour la hardiesse débridée de ses corrections, envisageait une édition du Nouveau Testament s'appuyant uniquement sur les manuscrits grecs les plus anciens et sur la Vulgate (cf. p. 127). Il se heurta au conservatisme des théologiens et le projet ne pourra être réalisé qu'en 1831, par Lachmann ; cependant J.J. Wettstein s'attaquait à nouveau au *textus receptus* un peu plus tard, et en quelques décennies cette approche révolutionnaire avait investi la philologie classique : Johann August Ernesti et Friedrich August Wolf réaffirmaient avec la dernière fermeté que toute édition critique devait obligatoirement se fonder sur les manuscrits.

Devant l'afflux des témoins manuscrits, continuel pendant le XVIIe et le XVIIIe siècles, il devint plus indispensable que jamais de trouver une méthode permettant de séparer le bon grain de l'ivraie. Nombre d'érudits participèrent à l'élaboration de la théorie stemmatique de la recension qui était déjà, pour l'essentiel, formulée au milieu du XIXe siècle ; le nom de Karl Lachmann lui reste associé, même si sa contribution est beaucoup plus mince qu'on ne l'avait supposée. En dépit de toutes ses limitations, elle révolutionna l'édition des textes classiques. N'oublions pas toutefois que la méthode généalogique avait commencé à poindre dès l'époque des humanistes. Politien, nous l'avons vu (cf. p. 98), avait compris que les manuscrits dérivant d'un modèle conservé n'avaient pas de valeur, et avait effectivement appliqué le principe de l'*eliminatio* à certains témoins des *Lettres* de Cicéron. En 1508, Érasme tenait pour admise l'existence d'un archétype unique dont descendaient tous les manuscrits survivants d'un texte ; même s'il avait de l'archétype une conception moins précise que la nôtre, il était en mesure d'expliquer comment tous les témoins peuvent fort bien concorder dans l'erreur. Le premier à approcher de la notion de l'archétype médiéval semble avoir été J.J. Scaliger, lequel s'efforça, en 1582, de prouver à l'aide de corruptions du texte que les manuscrits de Catulle procédaient d'un ancêtre commun en minuscule précaroline (cf. p. 120).

Scaliger était très en avance sur son temps. Il faut attendre le XVIIIe siècle pour voir se dessiner plus nettement la théorie de la recension et, là encore, l'élan fut donné par la philologie néotestamentaire. Au cours des années 1730, J.A. Bengel s'aperçut que les manuscrits du Nouveau Testament pouvaient être classés selon leur généalogie ; bien plus, il évoquait le jour où ils pourraient être ramenés à ce qu'il appelait une *tabula genealogica*, dont il voyait clairement qu'elle servirait à l'évaluation critique des variantes. Sa conception, adoptée avec plus ou moins de bonheur par les philologues classiques de la fin du XVIIIe siècle et du début du XIXe, allait s'épanouir avec une pléiade de travaux de grande valeur. En 1830, Lachmann, ouvrant la voie à son édition du Nouveau Testament, formule plus en détail les règles énoncées par Bengel pour la sélection des variantes. En 1831, Carl Zumpt, dans son édition des *Verrines,* établit ce qui paraît avoir été le premier *stemma codicum* et lui donne le nom adopté maintenant partout. Très peu de temps après, en publiant des éditions de premier plan, Ritschl et Madvig affinent la méthode et l'assoient solidement. Le plus célèbre de tous les stemmas, celui de Lucrèce, est construit par Jacob Bernays en 1847 ; il appartiendra à Lachmann d'en tirer systématiquement les conséquences dans son édition de 1850 et de démontrer la validité de l'archétype hypothétique en le reconstruisant matériellement, à telle enseigne qu'il pourra dire à ses contemporains abasourdis combien de pages il avait et combien de lignes à la page.

3.— *La théorie stemmatique de la recension.*

C'est Paul Maas qui a exposé de façon classique la théorie des stemmas. Elle a de sérieuses limitations pratiques - ce qu'il savait fort bien -, car elle ne peut être utilement employée que si la tradition est « fermée » ; nous y reviendrons plus loin. Elle peut se ramener à deux opérations essentielles :

a/ Construction d'un stemma.

Dans cette théorie, les fautes de copie sont capitales, car ce sont elles qui permettent le mieux d'établir les relations entre les manuscrits ; on prête une attention spéciale aux erreurs mécaniques comme les omissions et les transpositions. En vue d'un stemma, les fautes peuvent se classer en deux catégories :
- fautes liantes (*errores coniunctiui*) qui montrent que deux manuscrits sont plus étroitement liés l'un à l'autre qu'à un troisième ;
- fautes isolantes (*errores separatiui*) qui indiquent qu'un témoin est indépendant d'un autre, parce que le second contient une ou plusieurs erreurs n'apparaissant pas dans le premier.

Il faut s'assurer que ces fautes sont « significatives », autrement dit qu'il ne s'agit pas d'erreurs qu'auraient pu commettre deux scribes séparément, ou qu'un copiste aurait pu facilement rectifier par conjecture. A partir de là, on détermine pas à pas les relations entre les divers manuscrits ou groupes de manuscrits, jusqu'à ce qu'on ait construit, idéalement, un stemma de toute la tradition.

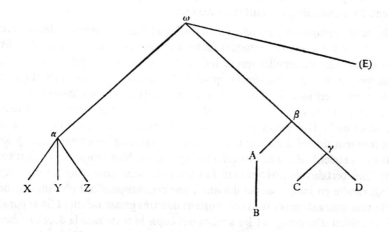

b/ Exploitation du stemma.

Le schéma théorique ci-dessus va nous montrer comment utiliser mécaniquement un stemma pour reconstituer un archétype (ici : ω) ; les témoins intermédiaires perdus dont descendent les survivants sont désignés, selon la coutume, par des lettres grecques. Les huit manuscrits existants sont représentés par A B C D E X Y Z ; pour notre démonstration, nous supposons que E se limite à un petit fragment du texte.

1. Si B dérive exclusivement de A, il n'en différera que par des corruptions plus nombreuses. La première étape consiste donc à éliminer B.
2. On peut déduire le texte de γ de l'accord de CD ou de l'accord de l'un d'eux et d'un témoin extérieur (A ou a).
3. On peut déduire le texte de β soit de l'accord de ACD, soit de l'accord de AC contre D ou de AD contre C, soit de l'accord de A ou γ et de a.
4. On peut déduire le texte de a de l'accord soit de XYZ, soit de deux de ces témoins contre le troisième, soit de l'un d'eux et de β, à condition que les deux autres ne concordent pas.
5. Quand on a reconstruit les deux hyparchétypes (a et β), on peut laisser de côté les leçons particulières à chacun des témoins ACDXYZ (*eliminatio lectionum singularium*).
6. Si a et β concordent, on peut supposer qu'ils donnent le texte de l'archétype (ω). Si tel n'est pas le cas, chacune des deux leçons peut être celle de l'archétype. C'est l'*examinatio* qui va permettre de savoir laquelle est authentique.
7. Si à un moment on a le témoignage d'une troisième branche indépendante de la tradition (E), le principe de deux contre un va jouer ; il n'y aura doute sur l'archétype que si les trois textes ne concordent pas ou si deux d'entre eux peuvent avoir commis isolément la même erreur.

On peut appliquer ces principes sans difficulté quand la relation des manuscrits ressort à l'évidence d'une ou plusieurs fautes aveuglantes, et surtout quand un livre a subi des vicissitudes matérielles qui se reflètent dans les copies qui en ont été faites soit directement, soit par témoin interposé. Politien fut le premier à employer cette méthode dans sa critique des lettres de Cicéron, mais on en méconnut l'utilité pendant très longtemps. Dans la tradition de Lucrèce, Lachmann tira des déductions remarquables de la détérioration subie à coup sûr par un ancêtre perdu. Il est évident qu'à un moment donné il existait une copie ayant vingt-six lignes par page. Quelques feuillets qui s'étaient détachés ont été mal replacés, si bien que le texte s'est trouvé disloqué dans certains de nos témoins. Les manuscrits du traité d'Arrien sur l'expédition d'Alexandre en Inde nous conduisent à une conclusion allant plus loin encore. Il en existe une quarantaine et tous comportent une très grosse lacune. Elle apparaît en général au milieu d'une page et les scribes ont copié le texte sans la déceler ; dans un manuscrit cependant (Vienne, Hist. gr. 4), elle se situe entre la fin d'un feuillet (verso) et le début du suivant (recto) ; en poussant les recherches, on a découvert qu'il manquait un feuillet à cet endroit. Tous les autres témoins descendent évidemment de ce livre déjà endommagé. En l'occurrence donc, l'archétype est préservé. Il en va de même pour l'Épictète d'Oxford (Auct. T. 4. 13 ; Planche V), où une tache dissimule quelques mots que l'on ne trouve dans aucune autre copie.

Cette méthode déductive n'est toutefois pas applicable à la majorité des traditions. On peut en général, en se fondant sur des omissions textuelles mineures, avoir une idée de la relation entre des témoins tardifs, mais pour connaître les grandes lignes du stemma, il faut classer et ordonner les manuscrits en se référant à une série d'erreurs significatives.

4.– Les limites de la méthode stemmatique.

Il ne faut pas se laisser abuser par la simplicité et la perfection apparentes de la méthode que nous venons d'exposer. Certes, elle permet souvent à l'éditeur de choisir le ou les bons manuscrits, mais son utilité est parfois limitée. Elle suppose que les leçons et les erreurs se transmettent « verticalement » d'un témoin à un autre, c'est-à-dire directement d'un livre aux copies qui en sont faites. Or, à mesure que les philologues approfondissent l'analyse, il devient de plus en plus évident que la théorie stemmatique ne peut pas servir à élucider la tradition de nombre de textes, dont certains présentent le plus haut intérêt. En effet, il est impossible de les répartir en classes ou familles caractérisées par des groupes d'erreurs, car il y a eu contamination, autrement dit transmission « horizontale ». Le lecteur de l'Antiquité et du Moyen Age ne se servait pas nécessairement d'un modèle unique pour établir sa copie personnelle ; comme les textes étaient souvent corrompus, il comparait différents manuscrits et transcrivait dans son exemplaire les leçons ou variantes qu'il jugeait bonnes. Dans certains cas - celui de la *Cyropédie* de Xénophon, par exemple - ce procédé fut si souvent employé que la tradition était irrémédiablement contaminée à l'époque des manuscrits les plus anciens que nous possédions. Les responsables sont évidemment les érudits, nous les voyons à l'œuvre dans quantité de manuscrits, où ils ont noté des variantes marginales ou interlinéaires. Par conséquent, les textes lus le plus communément, y compris ceux qui étaient inscrits au programme scolaire, ont toutes chances d'avoir subi une sérieuse contamination, à laquelle n'ont d'ailleurs pas échappé des auteurs plus confidentiels, l'exemple de Diogène Laërce nous le prouve.

Autre inconvénient de cette théorie : elle part de l'hypothèse que tous les manuscrits survivants remontent à un archétype unique qu'on peut dater de la fin de l'Antiquité ou du début du Moyen Age. En pratique, une étude attentive des variantes donne souvent à penser qu'il n'en va pas ainsi et que la tradition est « ouverte ». On peut certes expliquer presque toutes les variantes en supposant un stemma conduisant à un archétype unique, mais il en reste quelques-unes qui ne peuvent pas s'insérer dans le schéma, et si, après examen, elles semblent vraiment anciennes, il faut leur trouver une autre source. Ce peut être un ou plusieurs manuscrits représentant un rameau différent de la tradition que l'on cessa de recopier en entier, mais que des érudits consultèrent pour certaines leçons ; ces leçons devinrent des variantes dans la branche maîtresse, qu'elles aient été incorporées dans l'« archétype » ou ultérieurement (voir p. 41). C'est sans doute ce qui arriva aux pièces d'Eschyle et d'Euripide qui furent inscrites au programme scolaire.

On se trouve parfois devant des problèmes plus embarrassants encore. Les manuscrits de Juvénal et de saint Cyprien dont nous avons mentionné plus haut la découverte (cf. p. 136) en offrent d'excellents exemples. Les 36 vers ajoutés par le témoin d'Oxford (Canonici class. lat. 41) à la sixième satire n'apparaissent nulle part ailleurs, à ceci près qu'un scoliaste en a cité deux. On a pensé qu'ils étaient apocryphes, mais des interpolateurs n'auraient sans doute eu ni les moyens ni un motif de les insérer dans le texte ; en revanche, s'ils sont authentiques, comment expliquer qu'ils survivent dans un seul manuscrit, par ailleurs médiocre, alors qu'il nous en reste près de cinq cents ? La correspondance de saint Cyprien pose une énigme du même genre. Des travaux récents ont révélé qu'il existait dans une seule copie (Holkham Hall, lat. 121) une lettre jusque là inconnue, et que la majorité des critiques considère comme authentique. Là aussi, la tradition est copieuse et contaminée. On n'a toujours pas trouvé d'explication entièrement satisfaisante ; rappelons tout de même que les deux manuscrits présentent une caractéristique commune : leur histoire, ou leur préhistoire, passe par le Mont-Cassin, ce monastère qui possédait tant de textes uniques.

Enfin, pour compliquer encore les choses, il arrive qu'un auteur de l'Antiquité ait lui-même apporté des corrections ou modifications au texte original, après sa diffusion. Elles sont parfois assez nombreuses pour qu'on ait le droit de parler de seconde édition. Étant donné les conditions de la publication chez les Anciens, un texte révisé avait beaucoup moins de chance que de nos jours de supplanter un premier état. Les tentatives que fit Cicéron pour remanier ses œuvres et en supprimer les erreurs ne se sont pas répercutées sur toutes les copies dont descendent nos archétypes (voir p. 17). Les deux versions ont circulé pendant toute l'Antiquité, ce qui donna lieu à une transmission horizontale. C'est là une des raisons pour lesquelles il est parfois impossible de construire un stemma. Il est des cas où les remaniements de l'auteur sont visibles, mais n'affectent pas autant le stemma. En Martial 10, 48, 23, il semble que le nom du cocher apparaissait dans la première édition, mais dans la deuxième, publiée après la mort du poète, le patronyme qui avait perdu son actualité fut remplacé par un mot désignant la faction dont il avait fait partie. Si une scène des *Grenouilles* d'Aristophane (v. 1437-1453) est incohérente, c'est peut-être parce que certains vers proviennent d'une version révisée de la pièce. De même, Galien (éd. Kühn, t. 15, p. 624) attribue à des additions et modifications marginales d'Hippocrate lui-même l'incohérence de l'une de ses œuvres.

5. – *Age et valeur des divers manuscrits.*

Le concept du « meilleur manuscrit » est parfois utilisé lorsqu'il s'agit de trancher des problèmes textuels, et il fut un temps où l'on se reposait sinon normalement, du moins le plus communément, sur l'autorité du *codex optimus* pour choisir entre des variantes. Ce procédé a été attaqué à juste titre, parce qu'on l'utilisait souvent sans tenir compte de la méthode stemmatique et qu'il impliquait de toute façon une erreur de logique. On ne peut espérer identifier le meilleur manuscrit d'une œuvre tant qu'on n'a pas étudié les leçons de tous les témoins significatifs, partout où ils divergent. On entend par témoins significatifs les manuscrits existants ou reconstitués dont la méthode stemmatique, quand elle est applicable, prouve qu'ils peuvent servir à établir le texte.

Cela fait, il est possible de dresser la liste des passages où chacun des manuscrits offre la leçon la meilleure pour des raisons littéraires, linguistiques, historiques ou autres ; le témoin arrivant au plus haut total peut alors être appelé le meilleur manuscrit ; ce qui n'avance d'ailleurs pas à grand-chose, en particulier s'il y en a un ou plusieurs autres présentant presque autant de bonnes leçons. Dans les traditions textuelles où l'on peut raisonnablement l'employer, l'usage du meilleur manuscrit ne présente de l'intérêt que dans les passages pour lesquels les témoins divergent sans qu'on ait des motifs de préférer telle variante à telle autre. Le meilleur manuscrit étant celui qui présente le plus grand nombre de leçons exactes partout où l'on peut justifier le choix, il a plus de chances que les autres d'offrir aussi une leçon correcte là où on ne peut pas le faire. On excipe de cet argument probabiliste pour en appeler au meilleur manuscrit dans les circonstances que nous avons indiquées.

Cet argument controuvé a d'ailleurs une variante : on se retranche derrière l'autorité du témoin le plus ancien ; cela implique habituellement que l'antiquité d'un manuscrit en garantit la valeur ; à l'inverse, les témoins de la Renaissance sont jugés sans intérêt du seul fait de leur date. En général certes, il y a une relation entre l'âge d'un manuscrit et la qualité de son texte, car on peut raisonnablement supposer qu'un témoin tardif est séparé de l'original par un plus grand nombre de transcriptions intermédiaires dont chacune est vraisemblablement plus corrompue que la précédente. Pour maintes traditions, les recherches révéleront que le manuscrit le plus ancien est le meilleur, mais il existe des exceptions montrant qu'il ne faut pas généraliser à la légère. Les papyrus vont nous en fournir une preuve : bien qu'ils soient très antérieurs aux témoins médiévaux, ils ne présentent pas dans l'ensemble des textes nettement supérieurs, et l'un des plus célèbres, celui du *Dyscolos* de Ménandre (P. Bodmer 4), est étonnamment corrompu. Les manuscrits grecs sont à cet égard riches d'enseignement. Certains témoins qui datent de la renaissance paléologue - un Platon (Vienne, Suppl. gr. 39), un Thucydide (Paris gr. 1734), deux manuscrits d'Apollonios de Rhodes (Laur. 32, 16 et Wolfenbüttel, Aug. 10. 2, 4°) -, ont autant de valeur pour les éditeurs que des manuscrits plus réputés écrits trois siècles auparavant. Allons plus loin encore : une copie des œuvres mineures de Xénophon exécutée au XVIe siècle (Vienne, Phil. gr. 37) est au moins aussi importante que les autres témoins du texte, car elle est la source unique de maintes bonnes leçons.

On peut observer un phénomène similaire dans le cas des manuscrits latins. Là aussi le principe *recentiores non deteriores* pourra rendre de grands services, s'il est correctement appliqué. Le témoignage que donnent des manuscrits tardifs et même des éditions ou des collations faites par des modernes est souvent d'une importance capitale. C'est ainsi que certaines lettres de Cicéron et de Pline ne sont conservées que par des témoins imprimés. Il y a aussi des textes où la relation entre la tradition ancienne et certains des manuscrits récents apparaît comme complexe et obscure : c'est le cas par exemple pour Juvénal, Perse et Ovide. Il arrive alors que la vérité soit conservée dans des témoins relativement tardifs, et à lui seul l'âge ne constituerait pas un bon critère de sélection. De même, dans le cas des *Tragédies* de Sénèque, la famille A a été souvent sous-estimée en grande partie parce que ses représentants étaient moins anciens que le principal témoin de la branche E, le codex Etruscus (Laur. 37, 13).

Cela dit, il faut être prudent : la date récente d'un manuscrit ne lui confère aucun mérite mystérieux et le seul problème pour l'éditeur est de savoir d'où proviennent ses bonnes leçons. Dans certains cas, il est manifeste qu'il représente une branche de la tradition dont on ne peut trouver trace ailleurs ; ses leçons sont si exactes qu'elles ne peuvent avoir été inventées par un savant du Moyen Age ou de la Renaissance. Le cas du Xénophon de Vienne est exemplaire : il donne des mots manquant dans le texte, parfois là où l'on n'avait même pas encore suspecté une lacune. La conclusion ne s'impose pas toujours avec autant d'évidence, bien entendu. Les érudits de la Renaissance étaient capables de conjectures pénétrantes, du moins sur les textes latins, - deux témoins humanistiques en font foi, un Lucrèce de la Laurentienne (*l* 31 ; Laur. 35, 31), qui en a longtemps imposé, et le Tacite de Leyde (B. P. L. 16B), trop connu pour son mélange de corrections justes ou spécieuses -, et il est souvent impossible de dire avec quelque certitude s'ils étaient ou non en mesure de proposer telle solution. Cette remarque vaut aussi pour les érudits byzantins, encore que des travaux récents donnent à penser qu'ils étaient moins bien armés qu'on ne l'avait parfois pensé pour la restitution conjecturale des textes.

6. – *La tradition indirecte.*

En plus des livres antiques ou médiévaux (et à l'occasion des traductions en d'autres langues), l'éditeur et le critique peuvent parfois utiliser une tradition secondaire ou indirecte. On entend par là les citations d'un auteur par un autre qui nous conservent dans certains cas la leçon exacte alors que tous les témoins habituels sont fautifs. En voici quelques exemples bien connus. Dans la quatrième *Bucolique* de Virgile, les manuscrits donnent aux vers 62-63 :

cui non risere parentes,
nec deus hunc mensa, dea nec dignata cubili est.

Mais Quintilien (9, 3, 8), bien que ses manuscrits soient eux aussi corrompus, a manifestement lu *qui* au début de la relative, ce qui a nécessairement conduit à la conjecture :

qui non risere parenti.

Ce ne sont pas seulement les auteurs anciens qui par leurs citations nous suggèrent le texte exact. De bons manuscrits aujourd'hui perdus existaient encore très avant dans le Moyen Age et ont donc été consultés par des érudits de l'époque. C'est ainsi que la *Souda* (cf. p. 44) conserve souvent de bonnes leçons non attestées par

ailleurs. On peut en donner deux exemples tirés de ses citations d'Aristophane :
- en *Cavaliers*, 253, elle a ἔφευγεν alors que le texte des manuscrits (ἔφυγεν) n'est pas métrique ;
- en *Nuées*, 215, au lieu du πάνυ φροντίζετε des manuscrits, elle présente un néologisme amusant μεταφροντίζετε, qui est sans doute correct (c'était apparemment aussi le texte lu par le scoliaste de Ravenne).

Il ne faudrait pourtant pas en conclure que la tradition secondaire est une source infaillible. Les écrivains de l'Antiquité et du Moyen Age étaient encore moins enclins que leurs collègues d'aujourd'hui à suivre le sage avis du Dr Routh, ce président de Magdalen College qui, à la fin d'une longue vie, donnait comme ultime conseil « Vérifiez toujours vos références ». Ils se fiaient en général à leur mémoire, pour des raisons bien compréhensibles. Les rouleaux ne permettaient pas une vérification rapide et même après l'adoption du *codex* le lecteur ne trouvait pas toujours sa tâche facilitée par les indications de règle actuellement : numérotation des pages et des vers ou division en chapitres, par exemple. Il faut tenir compte de ces habitudes dans les cas où les manuscrits d'un auteur offrent une leçon, tandis que la tradition secondaire en présente une autre, acceptable sans être absolument sûre. L'une ou l'autre peut être le texte original. Cependant, les éditeurs seront le plus souvent bien avisés de suivre la tradition primaire ; la leçon divergente n'a chance d'être exacte que si la citation vise à mettre en lumière les mots ou tournures qui diffèrent ; dans le cas contraire, la variante est vraisemblablement imputable à une défaillance de mémoire.

Nous allons voir par quelques exemples combien il est malaisé d'énoncer des principes rigides :

(a) Aristophane, *Acharniens* 23 : les manuscrits donnent : οὐδ' οἱ πρυτάνεις ἥκουσιν, ἀλλ' ἀωρίαν ἥκοντες κτλ. La *Souda* cite le vers avec la leçon ἀωρίᾳ dans l'article consacré à ce mot. On a lieu théoriquement d'espérer que la citation est exacte, mais le datif étant moins idiomatique que l'accusatif dans ce type d'adverbe, les éditeurs le refusent.

(b) Dans la même pièce, en 391-392, les manuscrits ont pour texte :

εἶτ' ἐξάνοιγε μηχανὰς τὰς Σισύφου
ὡς σκῆψιν ἀγὼν οὗτος οὐκ εἰσδέξεται.

La *Souda* cite les deux vers dans l'article sur Sisyphe, mais avec deux différences : dans le premier, εἶτα est remplacé par ἀλλά, et dans le second εἰσδέξεται par προσδέξεται. Puisque la citation ne vise pas à illustrer l'un ou l'autre de ces deux mots, on ne voit guère pourquoi on s'y rangerait. Il n'empêche que ἀλλά pourrait fort bien être exact pour d'autres raisons, et προσδέξεται a autant de chances de l'être que εἰσδέξεται, assez déroutant.

(c) Les manuscrits donnent, pour le *De natura rerum*, 3, 72 :

crudeles gaudent in tristi funere fratres.

Macrobe, citant ce vers dans un passage où il compare Lucrèce et Virgile (*Saturnales*, 6, 2, 15), donne la variante *fratris* qui est évidemment meilleure ; mais là encore, il ne s'agissait pas d'insister sur un mot déterminé du vers.

(d) Dans le même livre, au vers 676, les manuscrits ont :

> non, ut opinor, id a leto iam longius errat.

Le grammairien Charisius (p. 265, 11 Barwick) cite le vers avec *longiter* et précise qu'il le fait à dessein pour donner un exemple de cette forme. C'est pourquoi les éditeurs acceptent en général, mais non pas toujours, cette leçon.

7.— *Autres principes de base.*

Le critique est parfois obligé de choisir entre deux leçons également acceptables du point de vue du sens et de l'usage linguistique d'un auteur, mais estime hasardeux ou impossible de tirer l'argument de la valeur respective des manuscrits. Dans ces cas, on invoque souvent deux maximes : *utrum in alterum abiturum erat* et *difficilior lectio potior*. La première est un principe général dont l'origine s'explique aisément : les scribes ayant eu tendance à corrompre le texte, on peut raisonnablement supposer que la négligence ou le désir de simplifier un passage difficile a favorisé certains types d'altérations. La seconde n'est, *stricto sensu*, que l'application de la première. Elle signifie que si l'une des deux leçons en concurrence est plus difficile à comprendre, elle a toutes chances d'être la bonne. Cela se justifie du fait que les scribes, de propos délibéré ou par inadvertance, pouvaient supprimer les locutions rares ou archaïques qui n'étaient plus immédiatement intelligibles, ou bien simplifier une démarche de pensée complexe qu'ils étaient incapables de maîtriser. C'est ce qu'on appelle aussi trivialisation. Les commentaires se réfèrent maintes fois à ce principe de la *lectio difficilior*, qui présente un intérêt incontestable. On y a cependant trop souvent recouru sans doute, car on est tenté de s'en prévaloir pour défendre une anomalie syntaxique ou un usage peu courant ; en l'occurrence, la leçon la plus difficile l'est peut-être parce qu'elle est erronée.

8.— *Types de fautes.*

Pour démêler la vérité à partir des données manuscrites, l'érudit doit connaître les diverses causes de corruption. La première tient à ce que les scribes étaient incapables de copier exactement le texte qu'ils avaient sous les yeux. Les erreurs furent la plupart du temps involontaires ; nous verrons cependant à la fin de cette section que tel n'est pas le cas pour certaines d'entre elles, et non des moindres. Il semble surprenant au premier abord que les scribes aient fait tant d'étourderies, mais chacun peut vérifier par expérience personnelle combien il est difficile de faire une copie absolument irréprochable, même quand il s'agit d'un texte court. Si l'on se rappelle que pendant des siècles et des siècles, la copie manuelle fut le seul mode de transmission, on s'étonnera au contraire qu'il n'y ait pas davantage de textes anciens réduits à l'état de casse-tête. Le copiste pouvait tomber dans de multiples traquenards s'il se permettait un moment d'inattention. Ceux que nous allons énumérer n'en représentent qu'un petit nombre, répartis en catégories approximatives. Soulignons que les erreurs des scribes n'ayant jamais été étudiées statistiquement, il est impossible d'indiquer avec la moindre précision leur fréquence relative N'oublions pas non plus que classer une faute dans un groupe est moins facile qu'il n'y paraît. Il est des cas où l'on peut attribuer une erreur à tel ou tel facteur parmi plusieurs, ou à une combinaison. Indiquons enfin que toutes les causes d'erreur n'ont pas constamment joué. C'est ainsi qu'on peut inscrire à l'intérieur de limites chronologiques ou géographiques l'usage de certaines abréviations qui ont dérouté les copistes.

A. Les fautes qui tiennent à une caractéristique de l'écriture antique ou médiévale peuvent se ranger dans une première catégorie. On pourrait croire qu'elle est de loin la plus copieuse, mais une étude attentive d'un apparat critique nous en fait douter. Les causes typiques d'erreurs entrant dans cette rubrique sont :

(I) l'absence de séparation entre les mots, propre à quantité de manuscrits ;

(II) une forte ressemblance entre certaines lettres d'une écriture, qui arrive à les faire confondre ;

(III) la mélecture d'une abréviation : indépendamment des signes habituels représentant des syllabes ou des mots courts, très fréquents, il y avait des abréviations spéciales pour certains termes-clés de la théologie chrétienne ; ces *nomina sacra* reviennent souvent dans les textes grecs et latins. Les abréviations sont si nombreuses dans les deux langues qu'elles constituent un sujet d'étude en soi (Planche V) ;

(IV) les nombres étant écrits en lettres dans les deux langues, ils ont souvent été transmis inexactement, ce qui est très gênant pour qui veut étudier l'histoire économique et militaire ;

(V) enfin on peut sans doute ajouter la confusion entre deux mots qui se ressemblent ou dont l'orthographe est voisine, même si la forme de chacune des lettres ne prête pas immédiatement à erreur.

N.B. Dans les exemples qui suivent, on indiquera par un astérisque la bonne leçon, sauf si elle est expressément présentée comme telle.

(I) 1. Pétrone, *Satyricon*, 43, 1.
     Quid habet quod queratur ? *abbas secrevit*.
     ab asse crevit*   Scheffer (voir aussi *G*)

  2. Eschyle, *Euménides*, 224.
     δίκας δ'ἐπ' ἄλλας τῶνδ' ἐποπτεύσει θεά.
     δὲ Παλλὰς*   Sophianus.

(II.a) Dans les écritures latines, les lettres suivantes se confondent très souvent :
     En capitale : ILT EF PT PF PC BR HN OQ COG et des combinaisons telles que M NI.

En onciale : ILT FPR CEOGU et des combinaisons telles que U CI. L'onciale, par opposition à la capitale, se caractérise par la confusion entre les lettres EU, désormais arrondies, et le groupe COG.

En minuscule : *au oe cl/d nu sf ct* et diverses lettres ou combinaisons de lettres formées de plusieurs jambages, comme celles qu'on trouve dans *minimum*. La confusion de *pr rn ns* est typique de l'écriture insulaire ; le *t* spécial de la wisigothique, le *t* et le *a* de la bénéventaine sont sources de difficultés (voir Planche XIV).

1. Sénèque, *Lettres à Lucilius*, 81, 25.
   Manifestum etiam *contuenti* discrimen est.
   coniventi*   codd. rec.

2. Lucrèce, 2, 497.
   quare non est ut credere possis
   esse infinitis distantia *femina* formis
   semina*   O^c

(II.b) Dans l'écriture grecque, on peut confondre les groupes de lettres suivants :
En onciale : ΑΔΛ ΕΘΟΣ ΙΣ/Κ ΓΤ.
En minuscule : βκμ μν α/ευ.

1. Aristote, *Poétique*, 1462 b 3.
   λέγω δ' οἷον εἴ τις τὸν Οἰδίπουν θείη τὸν Σοφοκλέους ἐν ἔπεσιν ὅσοις ἡ ἰδίας.
   ἡ ἰδίας codd. : ἡ Ἰλιάς* un correcteur humaniste (confusion de Δ et de Λ).

2. Julien, *Lettres*, 23.
   δός μοί τι κατὰ τοὺς μελικτὰς εἰπεῖν ῥήτορας.
   μελικτὰς édition aldine : μελητὰς VL   μελίτους N   βελτίστους* Jackson.
   β et μ sont très semblable en minuscule ; dans ce cas, la corruption a été facilitée par la confusion de ΙΣ et Κ en onciale.

(III) 1. Quinte-Curce, 6, 11, 30.
   Intellego non prodesse mihi quod praesentis sceleris *expressum*.
   expers sum*   codd. rec.
   Les symboles employés pour *per, pro, prae* (en général p ṗ p̄) sont un exemple des centaines de *notae* qui peuvent être mal interprétées.

2. Sénèque, *Lettres à Lucilius*, 76, 7.
   Quare *autem* unum sit bonum quod honestum dicam.
   autem*] h' V : hoc M in b *om*. P.
   Le manuscrit V a conservé l'abréviation insulaire pour *autem*, qui est à l'origine des erreurs de M b P.

3. Scolie à Aristophane, *Cavaliers*, 505.
   τοῦτο πρῶτον τὸ δρᾶμα δι' αὑτοῦ καθῆκε, τὰ δ' ἄλλα δι' ἑτέρων ἀπων.

ἀπων V : προσώπων* ΕΓΘΜ. Il devait y avoir dans le modèle de V les abréviations α (= προ) et ˜ (= ω).

4. Eschyle, *Euménides,* 567
† ἥ τ' οὖν διάτορος † Τυρσηνικὴ
σάλπιγξ βροτείου πνεύματος πληρουμένη.
Derrière οὖν doit se cacher le *nomen sacrum* οὐρανόν (ο̄ῡν̄ο̄ν̄), qui a été corrompu par la suite.

(IV) 1. Cicéron, *Lettres à Atticus,* 1, 13, 6.
Messalla consul Autronianam domum emit HS CXXXIIII.
D'autres manuscrits donnent CXXXVII ou CXXXIII ou XXXIII. 13 400 000 sesterces est un prix astronomique pour une maison ; la correction de Constans, ⌜XXXIII⌝ (= 3 300 000), est plausible, mais il est impossible en l'occurrence d'arriver à une certitude.

2. Thucydide, 3, 50, 1.
τοὺς δ' ἄλλους ἄνδρας οὓς ὁ Πάχης ἀπέπεμψεν ὡς αἰτιωτάτους ὄντας τῆς ἀποστάσεως Κλέωνος γνώμῃ διέφθειραν οἱ Ἀθηναῖοι (ἦσαν δέ ὀλίγῳ πλείους χιλίων), καὶ Μυτιληναίων τείχη καθεῖλον καὶ ναῦς παρέλαβον.
Les manuscrits ont χιλίων ; cependant les meneurs d'une révolte à Mytilène ne sauraient être si nombreux, et l'on a proposé de lire τριάκοντα. En onciale, χιλίων serait écrit ⸌A et τριάκοντα Λ' ; d'où une confusion classique (cf. A. II. b ci-dessus).

(V) 1. Sénèque, *Lettres à Lucilius,* 102, 22.
Tempus hic ubi inveni relinquam, ipse me diis reddam.
corpus*   Pincianus.

2. Pindare, *Pythiques,* 4, 90.
καὶ μὰν Τιτυὸν βέλος Ἀρτέμιδος θήρευσε κραιπνόν.
κραιπνόν* la plupart des manuscrits : τερπνόν C.

B. D'autres corruptions s'expliquent par les changements d'orthographe et de prononciation. Par exemple, l'évolution phonétique du latin fit que les sons *ae* et *e* devinrent identiques, tandis que *b* fut prononcé comme une fricative et confondu avec *u*. En grec, plusieurs voyelles et diphtongues se prononcèrent comme un simple iota (c'est encore le cas aujourd'hui), d'où le nom — iotacisme — donné à l'erreur qui en résulte. Bêta devint une fricative, comme en grec moderne, de même l'upsilon dans les diphtongues. On ne fit plus de différence entre l'omicron et l'oméga. La diphtongue alpha-iota fut assimilée à l'epsilon. Les fautes d'orthographe sont extrêmement fréquentes, mais elles n'ont le plus souvent aucune importance pour l'établissement du texte et ne sont donc pas relevées dans l'apparat.

1. Quintilien, 6, 3, 93 (citant Domitius Afer).
Pane et aqua *bibo*.

vivo* Haupt (la plupart des manuscrits donnent bien entendu *panem et aquam bibo*).

2. Diogène Laërce, *Vies des philosophes*, 9, 10.
(ἔφη) ἡμέραν τε καὶ νύκτα γίνεσθαι καὶ μῆνας καὶ ὥρας αἰτίους καὶ ἐνιαυτοὺς ὑετούς τε καὶ πνεύματα καὶ τὰ τούτοις ὅμοια κατὰ τὰς διαφόρους ἀναθυμιάσεις.
αἰτίους BP : ἐτείους F.

C. Les omissions constituent une troisième grande catégorie d'erreurs, que l'on peut également subdiviser en sous-groupes. Nous trouvons parfois (I) l'omission de quelques lettres seulement ; quand cela se produit dans un passage où le scribe a copié une seule fois une suite de lettres qui devraient se répéter, on parle d'haplographie. Il a pu faire la faute parce qu'il travaillait trop vite, et l'on appelle parfois (II) saut du même au même une forme élargie de cette erreur. Là, le scribe trouvant deux fois le même mot à quelques lignes d'intervalles, a copié le texte jusqu'à l'endroit où il apparaît la première fois ; puis, regardant son modèle pour voir ce qui vient ensuite, il a lu par inadvertance la ligne où le terme figure la seconde fois, et il a enchaîné. Le passage intermédiaire manque donc dans sa copie. Des erreurs se produisent aussi quand deux mots très rapprochés commencent ou se terminent de la même façon ; on se trouve alors devant un « homoéarcton » ou un homéotéleute. Cette vision fautive est également à l'origine d'erreurs assez voisines qu'il convient pourtant de ranger dans un groupe un peu différent, (III) l'omission de toute une ligne. Elle est fréquente dans les manuscrits de poésie et elle est, bien entendu, très révélatrice pour les philologues qui essaient de construire un stemma. On la trouve également dans des textes en prose. Ajoutons cependant que quantité d'omissions n'ont apparemment pas d'autre raison que la négligence du scribe ; elles sont particulièrement nombreuses dans le cas de mots courts.

(I) 1. Lucrèce, 3, 135.
Quidquid ⟨id⟩ est, habeant ; tu cetera percipe dicta.
id* *suppl. l* 31.

2. Aristophane, *Acharniens*, 221-222.
μὴ γὰρ ἐγχάνοι ποτὲ
μηδέ περ γέροντας ὄντας ἐκφυγὼν Ἀχαρνέας.
La plupart des manuscrits omettent ὄντας, qui s'impose évidemment.

(II) 1. Cicéron, *Lettres à Atticus*, 7, 9, 4.
Praeteriit tempus non legis *sed libidinis tuae, fac tamen legis* ; ut succedatur decernitur ; impedis et ais 'habe meam rationem'.
sed – legis* C : *om.* Ω.

2. Aristophane, *Acharniens*, 692-695.
ταῦτα πῶς εἰκότα, γέροντ' ἀπο (λέ-
σαι πολιὸν ἄνδρα περὶ κλεψύδραν,

πολλὰ δὴ ξυμπονήσαντα καὶ θερμὸν ἀπο-)
μορξάμενον ἀνδρικὸν ἱδρῶτα δὴ καὶ πολύν.
Le manuscrit A a omis les mots entre parenthèses.

(III) 1. Sénèque, *Sur la colère*, 3, 7, 1.
tenerique iam visa cum ipso cadunt ita fit ut frequenter inrita sit eius voluntas.
Ces mots occupent juste une ligne dans l'Ambrosianus (C 90 inf.) ; ils sont omis dans un certain nombre de manuscrits postérieurs, qui dérivent donc de A.

2. On a déjà indiqué à propos d'Eustathe (voir p. 47) que le vers 1167 est omis dans tous les manuscrits de l'*Antigone* de Sophocle. On a pu construire plus facilement le stemma des témoins de Sophocle parce que le vers 800 d'*Oedipe roi* manque dans le fameux Mediceus (Laur. 32, 9) et dans son jumeau, le palimpseste de Leyde (B. P. G. 60A).

D. Ce qu'on peut appeler les erreurs d'addition forment une quatrième catégorie. Dans les cas les plus simples, il s'agit tout bonnement de la répétition de quelques lettres ou syllabes ; on parle alors de (I) dittographie. Plus important est l'ajout de notes explicatives, le plus souvent d'une glose (II). La plupart des manuscrits grecs présentent nombre de notes interlinéaires éclairant le sens de termes rares ou difficiles. Ces gloses ont été facilement incorporées dans le texte au cours de la transcription. En poésie, une addition de ce genre se repère immédiatement si elle fait violence au mètre, mais il arrive que la glose ait la même valeur métrique que la leçon originale qu'elle remplace, et il n'est pas toujours commode de déceler la substitution. (III) Discerner les gloses dans une œuvre en prose est souvent très malaisé. On trouve dans quantité de passages des tournures ayant valeur d'explication qui ne s'imposent pas pour l'intelligence du texte, mais n'offensent pas la grammaire ou la syntaxe. Elles posent des problèmes qui peuvent être insolubles. Des philologues ont récemment étudié en détail, dans cette optique, le *Satyricon* de Pétrone et les *Tusculanes* de Cicéron. (IV) Dernière corruption, rare mais intéressante : un passage parallèle écrit à l'origine en marge par un lecteur cultivé a été ajouté au texte. Le phénomène se rencontre dans la poésie comme dans la prose. On en connaît des exemples dans la tragédie grecque, et Galien (éd. Kühn, t. 17, 1, p. 634) en a signalé un dans un des traités d'Hippocrate.

(I) 1. Sénèque, *Lettres à Lucilius*, 78, 14.
Quod acerbum fuit ferre, *retulisse* iucundum est.
tulisse*   Bartsch.

2. Chanson citée par Athénée, 694d.
γελάσειας, ὦ Πᾶν, ἐπ' ἐμαῖς
εὐφροσύναις ταῖσδ' ἀοιδαῖς, ἀοιδέ, κεχαρημένος.

εὐφροσύναις A : εὔφροσι* Wilamowitz.
ἀοιδαῖς ἀοιδέ A : ἀοιδαῖς* Hermann.

(II) 1. Eschyle, *Agamemnon*, 549.
καὶ πῶς ; ἀπόντων τυράννων ἔτρεις τινάς ;
Texte de F : Triclinius a rétabli le mètre en remplaçant τυράννων par κοιράνων.

2. Plaute, *Truculentus*, 278.
Cumque ea noctem in stramentis pernoctare perpetim [totam].
Le palimpseste ambrosien donne à la fois la glose (*totam*) et le mot qui en a fait l'objet (*perpetim*) ; la famille palatine a le bon texte.

(III) 1. Sénèque, *Lettres à Lucilius*, 42, 4.
Eadem velle [subaudi si] cognosces : da posse quantum volunt.
Les mots *subaudi si* (« sous-entendre *si* »), corrompus en *subaudis* et en pire dans les manuscrits, avaient été mis en marge pour montrer au lecteur qu'il s'agissait d'une conditionnelle exprimée par une parataxe ; ils ont été ensuite introduits dans le texte.

2. Diogène Laërce, *Vies des philosophes*, 5, 76.
λέγεται δ' ἀποβαλόντα αὐτὸν τὰς ὄψεις ἐν Ἀλεξανδρείᾳ κομίσασθαι αὖθις παρὰ τοῦ Σαράπιδος.
ἀποβαλόντα* BP : τυφλωθέντα F, qui est une glose.

(IV) 1. Dans le Mediceus d'Eschyle (Laur. 32, 9), on a écrit en marge du v. 253 des *Perses* le v. 277 de l'*Antigone* de Sophocle. Dans les copies de M, il a été incorporé au texte d'Eschyle.

2. Virgile, *Énéide*, 2, 76.
Ille haec deposita tandem formidine fatur.
Ce vers, qui introduit le discours de Sinon, ne figure pas dans P ; il a été ajouté ultérieurement au bas de la page de M. C'est un doublet de 3, 612, où il est à sa place ; il a été introduit ici à cause de la similitude des deux passages.

E. Les transpositions appartiennent à une cinquième catégorie d'erreurs, bien connue elle-aussi. (I) Les transpositions de lettres sont monnaie courante. (II) En poésie, des vers sont souvent intervertis. (III) Dans tous les textes, l'ordre des mots peut varier ; le cas est assez fréquent pour inciter à une grande prudence ceux qui veulent étudier ce phénomène dans la prose latine ou grecque.

Toujours dans ce domaine, des causes particulières ont entraîné des corruptions dans la poésie et la prose grecques pendant le Moyen Age. (IV) L'une d'elles a souvent altéré le texte des tragiques. A Byzance, on écrivait communément en vers dodécasyllabiques ; ils ressemblaient aux trimètres ïambiques classiques, mais obéissaient à des règles différentes, la plus importante étant que la pénultième devait porter un accent (à l'époque un accent d'intensité). Des scribes ont donc modifié, sans doute inconsciemment, certains vers des tragédies pour respecter cet impératif ; c'est ce qu'on appelle le *vitium Byzantinum*. (V) Dans la prose byzantine également, l'ordre des mots était fixé par une règle ; il fallait en général que les deux dernières syllabes accentuées d'une phrase soient séparées par deux ou quatre syllabes non accentuées (dans des cas particuliers, par six ou aucune). Cette habitude a parfois laissé des traces dans les manuscrits de prosateurs classiques.

(I) 1. Lucrèce, 3, 170.
Si minus offendit vitam vis horrida *leti*
ossibus ac nervis disclusis intus adacta ...
teli*   Marullus

2. Eschyle, *Agamemnon*, 1205.
βαρύνεται γὰρ πᾶς τις εὖ πράσσων πλέον.
Texte de la copie autographe de Triclinius ; mais F donne la bonne leçon ἀβρύνεται.

(II) Cette erreur extrêmement répandue se rencontre dans n'importe quel texte.

(III) 1. Sénèque, *Lettres à Lucilius*, 117, 24.
Deos vitam et salutem roga.
Texte de Bϑ*. D'autres manuscrits offrent *vitam roga et salutem* ou *salutem et vitam roga*. L'autorité du témoin et le rythme (double crétique) permettent de trancher.

2. Pindare, *Néméennes*, 7, 37.
ἵκοντο δ᾽ εἰς Ἐφύραν πλαγχθέντες.
Texte des manuscrits ; Boeckh a rétabli la correspondance métrique en lisant πλαγχθέντες δ᾽ εἰς Ἐφύραν ἵκοντο.

(IV) Eschyle, *Agamemnon*, 1106.
ἐκεῖνα δ᾽ ἔγνων· πᾶσα γὰρ πόλις βοᾷ.
Telle est la leçon, correcte, de M ; mais Triclinius et F donnent βοᾷ πόλις.

(V) Plutarque, *De curiositate*, 13 (522a).
ὁμοίως οὐδ᾽ ὁ Ἀλέξανδρος εἰς ὄψιν ἦλθε τῆς Δαρείου γυναικὸς ἐκπρεπεστάτης εἶναι λεγομένης.
Texte de la plupart des manuscrits ; il est modifié dans la famille Λ pour avoir une clausule byzantine τῇ Δαρείου γυναικὶ εὐπρεπεστάτῃ λεγομένῃ τυγχάνειν.

F. On peut ranger dans une sixième catégorie les erreurs provenant du contexte. (I) Le cas d'un mot peut être à tort assimilé à celui d'un terme adjacent. (II) Les scribes se sont laissé influencer par des vocables ou expressions qu'ils venaient ou étaient sur le point de copier.

(I) 1. Catulle, 34, 17.
   Tu cursu dea *menstrua*
   metiens iter annuum,
   rustica agricolae bonis
      tecta frugibus exples.
   menstruo*   B. Guarino.

2. Euripide, *Hélène*, 1243.
   κενοῖσι θάπτειν ἐν πέπλοις ὑφάσμασιν.
   πέπλοις L : πέπλων* Scaliger.

(II) 1. Sénèque, *Lettres à Lucilius*, 114, 9.
   Ubi luxuriam late felicitas fudit, *luxus* primum corporum esse diligentior incipit.
   cultus*   Muret.

2. Euripide, *Rhésos*, 776-777.
   ἤπυσα δ' αὐτοῖς μὴ πελάζεσθαι στρατῷ,
   κλῶπας δοκήσας συμμάχων πλάθειν τινάς.
   Au v. 776, V donne par anticipation πλάθειν au lieu de πελάζεσθαι.

G. Certaines fautes trahissent l'influence de la culture chrétienne des scribes, qui au Moyen Age étaient tous des croyants. Il serait très surprenant qu'ils aient réussi à copier des milliers de manuscrits sans aucune interférence de ce genre.

1. Pétrone, *Satyricon*, 58, 7.
   Sathana tibi irata sit curabo.
   Sathana H : Athana* Heinsius (cf. aussi **D. 1** : comme la phrase précédente se termine par *habeas*, il s'agit peut-être d'une dittographie).

2. Aristophane, *Cavaliers*, 1302-1304.
   οὐδὲ πυνθάνεσθε ταῦτ', ὦ παρθένοι, τὰν τῇ πόλει;
   φασὶν αἰτεῖσθαί τιν' ἡμῶν ἑκατὸν εἰς Καρχηδόνα,
   ἄνδρα μοχθηρὸν πολίτην, ὀξίνην Ὑπέρβολον.
   Καρχηδόνα RVΦ : Χαλκηδόνα Γ² et un scoliaste.
   Carthage est plus vraisemblable que Chalcédoine, une ville peu importante dans l'empire athénien, mais en revanche bien connue de tous les chrétiens grecs du Moyen Age en raison du concile qui s'y était réuni en 451.

H. Une série d'erreurs ont été faites de propos délibéré par les scribes. On a vu plus haut que les lecteurs de l'Antiquité et du Moyen Age s'efforçaient d'émender les passages qui leur paraissaient obscurs ou corrompus ; ils se sont parfois fourvoyés, pêchant par ignorance. Prenons un exemple typique : Triclinius a mutilé certains vers lyriques d'Euripide, car s'il savait qu'il fallait rétablir la correspondance métrique, il ne connaissait pas assez la langue de la poésie classique pour trouver les bonnes corrections. Bien que le terme ne soit pas tout à fait juste, on dénomme souvent « interpolations » ces corrections fautives. Des altérations volontaires, beaucoup plus importantes celles-là, s'expliquent par le souci d'expurger les textes ; elles sont toutefois moins fréquentes qu'on ne pourrait le croire. Les maîtres d'école de la fin de l'Antiquité et du Moyen Age étaient, semble-t-il, moins enclins qu'on ne l'a été plus récemment à supprimer des passages obscènes ou gênants à d'autres titres. Les coupures opérées dans certaines éditions scolaires modernes d'Aristophane ne paraissent pas avoir été préfigurées dans les manuscrits médiévaux. Cependant, il y a des témoins d'Hérodote qui omettent la description de la prostitution sacrée à Babylone (*Hist.* 1, 199), et une famille de manuscrits de Martial où certaines grossièretés ont été remplacées par des termes moins choquants. Des interpolations d'un autre genre, qui ne sont pas imputables aux scribes, ont été le fait d'acteurs jouant les tragédies grecques (voir p. 11).

1. Juvénal, 8, 148.
   Ipse rotam adstringit sufflamine mulio consul.
   On rencontre dans certains manuscrits une erreur assez naturelle, *sufflamine multo*. Une interpolation délibérée ayant rétabli le mètre, d'autres témoins donnent *multo sufflamine*.

2. Tacite, *Annales*, 13, 9, 1.
   Et Corbulo, ne irritum bellum traheretur utque Armenios ad sua defendenda cogeret, exscindere parat castella.
   C'est le texte de M. Dans le manuscrit de Leyde, une interpolation débridée aboutit à un texte spécieux et absurde :
   Et Corbulone irritum bellum trahente ut Armenios ad sua defendenda cogeret exinde repetit castella.

3. Euripide, *Electre*, 435-437.

   ἵν' ὁ φιλάδελφος ἔπαλλε δελ-
   φὶς πρῴραις κυανεμβόλοι-
   σιν εἰλισσόμενος.

   Texte de la première main de L ; Triclinius, sachant que les strophes se correspondent et connaissant la citation qu'Aristophane fait de ce passage dans les *Grenouilles*, v. 1314 et suiv., apporte une bonne correction (φίλαυλος), mais commet ensuite une grosse erreur (κυανεμβόλοις εἰειλισσόμενος)

4. Plutarque, *De curiositate*, 7 (518b).
   φέρε γὰρ Ἡρόφιλον ἢ Ἐρασίστρατον ἢ τὸν Ἀσκληπιὸν αὐτόν, ὅτ' ἦν ἄνθρωπος, ἔχοντα τὰ φάρμακα καὶ τὰ ὄργανα, κατ' οἰκίαν παριστάμενον ἀνακρίνειν, μή τις ἔχει σύριγγα περὶ δακτύλιον ἢ γυνὴ καρκίνον ἐν ὑστέρᾳ.
   La famille Λ change ici δακτύλιον en δάκτυλον et supprime ἐν ὑστέρᾳ.

La diversité des causes d'erreurs est riche d'enseignements pour le critique. Il ne peut partir de l'idée que l'une d'elles l'emporte sur les autres. En pratique, maints érudits ont eu l'air de penser que les erreurs d'origine paléographique sont les plus répandues ; c'est la conclusion qu'il faut manifestement tirer des nombreuses justifications paléographiques, souvent sophistiquées d'ailleurs, apportées à l'appui des corrections proposées. Or la seule méthode valable consiste à suivre la règle explicitement formulée par Haupt et reprise par Housman dans sa conférence *The application of thought to textual criticism* (= *Classical papers*, t. 3, p. 1065) : « Une bonne émendation — et c'est là sa condition première — doit nécessairement partir de la pensée de l'auteur ; c'est seulement ensuite qu'entrent en ligne de compte d'autres considérations comme celles de métrique ou l'étude des occasions de faute, interversion de lettres par exemple... Si le sens l'exige, je suis prêt à écrire *Constantinopolitanus* là où les manuscrits offrent l'interjection monosyllabique *o*. » C'est pour bien se faire entendre que Haupt et Housman donnent cet exemple extrême. En fait, quand il a vu, en se fondant sur le sens, comment restituer un passage corrompu, le critique examine les différentes possibilités qui découlent des types d'erreurs que nous avons énumérés, et lui permettent de choisir celle des restitutions qui lui paraît la meilleure. En cas de corruption vraiment grave, il peut être nécessaire de mettre le texte de l'archétype entre des croix (††) et d'indiquer dans l'apparat les conjectures les plus plausibles ; mais le critique ne peut en l'occurrence arriver à une certitude, aussi bien fourbies que soient ses armes.

9.— *La transmission fluide d'œuvres techniques ou populaires.*

Comme nous nous sommes avant tout intéressés à la transmission de la littérature, les textes qui ont retenu notre attention sont pour la plupart des œuvres d'art, dont on peut légitimement espérer qu'elles retiennent la forme que leur auteur leur a donnée. Dans ce cas, le but de la transmission est de reproduire exactement la lettre du texte, et dans l'ensemble les classiques ont remarquablement bien supporté l'épreuve du temps. Même certaines œuvres plus techniques ont été protégées par le prestige de leur auteur.

Il existe toutefois d'autres types de textes qui se prêtent à une forme plus fluide de transmission, et qui évoluent avec le temps pour répondre à des demandes ou des circonstances nouvelles. Ce sont notamment des variétés de manuels, des œuvres dont les ambitions sont moins littéraires qu'utilitaires : elles veulent d'abord fournir au lecteur un ensemble de connaissances juridiques, grammaticales ou techniques. De tels livres manquent leur but si l'information qu'ils offrent est dépassée, insuffisante ou au contraire trop sophistiquée pour leur public. Il devient alors nécessaire de modifier le contenu et d'adapter, voire de simplifier le style, comme le montre particulièrement l'exemple des commentaires et des scolies. Il arrive que les rédactions abrégées ou augmentées qui résultent de ce processus remplacent l'original, ou qu'elles mènent une existence parallèle, ou même qu'elles se combinent à lui pour donner encore d'autres variétés. Le cas des traductions n'est pas fondamentalement différent : une traduction vise avant tout à rendre une œuvre accessible à ceux qui ne peuvent comprendre l'original, mais si on profite de l'occasion pour corriger celui-ci, le mettre à jour ou le modifier de quelque façon, c'est alors une nouvelle version qui est mise en circulation.

Il ne manque pas d'exemples antiques de telles révisions. Quand Faventinus rédigea son épitomé de Vitruve, à la fin du IIIe ou au début du IVe, il lui donna la forme d'un petit traité d'architecture privée ; l'ouvrage est intelligemment conçu, avec d'utiles additions, et dans son traité d'agriculture Palladius l'a utilisé de préférence à l'original. M. Gavius Apicius était un gastronome du temps de Tibère, mais le livre de cuisine qui porte son nom, une compilation qui remonte à la fin du IVe ou au début du Ve siècle, laisse apparaître une série de strates, puisées à différentes sources – des traités de médecine et d'agriculture aussi bien que de gastronomie – et ajoutées au fil du temps aux recettes originales d'Apicius. Les *Excerpta* de l'Ostrogoth Vinidarius, un peu plus tardifs, condensent à l'extrême une compilation du même genre.

Par la suite ces œuvres cessèrent d'évoluer et elles nous sont arrivées à peu près sous la forme qu'elles avaient dans l'Antiquité. D'autres au contraire continuèrent à se modifier. Les différents traités d'arpentage qui composent le *Corpus agrimensorum* remontent pour l'essentiel à une collection rassemblée à la fin du Ve siècle, mais les manuscrits existants nous permettent d'entrevoir un certain nombre de compilations intermédiaires dans lesquelles la matière a été réorganisée, condensée ou développée en fonction des besoins des usagers. L'une des trois versions de Nonius Marcellus qui circulaient à l'époque carolingienne a pris nettement la forme d'un dictionnaire à l'usage des moines. Le *De fluminibus* de Vibius Sequester a la qualité littéraire d'un annuaire téléphonique et ne vaut que par son contenu, une liste de fleuves et d'indications topographiques. Au XIIe siècle, quelque part dans la vallée de la Loire, un lecteur mortifié sans doute par l'omission de son fleuve préféré, une parmi d'autres, a réparé le mal en compilant pour la postérité une liste plus complète de l'original.

Nous avons déjà évoqué le processus qui a permis au *De significatu verborum* de Verrius Flaccus de parvenir en partie jusqu'à nous (cf. p. 16). La dédicace de Paul Diacre à Charlemagne révèle candidement la liberté avec laquelle il a traité la version, déjà abrégée, faite par Festus au IIe siècle :

> Cupiens aliquid vestris bibliothecis addere, quia ex proprio perparum valeo, necessario ex alieno mutuavi. Sextus denique Pompeius Romanis studiis affatim eruditus ... opus suum ad viginti usque prolixa volumina extendit. Ex qua ego prolixitate proflua quaeque et minus necessaria praetergrediens et quaedam abstrusa penitus stilo proprio enucleans, nonnulla ita ut erant posita relinquens, hoc vestrae celsitudini legendum conpendium obtuli (K. Neff, *Die Gedichte des Paulus Diaconus*, Munich, 1908, p. 124).

> « Désirant ajouter quelque chose à vos bibliothèques, comme je vaux trop peu par moi-même, j'ai été contraint d'emprunter à autrui. Sextus Pompeius, un vrai expert en études romaines, ... a étendu son

œuvre jusqu'à remplir vingt longs volumes. De ce discours prolixe, j'ai omis tout ce qui était redondant et moins nécessaire, j'ai éclairci de ma plume quelques obscurités et j'ai laissé quelques passages comme ils étaient : le résultat est cet abrégé que j'offre à lire à Votre Altesse. »

L'histoire a sa Muse pour la protéger, mais c'est aussi une source documentaire que l'on peut condenser, ou prolonger. Personne n'a eu l'audace de continuer l'œuvre de Tacite, mais le *Bréviaire* d'Eutrope n'a pas inspiré un tel respect. Paul Diacre le développe en y ajoutant des passages tirés d'autres auteurs et six livres composés exprès, qui amènent cette histoire de la fin du IVe siècle jusqu'à la mort de Justinien ; et vers l'an 1000, Landulphe le Sage fait à son tour subir le même traitement à cette *Histoire romaine* de Paul Diacre : il y ajoute de nouveaux livres et descend jusqu'au IXe siècle.

Si nous nous tournons vers le monde du folklore, du roman et de l'hagiographie, la transmission peut devenir créatrice et foisonnante. Comme exemple d'une œuvre qui a donné naissance à toute une littérature populaire, on citera le *Roman d'Alexandre* du Pseudo-Callisthène, composé au début du IIIe siècle de notre ère. Il survit dans des versions médiévales aussi bien qu'antiques, en grec, en latin et en une foule d'autres langues, en prose et en vers. La branche principale de la tradition grecque se décompose en cinq recensions et la traduction latine médiévale, l'*Historia de preliis Alexandri Magni* de l'archiprêtre Léon, est elle-même la source de trois nouvelles versions.

De telles traditions posent problème à un éditeur, qui doit travailler à la fois au niveau des recensions et à celui des manuscrits de chacune d'entre elles. Le texte d'une version, qui provient peut-être d'une source plus ancienne ou meilleure, permet parfois de corriger celui d'une autre, mais il n'est pas toujours aisé de décider si l'on a affaire à une faute ou à une innovation voulue. Et quel texte éditer ? Il conviendra parfois d'imprimer la version originale, ou la mieux attestée, et de donner en bas de page les passages ajoutés ou divergents. Si le format et la typographie le permettent, on pourra aussi produire une édition synoptique, où les différentes recensions seront disposées en colonnes. Dans certains cas, la solution sera d'éditer séparément chaque version. Le choix dépendra en définitive de l'état et de la valeur de chaque texte particulier.

10.– Épilogue : méthodes nouvelles.

Dans cet exposé sur la fonction et la méthodologie de la critique textuelle, nous avons indiqué certains des principes et critères employés le plus communément et le plus utilement par ceux qui tentent d'inverser le processus de transmission et de retrouver aussi exactement que possible la forme originelle de ce qu'écrivirent les Anciens. Pour ramener à la longueur d'un chapitre un sujet qu'un livre ne suffirait pas à épuiser, nous nous sommes bornés aux techniques fondamentales et éprouvées. Le lecteur aura donc inévitableemnt l'impression que dans la critique textuelle, tout se déroule suivant un processus clair et prévisible. En fait, si les principes généraux sont à n'en pas douter d'un grand secours, les problèmes spécifiques ont la fâcheuse habitude d'être *sui generis*, et il est de même fort rare de trouver deux traditions manuscrites qui relèvent exactement du même traitement.

Une omission saute au yeux. Bien que nous ayons signalé les limites de la théorie stemmatique, nous n'avons pas exploré les méthodes complexes, et parfois controversées, qui s'appliquent aux traditions contaminées. Plus une tradition est ouverte, moins la méthode stemmatique a de chances d'être fructueuse, et il faut recourir à d'autres procédés.

Ils vont de l'approche empirique, fondée sur le bon sens qui accepte les nécessités d'un monde imparfait, à des techniques statistiques très élaborées qui visent à des résultats plus objectifs. Dans certains cas, on peut, en l'assouplissant, adopter la méthode généalogique. Les manuscrits sont classés, autant que faire se peut, en larges groupes et l'éditeur choisit ses leçons avec éclectisme, en s'appuyant plus sur leur mérite intrinsèque que sur des considérations d'affiliation ou d'autorité, et en prenant soin d'équilibrer ces facteurs pour tenir compte de la nature de la tradition. Mais si la contamination est telle que, selon les termes de Housman dans la préface à son édition de Lucain (1927), « la véritable ligne de partage passe entre les variantes elles-mêmes et non entre les manuscrits qui les offrent », on peut essayer de raisonner sur celles-ci plutôt que sur ceux-là. Cette nouvelle approche peut impliquer des techniques mathématiques très élaborées, qui sont particulièrement tentantes aujourd'hui que les ressources de la mécanographie et de l'informatique en facilitent l'application. Nous n'avons pas parlé des méthodes taxonomiques et statistiques, qui mériteraient une étude pour elles-mêmes, ni de leur automatisation qui en est au stade expérimental et a déjà engendré une bibliographie imposante qui n'est pas immédiatement intelligible à la plupart des littéraires. On ne sait pas encore exactement si des techniques mécanisées complexes, pour valable qu'en soit l'étude théorique, donneront des résultats pratiques justifiant le travail et les dépenses qu'elles supposent, ou nettement supérieurs à ceux qu'on obtient par les moyens traditionnels et par « l'ordinateur que la nature a placé entre les oreilles du chercheur ». En tout cas, elles semblent avoir plus d'avenir dans le domaine biblique ou patristique, et dans celui des littératures nationales : dans le cas des textes classiques, on contrôle son matériel plus aisément et on réussit en général à le dominer grâce aux méthodes traditionnelles, renforcées au besoin par quelques astuces scientifiques. Certes, hors du domaine de la recension, les machines se sont avérées précieuses pour l'établissement de concordances et même pour les études de style, ce qui présente un très réel intérêt pour l'édition de textes, mais en dernière analyse, l'équipement essentiel est le goût, le jugement, le sens commun et l'aptitude à distinguer le vrai du faux dans un contexte donné, et cela reste l'apanage de l'esprit humain.

NOTES BIBLIOGRAPHIQUES

ABRÉVIATIONS

AJPh American Journal of Philology.
BICS Bulletin of the Institute of Classical Studies of the University of London.
ByzZ Byzantinische Zeitschrift.
C.L.A. E.A. Lowe, *Codices Latini Antiquiores*, t. I-XI et Supplément, Oxford, 1934-1972.
CPh Classical Philology.
CQ The Classical Quarterly.
CR The Classical Review.
GIF Giornale italiano di filologia.
GRBS Greek, Roman and Byzantine Studies.
HSCPh Harvard Studies in Classical Philology.
IMU Italia Medioevale e Umanistica.
JÖByzG Jahrbuch der österreichischen Byzantinischen Gesellschaft (*puis* : Byzan-
(*JÖByz*) tinistik).
JRS The Journal of Roman Studies.
JWI Journal of the Warburg and Courtauld Institutes.
M.G.H. Monumenta Germaniae Historica.
PCPhS Proceedings of the Cambridge Philological Society.
P.G. *Patrologia Graeca*.
P.L. *Patrologia Latina*.
R.E. Realencyclopädie der classischen Altertumswissenschaft.
REG Revue des Études Grecques.
RhM Rheinisches Museum für Philologie.
RHT Revue d'Histoire des Textes.
Settimane Settimane di studio del Centro italiano di studi sull'alto medioevo, Spoleto.
TAPhA Transactions and Proceedings of the American Philological Association.

Bischoff, *Mitt. Studien* : B. Bischoff, *Mittelalterliche Studien. Ausgewählte Aufsätze zur Schriftkunde und Literaturgeschichte*, Stuttgart, 1966-1981, 3 vol.

Harlfinger, *Gr. Kod.* : D. Harlfinger, éd., *Griechische Kodikologie und Textüberlieferung*, Darmstadt, 1980.

Lowe, *Pal. Papers* : E.A. Lowe, *Palaeographical Papers 1907-1965*, edited by L. Bieler, Oxford, 1972, 2 vol.

Ullman, *Studies* : B.L. Ullman, *Studies in the Italian Renaissance*, second ed. with additions and corrections, Rome, 1973.

NOTES BIBLIOGRAPHIQUES

CHAPITRE I : L'ANTIQUITÉ

1.— Les livres antiques.

Le développement du commerce de librairie dans l'Athènes classique est décrit par E.G. Turner, *Athenian books in the fifth and fourth centuries B.C.*, Londres, 1952. Il est difficile de déterminer exactement la période où il devient légitime de parler de commerce, mais il vaut la peine de souligner que dans l'*Anabase* 7, 5, 14, Xénophon signale des livres (βίβλοι γεγραμμέναι) dans la cargaison de navires coulés au large de Salmydessos, sur la côte nord de la Thrace ; la conclusion qui semble s'imposer, c'est que dès 399 avant J.-C. les livres étaient un produit exporté (d'Athènes ?) vers les cités riveraines du Pont-Euxin. S'il en est bien ainsi, on se consolera de ne pas pouvoir tirer des informations plus précises des passages d'Eupolis et de Platon cités dans le corps du texte (pp. 2-3). Notre interprétation n'a pas reçu l'accord de J.E.G. Zetzel dans son important compte rendu de la deuxième édition anglaise de ce livre, *CPh*, 72, 1977, pp. 177-183 (p. 178).

Sur la forme et l'aspect des livres en Grèce depuis l'époque classique jusqu'à la fin de l'empire romain, le lecteur aura profit à consulter E.G. Turner, *Greek Papyri. An introduction*, Oxford, 1980^2, que complète son *Greek Manuscripts of the ancient world*, Oxford, 1971 (avec des planches très bien choisies et commentées).

A l'époque classique, l'approvisionnement en papyrus était aléatoire, si nous pouvons nous fier au témoignage que donne la lettre de Speusippe à Philippe de Macédoine (L. Köhler, « Die Briefe des Sokrates und der Sokratiker », *Philologus*, Supplement-Band 20, 2, Leipzig, 1928, p. 50) : il y aurait eu pénurie de papyrus en 342 environ avant J.-C., par suite de l'occupation de l'Égypte par les Perses. Toutefois, bien que cette lettre soit considérée comme authentique par de nombreux savants, elle n'inspire pas entièrement confiance. Sur tous les problèmes que pose l'usage du papyrus, voir maintenant N. Lewis, *Papyrus in classical antiquity*, Oxford, 1974.

On discute toujours sur l'usage et l'amélioration progressive de la ponctuation. En plus des *Greek Papyri* de Turner (index, *s.v.* punctuation), on consultera R. Pfeiffer, *History of classical scholarship : from the beginnings to the end of the Hellenictic age*, Oxford, 1968, pp. 178-181 ; ses vues sont reprises en substance par R. Renehan, *Greek textual criticism, a reader*, Cambridge, Mass., 1969, pp. 76-77, mais on tiendra compte des réserves exprimées par N.G. Wilson, « Philologiae perennis initia », *CR*,

N.S. 19, 1969, p. 371, et on notera que les passages cités par Renehan ne sont pas tous aussi concluants qu'il le pense. L'opinion la plus équilibrée est sans doute celle d'H.-I. Marrou, *Histoire de l'éducation dans l'Antiquité*, Paris, 1965[6], p. 602, n. 30 : les livres entièrement ponctués n'auraient jamais été d'un usage courant mais auraient été réservés aux professeurs et aux élèves (on notera que Marrou fait cette suggestion à propos des livres d'époque romaine). On trouvera dans H. Lloyd-Jones, *The justice of Zeus*, Berkeley, 1971, p. 193, n. 23, un exemple intéressant de conjecture qui se justifie entre autres par l'absence de ponctuation dans les textes antiques. Les études consacrées à la ponctuation latine sont indiquées plus bas, au paragraphe 4.

Si on accepte pour le Stésichore de Lille (P. Lille 76) une date de 270-230 avant J.-C., il faut en conclure que la colométrie était en usage une génération avant Aristophane de Byzance : cf. E.G. Turner, « Ptolemaic bookhands and Lille Stesichorus ». *Scrittura e civiltà*, 4, 1980, pp. 19-40 (spécialement p. 38).

2.— *La bibliothèque du Musée et la philologie alexandrine.*

L'ouvrage classique sur la philologie alexandrine est celui de R. Pfeiffer, cité plus haut (compte rendu par N.G. Wilson, *CR*, N.S. 19, 1969, pp. 366-372). C'est le premier tome d'une œuvre inachevée qui devait remplacer les trois volumes de Sir J.E. Sandys, *A history of classical scholarship*, Cambridge, 1903-1908 (t. I, 1921[3] ; réimpression de l'ensemble à New York en 1958), toujours précieux comme ouvrages de référence. On aura aussi intérêt à consulter P.M. Fraser, *Ptolemaic Alexandria*, Oxford, 1972, 3 volumes.

La monographie de L.W. Daly, *Contributions to a history of alphabetization in antiquity and the middle ages*, Bruxelles, 1967 est intéressante ; il y est démontré que Zénodote et Callimaque usèrent de l'ordre alphabétique dans certains de leurs écrits, ce qui permet de supposer que le même principe a servi, dans une certaine mesure, au classement de la bibliothèque du Musée.

Les papyrus « sauvages » d'Homère (c'est-à-dire ceux antérieurs à la recension alexandrine) ont été réédités par S.R. West, *The Ptolemaic papyri of Homer*, Cologne, 1967.

G.P. Goold, « Homer and the alphabet », *TAPhA*, 91, 1960, pp. 272-291, a accueilli avec le plus grand scepticisme l'idée que des exemplaires d'Homère écrits dans l'ancien alphabet athénien aient pu parvenir jusqu'à la bibliothèque d'Alexandrie ; cependant, même si ses conclusions sont justes, elles ne valent pas forcément pour tous les autres auteurs.

Sur l'usage des signes critiques, nous ne disposons que de sources corrompues et embrouillées, mais les faits ont été convenablement dégagés dans l'article « Kritische Zeichen » de la *R.E.* (par A. Gudeman ; t. 11, 1922, c. 1916-1927). Voir aussi, pour les signes utilisés dans les papyrus d'Hésiode et des lyriques, R.L. Fowler, « Reconstructing the Cologne Alcaeus », *Zeitschrift für Papyrologie und Epigraphik*, 33, 1979, pp. 17-28, spécialement p. 24 et s.

Nos statistiques sur la diffusion des corrections apportées par Aristarque au texte d'Homère sont tirées de l'édition de l'*Iliade* par T.W. Allen, t. 1, Oxford, 1931, pp. 199-200 ; aux pp. 201-202, on trouvera des calculs analogues pour les leçons attribuées à Zénodote et à Aristophane. Les proportions n'ont sans doute pas été profondément modifiées par les textes publiés après 1931.

Sur le principe d'Aristarque d'interpréter Homère par Homère, voir N.G. Wilson, « An Aristarchean maxim », *CR*, N.S. 21, 1971, p. 172 ; G. Lee, « An Aristarchaean maxim ? », *PCPhS*, 201, 1975, pp. 63-64 et N.G. Wilson, « Aristarchus or a sophist ? », *PCPhS*, 202, 1976, p. 123.

Les interpolations d'acteurs sont étudiées par D.L. Page, *Actors' interpolations in Greek tragedy*, Oxford, 1934 ; sur le passage mentionné dans le texte, voir spécialement A.M. Dale, « Seen and unseen on the Greek stage : a study in scenic conventions », *Wiener Studien*, 69, 1956, pp. 103-104 (= *Collected papers*, Cambridge, 1969, pp. 126-127), et M.D. Reeve, « Interpolation in Greek tragedy, I », *GRBS*, 13, 1972, pp. 263-264 (qui suppose une beaucoup plus grande interpolation).

3.— Autres travaux hellénistiques.

Les découvertes archéologiques faites à Pergame sont présentées dans E. Akurgal, *Ancient civilisations and ruins of Turkey*, Istanbul, 1978^4, pp. 69-111.

Le commentaire de Didyme sur Démosthène a été édité par H. Diels et W. Schubart (Berlin, 1904) ; le genre auquel il appartient a été caractérisé par F. Leo dans son compte rendu, « Didymos περὶ Δημοσθένους », *Nachrichten von der Gesellschaft der Wissenschaften zu Göttingen, Philol.-Hist. Klasse*, 1904, pp. 254-261 (= *Ausgewählte kleine Schriften*, t. 2, Rome, 1960, pp. 387-394). On notera aussi les réserves exprimées par S. West, « Chalcenteric negligence », *CQ*, N.S. 20, 1970, pp. 288-296.

L'authenticité de la *Technè* de Denys le Thrace, récemment mise en doute, a été défendue par H. Erbse, « Zur normativen Grammatik der Alexandriner », *Glotta*, 58, 1980, pp. 244-258.

4.— Les livres et la philologie sous la République romaine.

Le livre latin est réduit à la portion congrue dans les ouvrages classiques sur le livre dans l'Antiquité : il ressemble en effet pour l'essentiel à son homologue grec, et de plus notre documentation est assez mince, car elle provient surtout de l'Égypte, où la langue latine ne jouait qu'un rôle secondaire. Toutefois le chapitre « Books and readers in the Roman world », dû à E.J. Kenney, dans la *Cambridge history of classical literature*, t. 2, *Latin literature*, Cambridge, 1982, pp. 3-32, nous rend moins dépendants de Th. Birt, *Das antike Buchwesen in seinem Verhältnis zur Literatur*, Berlin, 1882 (réimpression : Aalen, 1974), et l'Égypte vient de se racheter grâce à une des trouvailles les plus spectaculaires de ces dernières années : la découverte de fragments de poèmes de Gallus dans un avant-poste romain à Qaṣr Ibrîm, en Nubie. Ce sont les restes d'un livre qui avait sans doute appartenu à un officier romain en service dans la province même dont Gallus fut gouverneur. Un tel document, qui a très bien pu être écrit du vivant de l'auteur, nous permet miraculeusement d'entrevoir la mise en page d'un livre de l'époque classique. On notera particulièrement l'espacement aéré, le décrochement des pentamètres et l'usage systématique de points pour séparer les mots, une habitude bien pratique qui avait disparu à la fin du premier siècle de notre ère. Sur ces fragments de Gallus, voir R.D. Anderson, P.J. Parsons, R.G.M. Nisbet, « Elegiacs by Gallus from Qasr Ibrîm », *JRS*, 69, 1979, pp. 125-155 et pl. IV-VI.

Il conviendra de tenir compte de ce nouveau document lorsqu'on réfléchira sur la ponctuation, et par suite la lisibilité, des livres à l'époque classique. On a soutenu que les livres latins, jusque vers 100 après J.-C., étaient mieux ponctués et plus accessibles au lecteur que ce n'était généralement le cas dans l'Antiquité ; voir R.P. Oliver, « The first Medicean Ms. of Tacitus and the titulature of ancient books », *TAPhA*, 82, 1951, pp. 241-242, et l'argumentation plus développée de E.O. Wingo, *Latin punctuation in the classical age*, La Haye, 1972. Pour un traitement d'ensemble, on consultera R.W. Müller, *Rhetorische und syntaktische Interpunktion*, Diss. Tübingen, 1964 Le rôle que les Romains ont joué dans le développement du codex est examiné à la section 8.

On ne dispose pas d'une étude d'ensemble sur la philologie à Rome, mais ses aspects qui nous intéressent le plus ont fait l'objet d'un examen critique par J.E.G. Zetzel dans son livre *Latin textual criticism in Antiquity*, New York, 1981, qu'on aura intérêt à consulter sur beaucoup des problèmes traités ci-dessous. Les sources se trouvent dans G. Funaioli, *Grammaticae Romanae fragmenta*, t. 1, Leipzig, 1907, continué par A. Mazzarino, *Grammaticae Romanae fragmenta aetatis Caesareae*, t. 1, Turin, 1955. On trouvera de brèves présentations dans A. Gudeman, *Grundriss der Geschichte der klassischen Philologie*, Leipzig, 1909^2, (réimpression : Darmstadt, 1967) ; F. Leo, *Geschichte der römischen Literatur*, t. 1, Berlin, 1913, pp. 355-368 et G. Funaioli, *Studi di letteratura antica*, t. 1, Bologne, 1946, pp. 206-236. Il y a aussi beaucoup à tirer de F. Leo, *Plautinische Forschungen*, Berlin, 1912^2, et de G. Pasquali, *Storia della tradizione e critica del testo*, Florence, 1952^2.

Malgré ses zones d'ombre, l'histoire du texte de Plaute dans l'Antiquité permet heureusement d'apporter quelque lumière sur les débuts de la philologie à Rome ; voir W.M. Lindsay, *The ancient editions of Plautus*, Oxford, 1904 ; F. Leo, *Plautinische Forschungen*, pp. 1-62 ; Pasquali, *Storia della tradizione*, pp. 331-354 ; Zetzel, *Latin textual criticism*, pp. 240-246. Une nouvelle étude d'ensemble est très souhaitable. Sur la date du deuxième dénouement de l'*Andrienne* de Térence, on verra en dernier lieu O. Skutsch, « Der zweite Schluss der Andria », *RhM*, 100, 1957, pp. 53-68. Sur la transmission des auteurs dramatiques, spécialement Ennius, pendant l'Antiquité, bonne discussion dans H.D. Jocelyn, *The tragedies of Ennius*, Cambridge, 1967, pp. 47-57.

L'*Anecdotum Parisinum* et l'activité critique d'Aelius Stilo et de son cercle sont étudiés par S.F. Bonner, « Anecdotum Parisinum » *Hermes*, 88, 1960, pp. 354-360.

On s'intéresse beaucoup à Atticus, à cause de la mine de renseignements que constitue la correspondance de Cicéron et de l'ignorance où nous sommes sur l'édition et la librairie à Rome avant son époque. Le rôle joué par Atticus a fait l'objet d'une étude précise de R. Sommer, « T. Pomponius Atticus und die Verbreitung von Ciceros Werken », *Hermes*, 61, 1926, pp. 389-422 (voir aussi R. Feger, « T. Pomponius Atticus », *R.E.* Suppl.-Bd 8, 1956, c. 517-520 et K. Büchner dans la *Geschichte der Textüberlieferung der antiken und mittelalterlichen Literatur*, t. 1, Zurich, 1961, p. 328). Les faits sont commodément présentés, et interprétés avec la prévention que l'on sait, par J. Carcopino, *Les secrets de la correspondance de Cicéron*, t. 2, Paris, 1947, pp. 305-329.

T. Kleberg, *Buchhandel und Verlagswesen in der Antike*, Darmstadt, 1967, pp. 22-68, offre une vue d'ensemble sur l'industrie du livre à Rome.

5. – *Évolution au début de l'Empire.*

Sur l'éducation à Rome pendant la république et le Haut-Empire, voir S.F. Bonner, *Education in ancient Rome*, Londres, 1977.

Sir Roger Mynors nous a fait remarquer que le vers incomplet de l'*Énéide* (10, 284) cité dans le texte avait valeur de sentence et qu'il était dangereux d'en tirer des conclusions générales. L'histoire du texte de Virgile dans l'Antiquité vient d'être étudiée par E. Courtney, « The formation of the text of Vergil », *BICS*, 28, 1981, pp. 13-29 ; Zetzel, *Latin textual criticism*, pp. 246-248.

On discute beaucoup sur l'importance qu'a eue Probus dans l'histoire de la philologie (édition des *testimonia* et des fragments dans J. Aistermann, *De M. Valerio Probo Berytio capita quattuor*, Bonn, 1910, pp. I-LXII). A l'estime exagérée que lui portaient autrefois des critiques comme Leo (*Plautinische Forschungen*, pp. 23-27), ont succédé des jugements beaucoup plus prudents ; cf. Pasquali, *Storia della tradizione*, pp. 339-348 ; N. Scivoletto, « La 'filologia' di Valerio Probo di Berito », *GIF*, 12, 1959, pp. 97-124 ; K. Büchner, *Geschichte der Textüberlieferung*, t. 1, pp. 335-339 ; Courtney, *art. cité*, pp. 24-26 ; Zetzel, *Latin textual criticism*, pp. 41-54. Voir aussi R. Hanslik, *R.E.*, t. 8 A, 1, 1955, c. 195-212, et pour un examen détaillé du chapitre crucial de Suétone (*De grammaticis*, 24), A. Grisart, « Valerius Probus de Beyrouth », *Helikon*, 2, 1962, pp. 379-414. La réputation de Hygin a connu une baisse analogue ; voir, sur son apport au texte de Virgile, les appréciations critiques de G.P. Goold, « Servius and the Helen episode », *HSCPh*, 74, 1970, pp. 161-162 et de Zetzel, *Latin textual criticism*, pp. 31-36.

Le rôle que les *bibliopolae* pouvaient jouer dans l'édition des livres, spécialement au temps de Martial, a été souligné par M. H. L. M. Van Der Valk, « On the edition of books in antiquity », *Vigiliae Christianae*, 11, 1957, pp. 1-10 (il s'agit d'une retouche apportée à l'étude très suggestive de H.-I. Marrou, « La technique de l'édition à l'époque patristique », *ibid.*, 3, 1949, pp. 208-224, qui avait peut-être trop réduit l'édition antique à une suite de transcriptions privées ; cf. aussi B.A. Van Groningen, ΕΚΔΟΣΙΣ, *Mnemosyne*, 4e s., 16, 1963, pp. 1-17).

6. – *L'archaïsme au IIe siècle.*

Étude d'ensemble sur la librairie ancienne : T. Kleberg, « Antiquarischer Buchhandel im alten Rom », *Annales Acad. Reg. Scient. Upsaliensis*, 8, 1964, pp. 21-32. Dans son article « *Emendaui ad Tironem* : Some notes on scholarship in the second century », *HSCPh*, 77, 1973, pp. 225-243, J.E.G. Zetzel a démontré que bon nombre des livres vénérables qui circulaient au IIe siècle et plus tard – ainsi l'Ennius de Lampadio ou le Cicéron de Tiron – n'étaient que des faux fabriqués par des entrepreneurs avisés pour répondre à la demande de collectionneurs enthousiastes. Le phénomène n'a rien d'extraordinaire et témoigne de la vigueur du mouvement archaïsant, sinon de la sagacité de ses érudits. Toutefois il ne faut sans doute pas sombrer dans un excès de scepticisme. Les faits que Pline l'Ancien rapporte pour le siècle précédent sont moins suspects : ils précèdent le changement de goût, ce retour à l'ancien qui seul a pu ouvrir un marché aux faussaires. Pline (*Histoire naturelle*, 13, 83) prétend avoir vu des documents écrits par les Gracques, et ajoute que les autographes de Cicéron, Auguste et Virgile étaient chose courante ; il est possible qu'il se réfère surtout à des lettres ou à des pièces d'archives. L'hypothèse que la collection d'œuvres de Cicéron achetée par le libraire Dorus (Sénèque, *Des bienfaits*, 7, 6, 1) provenait de l'héritage d'Atticus n'est pas impossible, mais ne repose que sur une conjecture.

La souscription du *De lege agraria II* (p. 22) a été rééditée et étudiée dans l'article cité plus haut de Zetzel, pp. 226-230. On trouvera plus de détails sur Statilius dans une étude du même « Statilius Maximus and Ciceronian studies in the Antonine age », *BICS*, 21, 1974, pp. 107-123.

7.— *Le compendium et le commentaire.*

L'ingéniosité du faussaire qui a composé l'*Histoire Auguste* est mise à jour dans le livre de Sir Ronald Syme, *Ammianus and the Historia Augusta*, Oxford, 1968 (voir en particulier, p. 9).

Sur Servius et Donat comme critiques textuels, on verra Zetzel, *Latin textual criticism*, pp. 81-136 et 148-167 ; étude d'ensemble de Donat par L. Holtz, *Donat et la tradition de l'enseignement grammatical. Étude sur l'Ars Donati et sa diffusion (IVe-IXe siècles) et édition critique*, Paris, 1981.

8.— *Du rouleau au codex.*

L'étude classique sur le codex est celle de C.H. Roberts, « The codex », *Proc. of the British Academy*, 40. 1954, pp. 169-204 ; voir aussi, du même, *Manuscript, society and belief in early Christian Egypt*, Oxford, 1979, et E.G. Turner, *The typology of the early codex*, Univ. of Pennsylvania Press, 1977 ; B. Bischoff, *Paläographie des römischen Altertums und des abendländischen Mittelalters*, Berlin, 1979, pp. 34-38 (développements médiévaux).

Notre esquisse d'une histoire de l'écriture antique est, par nécessité, simplifiée à l'extrême ; on trouvera un exposé magistral et tout à fait à jour dans Bischoff, *op. cit.*, pp. 71-106. Elle se limite aussi aux écritures de librairie ; or la transmission des textes littéraires a pu, dans certains cas, passer par une étape en ancienne cursive romaine : voir les faits et la bibliographie cités par Bischoff, p. 81, n. 68 et 70 (on ajoutera J.G. Griffith, « A taxonomic study of the manuscript tradition of Juvenal », *Museum Helveticum*, 25, 1968, p. 105).

Le point sur les problèmes de la sténographie antique a été fait par H. Boge, *Griechische Tachygraphie und Tironische Noten. Ein Handbuch der antiken und mittelalterlichen Schnellschrift*, Berlin, 1973 ; ajouter à l'importante bibliographie citée H. Hagendahl, « Die Bedeutung der Stenographie für die spätlateinische Literatur », *Jahrbuch für Antike und Christentum*, 14, 1971, pp. 24-38.

9.— *Le paganisme et le christianisme au IVe siècle.*

Certains aspects de la lutte entre paganisme et christianisme au IVe siècle sont étudiés dans les conférences éditées par A. Momigliano sous le titre *The Conflict between Paganism and Christianity in the Fourth Century*, Oxford, 1963 ; particulièrement importante pour notre sujet est celle d'H. Bloch, *The Pagan Revival in the West at the end of the fourth century*, pp. 193-218. Alan Cameron a proposé une nouvelle date pour les *Saturnales* de Macrobe et les a placées dans une nouvelle perspective (« The date and identity of Macrobius », *JRS*, 56, 1966, pp. 25-38 ; vues différentes dans S. Döpp, « Zur Datierung von Macrobius' *Saturnalia* », *Hermes*, 106, 1978, pp. 619-632). Sur la christianisation de la classe sénatoriale, on verra P. Brown, « Aspects of the christianization of the Roman aristocracy », *ibid.*, 51, 1961, pp. 1-11 (article reproduit avec des additions dans *Religion and Society in the Age of Saint Augustine*, Londres, 1972, pp. 161-182).

La confrontation entre les deux cultures est étudiée avec plus d'ampleur par M.L.W. Laistner, *Christianity and pagan culture in the later Roman Empire*, Ithaca, N.Y., 1951 (Cornell Paperbacks, 1967) et *Thought and letters in Western Europe, A.D. 500-900*, Londres, 1957^2, pp. 25-53 ; cf. aussi H. Fuchs, article « Bildung », *Reallexikon für Antike Christentum*, t. 2, 1954, c. 350-362. Il est maintenant possible d'apprécier véritablement l'attitude, théorique et pratique, des deux figures les plus importantes de l'époque, Jérôme et Augustin, grâce aux études minutieuses de H. Hagendahl, *Latin Fathers and the classics*, Göteborg, 1958 et *Augustine and the Latin classics*, Göteborg, 1967.

Sur la question du style et du goût, on verra C.E. Chaffin dans *The Classical world (Literature and Western civilization*, ed. D. Daiches – A. Thorlby), Londres, 1972, pp. 461-486.

10.– Les souscriptions.

Pour le moment, on doit toujours se reporter au travail fondamental d'Otto Jahn, « Ueber die Subscriptionen in den Handschriften römischer Classiker », *Berichte über die Verhandlungen der Sächsischen Gesellschaft der Wissenschaften, Phil.-hist. Classe*, 3, 1851, pp. 327-372. J.E.G. Zetzel, qui prépare une nouvelle édition de toutes les souscriptions, donne un rapport préliminaire sur celles qu'on rencontre dans les manuscrits d'auteurs païens dans son *Latin textual criticism*, pp. 209-231.

On trouvera d'importantes précisions historiques dans l'article cité plus haut de H. Bloch ; sur les fora impériaux comme foyers de culture, voir H.I. Marrou, « La vie intellectuelle au forum de Trajan et au forum d'Auguste », *Mélanges d'Archéologie et d'Histoire* (publiés par l'École française de Rome), 49, 1932, pp. 93-110, repris et complété dans *Patristique et humanisme. Mélanges*, Paris, 1976, pp. 65-80.

W. Clausen met en garde ceux qui attacheraient trop d'importance aux révisions effectuées par ces nobles amateurs qui surgissent si souvent dans les souscriptions : « Sabinus' MS of Persius », *Hermes*, 91, 1963, pp. 252-256. Sur la valeur de l'*emendatio* antique, voir un excellent article de J.E.G. Zetzel, « The subscriptions in the manuscripts of Livy and Fronto and the meaning of *emendatio* », *CPh*, 75, 1980, pp. 38-59, qui souligne les ambitions limitées et le caractère privé de ce travail philologique. Il ne faut tout de même pas oublier que Symmaque lui-même, deux Nicomaque et Victorianus étaient engagés dans la révision du texte de Tite-Live et que Valerianus s'intéressait au projet (Symmaque, *Épist.* 9, 13) ; l'activité philologique de Prétextat fut jugée digne d'une mention dans son épitaphe (*I.L.S.* 1259).

La question de savoir si la souscription d'Astérius, dans le Mediceus de Virgile, est ou non autographe, a fait couler beaucoup d'encre ; on trouvera une opinion négative par exemple chez O. Ribbeck, *Prolegomena critica ad P. Vergilii Maronis opera maiora*, Leipzig, 1886, p. 223 et Zetzel, *Latin textual criticism*, pp. 217-218. Pour la souscription de Fronton, certainement autographe (mais illisible aujourd'hui), voir M.P.J. Van den Hout, *M. Cornelii Frontonis epistulae*, t. 1, Leyde, 1954, p. xl-xliii ; Zetzel, *op. cit.*, p. 49 et s. Sur la façon dont les souscriptions peuvent être omises ou transférées à des manuscrits avec qui elles n'ont rien à voir, cf. A.E. Housman, *M. Annaei Lucani Belli civilis libri decem*, Oxford, 1927, p. xiii et s. ; Zetzel, *op. cit.*, p. 40 et s.

CHAPITRE II : L'ORIENT HELLÈNE

1.– Philologie et littérature sous l'Empire romain.

On trouvera une vue d'ensemble dans l'ouvrage de Sandys, cité plus haut (p. 169). Sur l'excellente critique textuelle pratiquée par Galien, voir toujours W.G. Rutherford, *A chapter in the history of annotation*, Londres, 1905, pp. 47-57. Un tableau de la vie intellectuelle en province est donné par E.G. Turner, « Roman Oxyrhynchus », *Journal of Egyptian archaeology*, 38, 1952, pp. 78-93.

Les contributions des grammairiens anciens à l'étude de la syntaxe sont relevées dans J. Wackernagel, *Vorlesungen über Syntax*, Bâle, 1950^2. Il n'y a pas d'étude moderne et satisfaisante sur l'atticisme et son influence sur la littérature et la philologie. L'ouvrage de base reste toujours W. Schmid, *Der Attizismus in seinen Hauptvertretern von Dionysius von Halikarnass bis auf den zweiten Philostratus*, Stuttgart, 1887-1897, 5 vol. ; bonne mise au point dans B.P. Reardon, *Courants littéraires grecs des IIe et IIIe siècles après J.-C.*, Paris, 1971, pp. 81-91. Une édition critique de l'*Eclogè* de Phrynichos a été publiée par E. Fischer, Berlin, 1974.

2 – L'Église chrétienne et les études classiques.

Sur l'attitude des chrétiens devant l'éducation, on verra H.-I Marrou, *Histoire de l'éducation...*, pp. 451-471. Bonne présentation des premiers apologistes dans H. Chadwick, *Early Christian thought and the classical tradition, Studies in Justin, Clement and Origen*, Oxford, 1966. W. Jaeger, *Early Christianity and Greek Paideia*, Cambridge, Mass. 1961, présente avec autorité un autre aspect de la question. L'influence de l'Église sur la philologie, surtout dans la période proprement byzantine, est présentée dans l'esquisse de N.G. Wilson, « The Church and classical studies in Byzantium », *Antike und Abendland*, 16, 1970, pp. 68-77. Sur Origène et la critique textuelle de la Bible, voir un état des questions par S. Jellicoe, *The Septuagint and modern study*, Oxford, 1968, pp. 29-171, et des interprétations nouvelles chez P. Nautin, *Origène. Sa vie et son œuvre*, Paris, 1977, pp. 303-361.

On a discuté sur les intentions de saint Basile dans son « homélie » *Aux jeunes gens sur la manière de tirer profit des lettres helléniques* (éditée par F. Boulenger dans la collection Budé, Paris, 1936, et par N.G. Wilson, Londres, 1975) ; il s'agit en fait d'un traité adressé à ses neveux. Marrou, *op. cit.*, p. 462, souligne qu'il ne s'agit pas d'une exhortation à l'étude des auteurs classiques. Son but est plutôt de montrer que les textes païens au programme des écoles peuvent, sous certaines conditions, être profitables aux élèves D'autre part, il serait sans doute inexact de ne voir là qu'une concession de mauvaise grâce : le ton du traité ne témoigne d'aucune hostilité envers la culture grecque.

Sur les livres condamnés au feu, on verra C.A. Forbes, « Books for the burning », *TAPhA* 67, 1936, pp. 114-125, et plus généralement W. Speyer, *Büchervernichtung und Zensur des Geistes bei Heiden, Juden und Christen*, Stuttgart, 1981, spécialement p. 140 sur le dialogue d'Alcyonius (*Medices legatus de exilio*, Venise, 1522, f. c III v) : les paroles en question sont prononcées par Jean de Médicis, le futur Léon X, et remonteraient à une information fournie par Démétrius Chalcondyle.

Les destructions de livres en 1117 et 1140 sont attestées par les documents publiés par V. Grumel, *Les regestes des actes du patriarcat de Constantinople*, I, 3, Istanbul, 1947, n° 1003 et 1007.

3. – Les débuts de la période byzantine.

Sur la fermeture de l'école philosophique d'Athènes, on verra Alan Cameron, « The last days of the Academy at Athens », *PCPhS*, 195, 1969, pp. 7-29 et R.C. Mc Cail, « ΚΥΑΜΟΤΡΩΞ ΑΤΤΙΚΟΣ in Paulus Silentiarius, *Descriptio* 125 : no allusion to Simplicius », *ibid.*, 196, 1970, pp. 79-82.

Sur l'école de Gaza et la formation des scolies, des hypothèses ont été avancées, sous toutes réserves, par N.G. Wilson, « A chapter in the history of scholia », *CQ*, N.S. 17, 1967, pp. 244-256 et 18, 1968, p. 413.

La théorie de Wilamowitz sur le choix des pièces a été exposée dans son *Einleitung in die griechische Tragödie*, 1895^2 (réimpression : Darmstadt, 1959 ; il s'agit du tome I de son édition de l'*Héraclès* d'Euripide), pp. 175-180, 196-198. L'essentiel se trouvait déjà dans la dissertation de Th. Barthold, *De Scholiorum in Euripidem veterum fontibus*, Bonn, 1864. Le problème a été repris par A. Tuilier, *Recherches critiques sur la tradition d'Euripide*, Paris, 1968, pp. 88-113 (le choix aurait eu lieu à Constantinople vers le milieu du Ve siècle).

Les indices montrant que Ménandre était encore lu dans les écoles de Gaza ont été rassemblés par J. Irmscher dans sa contribution « Menander in Byzanz » au recueil *Menanders Dyskolos als Zeugnis seiner Epoche* (éd. par F. Zucker), Berlin, 1965, p. 209. L'article de A. Dain, « La survie de Ménandre », *Maia* 15, 1963, pp. 278-309, contient une erreur et une interprétation douteuse sur ce point. J.M. Jacques, « La résurrection du *Dyscolos* de Ménandre », *Bull. Assoc. G. Budé*, 1959, pp. 213-214, a montré que des réminiscences chez l'historien et épistolier Théophylacte Symokattès rendaient vraisemblable la lecture de Ménandre à Byzance jusque vers la fin du VIe siècle.

L'histoire des autres établissements d'enseignement supérieur est beaucoup plus obscure. La mise au point la plus récente est celle de P. Lemerle, *Le premier humanisme byzantin. Notes et remarques sur enseignement et culture des origines au Xe siècle*, Paris, 1971. On pourra se faire une idée assez vivante de l'école de droit de Beyrouth grâce au tableau dressé par M.L. Clarke, *Higher Education in Antiquity*, Londres, 1971, pp. 116-117 (avec bibliographie). Pour Alexandrie, le guide le plus sûr est l'article de H.-D. Saffrey, « Le chrétien Jean Philopon et la survivance de l'École d'Alexandrie au VIe siècle », *REG*, 67, 1954, pp. 396-410.

4.— *Les textes grecs en Orient.*

L'usage des langues indigènes dans les provinces orientales vient d'être étudié par R. MacMullen, « Provincial Languages in the Roman Empire », *AJPh*, 87, 1966, pp. 1-17. L'article de M. Lichtheim, « Autonomy versus unity in the Christian East », dans *The transformation of the Roman world : Gibbon's problem after two centuries*, Los Angeles, 1966, pp. 119-146, traite notamment du bilinguisme en Égypte et en Syrie à la fin de l'Antiquité.

Excellente présentation des versions orientales (et occidentales) du Nouveau Testament par B. M. Metzger, *The early versions of the New Testament. Their origin, transmission and limitations*, Oxford, 1977 (qu'on abordera plus facilement après avoir lu le compte rendu de J. Barr dans *The Journal of Theological Studies*, N.S. 30, 1979, pp. 290-303).

A. Baumstark, *Geschichte der syrischen Literatur*, Bonn, 1922, donne une liste des traductions syriaques de textes grecs. Sur les écoles de Nisibe et d'Edesse, on pourra se reporter à A. Vööbus, *History of the school of Nisibis*, Louvain, 1965. Parmi les études consacrées à des auteurs isolés, on retiendra en particulier A. Baumstark, « Lucubrationes Syro-Graecae », *Neue Jahrbücher für classische Philologie*, Suppl.-Bd 21, 1894, pp. 353-524 ; *Aristoteles bei den Syrern vom V.-VIII. Jahrhundert*, t. I (seul paru), Leipzig, 1900 ; G. Uhlig, *Dionysii Thracis Ars Grammatica*, Leipzig, 1883, p. XLIV-XLVI ; M. Aubineau, édition de Grégoire de Nysse, *Traité de la virginité*, Paris, 1966 (Sources Chrétiennes, t. 119), pp. 223-225 ; M.D. Mc Leod, L.R. Wickham, « The Syriac version of Lucian's *De Calumnia* », *CQ*, N.S. 20, 1970, pp. 297-299.

La meilleure introduction aux traductions arabes et à Hunain ibn Ishaq est offerte par R. Walzer, « On the Arabic versions of Books A, α and Λ of Aristotle's *Metaphysics* », *HSCPh*, 63, 1958, pp. 217-231 (avec une riche bibliographie). Bon état des questions aussi dans F. Gabrieli, « Estudios recientes sobre la tradición griega en la civilización musulmana », *Al-Andalus*, 24, 1959, pp. 297-318. L'étude de R. Kassel, *Der Text der aristotelischen Rhetorik*, Berlin, 1971, pp. 88-92, 125-126, 141-142, offre un exemple très instructif des difficultés à vaincre et des résultats possibles lorsqu'on utilise une traduction arabe. J. Needham, *Science and civilization in China*, t. 1, Cambridge, 1954, p. 219, attire l'attention sur un épisode passionnant dans la vie du grand médecin et alchimiste arabe, Rhazès, qui dicta quelques œuvres de Galien à un savant chinois de passage à Bagdad.

Sur les traductions arméniennes, voir M. Leroy, « Grégoire Magistros et les traductions arméniennes d'auteurs grecs », *Annuaire de l'Institut de Philologie et d'Histoire Orientales*, 3, 1935, pp. 263-294, qui donne la référence du texte parlant de Callimaque (cf. pp. 289-294). Il ne semble pas qu'il y ait de mise au point plus récente. Pour la traduction arménienne de Platon, indications dans W.S.M. Nicoll, « Some Manuscripts of Plato's *Apologia Socratis* », *CQ*, N.S. 16, 1966, pp. 70-74.

Il vaut peut-être la peine d'ajouter qu'à l'occasion on peut aussi rencontrer ou supposer des traductions dans d'autres langues orientales ; voir pour le pehlvi C. A. Nallino, « Tracce di opere greche giunte agli arabi per trafila pehlevica » (1922), repris dans sa *Raccolta di scritti editi e inediti*, t. 6, Rome, 1948, pp. 285-303, et pour le passage de la *République* de Platon conservé en copte dans un des manuscrits de la bibliothèque gnostique de Nag Hammadi, C. Colpe, « Heidnische, jüdische und christliche Ueberlieferung in den Schriften aus Nag Hammadi », *Jahrbuch für Antike und Christentum*, 15, 1972, p. 14. Ces cas sont peu fréquents et n'ont pas semblé assez importants pour mériter une mention dans le texte.

5. – *La renaissance du IXe siècle.*

La philologie byzantine, de ses débuts jusqu'au milieu du Xe siècle, vient de faire l'objet du livre de P. Lemerle, *Le premier humanisme byzantin*, cité plus haut. Cet ouvrage, qui va faire autorité pendant longtemps, nous dispense de donner la bibliographie antérieure ; nous ne mentionnerons que quelques articles en anglais, qui semblent avoir échappé à l'auteur, et certaines questions de paléographie, où l'on peut apporter quelques précisions.

1/ P. 119 : l'auteur a tort de dire que la minuscule introduisait avec elle l'accentuation, la séparation des mots et la ponctuation. En effet, à son stade le plus ancien, on ne rencontre que la troisième de ces caractéristiques.

2/ P. 168 : le Vat. gr. 1 des *Lois* de Platon aurait été écrit pour Aréthas par Jean le Calligraphe, qui a aussi copié le Platon d'Oxford et le manuscrit A d'Aelius Aristide (Paris gr. 2951 et Laur. 60, 3). On tiendra uniquement compte de ce qui est dit p. 214 (Jean n'est pas le copiste) et on notera que M. Ch. Astruc (cité p. 168, n. 173) a probablement raison de ne pas reconnaître la main d'Aréthas dans les scolies du Vat. gr. 1. Pour d'autres remarques sur ce manuscrit (et pour une présentation des bibliothèques byzantines), on pourra consulter N.G. Wilson, « The libraries of the Byzantine World », *GRBS*, 8, 1967, pp. 53-80, spécialement p. 59 ; article repris et complété dans Harlfinger, *Gr. Kod.*, pp. 276-309 (p. 282).

3/ A propos de Photius, il faut remarquer que la datation haute de la *Bibliothèque*, quoiqu'ingénieuse, ne va pas sans difficultés ; cf. N.G. Wilson, « The composition of Photius' *Bibliotheca* », *GRBS*, 9, 1968, pp. 451-455. Sur la nature du cercle, ou du club, dont Photius était l'animateur, voir le post-scriptum à un article du même sur « Books and readers in Byzantium », dans *Byzantine books and bookmen*, Washington, 1975, p. 14. En ce qui concerne l'absence de la poésie dans la *Bibliothèque*, exception faite du seul codex 279, on notera que dans sa lettre 150 (*P.G.*, t. 102, c. 957 ; n° 127 dans l'éd. I.N. Valetta, Londres, 1864), Photius montre qu'il connaissait le *Ploutos* d'Aristophane, sans doute pour l'avoir étudié à l'école. Une lecture attentive de ses œuvres devrait révéler d'autres souvenirs d'œuvres poétiques, connues très vraisemblablement pour la même raison. Il faut envisager sérieusement la possibilité que l'ambassade n'ait pas réellement eu lieu et que l'état curieusement inachevé du texte reflète simplement le fait que Photius ne s'est jamais soucié de terminer son travail une fois que sa raison première avait cessé d'exister.

4/ P. 215 : on remarquera avec Lemerle qu'il n'y a pas de raison déterminante pour mettre le Paris gr. 1807 en relation avec Aréthas : l'étude paléographique du manuscrit rend vraisemblable qu'il a été copié avant qu'Aréthas n'ait commencé à constituer sa bibliothèque.

Les problèmes que posent le manuscrit Vienne, Suppl. gr. 39 (*F*) et la double translittération de Platon sont clairement exposés par E.R. Dodds dans son édition du *Gorgias*, Oxford, 1966², pp. 41-47.

Le texte complet du *Lexique* de Photius a commencé d'être édité par les soins de Chr. Theodoridis (t. 1, A-Δ, Berlin, 1982). On pourra consulter, sur la découverte du manuscrit, L. Politis, « Die Handschriftensammlung des Klosters Zavorda und die neuaufgefundene Photios-Handschrift », *Philologus*, 105, 1961, pp. 136-144 (réimpression mise à jour dans Harlfinger, *Gr. Kod.*, pp. 645-656), et sur la tradition de l'œuvre, K. Tsantanoglou, Τὸ Λεξικὸ τοῦ Φωτίου, Χρονολόγηση, Χειρόγραφη παράδοση, Thessalonique, 1967.

6.– La fin de l'époque byzantine.

L'identification de scribes et, exceptionnellement, de scriptoria grâce à certains traits caractéristiques de l'écriture et de la présentation matérielle est l'un des principaux moyens qui permettent de faire progresser notre connaissance de la philologie byzantine On continue d'identifier les manuscrits autographes des principaux savants et la carte des scriptoria fait des progrès incontestables, quoiqu'un peu lents. Les méthodes mises en œuvre sont décrites par J. Irigoin, « Pour une étude des centres de copie byzantine », *Scriptorium*, 12, 1958, pp. 208-227 et 13, 1959, pp. 177-209. L'objection de principe élevée par B. Hemmerdinger, « Les réglures des manuscrits du scribe Ephrem », *ByzZ*, 56, 1963, p. 24, constitue toujours une sérieuse difficulté ; il ne faudrait pas croire qu'elle rend caducs tous les résultats obtenus par cette méthode, qu'on appelle volontiers « codicologique ». Comme exemple de belle réussite, on peut citer l'identification par J. Irigoin d'un groupe de manuscrits d'historiens : « Les manuscrits d'historiens grecs et byzantins à 32 lignes », *Studia codicologica*, hrsg. von K. Treu, Berlin, 1977, pp. 237-248.

Il n'existe pas d'étude satisfaisante pour Psellos (l'article de E. Kriaras, dans la *R.E.*, Suppl.-Bd. 11, 1968, c. 1124-1182, laisse beaucoup à désirer). On trouvera le texte sur Grégoire de Naziance dans A. Meyer, « Psellos' Rede über den rhetorischen Charakter des Gregorios von Nazianz », *ByzZ*, 20, 1911, p. 49. La comparaison d'Euripide et de Georges de Pisidie a été publiée, de façon peu satisfaisante, par A. Colonna, « Michaelis Pselli de Euripide et Georgio Pisida iudicium », *Studi bizantini e neoellenici*, 7, 1953, pp. 16-21.

Le cercle d'Anne Comnène a été exhumé par R. Browning, « An unpublished funeral oration of Anna Comnena », *PCPhS*, 188, 1962, pp. 1-12.

Sur Eustathe, on consultera l'étude du même R. Browning, « The patriarchal school at Constantinople in the twelfth century », *Byzantion*, 32, 1962, pp. 167-202 et 33, 1963, pp. 11-40. C'est ici le lieu d'indiquer que, si cette école patriarcale est bien attestée au XIIe siècle, notre documentation est beaucoup moins concluante pour d'autres époques (cf. H.G. Beck, « Bildung und Theologie im frühmittelalterlichen Byzanz », *Polychronion. Festschrift F. Dölger*, Heidelberg, 1966, pp. 69-81) ; ce serait toutefois se montrer hypercritique que de lui refuser toute existence en dehors de ce siècle.

M. Van der Valk est en train d'éditer, d'après le manuscrit autographe (Laur. 59, 2 et 3), le commentaire d'Eustathe sur l'*Iliade* (3 vol. parus ; le t. 1, Leyde, 1971, comprend une préface très importante sur les sources et la méthode employée). Si le texte correct d'*Antigone* v. 1165-1168, vient d'Athénée, cela ne diminue pas le mérite d'Eustathe qui, en lisant cette citation, se serait rappelé que le texte traditionnel de Sophocle était corrompu. Sur son activité de critique textuel, voir toujours P. Maas, « Eustathios als Konjekturalkritiker », *ByzZ*, 35, 1935, pp. 299-307 et 36, 1936, pp. 27-31 (= *Kleine Schriften*, Munich, 1973, pp. 505-520), dont les conclusions sont discutées par N.G. Wilson, *Scholars of Byzantium*, Londres, 1983, pp. 201-202. Son œuvre sur Aristophane a été découverte par W.J.W. Koster, D. Holwerda, « De Eustathio, Tzetza, Moschopulo, Planude Aristophanis commentatoribus », *Mnemosyne*, 4aS., 7, 1954, pp. 136-156 et 8, 1955, pp. 196-206.

Sur Tzetzès, bon article de C. Wendel, dans *R.E.*, 2. Reihe, t. 7, 1948, c. 1959-2010. Ses scolies sur Aristophane ont été éditées par L. Massa Positano, D. Holwerda, W.J.W. Koster, Groningue, 1960-1964, 4 vol.

Sur Michel Choniates, on verra G. Stadtmüller, *Michael Choniates, Metropolit von Athen (ca. 1138 - ca. 1222)*, Rome, 1934. Le nom incorrect Acominatos est ingénieusement expliqué par J.-L. Van Dieten, *Niketas Choniates. Erläuterungen zu den Reden und Briefen nebst einer Biographie*, Berlin, 1971, pp. 4-8. Voir aussi O. Lampsidis, « Nochmals der Name Ἀκομινᾶτος », *ByzZ*, 64, 1971, pp. 26-27.

On trouvera une vue d'ensemble sur la littérature et les études dans le royaume de Nicée dans A.A. Vassiliev, *Histoire de l'empire byzantin*, t. 2, Paris, 1932, pp. 228-248. Sur la contribution de l'Italie à la culture byzantine, voir J. Irigoin, « L'Italie méridionale et la tradition des textes antiques », *JÖByzG*, 18, 1969, pp. 37-55, les pp. 51-53 concernant le XIIIe siècle (repris dans Harlfinger, *Gr. Kod.*, pp. 234-258) et P. Canart, « Le livre grec en Italie méridionale sous les règnes normand et souabe : aspects matériels et sociaux », *Scrittura e civiltà*, 2, 1978, pp. 103-162.

La vie intellectuelle à l'époque des Paléologues est évoquée par S. Runciman, *The last Byzantine Renaissance*, Cambridge, 1970 et D.M. Nicol, « The Byzantine church and Hellenic learning in the fourteenth century », *Studies in Church History*, 5, 1969, pp. 23-57.

Sur Planude, on commencera par l'article de C. Wendel dans la *R.E.*, t. 20, 1950, c. 2202-2253. Il vaut la peine de compléter ici par deux détails ce que nous avons déjà dit dans le texte (p. 50) sur son activité philologique. En préparant son édition de Plutarque à partir d'un manuscrit endommagé, il prit grand soin d'indiquer la longueur des lacunes ; voir les *Moralia* 70-76 dans les manuscrits Paris gr. 1672 et 1675, qui remontent en définitive à l'exemplaire de Planude, notre unique source pour ces textes, mais cf. N.G. Wilson, « Some notable manuscripts misattributed or imaginary », *GRBS*, 16, 1975, pp. 95-97. On le félicitera moins pour la façon dont il a expurgé l'Anthologie grecque et sa traduction d'Ovide ; cf. E.J. Kenney, « A byzantine version of Ovid », *Hermes*, 91, 1963, pp. 213-217.

Son manuscrit autographe d'Aratos a été découvert à Edimbourg : cf. I.C. Cunningham, « Greek manuscripts in the National Library of Scotland », *Scriptorium*, 24, 1970, pp. 367-368 et pl. 24 (Adv. Ms. 18.7.15) ; on y rencontre les modifications attendues. Sa copie de Diophante (Ambros. & 157 sup.) est étudiée par A. Turyn,

Dated Greek Manuscripts of the thirteenth and fourteenth century in the libraries of Italy, Urbana, 1972, t. I, pp. 78-80. Son ouvrage sur les chiffres arabes a été publié par C.J. Gerhardt, Halle, 1865.

La traduction des poèmes érotiques d'Ovide (publiée par P.E. Easterling et E.J. Kenney, *Ovidiana Graeca*, Cambridge, 1965) ne peut pas lui être attribuée avec la même certitude que celle d'autres ouvrages. Sur cet aspect de son activité, on consultera W.O. Schmitt, « Lateinische Literatur in Byzanz. Die Übersetzungen des Maximus Planudes und die moderne Forschung », *JÖByzG*, 17, 1968, pp. 127-147.

Sur Triclinius, voir A. Turyn, *The Byzantine manuscript tradition of the tragedies of Euripides*, Urbana, 1957, pp. 23-52 ; N.G. Wilson, « The Triclinian edition of Aristophanes », *CQ*, N.S. 12, 1962, pp. 32-47 ; G. Zuntz, *An inquiry into the transmission of the plays of Euripides*, Cambridge, 1965, *passim* ; A. Wasserstein, « An unpublished treatise by Demetrius Triclinius on lunar theory », *JÖByzG*, 16, 1967, pp. 153-174 ; A. Turyn, « Demetrius Triclinius and the Planudean Anthology », Ἐπετηρὶς Ἐταιρείας Βυζαντινῶν Σπουδῶν, 39-40, 1972-1973, pp. 403-450. On peut constater un autre lien entre Planude et Triclinius : ce dernier a possédé et annoté un témoin de la traduction des *Héroïdes*, le manuscrit Escorial Υ-III-13 (Andrès, n° 283) ; cf. N.G. Wilson, « Planudes and Triclinius », *GRBS*, 19, 1978, pp. 389-394.

On ajoutera ici une observation sur le programme scolaire à Byzance. On trouve ça et là, chez des auteurs de dates très différentes, des références au quadrivium (τετρακτύς). Elles ne nous permettent pas de dire si les concepts de trivium et de quadrivium étaient aussi importants à Byzance que dans le cursus des études en Occident. Cf. A. Diller, « The Byzantine quadrivium », *Isis* 36, 1945-1946, p. 132, qui révèle l'existence de ce concept dans une œuvre datée de 1008.

On n'a mentionné dans le texte ni Manuel Moschopoulos ni Thomas Magister, qui n'ont pas fait l'objet d'études récentes. Les recherches de R. Dawe sur Sophocle (*Studies on the text of Sophocles*, t. 1, Leyde, 1973) ont montré que leurs prétendues recensions des tragiques sont en fait peu assurées.

Sur l'ensemble des problèmes de la philologie byzantine, on trouvera beaucoup dans H. Hunger, *Die hochsprachliche profane Literatur der Byzantiner*, Band 2, Munich, 1978, pp. 3-83.

CHAPITRE III : L'OCCIDENT LATIN

1.– Les siècles obscurs.

La bibliographie consacrée à cette période est considérable. On retiendra spécialement, pour la vie intellectuelle et culturelle, P. Courcelle, *Les lettres grecques en Occident de Macrobe à Cassiodore*, Paris, 1948[2] ; P. Riché, *Éducation et culture dans l'Occident barbare, VIe-VIIIe siècles*, Paris, 1962[3] ; Bischoff, « Scriptoria e manoscritti mediatori di civiltà dal sesto secolo alla riforma di Carlo Magno », *Settimane*, 11, 1963, pp. 479-504 (= *Mitt. Studien*, t. 2, pp. 312-327). On consultera aussi les œuvres citées plus haut (p. 174) de Laistner et Marrou. L'ouvrage de base est le recueil d'E.A. Lowe, *Codices Latini Antiquiores. A palaeographical guide to Latin manuscripts prior to the ninth century*, 11 tomes et un supplément (Oxford, 1934-1971), qui sera achevé par la publication d'index supplémentaires ; il contient des reproductions et des descriptions de tous les manuscrits de la période visée.

Les passages de Sénèque cités par Lydus sont publiés dans l'édition des *Questions naturelles* par A. Gercke (Leipzig, 1907), pp. 157-159, et ceux de Pétrone cités par Fulgence dans l'édition du *Satyricon* par K. Müller (Munich, 1961), pp. 185-194 ; voir aussi V. Ciaffi, *Fulgenzio e Petronio*, Turin, 1963.

Le traité de Martin de Braga, *Formula honestae vitae*, dédié au roi suève Miro et composé entre 570 et 579, est l'adaptation d'une œuvre perdue de Sénèque, probablement le *De officiis* (cf. E. Bickel, « Die Schrift des Martinus von Bracara *Formula Vitae Honestae* », *RhM*, 60, 1905, pp. 505-551). Le *De ira* lui a de même fourni les éléments pour son traité du même nom, un consciencieux travail de marqueterie ; mais alors que cette œuvre n'a survécu que dans un seul manuscrit médiéval (Escorial M. III. 3, du Xe siècle), la *Formula* a joué d'un succès exceptionnel au Moyen Age et plus tard. Souvent intitulée *De quattuor virtutibus cardinalibus*, elle était communément attribuée à Sénèque : supposition perspicace, même si elle ne montre pas un réel désir de rendre son dû au Cordouan. Pour plus de détails, on verra l'édition de C.W. Barlow, *Martini episcopi Bracarensis opera omnia*, New Haven, 1950.

On trouvera beaucoup d'indications bibliographiques sur Cassiodore dans l'important article d'A. Momigliano « Cassiodorus and the Italian culture of his time », *Proc. of the British Academy*, 41, 1955, pp. 207-245, reproduit, avec une bibliographie plus sélective, dans son *Secondo contributo alla storia degli studi classici*, Rome, 1960, pp. 191-229, et ses *Studies in historiography*, Londres, 1966 (édition brochée, 1969), pp. 181-210. L'étude, assez négative, de J.J. O'Donnell, *Cassiodorus*, Berkeley, 1979, souligne les ambitions limitées qu'avait Cassiodore en fondant Vivarium et minimise son influence (voir le compte rendu d'Averil Cameron, « Cassiodorus deflated », *JRS*, 71, 1981, pp. 183-186).

La théorie que les plus anciens manuscrits de Bobbio viendraient de Vivarium, proposée en 1911 par R. Beer, s'est effondrée sous les coups de nombreux savants, en particulier ceux de P. Courcelle, *Les lettres grecques*, pp. 357-388, qui offre l'apport le plus constructif à l'étude des manuscrits de Vivarium et de leur descendance. Les identifications proposées par P. Courcelle ont été examinées par H. Bloch dans son compte rendu des *C.L.A.*, t. 4, *Speculum*, 25, 1950, pp. 282-287 et par B. Bischoff, *Mitt. Studien*, t. 3, p. 152, n. 17. L'édition Mynors des *Institutiones* de Cassiodore offre un texte critique et d'excellents index ; voir aussi sur ce texte P. Courcelle, « Histoire d'un brouillon cassiodorien », *Revue des études anciennes*, 44, 1942, pp. 65-86.

Isidore et ses sources ont été étudiés à fond par J. Fontaine, *Isidore de Séville et la culture classique dans l'Espagne wisigothique*, Paris, 1959 (2 vol.). Il semble en tout cas dangereux de reconstituer le secteur classique de la bibliothèque épiscopale de Séville d'après les *Versus in bibliotheca* de son évêque (édités par C.H. Beeson dans ses *Isidor-Studien*, Munich, 1913, pp. 157-166). Quant aux œuvres mêmes d'Isidore, elles ont connu une diffusion spectaculaire, qui a fait l'objet d'une présentation magistrale par B. Bischoff, « Die europäische Verbreitung der Werke Isidors von Sevilla », *Isidoriana. Estudios sobre San Isidoro de Sevilla en el XIV Centenario de su nacimento*, Léon, 1961, pp. 317-344 (= *Mitt. Studien*, t. 1, pp. 171-194).

Ce qu'on peut savoir des palimpsestes, du moins ceux décrits dans les *C.L.A.*, a été commodément rassemblé par E.A. Lowe, « Codices rescripti », *Mélanges Eugène Tisserant*, t. 5, Cité du Vatican, 1964, pp. 67-112 (= *Pal. papers*, t. 2, pp. 480-519). Sur un palimpseste fameux, plusieurs fois cité dans ce livre, voir J. Fohlen, « Recherches sur le manuscrit palimpseste Vatican, Pal. lat. 24 », *Scrittura e civiltà*, 3, 1979, pp. 195-222.

2. – L'Irlande et l'Angleterre.

La question de savoir ce que les Irlandais connaissaient de la culture classique est aussi épineuse que bien d'autres problèmes irlandais, et il paraît évident qu'on a parfois exagéré leurs connaissances. La controverse a tendu à se cristalliser autour d'un problème bien peu objectif : il s'agit de savoir si Colomban a acquis en Irlande ou sur le continent cette familiarité avec les poètes classiques qu'on saisit surtout dans le *Carmen ad Fedolium*. Mais si, comme il paraît vraisemblable, ces vers ne sont pas de notre Colomban, mais d'un poète du début de l'époque carolingienne, le principal argument s'effondre : voir M. Lapidge, « The authorship of the Adonic verses 'Ad Fidolium' attributed to Columban », *Studi Medievali*, 3e s., 18, 1977, pp. 249-314. Face à l'attitude négative adoptée déjà par E. Coccia, « La cultura irlandese precarolina – Miraculo o mito ? », *Studi medievali*, 3e s., 8, 1967, pp. 257-420, L. Bieler a défendu judicieusement la culture irlandaise : « The classics in Celtic Ireland », dans *Classical influences on European culture A.D. 500-1500* (ed. by R.R. Bolgar), Cambridge, 1971, pp. 45-49. Les œuvres de Colomban ont été éditées par G.S.M. Walker, *Sancti Columbani opera*, Dublin, 1957 (Scriptores Latini Hiberniae, t. 2) ; son introduction contient certaines vues trop optimistes sur le niveau culturel en Irlande ; voir le compte rendu de M. Esposito, *Classica et Mediaevalia*, 21, 1960, pp. 184-203. Sur l'érudition irlandaise, on dispose de deux bonnes études de B. Bischoff, « Il monochesimo irlandese nei suoi rapporti col continente », *Settimane*, 4, 1956, pp. 121-138 (= *Mitt. Studien*, t. 1, pp. 195-205) et « Wendepunkte in der Geschichte der lateinischen Exegese im Frühmittelalter », *Sacris eruditi*, 6, 1954, pp. 189-279 (= *Mitt. Studien*, t. 1, pp. 205-273). On trouvera une élégante introduction à l'Irlande d'autrefois dans L. Bieler, *Irland, Wegbereiter des Mittelalters*, Olten-Lausanne, 1960 (édition anglaise : *Ireland, Harbinger of the Middle Ages*, Oxford-Londres, 1963).

Pour se faire une idée des livres connus à cette époque en Angleterre, on se reportera à J.D.A. Ogilvy, *Books known to the English*, Cambridge, Mass., 1967, et à H. Gneuss, « A preliminary list of manuscripts written or owned in England up to 1100 », *Anglo-Saxon England*, 9, 1981, pp. 1-60. Les sources classiques de Bède ont fait l'objet de deux études approfondies de M.L.W. Laistner, « Bede as a classical and a patristic scholar », *Trans. of the Royal Hist. Soc.*, 4e s., 16, 1933, pp. 69-94 et « The Library of the Venerable Bede », dans *Bede, his life, times and writings* (ed. by A.H. Thompson), Oxford, 1935, pp. 237-266 ; elles sont reprises dans le recueil de ses articles édité par Ch. G. Starr : *The intellectual heritage of the early Middle Ages*, Ithaca, N.Y., 1957, pp. 93-116 et 117-149. Sur Bède, on verra aussi R.W. Southern, *Medieval humanism and other studies*, Oxford, 1970, pp. 1-8.

La description de la bibliothèque d'York par Alcuin se trouve dans ses *Versus de sanctis Euboricensis Ecclesiae*, 1535 et s., éd. E. Dümmler, *M.G.H., Poetae latini aevi Carolini*, t. 1, pp. 203-204.

Toute la question du rôle joué par les Irlandais et les Anglais dans la transmission de la culture classique a fait l'objet d'une mise au point magistrale de T.J. Brown, « An historical introduction to the use of classical Latin authors in the British Isles from the fifth to the eleventh century », in *Settimane*, 22, 1974, t. 1, pp. 237-299.

3. – *Les missionnaires anglo-saxons.*

W. Levison, *England and the continent in the eighth century*, Oxford, 1946, reste l'ouvrage fondamental sur l'activité missionnaire des Anglo-Saxons ; on verra surtout les pp. 132-173.

L'identification de Virgile de Salzbourg comme auteur de la *Cosmographia* est due à H. Löwe, *Ein literarischer Widersacher des Bonifatius, Virgil von Salzburg und die Kosmographie des Aethicus Ister*, Wiesbaden, 1951 (Abhandl. der Akad. der Wiss. und der Lit. in Mainz, Geistes- und sozialwiss. Kl., 1951, n° 11). Elle n'a pas convaincu tout le monde : voir par exemple K. Hillkowitz, *Zur Kosmographie des Aethicus*, Francfort, 1973, pp. 1-6. Pour plus de détails sur la tradition de Pomponius Méla, on se reportera au texte p. 73 et aux notes de la section 8 (p. 187).

4. – *L'influence insulaire sur les textes classiques.*

Ce qui rend difficile d'évaluer le rôle joué par les Irlandais et les Anglais dans la transmission des textes classiques, c'est entre autres le fait que le terme « tradition insulaire » n'a rien de précis. On en parle dans des circonstances très différentes, par exemple si certains manuscrits ont été écrits en Grande-Bretagne, ou copiés sur le continent par une main insulaire, ou associés d'une façon ou de l'autre aux fondations irlandaises ou anglo-saxonnes ; il suffit même qu'on découvre des indices, plus ou moins sûrs, qu'un ancêtre perdu rentrait dans l'une de ces catégories.

La route suivant laquelle se propageait la vie culturelle, d'Italie aux îles britanniques pour ensuite refluer sur le continent, est vraiment la *romantische Strasse* de l'histoire des textes. La transmission de la Bible latine nous permet quelquefois de la suivre pas à pas, ainsi dans le cas des Évangiles de Fulda (Fulda, Landesbibl., Bonifatianus 3) ou d'Echternach (Paris, lat. 9389) ou, mieux encore, de l'Amiatinus (Florence, Laur. Amiatino 1), dont l'odyssée révèle sans aucun doute possible le rôle joué par l'Angleterre. Cette bible de grandes dimensions, écrite à Wearmouth ou à Jarrow, est sûrement un des trois exemplaires complets, ou « pandectes », que l'abbé Céolfrid avait fait copier (cf. Bède, *Vita quinque abbatum*, *P.L.*, t. 94, c. 725 A), et il est presque certain qu'elle fut utilisée par Bède lui-même. Son modèle, notamment pour la décoration, n'était autre que le *codex grandior* de Cassiodore, maintenant perdu, qui avait été écrit à Vivarium et apporté de Rome en Northumbrie par Céolfrid en 678, comme un résultat tangible de son équipée avec Benoît Biscop. Il retournait à Rome, avec l'Amiatinus dans ses bagages, – *pro munere* précise Bède –, quand la mort le saisit à Langres en 716 (cf. J.W. Halporn, « Pandectes, Pandecta, and the Cassiodorian commentary on the Psalms », *Revue bénédictine*, 90, 1980, pp. 290-300).

Malheureusement il n'est pas aisé de reconstituer des périples aussi romantiques pour les textes païens, et nombre de ces traditions insulaires autrefois à la mode se sont évanouies aussi facilement qu'elles étaient apparues. Que reste-t-il par exemple du préarchétype insulaire du *De natura rerum* ? Lucrèce, à notre connaissance, n'est pas arrivé en Angleterre avant la fin du XVe siècle (cf. F. Brunhölzl, « Zur Ueberlieferung des Lukrez », *Hermes*, 90, 1962, pp. 97-104 et V. Brown, « The insular intermediary in the tradition of Lucretius », *HSCPh*, 72, 1967, pp. 301-310). Pour une mise au point sur le problème des « symptômes insulaires » dans la tradition des textes classiques, on verra maintenant T.J. Brown, *art. cité*, pp. 281-289.

Pour les manuscrits de Pline l'Ancien, Justin et Servius, se reporter aux *C.L.A.*, t. 10, 1578 ; t. 9, 1370 et Supplément, 1806.

5.– *La renaissance carolingienne.*

Les objectifs de Charlemagne en matière d'éducation sont parfaitement explicités dans le mandement qu'il adressa, entre 794 et 800, à l'abbé de Fulda, Baugulf. Ce document a été réédité et très bien mis en valeur par L. Wallach, « Charlemagne's *De litteris colendis* and Alcuin », *Speculum*, 26, 1951, pp. 288-305, article repris dans *Alcuin and Charlemagne*, Ithaca, 1959 (2e édition, revue, 1967), pp. 198-226. Le grand mérite de cette étude est d'avoir démontré que le contenu et le style de ce mandement révèlent l'intervention d'Alcuin. Sur la mission assignée à l'école du palais, on verra F. Brunhölzl, « Der Bildungsauftrag der Hofschule », dans *Karl der Grosse*, t. 2, 1965, pp. 28-41.

6.– *La formation de la minuscule caroline.*

Cette brève histoire des écritures nationales et de la minuscule caroline ne prétend pas entrer dans les détails d'une matière compliquée et parfois controversée. On a choisi d'être simple pour respecter le caractère de ce volume. Pour plus de détails, voir Bischoff, *Paläographie*, pp. 107-151.

Sur les manuscrits bénéventains, du plus haut intérêt pour les philologues, voir E.A. Loew, *The Beneventan script. A history of the South Italian minuscule*. Second ed. prepared and enlarged by V. Brown, Rome, 1980, 2 vol. ; cf. aussi *Pal. papers*, t. 1, pp. 70-91 et t. 2, pp. 477-479.

S. Prete *(Observations on the history of textual criticism in the medieval and Renaissance periods*, Collegeville, Minn., 1971, p. 16, n. 46) a attiré l'attention sur deux manuscrits wisigothiques d'auteurs classiques. Il semble bien qu'on en ait conservé au moins quatre : un Ausone du IXe siècle écrit en fait par des Espagnols émigrés à Lyon (Leyde, Voss. lat. F. 11), un Térence du XIe siècle (Madrid, Vitr. 5, 4), des fragments d'un autre du XIIe (Léon, Catedral, fragm. 3) et un Lucain de la fin du XIe ou du début du XIIe siècle (Ottob. lat. 1210 + Pal. Lat. 869).

Des manuscrits (perdus) d'auteurs classiques en minuscule précaroline ont peut-être joué un rôle plus important que nous ne l'avons supposé ; voir les remarques de S. Timpanaro dans son compte rendu de la première édition italienne de ce livre, *Maia*, 22, 1970, p. 288.

7.— Les bibliothèques carolingiennes et les classiques latins.

L'accès à la bibliothèque du Palais a été ouvert par B. Bischoff, « Die Hofbibliothek Karls des Grossen », dans *Karl der Grosse*, t. 2, pp. 42-62 (= *Mitt. Studien*, t. 3, pp. 149-169), à qui l'on doit aussi la présentation du fac-similé intégral du manuscrit de Berlin, Diez B. Sant. 66 (Graz, 1973). Il vaut la peine de noter que le rédacteur de l'inventaire, un Italien, n'a relevé que les auteurs classiques de la collection. Pour l'attribution des manuscrits de Lucrèce et de Vitruve à la bibliothèque palatine, voir Bischoff, *IMU*, 15, 1972, p. 38, n. 3 ; *Mitt. Studien*, t. 3, p. 282.

Sur la bibliothèque du Palais sous les successeurs de Charlemagne, voir B. Bischoff, « Die Hofbibliothek unter Ludwig dem Frommen », *Medieval learning and literature. Essays presented to R.W. Hunt*, Oxford, 1976, pp. 3-22 (= *Mitt. Studien*, t. 3, pp. 170-186) ; R. McKitterick, « Charles the Bald (823-877) and his library », *The English Historical Review*, 95, 1980, pp. 28-47. Parmi les livres dont on sait qu'ils ont été offerts à Charles le Chauve, ou écrits pour lui, il y avait un manuscrit de l'*Epitoma rei militaris* de Végèce que l'évêque de Lisieux Fréculphe avait spécialement préparé et révisé pour lui.

Sur Hadoard et les manuscrits de Corbie, voir B. Bischoff, « Hadoardus and the manuscripts of classical authors from Corbie », *Didaskaliae. Studies in honor of A.M. Albareda*, New York, 1961, pp. 41-57 (texte allemand dans *Mitt. Studien*, t. 1, pp. 49-63).

Notre présentation des fonds classiques dans les bibliothèques carolingiennes se fonde sur deux sources : les catalogues qui peuvent subsister, et les renseignements que donne la tradition de chaque auteur. Le recueil de M. Manitius, *Handschriften antiker Autoren in mittelalterlichen Bibliothekskatalogen*, Leipzig, 1935 (réimpression : Nendeln-Wiesbaden, 1968) permet de retrouver aisément les informations contenues dans les catalogues, mais il aurait besoin d'être mis à jour. Voir aussi B. Bischoff, « Panorama der Handschriftenüberlieferung aus der Zeit Karls des Grossen », *Karl der Grosse*, t. 2, pp. 233-254 (= *Mitt. Studien*, t. 3, pp. 5-38).

8.— La philologie au IXe siècle.

L'identité du correcteur « saxon » de Lucrèce, qui a nargué des générations, a été finalement dévoilée par B. Bischoff dans le catalogue de l'exposition du Conseil de l'Europe sur Charlemagne ; cf. *Karl der Grosse, Werk und Wirkung*, Aix-la-Chapelle, 1965, p. 206 (éd. française : *Charlemagne, œuvre, rayonnement et survivances, ibid.*, pp. 202-203) ; autres renseignements sur Dungal dans Bischoff, « Die Bibliothek im Dienste der Schule », *Settimane*, 19, 1971, pp. 410-412 (= *Mitt. Studien*, t. 3, pp. 230-232).

Sur Hadoard, outre l'étude citée à la section précédente, on consultera C.H. Beeson, « The Collectaneum of Hadoard », *CPh*, 40, 1945, pp. 201-222.

Le carnet de notes de Walafrid Strabon a été identifié et décrit par B. Bischoff, « Eine Sammelhandschrift Walafrid Strabos (Cod. Sangall. 878) », *Aus der Welt des Buches. Festschrift Georg Leyh*, Leipzig, 1950, pp. 30-48 ; article repris dans *Mitt. Studien*, t. 2, pp. 34-51 (avec divers compléments, dont l'indication du rôle joué par Walafrid dans la transmission d'Horace). Pour l'extrait de Sénèque, on verra

L.D. Reynolds, *The medieval tradition of Senaca's Letters*, Oxford, 1965, pp. 92-93 et planche 1 ; pour celui de Columelle, Å. Josephson, *Die Columella-Handschriften*, Upsal, 1935, pp 39-41

Bonne présentation de Loup de Ferrières dans M.L.W. Laistner, *Thought and Letters*, pp. 252-259. La monographie de base reste celle d'E. von Severus, *Lupus von Ferrieres. Gestalt und Werk eines Vermittlers antiken Geistesgutes an das Mittelalter im 9. Jahrhundert*, Münster in Westf., 1940. La copie du *De oratore* exécutée par Loup (British Library, Harley 2736) a été reproduite en fac-similé et commentée par C.H. Beeson, *Servatus Lupus as scribe and text critic*, Cambridge, Mass., 1930. E. Pellegrin, « Les manuscrits de Loup de Ferrières », *BEC*, 115, 1957, pp. 5-31, présente les témoins annotés ou corrigés de sa main ; on y ajoutera un Prudence (Wolfenbüttel, Aug. 8° 56. 18), signalé par B. Bischoff dans *Wolfenbütteler Beiträge*, 2, 1973, p. 106 (= *Mitt. Studien*, t. 3, p. 306) et un témoin de la Chronique d'Eusèbe-Jérôme : cf. R. Schipke, « Eine von Lupus von Ferrières korrigierte Handschrift. Ms. Phill. 1872 der Deutschen Staatsbibliothek Berlin », *Studien zur Buch- und Bibliotheksgeschichte, Hans Lülfing zum 70. Geburtstag*, Berlin, 1976, pp. 33-38. Les curiosités du savant apparaissent clairement à la lecture de sa *Correspondance* (éditée et traduite par L. Levillain, Paris, 1927-1935, 2 vol.).

Sur les collations de Théodulphe, on consultera H. Quentin, *Mémoire sur l'établissement du texte de la Vulgate, I. L'Octateuque*, Rome, 1922, pp. 290-293 et G. Pasquali, *Storia della tradizione*, p. 155, n. 2. L'étude de H. Gotoff, *The transmission of the text of Lucan in the ninth century*, Cambridge, Mass., 1971, présente un bon exemple du travail philologique de l'époque.

Nous avons maintenant une bonne édition du florilège d'Heiric : R. Quadri, *I « collectanea » di Eirico di Auxerre*, Fribourg/Suisse, 1966. L'histoire de la collection de textes qui comprend Pomponius Méla et Julius Paris est une des plus fascinantes de toutes, car on peut la suivre presque sans interruption de l'Antiquité jusqu'à la Renaissance. Elle a été reconstituée par Gius. Billanovich, « Dall' antica Ravenna alle biblioteche umanistiche », *Annuario dell' Università Cattolica del S. Cuore-Milano*, 1955-1957, pp 71-107 (première rédaction dans *Aevum*, 30, 1956, pp. 319-353).

9.- Le crépuscule carolingien.

Sur Rathier et le texte de la première décade de Tite-Live, on consultera Gius. Billanovich, « Dal Livio di Raterio (Laur. 63, 19) al Livio del Petrarca (B.M. Harl. 2493) », *IMU*, 2, 1959, pp. 103-178. L'histoire ancienne du texte de Catulle et le rôle qu'y aurait joué Rathier restent mystérieux. On trouvera des vues divergentes chez B.L. Ullman, « The transmission of the text of Catullus », *Studi in onore di Luigi Castiglioni*, t. 2, Florence, 1960, pp. 1031-1033, et chez Billanovich, « Dal Livio di Raterio ... », pp. 164-165. D'autres indices laissent supposer que Catulle était connu dans le nord de l'Europe au IXe siècle ont été rassemblés par R.G.M. Nisbet ; voir son article « Some notes on the text of Catullus », *PCPhS*, 24, 1978, pp. 92-115, spécialement pp. 106-107. On notera que Rathier a aussi possédé et annoté un Martianus Capella (Voss. lat. F. 48) ; cf. C. Leonardi, « Raterio et Marziano Capella », *IMU*, 2, 1959, pp. 73-102.

Le travail fondamental sur l'histoire du texte de Tite-Live, en particulier des troisième et quatrième décades, est celui de Gius. Billanovich, « Petrarch and the textual tradition of Livy », *JWI*, 14, 1951, pp. 137-208. Sur la transmission ancienne de la quatrième décade, on verra spécialement les pp. 183-188, ainsi que l'introduction d'A.H. McDonald aux livres XXXI-XXXV dans les Oxford Classical Texts (Oxford, 1965, pp. X-XII).

Le manuscrit de l'*Art d'aimer* d'Ovide en minuscule galloise primitive (Oxford, Bodleian Library, Auct. F. 4.32) est un livre remarquable. Il a été reproduit en facsimilé par R.W. Hunt, *Saint Dunstan's classbook from Glastonbury*, Amsterdam, 1961.

10.— La résurgence du Mont-Cassin.

On se reportera d'abord aux études citées à la section 6 à propos de l'écriture bénéventaine ; voir aussi H. Bloch, « Monte Cassino's teachers and library in the high middle ages », *Settimane*, 19, 1971, pp. 563-605 ; G. Cavallo, « La trasmissione dei testi nell'area beneventano-cassinese », *Settimane*, 22, 1974, pp. 357-424. Au total, il semble que peu de manuscrits aient quitté le Mont-Cassin pendant le Moyen Age. A l'exception des *Dialogues* de Sénèque, les textes qu'on pourrait qualifier de « cassiniens » ne commencèrent à circuler qu'à la Renaissance. Le Tacite et l'Apulée ont fait l'objet d'études détaillées d'E.A. Lowe, « The unique manuscript of Apuleius' *Metamorphoses* (Laurentian 68, 2) and its oldest transcript (Laurentian 29, 2) », *CQ*, 14, 1920, pp. 150-155 (= *Pal. papers*, t. 1, pp. 92-98) et « The unique manuscript of Tacitus *Histories* (Florence Laur. 68, 2) », dans *Casinensia*, Monte Cassino, 1929, pp. 257-272 (= *Pal. papers*, t. 1, pp. 289-302). Sur Sénèque et le Mont Cassin, voir L.D. Reynolds, « The medieval tradition of Seneca's *Dialogues* », *CQ*, N.S. 18, 1968, pp. 355-372 ; pour Juvénal, J.G. Griffith, « The survival of the longer of the so-called 'Oxford' fragments of Juvenal's sixth satire », *Hermes*, 91, 1963, pp. 104-114.

On peut se demander pourquoi tant de textes rares ont été conservés au Mont-Cassin. F. Brunhölzl, *Zum Problem der Casinenser Klassikerüberlieferung*, Munich, 1971 (Abhandlungen der Marburger Gelehrten Gessellschaft, 1971, n° 3) suppose qu'ils provenaient d'une bibliothèque privée de la fin de l'Antiquité, peut-être sise à Casinum.

11.— La renaissance du XIIe siècle.

Études d'ensemble : C.H. Haskins, *The Renaissance of the twelfth century*, Cambridge, Mass. 1927 ; G. Paré, A. Brunet, P. Tremblay, *La renaissance au XIIe siècle. Les écoles et l'enseignement*, Paris, 1933 ; *Entretiens sur la Renaissance du XIIe siècle*, sous la direction de M. de Gandillac et E. Jeauneau, Paris, La Haye, 1968 ; *Die Renaissance der Wissenschaften im 12. Jahrhundert*, hrsg. von P. Weimar, Zurich, 1981. L'Angleterre est replacée dans son contexte par R.W. Southern, « The place of England in the twelfth century Renaissance », dans *Medieval humanism and other studies*, Oxford, 1970, pp. 158-180 (une première version avait paru dans *History*, 45, 1960, pp. 201-216). On verra aussi R.W. Hunt, « The deposit of Latin classics in the twelfth century renaissance », *Classical influences...* (cité *supra*, p. 183), pp. 51-55.

Sur la diffusion de la « literacy » (capacité de lire et d'écrire) dans la société médiévale, un sujet très étudié maintenant, on pourra commencer par voir H. Grundmann, « *Litteratus-illiteratus* : der Wandel einer Bildungsnorm vom Altertum zum Mittelalter », *Archiv für Kulturgeschichte*, 40, 1958, pp. 1-65 (= *Ausgewählte Aufsätze*, t. 3, *Bildung und Sprache*, Stuttgart, 1978, pp. 1-66) et M.B. Parkes, « The literacy of the laity » dans *Literature and Western civilization*, ed. by D. Daiches and A. Thorlby, t. 2, *The Medieval world*, Londres, 1973, pp. 555-577.

Sur Jean de Salisbury, on consultera H. Liebeschütz, *Mediaeval humanism in the life and writings of John of Salisbury* ; J. Martin, « John of Salisbury's manuscripts of Frontinus and of Gellius », *JWI*, 40, 1977, pp. 1-26 et « Uses of tradition : Gellius, Petronius, and John of Salisbury », *Viator*, 10, 1979, pp. 57-76 (ces deux articles montrent parfaitement la façon dont Jean a utilisé ses sources classiques).

Sur Guillaume de Malmesbury, voir H. Farmer, « William of Malmesbury's life and works », *Journal of Ecclesiastical History*, 13, 1962, pp. 39-54, et une série d'articles par R.M. Thomson, notamment « The reading of William of Malmesbury », *Revue bénédictine*, 85, 1975, pp. 362-402 ; 86, 1976, pp. 327-335 ; 89, 1979, pp. 313-324, et « The 'scriptorium' of William of Malmesbury », dans *Medieval scribes, manuscripts and libraries : Essays presented to N.R. Ker*, Londres, 1978, pp. 117-142. La connaissance que Guillaume avait de Cicéron est particulièrement impressionnante, mais difficile à évaluer, car le corpus cicéronien de Cambridge (copié à Cologne en 1444) semble contenir des textes d'origine continentale ; voir Thomson, *art. cités*, 1975, pp. 372-377 ; 1976, p. 330 ; 1979, p. 316.

Le *Florilegium Gallicum* et les textes classiques qu'il contient ont fait l'objet d'une série d'articles de B.L. Ullman dans les t. 23 à 27 de *CPh* (1928-1932) ; on trouvera une récapitulation dans le dernier (t. 27, pp. 1-42). Voir aussi A. Gagnér, *Florilegium Gallicum. Untersuchungen und Texte zur Geschichte der mittellateinischen Florilegienliteratur*, Lund, 1936 et l'édition partielle donnée par J. Hamacher, Berne, 1975. Ce recueil a été utilisé par un autre florilège important du XIIe siècle, le *Moralium dogma philosophorum* (éd. J. Holmberg, Upsal, 1929) et par Vincent de Beauvais au XIIIe siècle (cf. p. 79).

On dispose maintenant d'une étude d'ensemble sur les florilèges : B. Munk Olsen, « Les classiques latins dans les florilèges médiévaux antérieurs au XIIIe siècle », *RHT*, 9, 1979, pp. 47-121 et 10, 1980, pp. 115-164.

12.- La période scolastique.

La *Biblionomia* de Richard de Fournival a été éditée par L. Delisle dans *Le cabinet des manuscrits de la Bibliothèque nationale*, t. 2, Paris, 1874, pp. 518-535. Elle a été récemment étudiée par P. Glorieux et R.H. Rouse ; voir surtout les articles de ce dernier « Manuscripts belonging to Richard de Fournival », *RHT*, 3, 1973, pp. 252-269 (qui donne la bibliographie antérieure) et, plus récemment, « Florilegia and Latin classical authors in twelfth and thirteenth century Orleans », *Viator*, 10, 1979, pp. 131-160, spécialement p. 138 et s. Un travail de pionnier avait été accompli par B.L. Ullman, qui identifia le Properce de Fournival avec le Voss. lat. O. 38 et établit quelques liens entre sa bibliothèque et celle de Corbie ; on verra en particulier « The library of the Sorbonne in the fourteenth century », *The septicentennial celebration of the founding of the Sorbonne College in the University of Paris*, Chapel Hill, 1953, pp. 33-47 (= « The Sorbonne Library and the Italian Renaissance », *Studies*, pp. 41-52). Un autre manuscrit intéressant qui a appartenu à Fournival est le témoin le plus ancien de la traduction du *Phédon* par Henri Aristippe (cf. p. 82) : il s'agit du *Paris. lat.* 16581, probablement le modèle sur lequel fut copié le manuscrit de Pétrarque ; cf. *Plato Latinus*, t. 2, *Phaedo interprete Henrico Aristippo* (éd. L. Minio-Paluello), Londres, 1950, pp. XI-XII.

Parmi les nombreux travaux consacrés à la tradition manuscrite des *Tragédies* de Sénèque, on retiendra particulièrement R.H. Philp, « The manuscript tradition of Seneca's Tragedies », *CQ*, N.S. 18, 1968, pp. 150-179, et R.H. Rouse, « The 'A' text of Seneca's Tragedies in the thirteenth century », *RHT*, 1, 1971, pp. 93-121.

La tradition médiévale des *Dialogues* est discutée par L.D. Reynolds dans l'article cité plus haut (section 10, p. 188). A ses débuts, l'histoire de ce texte est purement italienne, ce qui la rend fort intéressante. Tout le processus de diffusion — depuis la copie de l'archétype jusqu'à l'apparition d'une vulgate en passant par des phases de contamination et de correction — a eu lieu en Italie à une période, fin XIe - milieu XIIIe siècle, où l'on a rarement supposé un intérêt aussi vif pour les classiques.

Le rôle joué par les ordres mendiants anglais a été mis en lumière et élucidé par B. Smalley, *English friars and antiquity in the early fourteenth century*, Oxford, 1960.

13.— Le grec en Occident au Moyen Age.

La bibliographie et une ample collection de faits sont commodément rassemblés par W. Berschin, *Griechisch-lateinisches Mittelalter. Von Hieronymus zu Nikolaus von Kues*, Berne, 1980.

Les traductions du IXe siècle sont présentées dans Lemerle, *Le premier humanisme byzantin*, pp. 13-16, qui sous-estime la possibilité qu'on ait su un peu de grec à Saint-Gall ; cf. l'introduction de L. Bieler à la reproduction du Psautier de Bâle (Ms. A. VII. 3), publiée dans les *Umbrae codicum occidentalium* (t. 5, Amsterdam, 1960), spécialement p. XIX.

Sur Burgundio de Pise, consulter P. Classen, *Burgundio von Pisa. Richter, Gesandter, Uebersetzer*, Heidelberg, 1974 et la préface donnée par E.M. Buytaert à l'édition de S. Jean Damascène, *De fide orthodoxa, Versions of Burgundio and Cerbanus*, St. Bonaventure, N.Y., 1955 ; sur Jacques de Venise, L. Minio-Palluelo, « Iacobus Veneticus graecus, canonist and translator of Aristotle », *Traditio*, 8, 1952, pp. 265-304 (= *Opuscula. The Latin Aristotle*, Amsterdam, 1972, pp. 189-228).

On trouvera l'essentiel sur les traducteurs du XIIe siècle, et bien d'autres choses, dans C.H. Haskins, *Studies in the history of medieval science*, Cambridge, Mass., 1927^2, pp. 141-241. E. Grant, « Henricus Aristippus, William of Moerbeke and two alleged mediaeval translations of Hero's *Pneumatica* », *Speculum*, 46, 1971, pp. 656-669, a rendu très douteuse l'idée que les *Pneumatica* d'Héron étaient connus en latin dès le XIIe siècle.

Le Pseudo-Denys de Grosseteste (Oxford, Bodleian Library, Canonici gr. 97) a été identifié par R. Barbour, « A manuscript of Ps. Dionysius Areopagita copied for Robert Grosseteste », *Bodleian Library Record*, 6, 1958, pp. 401-416.

On peut étudier l'activité de Guillaume de Moerbeke dans les différents volumes parus de l'*Aristoteles Latinus*. Un état de la question, très commode, est fourni par B. Schneider, *Die mittelalterlichen griechisch-lateinischen Übersetzungen der Aristotelischen Rhetorik*, Berlin, 1971, pp. 5-9. Les traductions de Moerbeke avaient grand succès ; celle de la *Rhétorique* est conservée dans 98 manuscrits, et c'est à travers elle que Dante connaissait cette œuvre.

Un ex-libris de Moerbeke a été découvert par L. Labowsky sur le Marc. gr. 258, archétype des *opera minora* d'Alexandre d'Aphrodise ; voir son article « William of Moerbeke's manuscript of Alexander of Aphrodisias », *Medieval and Renaissance Studies*, 5, 1961, pp. 155-163.

En général les traductions étaient faites mot à mot ; l'emploi de l'article français (que les traducteurs n'ont pas inventé : cf. A. Landgraf, « Die Einführung des Artikels 'li' an der Wende der Früh- und Hochscholastik », *Scholastik*, 32, 1957, pp. 560-564) leur permettait de copier en latin certaines expressions abstraites du grec.

Sur ce problème des traductions, on aura toujours intérêt à se reporter à deux articles de B. Bischoff, « The study of foreign languages in the Middle Ages », *Speculum*, 36, 1961, pp. 209-224 (repris et complété dans *Mitt. Studien*, t. 2, pp. 227-245) et « Das griechische Element in der abendländischen Bildung des Mittelalters », *ByzZ*, 44, 1951, pp 27-55 (= *Mitt. Studien*, t. 2, pp. 246-275).

CHAPITRE IV : LA RENAISSANCE

1.— L'humanisme.

Les premières études importantes sur l'origine du terme « humaniste » ont vu le jour presque en même temps : P.O. Kristeller, « Humanism and scholasticism in the Italian Renaissance », *Byzantion*, 17, 1944-1945, pp. 346-374, et A. Campana, « The origin of the word 'humanist' », *JWI*, 9, 1946, pp. 60-73. On trouvera une bibliographie et de nouvelles recherches dans R. Avesani, « La professione dell' 'umanista' nel Cinquecento », *IMU*, 13, 1970, pp. 205-323.

Les problèmes plus larges que posent l'origine de l'humanisme italien et sa place dans la Renaissance dépassent le cadre de ce livre, mais naturellement les études qui leur sont consacrées ont influencé la rédaction de ce chapitre, et il vaut la peine de mentionner ici les principales : P.O. Kristeller, divers essais et conférences rassemblés dans *Studies in Renaissance thought and letters*, Rome, 1956 (deuxième tirage, 1969), *Renaissance thought : the classic, scholastic and humanist strains*, New York, 1960, *Renaissance Thought II : papers on humanism and the arts*, New York, 1965 et *Renaissance thought and its sources*, New York, 1979 ; K.M. Setton, « The Byzantine background to the Italian Renaissance », *Proc. of the Amer. Philos. Soc.*, 100, 1956, pp. 1-76 (= *Europe and the Levant in the Middle Ages and the Renaissance*, Londres, 1974, pp 1-76) ; F. Simone, *Il Rinascimento francese*, Turin, 1965[2] (traduction anglaise mise à jour par H. Gaston Hall, *The French Renaissance*, Londres, 1969) ; B. Smalley, *English friars* (cité p. 190), pp. 280-298 ; B.L. Ullman, *Studies in the Italian Renaissance*, Rome, 1973[2] ; R. Weiss, *The dawn of humanism in Italy*, Londres, 1947 ; *The spread of Italian humanism*, Londres, 1964, et *The Renaissance discovery of classical antiquity*, Oxford, 1969.

Sur la redécouverte des textes classiques, les travaux de base restent ceux, dépassés mais non remplacés, de R. Sabbadini : *Le scoperte dei codici latini e greci ne' secoli XIV e XV*, Florence, 1905-1914, 2 vol. (réimprimés à Florence en 1967 avec les additions et corrections de l'auteur [† 1934], et une étude d'E. Garin, « R. Sabbadini e i suoi contributi alla storia della cultura del Quattrocento », t. I, pp. VII-XXVIII) ; *Storia e critica di testi latini*, Catane, 1914, dont une nouvelle édition est sortie dans la collection « Medioevo e Umanesimo » (t. 11, Padoue, 1971), avec des index entièrement refaits et une bibliographie complète de Sabbadini.

2. – Les premiers humanistes.

C'est Gius. Billanovich qui a le premier révélé la vigueur du préhumanisme padouan, dans son livre *I primi umanisti e le tradizioni dei classici latini*, Fribourg (Suisse), 1953. La connaissance étendue de la poésie latine qu'on avait alors dans ce cercle a été mise en lumière par Guido Billanovich, « Veterum vestigia vatum », *IMU*, 1, 1958, pp. 155-243. Malheureusement, il n'existe pas encore d'édition convenable ou aisément accessible des poésies de ces préhumanistes (indications bibliographiques dans l'article cité de Guido Billanovich, p. 181).

Sur le préhumanisme à Padoue, à Vérone et en Vénétie, on dispose maintenant des articles de synthèse de Guido Billanovich, R. Avesani et L. Gargan dans la *Storia della cultura veneta*, t. 2, *Il trecento*, Vicence, 1976, pp. 19-170.

L'*Écérinide* de Mussato a été éditée par L. Padrin, Bologne, 1900. L'activité philologique qui s'est exercée sur les tragédies de Sénèque a fait l'objet de deux livres de A. Ch. Megas (études et éditions de textes) : ‛Ο προουμανιστικὸς κύκλος τῆς Πάδουας *(Lovato Lovati – Albertino Mussato)* καὶ οἱ τραγῳδίες τοῦ *L.A. Seneca*, Thessalonique, 1967 (résumé en anglais, pp. 229-233) et *Albertini Mussati argumenta tragoediarum Senecae, commentarii in L.A. Senecae tragoedias fragmenta nuper reperta*, Thessalonique, 1969 (en grec ; résumé en anglais, pp. 147-149). Bonne présentation de Lovato par R. Weiss, « Lovato Lovati (1241-1309) », *Italian Studies*, 6, 1951, pp. 3-28. Sur Geremia da Montagnone, consulter R. Weiss, *Il primo secolo dell' umanesimo*, Rome, 1949, pp. 15-20, et B.L. Ullman, « Hieremias de Montagnone and his citations from Catullus », *CPh*, 5, 1910, pp. 66-82, repris dans ses *Studies*, pp. 79-112 ; sur Benvenuto Campesani, R. Weiss, « Benvenuto Campesani (1250/55 ?-1323) », *Boll. del Museo Civico di Padova*, 44, 1956, pp. 129-144 ; pour une ingénieuse solution de l'énigme que pose son épigramme (publiée par exemple dans l'édition Mynors de Catulle, Oxford, 1958, p. 105), voir H.L. Levy, « Catullus and Cangrande della Scala », *TAPhA*, 99, 1968, pp. 249-253.

3. – La consolidation de l'humanisme : Pétrarque et ses contemporains.

L'étude des manuscrits et de l'activité philologique de Pétrarque progresse avec tant de rapidité et touche à tant de domaines qu'il a été nécessaire de faire un choix très strict et de se limiter aux exemples les plus significatifs. L'ouvrage d'A. Petrucci, *La scrittura di Francesco Petrarca*, Cité du Vatican, 1967, bien à jour à sa date, permettra de retrouver d'autres pistes.

Le rôle joué par Pétrarque dans la transmission de Tite-Live et de Pomponius Méla a été élucidé dans les articles de Gius. Billanovich cités plus haut pp. 188 et 187. Pour Properce, voir B.L. Ullman, « The manuscripts of Propertius », *CPh*, 6, 1911, pp. 282-301 et « Petrarch's acquaintance with Catullus, Tibullus, Propertius », dans *Studies*, pp. 177-196 ; pour Cicéron, Gius. Billanovich, « Petrarca e Cicerone », *Miscellanea G. Mercati*, t. 4, Cité du Vatican, 1946, pp. 88-106. La liste des lectures favorites ('libri mei'), découverte jadis par L. Delisle dans le Paris lat. 2201, a été bien étudiée par B.L. Ullmann, « Petrarch's favourite books », *TAPhA*, 54, 1923, pp. 21-38 (= *Studies*, pp. 113-133) et par H. Rüdiger, « Die Wiederentdeckung der antiken Literatur im Zeitalter der Renaissance, 5. Petrarcas Lieblingsbücher », dans *Geschichte der Textüberlieferung*, t. 1, Zurich, 1961, pp. 526-537 ; c'est Ullman qui a le premier déterminé la signification exacte de ce document.

L'histoire des textes passés par Avignon révèle toujours l'importance exceptionnelle de cette ville. Ullman a montré, dès 1941, qu'elle a servi de relais dans la transmission des manuscrits vers l'Italie (« Some aspects of the origin of Italian humanism », *Philological Quarterly*, 20, 1941, pp. 213-271, = *Studies*, pp. 29-33), et l'étude de diverses traditions a donné corps et vigueur à cette théorie. Pour des développements plus fournis sur le rôle culturel d'Avignon, voir F. Simone, *Il rinascimento*, pp. 9-24 ; W.B. Ross, « Giovanni Colonna, historian at Avignon », *Speculum*, 45, 1970, pp. 533-545.

Billanovich, *I primi umanisti*, pp. 29-33, traite de la redécouverte des manuscrits du Mont-Cassin et de la part qu'y a prise Zanobi da Strada.

4.— Coluccio Salutati (1331-1406).

Nous avons la chance de disposer maintenant d'une étude exhaustive sur Coluccio par B.L. Ullman, *The humanism of Coluccio Salutati*, Padoue, 1963. On doit aussi consulter son ouvrage sur *The origin and development of the humanistic script*, Rome, 1960.

5.— L'époque des grandes découvertes : le Pogge (1380-1459).

Le meilleur récit des découvertes du Pogge, un vrai conte fantastique, se trouve encore dans Sabbadini ; il faut, il est vrai, toujours contrôler les détails dans les études récentes consacrées à tel ou tel auteur. On aura intérêt à consulter aussi A.C. Clark, *Inventa Italorum*, Oxford, 1909 (Anecdota Oxoniensia, Classical series, 11), et T. Foffano, « Niccoli, Cosimo e le ricerche di Poggio nelle biblioteche francesi », *IMU*, 12, 1969, pp. 113-128. Les travaux d'Ullman cités dans la section précédente contiennent beaucoup de renseignements importants, en particulier sur le rôle joué par le Pogge dans l'élaboration du nouveau type d'écriture, et on continue de découvrir des manuscrits de sa main, le plus important étant sans doute sa copie autographe (Vat. lat. 11458) des huit discours de Cicéron qu'il avait trouvés en 1417 ; l'identification est due à A. Campana, cf. J. Ruysschaert, *Codices Vaticani Latini... 11414-11709*, Cité du Vatican, 1959, pp. 93-96. Sur le Marc. lat. XII.80 (4167), on consultera A.C. de la Mare et D.F.S. Thomson, « Poggio's earliest manuscript ? », *IMU*, 16, 1973, pp. 179-195.

La part qu'a prise le Pogge à la transmission des douze pièces de Plaute a fait l'objet d'une étude minutieuse, qui permet de se faire une idée assez précise de ses talents philologiques ; C. Questa, *Per la storia del testo di Plauto nell' umanesimo*. I. *La « recensio » di Poggio Bracciolini*, Rome, 1968.

La biographie classique est celle d'E. Walzer, *Poggius Florentinus, Leben und Werke*, Leipzig, 1914 ; il en faudrait une nouvelle. En attendant, l'article d'E. Bigi et A. Petrucci, *Dizionario biografico degli Italiani*, t. 13, 1971, pp. 640-646, et la traduction commentée des lettres du Pogge à N. Niccoli par Ph. W. Goodhart Gordan (*Two Renaissance book-hunters*, New York, 1974) rendront de grands services.

Pour la reconstitution du Cicéron de Cluny, voir A.C. Clark, *The Vetus Cluniacensis of Poggio*, Oxford, 1905 (Anecdota Oxoniensia, Classical series 10) ; on doit à Gilbert Ouy la découverte que la meilleure copie conservée (Paris lat. 14749) est de la main de Nicolas de Clamanges (cf. *Annuaire de l'École pratique des Hautes-Études*, 4e section, 1965-1966, p. 259), et on attend avec intérêt l'étude d'ensemble qu'il doit publier sur les manuscrits de cet humaniste.

On croit généralement que les humanistes n'ont pas possédé de Quintilien complet avant la découverte du manuscrit de Saint-Gall (Zurich, Zentralbibliothek, C.74a) par le Pogge en 1416. N'en déplaise à certains, cette vue traditionnelle n'est pas infirmée par les remarques de Sabbadini, selon lequel Nicolas de Clamanges aurait possédé un texte complet (*Le scoperte*, t. 2, pp. 84-85 ; *Storia e critica*, pp. 283-284). Celui-ci aurait naturellement pu faire une telle découverte au nord des Alpes s'il avait regardé au bon endroit, mais les témoignages cités prouvent juste qu'il avait accès, comme d'autres humanistes, à un *mutilus* et à l'extrait du livre X (1, 46-107) qui circulait séparément ou accolé au texte incomplet ; cf. P.S. Boscoff, « Quintilian in the late Middle Ages », *Speculum*, 27, 1952, pp. 71-78 · M. Winterbottom, « Fifteenth-century manuscripts of Quintilian », *CQ*, N.S. 17, 1967, p. 339, n. 5.

Le document prouvant que le Velléius Paterculus de Murbach existait encore en août 1786 a été publié par A. Allgeier, « Bibliotheksgeschichtliche Nachrichten im Briefwechsel des Kardinals Garampi mit Fürstabt Martin Gerbert von St. Blasien », *Miscellanea G. Mercati*, t. 6, Cité du Vatican, 1946, pp. 457-460.

6. – *La philologie latine au XVe siècle : Valla et Politien.*

E.J. Kenney a écrit un article pénétrant sur les limites de la philologie classique et sur les difficultés qu'il y a à l'apprécier : « The character of humanist philology », dans *Classical influences* (cité p. 183), pp. 119-128.

Nous disposons d'une excellente monographie sur une des principales bibliothèques de la Renaissance, aussi bien pour sa richesse que pour son influence : B.L. Ullman, Ph. A. Stadter, *The public library of Renaissance Florence : Niccolò Niccoli, Cosimo de' Medici and the library of San Marco*, Padoue, 1972.

Les *Opera omnia* de Valla (Bâle, 1540) ont été réimprimées avec une préface due à E. Garin et divers compléments (Turin, 1962, 2 vol.). Une recension de ses *Adnotationes in Novum Testamentum* différente de celle publiée par Érasme a été découverte et éditée par A. Perosa (Florence, 1970). Ses méthodes philologiques ont pu être saisies sur le vif : on verra, dans le cas de Tite-Live, Gius. Billanovich, « Petrarch and the textual tradition of Livy », *JWI*, 14, 1951, pp. 137-151 ; et (en collaboration avec M. Ferraris), « Le *Emendationes in T. Livium* del Valla e il Codex Regius di Livio », *IMU*, 1, 1958, pp. 245-264, ainsi que « Un altro Livio corretto dal Valla (Valenza, Biblioteca della Cattedrale, 173) », *ibidem*, pp. 265-275. Pour Quintilien, voir M. Winterbottom, « Fifteenth-century manuscripts of Quintilian », *CQ*, N.S. 17, 1967, pp. 356-363.

Pour se faire une bonne idée de l'activité débordante de Politien, il suffit de consulter le catalogue d'une exposition organisée à la Bibliothèque Laurentienne en 1954 (*Mostra del Poliziano, Catalogo*, a cura di A. Perosa, Florence, 1955). On pourra voir en outre *Il Poliziano e il suo tempo. Atti del IV Convegno Internazionale di studi sul Rinascimento* (1954), Florence, 1957 ; I. Maïer, *Les manuscrits d'Ange Politien*, Genève, 1965 ; E.J. Kenney, *The classical text*, Berkeley, 1974, pp. 4-10. Nous avons la chance d'avoir conservé les notes autographes que Politien utilisait pour ses cours universitaires sur Suétone et les *Silves* de Stace : G. Gardenal, *Poliziano e Suetonio. Contributo alla storia della filologia umanistica*, Florence, 1975 (mais cf. L. Cesarini Martinelli, *Rinascimento*, 16, 1976, pp. 111-131) ; L. Cesarini Martinelli, *Angelo Poliziano : commento inedito alle Selve di Stazio*, Florence, 1978.

Les épigrammes grecques ont été éditées et traduites par A. Ardizzoni, Florence, 1951 (cf. A. Perosa, *La parola del passato*, 7, 1952, pp. 66-80). Les *Miscellanea* doivent être publiées avec un important commentaire par A. Perosa ; l'édition princeps de la deuxième centurie a été donnée par V. Branca et M. Pastore Stocchi, *Angelo Poliziano : Miscellaneorum centuria secunda*, Florence, 1972 (édition minor, *ibidem*, 1978).

Sur la place de Politien dans l'histoire de la philologie, et spécialement le développement de la méthode stemmatique, voir A. Grafton, « On the scholarship of Politian and its context », *JWI*, 40, 1977, pp. 150-188.

L'œuvre philologique d'Ermolao Barbaro a été publiée par G. Pozzi, *Hermolai Barbari castigationes Plinianae et in Pomponium Melam*, Padoue, 1973-1979, 4 vol., et étudiée par V. Branca, « L'umanesimo veneziano alla fine del quattrocento : Ermolao Barbaro e il suo circolo », *Storia della cultura veneta*, t. 3, 1, Vicence, 1980, pp. 123-165.

7.— *Les études grecques : diplomates, réfugiés, bibliophiles.*

On trouvera les sources et une ample discussion dans A. Pertusi, *Leonzio Pilato fra Petrarca e Boccaccio*, Venise-Rome, 1964 (les pp. 62-72 traitent de son exemplaire d'Homère) et dans sa contribution au tome cité de la *Storia della Cultura veneta*, « L'umanesimo greco dalla fine del secolo XIV agli inizi del secolo XVI », pp. 177-264. F. Di Benedetto, « Leonzio, Omero e le *Pandette* », *IMU*, 12, 1969, pp. 53-112, a démontré que Léonce Pilate a eu en mains les Pandectes florentines, et qu'il y a transcrit et traduit en latin les citations grecques du Digeste. Le Platon de Pétrarque a été identifié avec le Paris gr. 1807 par A. Diller, « Petrarch's Greek codex of Plato », *CPh*, 59, 1964, pp. 270-272.

Sur Chrysoloras, voir G. Cammelli, *I dotti bizantini e le origini dell' Umanesimo*, I. *Manuele Crisolora*, Florence, 1941. D'après P.G. Ricci, « La prima cattedra di greco in Firenze », *Rinascimento*, 3, 1952, pp. 159-165, c'est Léonce Pilate et non Chrysoloras qui aurait été le premier professeur de grec. La façon dont la plupart des humanistes ont appris cette langue est bien expliquée par R. Sabbadini, *Il metodo degli umanisti*, Florence, 1922, pp. 17-27 ; il cite une lettre d'Ambrogio Traversari sur sa propre expérience et une autre d'Alde à Alberto Pio où il est question des méthodes utilisées par Ermolao Barbaro, Pic de la Mirandole et Politien. G. Cammelli, *I dotti...*, III. *Demetrio Calcondila*, Florence, 1954, p. 7 cite une lettre de Giovanni Antonio Campano où celui-ci se plaint de n'avoir pas encore pu apprendre le grec par manque de professeur.

8. – *La philologie grecque au XVe siècle : Bessarion et Politien.*

Bonne présentation de Bessarion, rapide mais au courant des dernières recherches, dans l'article de L. Labowsky, *Dizionario biografico degli Italiani*, t. 9, 1967, pp. 686-696. L'ouvrage de base est celui de L. Mohler, *Kardinal Bessarion als Theologe, Humanist und Staatsmann*, Paderborn, 1923-1942 (réimpression, Aalen, 1967), 3 vol. Dans le troisième, qui porte le sous-titre *Aus Bessarions Gelehrtenkreis*, pp. 70-87, est publié l'opuscule où il expose ses vues sur la valeur de la Vulgate. Ses recherches paléographiques sont esquissées dans sa lettre à Alexios Lascaris Philanthropenos.

Voir aussi J. Gill, *The council of Florence*, Cambridge, 1959. Pour commémorer le cinquième centenaire de sa donation à Venise (1468-1968), la Bibliothèque Marcienne avait organisé une exposition dont le catalogue *Cento codici Bessarionei*, a cura di T. Gasparrini Leporace e E. Mioni, Venise, 1968, garde le souvenir. Pour le texte de l'acte de donation et de l'inventaire de 1468, consulter maintenant L. Labowsky, *Bessarion's library and the Biblioteca Marciana. Six early inventories*, Rome, 1979, pp. 147-189.

Pour les *Adnotationes* de Valla, voir l'édition Perosa citée plus haut (p. 194), notamment p. XXXIX, n. 64. La bibliographie sur Politien a été donnée à la section 6.

9. – *Les premiers livres grecs imprimés : Alde Manuce et Marc Musurus.*

Sur les débuts de la typographie grecque, deux livres font autorité : R. Proctor, *The printing of Greek in the fifteenth century*, Oxford, 1900 (réimpression : Hildesheim, 1966) et V. Scholderer, *Greek printing types 1465-1927*, Londres, 1927 ; voir aussi un article du second auteur, « Printers and readers in Italy in the fifteenth century », *Proc. of the British Academy*, 35, 1949, pp. 1-23 (= *Fifty essays in fifteenth and sixteenth century bibliography*, Amsterdam, 1966, pp. 202-215).

L'imprimerie entraîna une baisse considérable du prix des livres. Cela est dit clairement par Giovanni Andrea Bussi dans la préface à son édition des *Lettres* de S. Jérôme (Rome, 1468, f. 1 v, = G.A. Bussi, *Prefazioni alle edizioni di Sweynheym e Pannartz* a cura di M. Miglio, Milan, 1978, p. 4) : les livres coûtent maintenant cinq fois moins cher. Toutefois cette orgueilleuse satisfaction ne vaut que pour les textes en latin ou en langue vulgaire. La connaissance du grec resta pendant quelque temps exceptionnelle. On peut se demander si les maximes et les citations grecques dont Érasme parsème ses écrits, destinés à un large public, impliquent que la situation s'était améliorée dans les vingt ou trente premières années du XVIe siècle.

Sur Alde et Musurus, on consultera D.J. Geanakoplos, *Greek scholars in Venice*, Cambridge, Mass., 1962, réimprimé en 1973 sous le titre *Byzantium and the Renaissance*, et surtout M. Lowry, *The world of Aldus Manutius. Business and scholarship in Renaissance Venice*, Oxford, 1979. Le jugement favorable sur l'édition d'Hésychius donnée par Musurus est emprunté à celle de K. Latte, t. I, Copenhague, 1953, p. XXXIII. Le complément au texte de Moschos est discuté par W. Bühler, *Die Europa des Moschos. Text, Uebersetzung und Kommentar*, Wiesbaden, 1960, p. 14. La question des scolies d'Aristophane a été éclairée d'un jour nouveau par N.G. Wilson, « The Triclinian edition of Aristophanes », *CQ*, N.S. 12, 1962, pp. 32-47 (la contribution de Musurus est moins importante qu'on ne l'a cru).

Excellente présentation d'éditions aldines et de leurs sources dans le catalogue de l'exposition *Griechische Handschriften und Aldinen* (Wolfenbüttel, 1978), 2e partie, pp. 119-149 : *Aldinen (1495-1516)*, par M. Sicherl. Les textes d'Alde sont aisément accessibles dans *Aldo Manuzio editore. Dediche, prefazioni, note ai testi*. Testo latino con trad. e note a cura di G. Orlandi, Milan, 1975, 2 vol.

Sur l'histoire de la Bibliothèque Marcienne, fort mal logée pendant plus d'un demi-siècle après la donation de Bessarion, voir M. Lowry, « Two great Venetian libraries in the age of Aldus Manutius », *Bulletin of the John Rylands University Library*, 57, 1974, pp. 128-166.

10.- Érasme (env. 1469-1536).

La bibliographie consacrée à Érasme est démesurée (pour les années 1950-1961, 1936-1949 et 1962-1970, on aura un guide sûr dans J.-Cl. Margolin, *Douze (Quatorze, Neuf) années de bibliographie érasmienne*, Paris, 1963, 1969 et 1977 ; une suite est prévue) ; il semble d'autant plus paradoxal que son activité philologique n'ait pas encore fait l'objet d'une étude détaillée.

On aura profit à consulter de R. Pfeiffer, outre son *History of classical scholarship from 1300 to 1850*, Oxford, 1976, pp. 71-81, un article plus ancien « Erasmus und die Einheit der klassischen und der christlichen Renaissance », *Historisches Jahrbuch*, 74, 1955, pp. 175-188 (= *Ausgewählte Schriften*, Munich, 1960, pp. 208-221). A noter cette remarque révélatrice de la façon dont Érasme concevait les rapports entre philologie et théologie (citée p. 181/214) : une erreur dans la ponctuation, affaire minuscule en soi, suffit à faire naître l'hérésie (*tantula res gignit haereticum sensum*).

Autres présentations : P.S. Allen, « Erasmus' services to learning », *Proc. of the British Academy*, 11, 1924, pp. 349-368, repris dans *Erasmus. Lectures and wayfaring sketches*, Oxford, 1934, pp. 30-59 (insiste sur la publication de textes patristiques, surtout latins) ; E. Bloch, « Erasmus and the Froben Press : the making of an editor », *Library Quarterly*, 35, 1965, pp. 109-120 ; M.M. Phillips, « Erasmus and the classics », dans *Erasmus* (ed. by T.A. Dorey), Londres, 1970, pp. 1-30. Les questions précises de P. Petitmengin, « Comment étudier l'activité d'Érasme éditeur de textes antiques ? », *Colloquia Erasmiana Turonensia* (Tours, 1969), t. 1, Paris, 1972, pp. 217-222, trouvent un élément de réponse dans J.H. Waszink, « Einige Betrachtungen über die Euripidesübersetzungen des Erasmus und ihre historische Situation », *Antike und Abendland*, 17, 1971, pp. 70-90, que complète

N.G. Wilson, « Erasmus as a translator of Euripides : supplementary notes », *ibid.*, 18, 1973, pp. 87-88.

Sur la genèse de la Bible d'Alcalá et du Nouveau Testament d'Érasme, B.M. Metzger, *The text of the New Testament*, pp. 96-103, donne l'essentiel. Érasme n'indique pas systématiquement les manuscrits dont il s'est servi (c'est une pratique relativement moderne), et pour les identifier il faut glaner des renseignements dans des sources très diverses, en particulier la Correspondance et les commentaires au Nouveau Testament. Notre exposé se fonde sur l'introduction de P.S. Allen à l'*Avis au lecteur* d'Érasme (n° 373 dans l'*Opus Epistolarum Des. Erasmi Roterodami* ; t. 2, Oxford, 1910, pp. 164-166) ; elle semble très sûre, sauf peut-être pour ce qui est dit du manuscrit de Leicester (l'histoire d'Érasme et du *comma Johanneum* a été peut-être quelque peu embellie ; cf. H.J. de Jonge, « Erasmus and the comma Johanneum », *Ephemerides theologicae Lovanienses*, 56, 1980, pp. 381-389).

Érasme a-t-il vraiment édité Ptolémée ? Allen pensait que non (*Opus epistolarum*, t.10, Oxford, 1941, p. 148) ; au contraire, réponse affirmative chez A. De Smet, « Érasme et la cartographie », dans *Scrinium Erasmianum*, t. 1, Leyde, 1969, pp. 277-291.— Sur Érasme et Sénèque, on consultera L.D. Reynolds, *The medieval tradition of Seneca's Letters*, Oxford, 1965, pp. 4-6 ; W. Trillitzsch, « Erasmus und Seneca », *Philologus*, 109, 1965, pp. 270-293, repris dans *Seneca im literarischen Urteil der Antike*, t. 1, Amsterdam, 1971, pp. 221-250 ; M.M. Phillips, « Erasmus and the classics », pp. 15-17.

La lecture de M.M. Phillips, *The « Adages » of Erasmus*, Cambridge, 1964, permet d'aborder au mieux cette œuvre importante. On y trouvera aux pages 65-69 un récit de la polémique qu'a fait naître le séjour d'Érasme chez Alde. Cette période cruciale est étudiée aussi par D.J. Geanakoplos, *Greek scholars in Venice* (cité *supra*, p. 197 ; voir spécialement les pp. 273-275 qui traitent de la prononciation du grec dite « érasmienne ») et par M. Dazzi, *Aldo Manuzio e il dialogo veneziano di Erasmo*, Vicence, 1969.

CHAPITRE V : QUELQUES ASPECTS DE LA PHILOLOGIE DEPUIS LA RENAISSANCE

1.— La Contre-Réforme et la fin de la Renaissance en Italie.

Le *Ciceronianus* d'Érasme a été édité avec une ample introduction par A. Gambaro, Brescia, 1965, qui fait l'historique de la controverse, mais il vaut la peine de consulter aussi M.W. Croll, *« Attic » and baroque prose style : the anti-Ciceronian movement. Essays*, Princeton, 1969, et P. Mesnard, « Le *Pseudo-Cicéron* de Henri II Estienne (1557) et l'avènement du cicéronianisme critique », *Bulletin de l'Association G. Budé*, 1967, pp. 282-292.

Sur les Estienne, voir outre les *Annales de l'imprimerie des Estienne* d'A.A. Renouard (Paris, 1843[2]), M. Pattison, « The Stephenses », dans ses *Essays*, Oxford, 1889, pp. 67-123, et E. Armstrong, *Robert Estienne, royal printer*, Cambridge, 1954. Les Bibles de Robert Estienne sont étudiées par H. Quentin, *Mémoire sur l'établissement...* (cité *supra*, p. 187), pp. 104-120.

Les travaux de Vettori sur l'Aristote latin ont été examinés par B. Schneider, *Die mittelalterlichen griechisch-lateinischen Übersetzungen der Aristotelischen Rhetorik*, Berlin, 1971, pp. 73-76. Présentation d'ensemble de Robortello par A. Carlini, « L'attività filologica di Francesco Robortello », dans *Atti dell' Accademia di Scienze, Lettere e Arti di Udine*, s. VII, t. 7, 1966-1969. Son traité de critique textuelle a été réédité avec une traduction italienne par G. Pompella, Naples, 1975. Sur Orsini, le travail fondamental reste P. de Nolhac, *La bibliothèque de Fulvio Orsini*, Paris, 1887.

Sur les efforts accomplis pour doter Rome de véritables presses ecclésiastiques, on consultera Fr. Barberi, *Paolo Manuzio e la Stamperia del Popolo Romano, (1561-1570)*, Rome, 1942, que complète A.M. Giorgetti Vichi, *Annali della Stamperia del Popolo Romano (1570-1598)*, Rome, 1959. Malheureusement il ne semble pas y avoir d'étude d'ensemble pour la période précédente (introduction dans St. Morison, « Marcello Cervini Pope Marcellus II, Bibliography's Patron Saint », *IMU*, 5, 1962, pp. 301-319) ni surtout sur la Typographie Vaticane. On trouvera l'histoire de la Bible sixto-clémentine dans Quentin, *op. cit.*, pp. 170-201 et celle de l'édition manquée de s. Augustin chez P. Petitmengin, « A propos des éditions patristiques de la Contre-Réforme : le « Saint Augustin » de la Typographie Vaticane », *Recherches Augustiniennes*, 4, 1966, pp. 199-251. Il vaut sans doute la peine de rappeler, à cette occasion, l'étude de J. de Ghellinck, « Une édition patristique célèbre », *Patristique et Moyen Age*, t. 3, Gembloux, 1948, pp. 339-484, qui suit l'édition des œuvres de s. Augustin depuis les *Retractationes* jusqu'à nos jours.

Sur les travaux patristiques de Thomas James, mise au point de N.R. Ker, « Thomas James' collation of Gregory, Cyprian and Ambrose », *Bodleian Library Record*, 4, 1952, pp. 16-32. Les dossiers chrysostomiens de Savile sont décrits par M. Aubineau, *Codices chrysostomici graeci*, t. 1, *Codices Britanniae et Hiberniae*, Paris, 1968, pp. XV-XVII et 116-158.

2.- *Les débuts de l'humanisme et de la philologie en France.*

Pour suivre le progrès des études sur l'humanisme français, on pourra consulter, après Fr. Simone, *Il Rinascimento francese* et les autres travaux mentionnés dans les notes du chapitre précédent, *Humanism in France at the end of the Middle Ages and in the early Renaissance*, ed. A.H.T. Levi, Manchester, 1970 et *L'humanisme français au début de la Renaissance* (Colloque de Tours, 1971), Paris, 1973. L'ouvrage d'E. Ornato, *Jean Muret et ses amis Nicolas de Clamanges et Jean de Montreuil*, Genève-Paris, 1969, ne parle pratiquement pas de l'activité philologique de ces humanistes.

Sur les traductions, voir J. Monfrin, « La connaissance de l'Antiquité et le problème de l'humanisme en langue vulgaire dans la France du XVe siècle », dans *The late Middle Ages and the dawn of Humanism outside Italy* (Colloque de Louvain, 1970), Louvain-La Haye, 1972, pp. 131-170.

Les débuts de l'imprimerie en France ont fait l'objet d'une mise au point par J. Veyrin-Forrer, « Aux origines de l'imprimerie française : l'atelier de la Sorbonne et ses mécènes, 1470-1473 », dans *L'art du livre à l'Imprimerie Nationale*, Paris, 1973, pp. 32-53. C'est peut-être ici le lieu de signaler une importante étude sur l'imprimerie à la Renaissance : E.L. Eisenstein, *The printing press as an agent of change*, Cambridge, 1979.

Brèves présentations de Guillaume Budé par L. Delaruelle, *Guillaume Budé. Les origines, les débuts, les idées maîtresses*, Paris, 1907 et J. Plattard, *Guillaume Budé et les origines de l'humanisme français*, Paris, 1923 (réimpression : 1966). Voir aussi R.R. Bolgar, « Humanism as a value system with reference to Budé and Vives », *Humanism in France ...*, pp. 199-215 et le catalogue de l'exposition *Guillaume Budé* organisée par la Bibliothèque nationale, Paris, 1968. Le *De transitu* a été republié et traduit en français par M. Lebel (Sherbrooke, 1973). Sur le Collège de France, monographie classique d'A. Lefranc, *Histoire du Collège de France depuis ses origines jusqu'à la fin du premier Empire*, Paris, 1893.

Les monographies consacrées à des savants français de cette période sont moins nombreuses qu'on ne le souhaiterait et l'abondance des études de détail, dont on retrouve la plupart grâce à A. Cioranesco, *Bibliographie de la littérature française du XVIe siècle*, Paris, 1959, ne compense pas cette lacune. Une exception à signaler est V. Hall, *Life of Julius Caesar Scaliger (1484-1558)*, Philadelphie, 1950, et l'ouvrage classique de M. Pattison, *Isaac Casaubon*, Oxford, 1892^2 (réimpression : Genève, 1970) garde encore sa valeur. La thèse de J. Jehasse, *La Renaissance de la critique. L'essor de l'humanisme érudit de 1560 à 1614*, Saint-Etienne, 1976, n'examine guère les problèmes qui nous intéressent.

Pour le manuscrit de Plaute collationné par Turnèbe, voir W.M. Lindsay, *The Codex Turnebi of Plautus*, Oxford, 1898 (réimpression : Hildesheim, 1972). On aura une bonne idée de l'histoire complexe du texte de Pétrone au XVIe siècle grâce à l'édition de K. Müller, Munich, 1961, pp. XIV-XXIV. L'importance du travail de Joseph Scaliger sur Catulle a été mise en valeur par A. Grafton, *JWI*, 38, 1975, pp. 155-181, article repris dans son livre, *Joseph Scaliger. A study in the history of classical scholarship*, t. 1, *Textual criticism and exegesis*, Oxford, 1983. Le tome 2 étudiera les travaux de Scaliger sur la chronologie antique. Ceux-ci se trouvent en partie dans son *De emendatione temporum* (1583, 1598^2) et en partie dans son appendice à son édition de la Chronique d'Eusèbe (1606) intitulé *Isagogicorum chronologiae canonum libri tres*.

La conférence de R. Pfeiffer, « Dichter und Philologen im französischen Humanismus », *Antike und Abendland*, 7, 1958, pp. 73-83, montre tout l'intérêt qu'il y aurait à étudier les rapports entre la philologie classique et la poésie française à l'époque de la Pléiade.

3. – Les Pays-Bas aux XVIe et XVIIe siècles.

L'étude de la philologie aux Pays-Bas est facilitée par quelques bons articles de la *Biographie Nationale* publiée par l'Académie royale des sciences, des lettres et des beaux-arts de Belgique (Bruxelles, 1866-1944, et suppléments) et par la *Bibliographie de l'humanisme des anciens Pays-Bas*, d'A. Gerlo et H.D.L. Vervliet (Bruxelles, 1972). Isaac Vossius a droit à un article dans le *Dictionary of National Biography* (t. 20, 1909, pp. 392-396). On trouvera d'utiles renseignements dans le livre un peu vieilli de L. Mueller, *Geschichte der klassischen Philologie in den Niederlanden*, Leipzig, 1869, et dans la thèse de G. Cohen, *Écrivains français en Hollande* *dans la première moitié du XVIe siècle*, Paris, 1920. Sur Plantin et ses successeurs, on dispose de la somme de L. Voet, *The golden compass. A history and evaluation of the printing and publishing activities of the officina Plantiniana at Antwerp*, Amsterdam, 1969-1972, 2 vol.

Si l'on songe au temps et aux efforts que l'on consacrait alors à l'édition de textes et à la rédaction d'*Observationes* critiques, il n'y a pas à s'étonner qu'il ait existé un marché pour les théoriciens de la critique textuelle. Canter, qui avait été précédé par Robortello, fut suivi en 1597 par un jeune savant allemand promis à un bel avenir, Gaspar Schoppe (1576-1649 ; cf. M. D'Addio, *Il pensiero politico dello Scioppio et il machiavelismo del seicento*, Milan, 1962) : son *De arte critica* fit pour les textes latins ce que Canter avait fait pour les grecs ; il essaya aussi de tracer une brève histoire de la critique textuelle en passant en revue les critiques anciens et modernes. Exactement un siècle plus tard parut la première édition de l'*Ars critica*, plus ambitieuse, de Jean Le Clerc (sur ce personnage important dans la vie intellectuelle du temps, voir A. Barnes, *Jean Le Clerc (1657-1736) et la République des lettres*, Paris, 1938). Ces traités ont été étudiés par A. Bernardini et G. Righi, *Il concetto di filologia e di cultura classica nel mondo moderno*, Bari, 1947 (mais cf. A. Momigliano, *Contributo alla storia degli studi classici*, Rome, 1955, pp. 393-395) ; présentation critique par E.J. Kenney dans *The classical text*, chapitre 2.

Les recherches de Modius dans les collections de manuscrits ont fait l'objet d'une étude très documentée de P. Lehmann, *Franciscus Modius als Handschriftenforscher*, Munich, 1908.

Pour deux opinions récentes sur le *Blandinius* d'Horace, voir Pasquali, *Storia della tradizione*, pp. 381-385, et E. Fraenkel, *Horace*, Oxford, 1957, pp. 97-100.

Les méthodes de Juste Lipse ont été soumises à une étude critique par J. Ruysschaert, *Juste Lipse et les Annales de Tacite. Une méthode de critique textuelle au XVIe siècle*, Louvain, 1949 ; voir aussi C.O. Brink, « Justus Lipsius and the text of Tacitus », *JRS*, 41, 1951, pp. 32-51, et J. Ruysschaert, « Juste Lipse, éditeur de Tacite », *Studi urbinati*, 53, 1979, pp. 47-61.

Le répertoire publié par P. Dibon, H. Bots, et E. Bots-Estourgie, *Inventaire de la correspondance de Johannes Fredericus Gronovius (1631-1671)*, La Haye, 1974, devrait permettre de nombreuses recherches sur ce philologue. On souhaiterait disposer de pareils instruments de travail pour les principaux savants du temps. On notera qu'une édition de la correspondance de Juste Lipse a commencé de paraître en 1978.

N. Heinsius a collationné tant de manuscrits d'Ovide qu'il a fallu beaucoup de temps pour les identifier et les évaluer, bien que les papiers d'Heinsius soient conservés à Oxford et Berlin et que les manuscrits utilisés existent toujours. Le point sur cette question est fait dans deux articles de M.D. Reeve, « Heinsius's Manuscripts of Ovid », *RhM*, 117, 1974, pp. 133-166 et 119, 1976, pp. 65-78.

La correspondance de N. Heinsius et de Jacques Dupuy (1646-1656), où il est souvent question d'Ovide (et de bien d'autres sujets philologiques) a été publiée par H. Bots, La Haye, 1971. Il convient de mentionner ici l'ouvrage de R. Mandrou, *His-*

toire de la pensée européenne, t. 3, *Des humanistes aux hommes de science*, Paris, 1973, qui permet de mieux comprendre les conditions de vie et la fonction sociale des intellectuels aux XVIe et XVIIe siècles.

4.— Richard Bentley (1662-1742) : études classiques et théologiques.

Nous avons parlé longuement de Bentley à cause du rôle qu'il a joué dans les études classiques aussi bien que scripturaires, et il n'a pas semblé possible de lui rendre justice sans donner quelques détails sur sa vie et son œuvre. R.C. Jebb, *Bentley*, Londres, 1882, offre un récit vivant et amusant avec une bonne bibliographie ; on trouvera toujours beaucoup de renseignements dans J.H. Monk, *The life of Bentley*, Londres, 1833[2], et une présentation plus succincte et moderne chez G.P. Goold, « Richard Bentley. A tercentenary commemoration », *HSCPh*, 67, 1963, pp. 285-302. L'*Epistola ad Joannem Millium* a été réimprimée à Toronto en 1962 avec une introduction due au même G.P. Goold (on notera que Malalas est daté incorrectement du VIIIe ou du IXe siècle).

L'histoire de la philologie biblique est tracée par B.M. Metzger, *The text of the New Testament*, pp. 95-106, mais nous avons ici exploité davantage les *Proposals* de Bentley et porté un jugement différent sur l'importance de Richard Simon ; sur ce dernier, on pourra consulter J. Steinmann, *Richard Simon et les origines de l'exégèse biblique*, Paris, 1960 (qui lui aussi ne dégage pas toujours les faits importants), et P. Auvray, *Richard Simon (1638-1712). Étude bio-bibliographique avec des textes inédits*, Paris, 1974. Notre exposé se fonde sur les chapitres 29-33 de l'*Histoire critique*, spécialement sur le chapitre 29.

5.— Les origines de la paléographie.

Pour une bonne présentation de l'histoire de la paléographie, voir L. Traube, *Geschichte der Paläographie*, dans ses *Vorlesungen und Abhandlungen*, t. 1, Munich, 1909, pp. 13-80. E. Casamassima, « Per una storia delle dottrine paleografiche dall' Umanesimo a Jean Mabillon. I », *Studi Medievali*, 3e s., 5, 1964, pp. 525-578, donne l'exemple de recherches qui devraient être multipliées.

D. Knowles, *Great historical enterprises : problems in monastic history*, Londres, 1963, pp. 33-62, présente de façon attrayante les résultats obtenus par les Mauristes sans fournir toutefois autant de détails qu'on le souhaiterait sur leurs recherches en paléographie. Son essai sur les Bollandistes (*ibid*., pp. 1-32) donne des précisions sur la vie et l'œuvre de Papebroch : c'était l'un de ces savants qui continuaient le projet grandiose de Jean Bolland, à savoir donner une édition complète des Vies de saints, les *Acta sanctorum*. Cette entreprise, qui a produit une série impressionnante de travaux, continue de nos jours grâce à une petite équipe de jésuites belges qui, en dépit d'interruptions dues aux guerres et aux révolutions, ont maintenu à travers les siècles une stupéfiante tradition académique. Elle a été présentée par l'un des leurs : H. Delehaye, *L'œuvre des Bollandistes à travers trois siècles, 1615-1915*, Bruxelles, 1959[2].

Traube et Knowles donnent les indications bibliographiques essentielles sur les Mauristes et sur Maffei. On retiendra particulièrement la biographie de Mabillon due à un confrère presque digne de lui, Dom Henri Leclercq (Paris, 1953-1957, 2 vol.) et on ajoutera l'essai d'A. Momigliano, « Mabillon's Italian disciples », *Terzo contributo alla storia degli studi classici e del mondo antico*, Rome, 1966, pp. 135-152. Traube mentionne les œuvres de Maffei où il est question de paléographie ; on y ajoutera certaines lettres, en particulier les numéros 157 et 160 de l'*Epistolario (1700-1755)*, éd. par C. Garibotto, Milan, 1955, pp. 199-201 et 203-204.

L'activité philologique des grands bibliothécaires italiens de l'époque mériterait une étude. On trouvera des pistes chez A. Momigliano, « Benedetto Bachini (1651-1721) », *Terzo contributo*, pp. 121-134 et S. Bertelli, *Erudizione e storia in L.A. Muratori* [1672-1750], Naples, 1960.

6.– *Découvertes de textes depuis la Renaissance.*

a/ Palimpsestes.

La première étude d'ensemble sur les palimpsestes latins est celle d'E. Chatelain, « Les palimpsestes latins », *Annuaire de l'École pratique des Hautes-Études, Section des Sciences hist. et philol.*, 1904 (publié en 1903), pp. 5-42. Elle est largement remplacée par E.A. Lowe, « Codices rescripti. A list of Latin palimpsests with stray observations on their origin », *Mélanges Eugène Tisserant*, t. 5, Cité du Vatican, 1964, pp. 67-112 (= *Pal. papers*, t. 2, pp. 480-519). Pour une excellente présentation d'A. Mai et des premières découvertes, voir S. Timpanaro, « Angelo Mai », *Atene e Roma*, N.S. 1, 1956, pp. 3-34. Le nouveau fragment de Fronton, qui manque dans toutes les éditions, a été publié par B. Bischoff, « Der Fronto-Palimpsest der Mauriner », *Sitz. Bayer. Akad. der Wiss., Phil.-hist. Kl.*, 1958, fasc. 2. La découverte des traités d'Archimède a été annoncée par J.-L. Heiberg, « Eine neue Archimedeshandschrift », *Hermes*, 42, 1907, pp. 235-303. Fac-similé du palimpseste d'Euripide avec introduction par S.G. Daitz, Berlin, 1970 ; étude paléographique et philologique du Leidensis B.P.G. 60A par J. Irigoin, « Le palimpseste de Sophocle », *REG*, 64, 1951, pp. 443-455. Pour plus de détails, on se reportera aux éditions des différents textes concernés.

b/ Papyrus.

Sur les papyrus en général, voir les ouvrages d'E.G. Turner, *Greek papyri* et *Greek manuscripts* cités dans les notes au chap. I, § 1. Il vaut la peine de lire aussi H.I. Bell, *Egypt from Alexander the Great to the Arab conquest*, Oxford, 1948, qui est toujours une excellente introduction d'un point de vue historique et culturel.

Le codex qui contient le *Dyscolos* de Ménandre nous a donné en plus une partie importante de deux autres pièces du même auteur, le *Bouclier* et la *Samienne* ; les fragments de cette dernière recouvrent partiellement ceux connus déjà par un autre papyrus, de sorte que nous avons la chance, rare dans le cas des textes classiques, de pouvoir comparer deux témoins exceptionnellement anciens. Les « Actes des martyrs païens » ont été édités par H. Musurillo, notamment dans la Bibliotheca Teubneriana, Leipzig, 1961.

On trouvera une liste et une bibliographie des papyrus littéraires provenant d'Égypte dans l'ouvrage de R.A. Pack, *The Greek and Latin literary texts from Greco-Roman Egypt*, Ann Arbor, 1965[2] (les textes latins sont l'exception ; ils sont publiés dans l'édition commode de R. Cavenaile, *Corpus papyrorum latinarum*, Wiesbaden, 1958, pp. 7-142 et 379-398 ; pour les textes découverts depuis lors, voir du même, « Papyrus littéraires latins et philologie », *L'antiquité classique*, 50, 1981, pp. 125-136). Autres répertoires : J. Van Haelst, *Catalogue des papyrus littéraires juifs et chrétiens*, Paris, 1976 et M. Gigante, *Catalogo dei papiri ercolanesi*, Naples, 1979.

Les statistiques établies par W.H. Willis, « A census of the literary papyri from Egypt », *GRBS*, 9, 1968, pp. 205-241, permettent de savoir comment sont attestés les principaux auteurs à différentes époques.

c/ Autres découvertes de manuscrits.

Adam Parry, dans l'introduction ou recueil d'articles de son père, M. Parry, *The making of the Homeric verse*, Oxford, 1971, pp. XIII-XV, retrace l'histoire de la question homérique. Pour l'*Hymne à Déméter*, voir O. von Gebhardt, « Christian Friedrich Matthaei und seine Sammlung griechischer Handschriften, III », *Zentralblatt für Bibliothekswesen*, 15, 1898, pp. 442-458.

L'expérience décevante de Leopardi a été racontée par S. Timpanaro, « Alcuni studi su codici greci Barberiniani compiuti da Giacomo Leopardi nel 1823 », *Studi in onore di Carlo Ascheri*, Urbino, 1970 (= *Differenze*, 9), pp. 357-379.

Sur Juvénal, voir Griffith, « The survival... » (cité plus haut p. 188) et E. Courtney, « The transmission of Juvenal's Text », *BICS*, 14, 1967, pp. 38-50 ; sur la lettre de Cyprien, M. Bévenot, « A new Cyprianic fragment », *Bulletin of the John Rylands Library*, 28, 1, 1944, pp. 76-82 et *The tradition of manuscripts. A study in the transmission of St Cyprian's treatises*, Oxford, 1961, pp. 30-31.

Les *Epigrammata Bobiensia* ont été retrouvés par A. Campana et publiés par Fr. Munari, Rome, 1955. Pour d'autres découvertes dans les fonds de Bobbio, notamment celle des vers de Rutilius Namatianus, voir M. Ferrari, « Spigolature bobbiesi », *IMU*, 16, 1973, pp. 1-41.

d/ Textes épigraphiques.

R. Weiss, *The Renaissance discovery of classical antiquity*, Oxford, 1969, retrace les débuts de l'intérêt pour les « antiquités ». L'utile tour d'horizon de R. Chevallier, *Épigraphie et littérature à Rome*, Faenza, 1972, est centré sur la période antique. Pour le domaine grec, on a toujours profit à consulter la section « Rapports avec la littérature » du *Bulletin épigraphique* que J. et L. Robert publient annuellement dans la *REG*.

Les *Res gestae* d'Auguste, connues aussi sous le nom de *Monumentum Ancyranum*, ont été souvent publiées ; il suffira de mentionner ici les éditions de J. Gagé, Paris, 1977[3], et de P.A. Brunt - J.M. Moore, Oxford, 1967. La *Laudatio Turiae* a été éditée avec traduction et commentaire par M. Durry, *Éloge funèbre d'une matrone romaine*, Paris, 1950.

Sur le monument d'Antiochus Ier de Commagène et son importance pour l'histoire de la prose d'art antique, voir K. Humann et O. Puchstein, *Reisen in Kleinasien und Nordsyrien*, Berlin, 1890, pp. 259-278, et E. Norden, *Die antike Kunstprosa*, t. 1, Leipzig, 1918[4], pp. 140-146.

Diogène d'Oinoanda a été récemment réédité par C.W. Chilton, *Diogenis Oenoandensis fragmenta*, Leipzig, 1967 et *Diogenes of Oenoanda. The fragments*, Oxford,

1971. Nouveaux fragments : voir en dernier lieu M.F. Smith, « Eight new fragments of Diogenes of Oinoanda », *Anatolian studies*, 29, 1979, pp. 68-89 (avec pp. 87-88 la bibliographie des trouvailles récentes). Sur la structure de l'inscription, on verra J. Irigoin, « Le *De Senectute* de Diogène d'Oinoanda, Principes d'une reconstitution », *Studi in onore di Vittorio de Falco*, Naples, 1971, pp. 477-485.

Sur l'hymne chrétienne trouvée en Crimée, consulter P. Maas, *Kleine Schriften*, Munich, 1973, p. 315.

Les graffites de Pompei ont été commodément rassemblés par E. Diehl, *Pompeianische Wandinschriften und Verwandtes*, Berlin, 1930^2. En attendant un éventuel *C.I.L.*XVIII, l'essentiel du corpus de la poésie épigraphique est accessible dans le tome 2 de l'*Anthologia latina siue poesis latinae supplementum* (Leipzig, Bibl. Teubneriana ; fasc. 1-2 par F. Bücheler, 1897 ; fasc. 3 par E. Lommatzsch, 1926). Apparition de *arma virumque cano* sur les murs antiques : les références sont données par R.P. Hoogma, *Der Einfluss Virgils auf die Carmina Latina Epigraphica*, Amsterdam, 1959, pp. 222-223. Le texte de Properce 3, 16, pp. 13-14 est discuté par M.E. Hubbard, « Propertiana », *CQ*, N.S., 18, 1968, pp. 318-319.

Les classiques chinois gravés sur pierre sont brièvement présentés dans le chapitre « Textual criticism », de Ch. S. Gardner, *Chinese traditional historiography*, Cambridge, Mass., 1961^2, pp. 59-63 ; c'est à la fin de la dynastie des Han, entre 175 et 183, que, sur ordre impérial, on a commencé à transcrire ainsi les textes canoniques.

7.– Épilogue.

Pendant la dernière décennie, on a étudié méthodiquement le rôle joué par l'Antiquité dans la formation de la culture moderne : en témoignent les actes de colloques tenus à Cambridge – *Classical influences on European culture A.D. 1500 - 1700*, ed. by R. Bolgar, Cambridge, 1976, et *Classical influences on Western thought*, ed. by R. Bolgar, *ibid.*, 1979 – ou à la Fondation Hardt : *Les études classiques aux XIXe et XXe siècles : leur place dans l'histoire des idées*, Genève, 1980. Toutefois c'est l'interprétation plus que la transmission des textes qui a retenu l'attention : l'un des seuls articles qui nous concernent directement est, dans le dernier volume cité (pp. 55-82), K.J. Dover, *Expurgation of Greek literature*.

Sur la Querelle des Anciens et des Modernes, on verra toujours avec profit G. Highet, *The classical tradition. Greek and Roman influences on western literature*, New York, 1949, pp. 261-302. Nouvelle présentation de F.A. Wolf par A. Grafton, « *Prolegomena* to Friedrich August Wolf », *JWI*, 44, 1981, pp. 101-129.

Sur la firme Teubner, on se reportera à *B.G. Teubner 1811-1911. Geschichte der Firma*, in deren Auftrag hrsg. von Fr. Schulze, Leipzig, 1911. Sur Firmin-Didot, voir P. Petitmengin, « Deux têtes de pont de la philologie allemande en France : le *Thesaurus Linguae Graecae* et la Bibliothèque des auteurs grecs (1830-1867) », *Philologie et herméneutique au XIXe siècle. II*, Göttingen, 1983, pp. 76-98.

CHAPITRE VI : CRITIQUE TEXTUELLE

NOTE D'INTRODUCTION : PROBLÈMES GÉNÉRAUX

Pour exposer la théorie stemmatique et l'histoire de son évolution, nous nous sommes fondés sur P. Maas, *Textkritik*, Leipzig, 1957³ (traduction anglaise : *Textual criticism*, Oxford, 1958) et S. Timpanaro, *La genesi del metodo del Lachmann*, Florence, 1963, cité ici d'après la troisième édition revue et augmentée, Padoue, 1981 ; cet auteur ne se limite d'ailleurs pas à une enquête rétrospective : deux appendices sont consacrés à l'étude d'importants problèmes théoriques.

Une bonne introduction à l'opuscule de Maas, concis au point d'être obscur, est fournie par le compte rendu de J. Froger dans la *Revue des études latines*, 41, 1963, pp. 407-415. Le danger d'une trop grande concision, c'est qu'elle risque de faire tomber dans des erreurs de logique en supposant comme évidents des points qui mériteraient examen. Dans son compte rendu de la première édition italienne de ce livre, *Maia*, 23, 1970, p. 289, S. Timpanaro a signalé un cas de ce genre dans la quatrième des conclusions tirées de notre stemma de travail (p. 145). Nous avons dû ajouter une précision pour que notre conclusion soit valable : l'accord d'un des manuscrits XYZ avec β donne la leçon de *a à condition que* les deux témoins restants offrent chacun une leçon différente ; s'ils concordent, comme cela peut arriver, on en conclura que la tradition a été modifiée par contamination ou émendation. L. Canfora, « Critica textualis in caelum revocata », *Belfagor*, 23, 1968, pp. 361-364, a attiré l'attention sur d'autres obscurités dans l'exposé de Paul Maas.

La méthode stemmatique a ses limites. Elles ont été soulignées par G. Pasquali, *Storia della tradizione e critica del testo*, Florence, 1952², et plus récemment, avec trop de passion peut-être, par R.D. Dawe, *The collation and investigation of manuscripts of Aeschylus*, Cambridge, 1964. Nous avons essayé de montrer pourquoi ces controverses sont en grande partie oiseuses. Maas savait parfaitement qu'il n'y a pas de solution simple aux problèmes que pose une tradition contaminée, mais certains critiques ont tout simplement omis de relever sa déclaration sans équivoque (p. 31 : « Gegen die Kontamination ist kein Kraut gewachsen »). D'autres ont peut-être été trop impressionnés par les exemples qui foisonnent dans l'ouvrage classique, mais un peu diffus de Pasquali, et oubliant qu'il s'agissait le plus souvent de traditions hors de l'ordinaire, ils ont trop vite conclu que la contamination était non l'exception mais la règle, et que la théorie de Maas n'avait donc aucune utilité pratique. Nous doutons beaucoup que Pasquali ait voulu donner cette impression à ses lecteurs, et il faut insister sur le fait que dans bon nombre de traditions affectées par la contamination, celle-ci n'a pas été suffisante pour enlever toute valeur à l'emploi de la méthode stemmatique. Il vaut peut-être la peine de signaler ici qu'on a réussi une intéressante *eliminatio codicum* dans le stemma de la *Rhétorique* d'Aristote, bien que la tradition manuscrite ne soit pas entièrement exempte de contamination ; cf. R. Kassel, *Der Text der Aristotelischen Rhetorik*, Berlin, 1971, pp. 54-55.

Sur la façon d'aborder les traditions contaminées, sages conseils dans M.L. West, *Textual criticism and editorial technique*, Stuttgart, 1973, pp. 37-46. Ce livre, publié par la maison Teubner, se propose de remplacer dans une large mesure deux classiques de cette firme, la *Textkritik* déjà signalée de P. Maas et l'*Editionstechnik (Ratschläge für die Anlage textkritischer Ausgaben)*, d'O. Stählin, Leipzig, 1914².

Les philologues qui étudient la transmission des textes antiques et médiévaux se sont engagés dans une discussion intéressante, mais fort compliquée, sur la fréquence relative des différents types de stemmas. Elle a été ouverte en 1913 par Joseph Bédier qui observait dans l'introduction à son édition du *Lai de l'ombre* que, dans leur immense majorité, les stemmas construits par les éditeurs de textes médiévaux se partagent en deux branches principales, ce qui revient à dire qu'on avait fait deux copies de l'archétype, et deux seules. Bédier croyait que cette remarque devait aussi s'appliquer aux éditions de textes classiques, et pensait que si les savants arrivent à de telles conclusions, c'est qu'ils se laissent influencer par des considérations subjectives, comme la tendance à penser tous les problèmes de variantes sous forme de dichotomie entre la vérité et l'erreur. A la fin, il abandonna l'espoir de construire des stemmas, préférant fonder ses éditions sur un manuscrit de base.

Cette procédure ne saurait s'imposer comme une norme, même si elle peut être utile et même nécessaire dans le cas de certaines œuvres médiévales. Par la suite, on a discuté longuement sur les raisons statistiques qui justifieraient la prédominance des stemmas bifides ; et récemment, l'accent a été mis sur les conditions culturelles dans lesquelles s'est déroulée la transmission des textes : est-il par exemple vraisemblable que bien des livres médiévaux aient été endommagés, voire détruits, avant qu'on ait pu les transcrire plus de deux fois, tandis que d'autres étaient déposés dans des bibliothèques centrales où l'on pouvait les consulter et les copier à loisir ? Nous n'avons pas les documents qui nous permettraient d'étayer solidement l'une ou l'autre de ces hypothèses. Une autre difficulté provient du fait qu'un copiste corrige souvent des erreurs évidentes soit par conjecture, soit par recours à un autre témoin ; cet effacement des variantes peut conduire le philologue vers le stemma le plus simple possible, celui à deux branches. La même situation se produit lorsque les copistes font indépendamment des erreurs identiques, et la théorie stemmatique ne donne aucun moyen d'évaluer la fréquence de ce phénomène. Le lecteur désireux de s'informer davantage sur ce problème complexe aura intérêt à lire la discussion pénétrante de Timpanaro, *La genesi*³, pp. 123-150. Ce qu'il dit concerne principalement les auteurs classiques ; on trouvera le point de vue des romanistes dans F. Whitehead, C.E. Pickford, « The introduction to the *Lai de l'ombre* : sixty years later », *Romania*, 94, 1973, pp. 145-156.

NOTES PARTICULIÈRES

1.- Introduction.

Sur les autographes, voir le bilan dressé par E. Dekkers, « Les autographes des Pères latins », *Colligere fragmenta. Festschrift Alban Dold*, Beuron, 1952, pp. 127-139 ; il est négatif sauf peut-être pour des marginalia attribuables à Fulgence de Ruspe (dans le Vat. Arch. S. Pietro, H. 182). On notera en passant qu'un manuscrit contenant des œuvres de s. Augustin (Leningrad, Q. v. I. 3 ; *C.L.A.*, t. 11, 1613) semble étonnamment proche de leur auteur puisqu'on le croit copié en Afrique entre 396 et 426.

2.— L'évolution de la critique textuelle.

Le travail des théologiens allemands du XVIIIe siècle sur le texte du Nouveau Testament a été bien étudié par G. Pasquali, *Storia della tradizione*, pp. 9-12 et surtout Timpanaro, *La genesi*, pp. 14-26. Sur J.A. Bengel (1687-1752), qui fut une figure marquante du piétisme, voir G. Mälzer, *Johann Albrecht Bengel, Leben und Werk*, Stuttgart, 1970 (spécialement le chapitre 6 : « Textkritik des neuen Testaments »).

3.— La théorie stemmatique de la recension.

Sur l'archétype d'Arrien, voir A.G. Roos, préface de l'édition Teubner, Leipzig, 1907, t. I, *Alexandri Anabasis*, p. V et ss. ; sur celui d'Epictète, H. Schenkl, *Epicteti dissertationes*, Leipzig, Teubner, 1916, p. LIV et ss.

4.— Les limites de la méthode stemmatique.

G.B. Alberti, « 'Recensione chiusa' e 'recensione aperta' », *Studi italiani di Filologia classica*, 40, 1968, pp. 44-60 (article repris et mis à jour dans *Problemi di critica testuale*, Florence, 1979, pp. 1-18), a observé que l'expression « tradition ouverte » s'emploie maintenant avec différentes valeurs. Pasquali, qui l'a inventée, voulait dire par là que, pour retrouver les leçons de l'archétype, on devait avoir recours au jugement plutôt qu'à l'application mécanique de règles, et dans ce sens le terme peut évidemment être appliqué à des traditions où il n'y a pas d'archétype unique.

Les études concernant les vers ajoutés à la *Satire* VI de Juvénal et la nouvelle lettre de s. Cyprien ont été indiquées plus haut pp. 188 et 204.

Pour la question des variantes d'auteur chez Longus, on verra M.D. Reeve, « Author's variants in Longus », *PCPhS*, 195, 1969, pp. 75-85 (et la réponse de D.C.C. Young, « Second thoughts on Longus' second thoughts », *ibid.*, 17, 1971, pp. 99-107). Les études citées par Reeve, p. 75, n. 1, permettant de compléter la monographie classique de H. Emonds, *Zweite Auflage im Altertum. Kulturgeschichtliche Studien zur Überlieferung der antiken Literatur*, Leipzig, 1941.

5.— Age et valeur des divers manuscrits.

Recentiores non deteriores : la formule a fait fureur. L'étude de R. Browning parue sous ce titre (*BICS*, 7, 1960, pp. 11-21 = Harlfinger, *Gr. Kod.*, pp. 258-275) n'est pas une discussion théorique, mais un essai pour évaluer les manuscrits des classiques grecs copiés aux XIIIe et XIVe siècles. Dans un article des Mélanges De Strijcker (« *Recentissimus non deterrimus*. Le texte de la lettre II de Grégoire de Nysse dans la copie d'Alvise Lollino (cod. Vat. gr. 1759) », *Zetesis*, Anvers, 1973, pp. 717-731), P. Canart a suggéré que Pasquali lui-même ne s'est pas souvenu de sa célèbre maxime lorsqu'il a examiné ce manuscrit du XVIIe siècle.

Que tous les manuscrits italiens de Lucrèce descendent en définitive du codex Oblongus vient d'être démontré par K. Müller, « De codicum Lucretii Italicorum origine », *Museum Helveticum*, 30, 1973, pp. 166-178. Parmi les nombreuses études consacrées au Tacite de Leyde, on retiendra spécialement celles de F.R.D. Goodyear, « The readings of the Leiden manuscript of Tacitus », *C.Q.*, N.S., 15, 1965, pp. 299-322 et « On the Leidensis of Tacitus », *ibid.*, 20, 1970, pp. 365-370.

6. – *La tradition indirecte.*

Les problèmes que soulève une tradition indirecte ont fait l'objet d'une étude exemplaire de S. Timpanaro, « Alcuni casi controversi di tradizione indiretta », *Maia*, 22, 1970, pp. 351-359.

7. – *Autres principes de base.*

C'est Jean Le Clerc (cf. p. 201) qui semble avoir le premier formulé exactement le principe de la *lectio difficilior* dans son *Ars critica*, Amsterdam, 1697, 2ème partie, p. 389 (voir Timpanaro, *La genesi*^{3}, pp. 27-29).

On mentionnera ici deux autres principes de critique qui sont utiles à l'occasion. L'un, connu sous le nom de « critère géographique », apparaît sous deux formes. (I) En s'appuyant sur un concept qui s'est révélé fécond en grammaire comparée, celui des survivances dans la périphérie d'une culture, on pense que s'il y a accord sur des variantes significatives entre des témoins provenant d'aires marginales, ces variantes conservent vraisemblablement un état très ancien du texte. Malheureusement, pour pouvoir utiliser ce critère, il faut connaître l'origine de nos manuscrits, ce qui n'est pas souvent le cas, surtout dans le domaine grec. (II) L'autre variante de ce critère géographique a été élaborée par les spécialistes du Nouveau Testament ; ils assignent certains manuscrits à une région, qu'elle soit ou non périphérique, et l'on fait souvent référence au texte (groupe de manuscrits) occidental, césaréen ou alexandrin.

Un autre principe, très utile pour la critique des textes en prose, est la règle de Wettstein *brevior lectio potior*. C'est elle aussi un fruit de la critique néotestamentaire qui devait affronter les nombreuses additions du texte occidental, représenté notamment par le codex Bezae (Cambridge, University Libr., Nn II 41). Sur ces deux principes, on consultera B.M. Metzger, *The text of the New Testament*, pp. 161 et 169 ss.

8. – *Types de fautes.*

Catalogues de fautes dans D.C.C. Young, « Some types of error in manuscripts of Aeschylus », *GRBS*, 5, 1964, pp. 85-99 et « Some types of scribal error in manuscripts of Pindar », *ibid.*, 6, 1965, pp. 247-273.

A (II) confusions de lettres

Pour la période ancienne (jusqu'au IXe siècle), un tour d'horizon est fait par J. Vezin dans l'*Annuaire de l'École pratique des Hautes Études*, IVe section, 1975-1976, pp. 534-542.

A (III) abréviations

Il ne semble pas y avoir d'étude systématique sur les fautes résultant de la confusion d'abréviations (sinon un chapitre du *Manuel* de L. Havet, cité plus bas p. 216). En revanche, on dispose de bonnes études sur les systèmes abréviatifs.

On a parlé au chapitre I de la tachygraphie antique (texte, p. 25 et notes, p. 173). Sur les *nomina sacra*, l'ouvrage de base reste L. Traube, *Nomina sacra*.

Versuch einer Geschichte der christlichen Kürzung, Munich, 1907 (réimpression, Darmstadt, 1967), qu'on peut compléter à l'aide de A.H.R.E. Paape, *Nomina sacra in the Greek papyri of the first five centuries A.D.*, Leyde, 1959 et J.O'Callaghan, « *Nomina sacra* » *in papyris graecis saeculi III neotestamentariis*, Rome, 1970. L'hypothèse que les abréviations par contraction s'étendaient en dehors du domaine des *nomina sacra* a été défendue par P. Walters, *The text of the Septuagint : its corruptions and their emendation*, Cambridge, 1973, pp. 135-138.

    Les abréviations des manuscrits grecs médiévaux ont fait l'objet de différentes études partielles, en particulier par T.W. Allen, *Notes on abbreviations in Greek manuscripts*, Oxford, 1889, et par G.F. Čereteli, *De compendiis codicum Graecorum praecipue Petropolitanorum et Mosquensium anni nota instructorum* [en russe], Saint-Pétersbourg, 1904[2] (réimpression : Hildesheim, 1969). Un travail d'ensemble est préparé par M. Irigoin.

    Les manuscrits latins sont mieux partagés. Outre le dictionnaire d'A. Cappelli, *Dizionario di abbreviature latine ed italiane*, Milan, 1961[6], que compléte A. Pelzer, *Abréviations latines médiévales. Supplément au Dizionario... di A. Capelli*, Louvain, 1964, on dispose d'études méthodiques qui embrassent trois siècles et demi d'écriture : W.M. Lindsay, *Notae latinae. An account of abbreviations in Latin MSS of the early minuscule period (c. 700-850)*, Cambridge, 1915, et D. Bains, *A supplement to Notae latinae (Abbreviations in Latin MSS of 850-1050 A.D.)*, Cambridge, 1936 ; ces deux volumes ont été réimprimés en un seul : Hildesheim, 1963.

C. omissions

    L'ouvrage classique d'A. C. Clark, *The descent of manuscripts*, Oxford, 1918 (réimpression, 1969) se sert avant tout des omissions pour éclairer la filiation des manuscrits.

D. (III) gloses

    Sur la détection de gloses chez Cicéron, voir S. Lundström, *Vermeintliche Glosseme in den Tusculanen*, Uppsala, 1964, avec le compte rendu important de G. Williams, *Gnomon*, 37, 1965, pp. 679-687. Pétrone s'est révélé un terrain giboyeux pour les chasseurs de gloses ; voir l'édition de K. Müller, Munich, 1961 (et la recension substantielle de R.G.M. Nisbet, *JRS*, 52, 1962, pp. 227-238, qui discute aussi le problème des interpolations chez Juvénal).

E. (III) transpositions de mots

    W. Headlam, « Transpositions of words in MSS », *CR*, 16, 1902, pp. 243-256.

G. influence de la culture chrétienne des scribes

    Relevé de fautes amusantes tirées des cinq premiers livres de Tite-Live par R.M. Ogilvie, « Monastic corruption », *Greece and Rome*, 18, 1971, pp. 32-34.

H. interpolations

    R. Merkelbach, « Interpolierte Eigennamen », *Zeitschrift für Papyrologie und Epigraphik*, 1, 1967, pp. 100-102.

9.— La transmission fluide d'œuvres techniques ou populaires.

Sur la transmission des manuels techniques pendant le haut Moyen Age, voir B. Bischoff, « Die Ueberlieferung der technischen Literatur », *Settimane*, 18, 1970, pp. 267-296 (= *Mitt. Studien*, t. 3, pp. 277-297) ; sur Vitruve, H. Plommer, *Vitruvius and later Roman building manuals*, Cambridge, 1973 ; sur Apicius, E. Brandt, *Untersuchungen zum römischen Kochbuche*, Leipzig, 1927.

Exemples d'éditions de textes à traditions complexe : Eutrope, par H. Droysen, Berlin, 1878 (*M.G.H., Auctores antiquissimi*, t. 2) ; l'*Historia de preliis Alexandri Magni*, par H.J. Bergmeister, Meisenheim am Glan, 1975 ; la *Vie de sainte Pélagie*, par P. Petitmengin et socii, Paris, 1981-1984.

10.— Épilogue : méthodes nouvelles.

A côté de la théorie stemmatique, il existe d'autres méthodes de recension, fondées essentiellement sur les « distances » entre les différents témoins (nombre de convergences ou de divergences). On mentionnera, entre autres travaux de pionnier, le *Mémoire* de dom H. Quentin (cité p. 187) ou ses *Essais de critique textuelle (Ecdotique)*, Paris, 1926, et W.W. Greg, *The calculus of variants*, Oxford, 1927.

De telles méthodes peuvent se prêter à un traitement sur ordinateur. Les travaux se multiplient en ce domaine, et demandent parfois des compétences mathématiques peu habituelles chez le philologue. D'excellentes introductions, intelligibles aux littéraires comme aux scientifiques, restent *La critique textuelle et son automatisation* de dom J. Froger (Paris, 1968), qui a eu le mérite d'expliquer la généalogie des manuscrits en termes de théorie des ensembles, et les articles où J.G. Griffith a le premier songé à utiliser les méthodes de la taxonomie numérique pour classer les manuscrits : « A taxonomic study of the manuscript tradition of Juvenal », *Museum Helveticum*, 25, 1968, pp. 101-138 ; « Numerical taxonomy and some primary manuscripts of the Gospels », *The Journal of Theological Studies*, N.S. 20, 1969, pp. 389-406.

Le point sur les différentes méthodes en usage actuellement, qu'elles soient statistiques ou algorithmiques, est donné dans les actes du colloque *La pratique des ordinateurs dans la critique des textes* (Paris, 29-31 mars 1978), Paris, 1979.

Notre exposé a peut-être donné l'impression que, une fois un texte imprimé, sa lettre reste immuable sauf si un éditeur l'altère de propos délibéré. En réalité, les remarques que les bibliographes surtout anglo-saxons ont faites sur les éditions de textes modernes valent aussi, dans une certaine mesure, pour les auteurs antiques. L'ouvrage austère d'A. Séveryns, *Texte et apparat. Histoire critique d'une tradition*, Bruxelles, 1962, montre, dans le cas particulier de la *Chrestomathie* de Proclos, qu'il y a beaucoup plus d'erreurs et de fluctuation qu'on ne l'aurait supposé. Le lecteur français dispose d'un guide dans ce domaine : R. Laufer, *Introduction à la textologie. Vérification, établissement, édition des textes*, Paris, 1972.

LECTURES COMPLÉMENTAIRES

La liste qui suit est destinée à l'étudiant mis en appétit par ce livre. Il s'agit bien entendu d'un choix, où l'on n'a pas cherché à établir une symétrie forcée entre les domaines grec et latin. Certains titres ont déjà été signalés dans les notes bibliographiques.

HISTOIRE DES TEXTES

Introductions

A. DAIN, *Les manuscrits*, 3e éd., Paris, 1975.
B.A. VAN GRONINGEN, *Traité d'histoire et de critique des textes grecs*, Amsterdam, 1963.
G. PASQUALI, *Storia della tradizione e critica del testo*, 2a ed., Florence, 1962.
Geschichte der Textüberlieferung der antiken und mittelalterlichen Literatur.
   Band 1. *Antikes und mittelalterliches Buch- und Schriftwesen. Überlieferungsgeschichte der antiken Literatur*, Zurich, 1961.
R.W. HUNT et alii, éd., *The survival of ancient literature, Catalogue of an exhibition of Greek and Latin classical manuscripts*, Oxford, Bodleian Library, 1975.
A.C. DE LA MARE, B.C. BARKER-BENFIELD, éd., *Manuscripts at Oxford : an exhibition in memory of Richard William Hunt*, Oxford, Bodleian Library, 1980.
F.W. HALL, *A companion to classical texts*, Oxford, 1913 (réimpression : Hildesheim, 1968).
   [vieilli, mais toujours utile ; cf. p. 217].

Ouvrages de référence

F.E. CRANZ, P.O. KRISTELLER, éd., *Catalogus translationum et commentariorum. Mediaeval and Renaissance Latin translations and commentaries. Annotated lists and guides*, Washington, 1960 – (4 vol. parus).

- Latin

B. BISCHOFF, *Paläographie des römischen Altertums und des abendländischen Mittelalters*, Berlin, 1979.
  [une traduction française, due à H. Atsma et J. Vezin doit paraître en 1984].
L.D. REYNOLDS, éd., *Texts and transmission : a survey of the Latin classics*, Oxford, 1983.
  [recueil de synthèses concises sur la tradition textuelle des classiques latins, présenté en hommage à Sir Roger Mynors].
B. MUNK OLSEN, *L'étude des auteurs classiques latins aux XIe et XIIe siècles. Tome 1. Catalogue des manuscrits classiques latins copiés du IXe au XIIe siècle (Apicius-Juvénal)*, Paris, 1982.
M. MANITIUS, *Handschriften antiker Autoren in mittelalterlichen Bibliothekskatalogen*, Leipzig, 1935 (réimpression : Wiesbaden, 1968).

On n'oubliera pas les recueils d'études de B. Bischoff, E.A. Lowe et B.L. Ullman cités dans la liste d'abréviations, p. 167.

- Grec

J. BOMPAIRE, J. IRIGOIN, éd., *La paléographie grecque et byzantine*, Paris, 1977.
  [Colloque international du C.N.R.S., Paris, 21-25 octobre 1974].
D. HARLFINGER, éd., *Griechische Kodikologie und Textüberlieferung*, Darmstadt, 1980.
  [recueil de 30 articles en allemand, anglais et français].
J. IRIGOIN, *Histoire du texte de Pindare*, Paris, 1952.
J. MARTIN, *Histoire du texte des Phénomènes d'Aratos*, Paris, 1956.

Études de périodes

R. PFEIFFER, *History of classical scholarship from the beginnings to the end of the Hellenistic age*, Oxford, 1968.
J.E.G. ZETZEL, *Latin textual criticism in Antiquity*, New York, 1981.
P. LEMERLE, *Le premier humanisme byzantin. Notes et remarques sur enseignement et culture à Byzance des origines au Xe siècle*, Paris, 1971.
J.E. SANDYS, *A history of classical scholarship*. Tome 1. *From the sixth century B.C. to the end of the Middle Ages*. 2nd ed., Cambridge, 1921.
  [pp. 441-678 : *The Middle Ages in the West, c. 530 - c. 1350 A.D.* ; synthèse vieillie, mais non remplacée].
R. PFEIFFER, *History of classical scholarship from 1300 to 1850*, Oxford, 1976.
R. SABBADINI, *Le scoperte dei codici latini e greci ne' secoli XIV e XV*, Florence, 1905-1914, 2 vol. (réimpression revue : 1967).
S. RIZZO, *Il lessico filologico degli umanisti*, Rome, 1973.
E.J. KENNEY, *The classical text. Aspects of editing in the age of the printed book*, Berkeley, 1974.

S. TIMPANARO, *La genesi del metodo del Lachmann*. Nuova ed. riveduta e ampliata, Padoue, 1981.
U. VON WILAMOWITZ-MOELLENDORFF, *History of classical scholarship*, ed. with introduction and notes by H. Lloyd-Jones, Londres, 1982 (1ère édition : 1927).
N.G. WILSON, *Scholars of Byzantium*, Londres, 1983.

Recueils d'articles

Libri, editori e pubblico nel mondo antico. Guida storica e critica a cura di G. Cavallo, Bari, 1975.
   [articles de G. Cavallo, T. Kleberg et E.G. Turner].
Libri e lettori nel mondo bizantino. Guida storica e critica a cura di G. Cavallo, Bari, 1982.
   [articles de R. Browning, P. Canart, G. Cavallo, J. Irigoin, O. Kresten, P. Lemerle et N.G. Wilson].
Libri e lettori nel medioevo. Guida storica e critica a cura di G. Cavallo, Bari, 1977.
   [articles de B. Bischoff, G. Cavallo, G. Cencetti, G. Fink-Errera, H. Lülfing et A. Petrucci].
Libri, scrittura e pubblico nel Rinascimento. Guida storica e critica a cura di A. Petrucci, Bari, 1979.
   [articles de C. Bühler, E. P. Goldschmidt, A. Petrucci et J. Ruysschaert].

CRITIQUE DES TEXTES

Introductions

R. MARICHAL, « La critique des textes », dans *L'histoire et ses méthodes*, Paris, 1961, pp. 1247-1366 (Encyclopédie de la Pléiade).
H. FRÄNKEL, *Einleitung zur kritischen Ausgabe der Argonautika des Apollonios*, Göttingen, 1964.
   [les parties théoriques ont été traduites en italien sous le titre : *Testo critico e critica del testo*, Florence, 1969].
M.L. WEST, *Textual criticism and editorial technique applicable to Greek and Latin texts*, Stuttgart, 1973 (Teubner Studienbücher. Philologie).
E. FLORES, éd., *La critica testuale greco-latina, oggi. Metodi e problemi*. Atti del convegno internazionale (Napoli, 29-31 ottobre 1979), Rome, 1982.

Critique conjecturale : textes grecs

R. RENEHAN, *Greek textual criticism. A reader*, Cambridge (Mass.), 1969.
   [introduction un peu élémentaire].

J. JACKSON, *Marginalia scaenica*, Oxford, 1955.
[collection de passages d'auteurs dramatiques corrigés avec une méthode rigoureuse].

Critique conjecturale : textes latins

W.M. LINDSAY, *An introduction to Latin textual emendation*, Londres, 1896.
[traduction française par J.-P. Waltzing, *Introduction à la critique des textes latins*, Paris, 1898].

L. HAVET, *Manuel de critique verbale appliquée aux textes latins*, Paris, 1911.

A.E. HOUSMAN, *Selected prose*, ed. by J. Carter, Cambridge, 1961.

A.E. HOUSMAN, *The classical papers*, ed. by J. Diggle and F.R.D. Goodyear, Cambridge, 1972, 3 vol.
[pour le texte intégral des préfaces à Juvénal, Lucain et Manilius, il faut toujours se reporter aux éditions originales].

J. WILLIS, *Latin textual criticism*, Urbana, 1972.

Critique du Nouveau Testament

B.M. METZGER, *The text of the New Testament. Its transmission, corruption and restoration*. 2nd ed., Oxford, 1968.

B.H. STREETER, *The four gospels*, 5th ed., Oxford, 1936.
[expose ingénieusement l'emploi des critères géographiques dans la critique du Nouveau Testament].

B.M. METZGER, *Manuscripts of the Greek Bible. An introduction to palaeography*, New York, Oxford, 1981.
[les planches sont accompagnées d'intéressants commentaires philologiques].

Choix d'études

M. BÉVENOT, *The tradition of manuscripts. A study in the transmission of St Cyprian's treatises*, Oxford, 1961.

F. WIEACKER, *Textstufen klassischer Juristen*, Göttingen, 1960.

T.C. SKEAT, « The use of dictation in ancient book production », *Proc. of the British Academy*, 38, 1952, pp. 179-208.

J. IRIGOIN, « Quelques réflexions sur le concept d'archétype », *RHT*, 7, 1977, pp. 235-245.

W. BÜHLER, « Gibt es einen gemeinsamen Archetypus der beiden Überlieferungsstränge von Tertullians Apologeticum ? », *Philologus*, 109, 1965, pp. 121-133.

J. IRIGOIN, « Éditions d'auteur et rééditions à la fin de l'Antiquité (à propos du 'Traité de la virginité' de Grégoire de Nysse) », *Revue de philologie*, 96, 1970, pp. 101-106.

M. WINTERBOTTOM, « Fifteenth century manuscripts of Quintilian », *CQ*, N.S. 17, 1966, pp. 339-369.

INDEX DES DOCUMENTS

Note préliminaire

Les collections, publiques ou privées, qui contiennent des manuscrits grecs ou latins importants pour notre étude, sont en nombre très élevé. Pour se retrouver dans leurs catalogues, imprimés ou manuscrits, on dispose de deux guides, celui de M. Richard, *Répertoire des bibliothèques et des catalogues de manuscrits grecs*, Paris, 1958[2] (que complète un *Supplément 1958-1963*, Paris, 1964) et celui de P.O. Kristeller, *Latin manuscript books before 1600. A list of the printed catalogues and unpublished inventories of extant collections*, New York, 1965[3].

L'histoire des manuscrits peut être fort compliquée, même si on se limite à la période qui va de la Renaissance à nos jours. Certaines des plus importantes bibliothèques ont fait l'objet de monographies qui retracent la formation de leurs collections ; ces travaux dépassent le cadre de ce livre. Plus modestement il serait souhaitable de mettre à la disposition des étudiants une brève histoire des collections de manuscrits depuis la Renaissance. En expliquant les noms et les localisations, elle permettrait aussi d'éclairer un secteur non négligeable dans l'histoire de la culture européenne. Il ne semble pas qu'il y ait pour le moment d'étude qui réponde exactement à ce besoin ; toutefois, on se reportera toujours avec profit au chapitre « Nomenclature des manuscrits » dans F.W. Hall, *A companion to classical texts*, Oxford, 1913 (réimpression : Hildesheim, 1968), ainsi qu'à W. Weinberger, *Wegweiser durch die Sammlungen altphilologischer Handschriften*, Vienne, 1930 (Sitzungsberichte der Akademie der Wiss. in Wien, Philos.-hist. Klasse, t. 209, fasc. 4). On trouvera de bonnes études partielles chez M.R. James, *The wanderings and homes of manuscripts*, Londres, 1919 (Helps for students of history, n° 17) et G. Laurion, « Les principales collections de manuscrits grecs », *Phoenix*, 15, 1961, pp. 1-13.

MANUSCRITS

On a indiqué entre parenthèse le tome et le numéro des *C.L.A.*, et parfois une brève indication sur le contenu du livre.

ATHOS

Presque tous les monastères du Mont-Athos conservent des manuscrits. Certaines collections sont extrêmement importantes et remontent, pour une part, au Moyen Age.

Lavra
184   45

Vatopedi
747   45

BAMBERG, Staatliche Bibliothek

Class.
35 (Tite-Live)   74
35a (viii, 1028- Tite-Live)   79, 88
42   67
46   67
54   68

BASEL, Öffentliche Bibliothek der Universität

A. VII. 3 (Psautier bilingue)   190
A. N. IV. 1   108

BERLIN (Hauptstadt der DDR), Deutsche Staatsbibliothek

BERLIN (WEST-), Staatsbibliothek Preussischer Kulturbesitz

Pendant la deuxième guerre mondiale, les manuscrits de la Bibliothèque nationale de Berlin furent mis à l'abri en divers endroits, ce qui entraîna quelques pertes et surtout une scission dans les collections, partagées entre les deux Allemagnes. Un nombre important de manuscrits, parmi les plus intéressants, provient de la bibliothèque de Sir Thomas Phillipps (1792-1872), belle figure d'original et de collectionneur.

Diez
B. Sant. 66   66, 186

Latini
fol. 252   78
qu. 364 (vi, 809-Salluste, *Hist.*) 59

Phill.
1872   187

BERN, Burgerbibliothek (Bibl. de la bourgeoisie de Berne)

Le noyau de la collection est formé par la bibliothèque du philologue Jacques Bongars (env. 1554-1613), qui comprenait des manuscrits ayant appartenu à Pierre Daniel et à Cujas.

357   119
363   119
366 (Valère Maxime)   72, 119

CAMBRIDGE, Corpus Christi College
406 80

CAMBRIDGE, Peterhouse
169 80

CAMBRIDGE, Trinity College Library
O.4.10 74

CAMBRIDGE, University Library
Dd XIII 2 77, 189
Nn II 41 (ii, 140-Codex Bezae) 129, 209

DRESDEN, Sächsische Landesbibliothek
A. 143b 81

DUBLIN, Trinity College
30 109
58 (ii, 274 - Livre de Kells) 60

EDINBURGH, National Library of Scotland
Adv(ocates) Ms.
18.7.15 (Aratos de Planude) 180

ERLANGEN, Universitätsbibliothek
380 74

ESCORIAL (EL), Biblioteca del monasterio

Le monastère de San Lorenzo el Real, fondé en 1563 par Philippe II, fut dès l'origine doté d'une riche bibliothèque. Malheureusement, plus de 4 000 manuscrits périrent dans l'incendie de 1671.

M. III. 3 182
ϓ III. 13 (Andrés, n° 283) 181

FIRENZE, Biblioteca Medicea Laurenziana

Fondée en 1444 par Cosme de Médicis, elle devint rapidement une des bibliothèques les plus remarquables de la Renaissance. Elle est toujours conservée dans le bâtiment qui jouxte l'église Saint-Laurent, dessiné pour elle par Michel Ange (en 1524 ; une partie a été ajoutée plus tard par Vasari, en 1571). Elle obtint dès le XVIe siècle un certain nombre de manuscrits du couvent dominicain de Saint-Marc (cf. p. 194), et fut par la suite enrichie par les collections des « conventi soppressi » et par diverses acquisitions.

Laur(entiani)

29, 2	188	49, 18	92, 98
32, 2 (Euripide, L)	51, 52	51, 10	75, 89
32, 9 (Eschyle ; Sophocle, L)	45,	54, 5	93
	134, 157, 158	54, 32	91
32, 16	50, 149	59, 2 et 3	180
33, 31	90	59, 9	45
35, 31	150	60, 3	44, 178, 257
37, 13 (Sénèque, *Etruscus*)	80, 85,	63, 19	74, 187
	98, 125, 150	63, 20	67
39, 1 (iii, 296 - Virgile, *Mediceus*)		68, 1 (Tacite de Corvey)	68, 94,
25, 28, 174, 258, Planche IX			123
47, 36	68	68, 2 (Tacite du Mont-Cassin), 75,	
48, 22	260, Planche XVI	123, 188, 260, Planche XIV	
49, 7	92, 97	73, 1	99
49, 9	78, 92, 97		

Amiatino 1 (iii, 299 - C. Amiatinus) 56, 184

Conventi Soppressi 172   52

S.N. (iii, 295 ; Pandectes, C. Pisanus) 195

FIRENZE, Biblioteca Riccardiana

1179   99

FULDA, Landesbibliothek

Bonifatianus
3 (viii, 1198 - Évangiles)   184

GENÈVE, Bibliothèque publique et universitaire

Lat. 84   68

HARBURG, SCHLOSS (Kreiss Donauwörth), Fürstlich-Oettingen-Wallersteinsche Bibliothek

La collection, achetée par l'État de Bavière, doit être installée à Augsbourg.

I. 1. 4º. 1   108

HEIDELBERG, Universitätsbibliothek

La collection de Heidelberg, très importante à l'origine, était autrefois la propriété de l'Électeur Palatin, d'où le nom de *Palatini*. Après la prise de la ville en 1623, le duc de Bavière Maximilien Ier donna la bibliothèque au pape Grégoire XV, en contrepartie des secours financiers que celui-ci lui avait fournis, et la majeure partie des manuscrits se trouve encore à la bibliothèque Vaticane. En 1797, Napoléon fit transporter à Paris un certain nombre d'ouvrages (destin que partagèrent bien d'autres livres venus d'un peu partout) et lorsqu'ils furent restitués en 1815, l'université de Heidelberg, appuyée par le roi de Prusse, persuada Pie VII de laisser retourner quelques manuscrits dans leur bibliothèque d'origine.

Pal(atini) gr(aeci)
23 (Anthologie palatine)   45, 50, 124, 262

HOLKHAM HALL, Library of the Earl of Leicester

Les manuscrits grecs de cette collection se trouvent depuis 1954 à la bibliothèque Bodléienne, à Oxford.

Latini
121   136, 148

IESI, Biblioteca del Conte Balleani

La collection se trouve actuellement à Florence.

8 (Tacite de Hersfeld)   68, 94, 95
L. II. 10   65

ISTANBUL (Constantinople), Métochion du Saint-Sépulcre

355   133, 203

JÉRUSALEM, Bibliothèque du Patriarcat

grecs
36 (palimpseste d'Euripide)   133, 203

KASSEL, Landesbibliothek

Philol. 2º 27 (Ammien Marcellin d'Hersfeld)   68, 95

LEEUWARDEN, Provinciale Bibliotheek van Friesland

B.A. Fr. 55 (Aulu-Gelle)   68, 72

LEICESTER, City Museum

s.n. (Nouveau Testament grec)   108, 198

LEIDEN, Bibliotheek der Rijksuniversiteit

Elle conserve, entre autres collections, celles de Scaliger et Isaac Vossius, ainsi qu'un certain nombre de manuscrits ayant appartenu à Juste Lipse et aux Heinsius.

B(ibliotheca) P(ublica) G(raeca)
33 H   135
60 A (Euripide, *P*)   134, 157, 203

B(ibliotheca) P(ublica) L(atina)
16 B (Tacite)   150, 161, 208

Vossiani Latini
F. 4 (x, 1572 - Pline insulaire)   63,
                                 259, Planche XII
F. 30 (Lucrèce. c. oblongus)   66, 70
                                 126
F. 48   187
F. 111 (Ausone, wisigothique)   185
O. 38 (Properce, *A*)   80, 89, 189
Q. 94 (Lucrèce, c. quadratus)   119,
                                 126

LENINGRAD, Bibliothèque nationale (Publicnaja Biblioteka M.E. Saltykova-Šedrina)

Q. v. I. 3	207
Class. Lat	
F. v. 1.	68
Grecs	
219	40

LENINGRAD, Archives de l'Institut d'Histoire de l'Académie des Sciences

627/2 (olim V. 645)	99

LEON, Catedral

Fragm. 3	185

LONDON, British Library, Reference Division (plus connue sous le nom de : British Museum)

La collection Burney est celle de Charles Burney le jeune (1757-1817), le frère de Fanny Burney. La collection Harley a été constituée par Robert et Edward Harley, premier et deuxième comtes d'Oxford ; la deuxième comtesse d'Oxford la vendit à la nation en 1753 pour 10 000 livres.

Add(itional)		2493 (Tite-Live de Pétrarque)	88, 89, 97, 187, 260, Planche XV
11987	91		
19906	85	2506	74
22087	136	2682	74
34473 (P. Lit. Lond. 127)	3	2736 (Cicéron de Loup de Ferrières)	72, 187
47678 (Cicéron, c. Holkhamicus)	67		
		2767	66
Burney		5694	44
86	10	*Papyri*	
Cotton		745 (ii, 207)	24
Tiberius. C. 1	74	*Royal*	
Harley		1. D. V-VIII (Bible, c. Alexandrinus)	129
647	74		

MADRID, Biblioteca Nacional

3678 (M. 31)	93, 98
8514 (X. 81)	93
Vitr. 5, 4 (Hh. 74)	185

MILANO, Biblioteca Ambrosiana

Cette bibliothèque, ainsi nommée d'après l'illustre évêque de la ville, fut fondée en 1609 par le cardinal Federico Borromeo et n'est donc pas la fondation ancienne qu'on attendrait dans une des grandes cités de la Renaissance. On a récemment introduit une nouvelle cote, S.P. (Sala del Prefetto).

Ambros(iani)

A 79 inf. (S.P. 10/27)	89
C 90 inf.	75, 157
E 147 sup. (S.P. 9/1-6, 11) (i, 29 - Pline le Jeune)	58, 132
G 82 sup. (S.P. 9/13-20) (ii, 345 - Plaute)	14, 16, 59, 132, 133, 158
G 130 inf.	65
H 14 inf.	88
I 98 inf.	99
L 85 sup.	68, 93, 98, 261
O 39 sup. (S.P. II. 251)	34
R 26 sup.	91
R 57 sup. (S.P. II. 66)	132
& 157 sup.	50, 180
Cimelio 2 (ii, 305 - Juvénal)	58

MODENA, Biblioteca Estense

Les Este étaient les souverains de Ferrare ; lorsque la lignée directe s'éteignit en 1597, le bâtard qui reprit le pouvoir transféra à Modène la capitale et donc la bibliothèque. On y trouve un grand nombre de livres ayant appartenu à Alberto Pio di Carpi.

    a. U. 5. 10 (gr. 127)   107

MONTECASSINO, Archivio della Badia

    361 (Frontin)   75

MONTPELLIER, Bibliothèque universitaire, Section Médecine

Un important lot de livres, dont celui cité plus bas, provient de la collection du juriste Pierre Pithou (1539-1596).

    H. 125 (Juvénal)   68, 119

NAPOLI, Biblioteca Nazionale

    IV. F. 3   65

NEW YORK, Academy of Medicine

    1 (« ms. safe » ; Apicius de Fulda)   68, 93, 99

NEW YORK, Pierpont Morgan Library

    M. 462 (xi, 1660 - Pline le Jeune)   95
    M. A. 906 (Phèdre, c. Pithoeanus)   119

NÜRNBERG, Stadtbibliothek

    Fragm. lat. 7   95

ORLÉANS, Bibliothèque municipale

    192 (vi, 809 - Salluste, *Hist.*)   59

OXFORD, Bodleian Library

Depuis sa fondation en 1602 par Sir Thomas Bodley, la bibliothèque s'est enrichie de nombreuses collections. Les cotes *Auctarium* remontent à une réorganisation effectuée en 1789. Les principaux fonds cités plus bas ont appartenu au bibliophile vénitien Giacomo Barocci (acquisition en 1629) ; au père jésuite Matteo Luigi Canonici (1727-1805) ; à E.D. Clarke, professeur de minéralogie à Cambridge (1769-1822) ; à J.P. d'Orville, professeur à Amsterdam (1696-1751).

Auct(arium)
F. 4. 32	75, 188
T. 4. 13	146, 258, Planche V
V. 1. 51	257, Planche IV

Barocci
50	45
109	258, Planche VI

Canonici class. lat.
41 (Juvénal)	75, 136, 148
50	65

Canonici gr.
97	82, 190

E.D. Clarke
39 (Platon d'Aréthas)	43, 257, Pl. III

gr. class.
a. 1 (P)	257, Planche I

Holkham gr.
88	258, Planche VII

D'Orville
301 (Euclide d'Aréthas)	43

Tanner
165	80

Imprimés
Inc. Auct. P. II. 2	98
Inc. Auct. Q. I. 2	98
Linc. 8° D 105	118

OXFORD, Corpus Christi College
148	82

OXFORD, Lincoln College
Lat. 100	77

PARIS, Bibliothèque nationale

Cette collection, d'une richesse exceptionnelle, comprend les manuscrits de la Bibliothèque du Roi, particulièrement active aux XVIe et XVIIe siècles, et ceux de nombreuses autres bibliothèques qui lui ont été incorporées à différentes époques, mais surtout pendant la Révolution française : on citera notamment celles de Saint-Germain (comprenant la majeure partie des anciens manuscrits de Corbie), de Saint-Victor, de la Sorbonne et de Notre-Dame.

Grecs
9	131
107	132
107 B (Euripide, *Phaéthon*)	36, 107
437	81
451	44
1672	180
1675	180
1734	149
1741	112
1807 (Platon de Pétrarque)	178, 195
2935	45
2951	44, 178, 257

Supplément grec
384 (*Anthologie palatine*)	45, 50, 124
388	45

Latins
2201	89, 193
5726	72
5730 (v, 562 ; T.-Live, c. Puteanus)	25, 67, 88, 259, Planche XI

INDEX DES DOCUMENTS

6115	68, 72	9389 (v, 578 ; Evangiles d'Echternach)	184
6370	72	9696	137
6880	261, Planche XVIII	10318 (v, 593 ; c. Salmasianus)	124
7530 (v, 569 ; grammairiens)	15	12161 (v, 624-629)	132, 203
7989 (Pétrone, c. Traguriensis)	94, 136	14749	93, 116, 194
8071 (Florilegium Thuaneum)	74, 80, 94, 119	15155	78
		16581	190
8084	28	*Imprimés*	
8260	80	Réserve S. 439	98, 260, Planche XVII
9378 (v, 575)	58		

PISTOIA. Biblioteca Forteguerri
37   93

RAVENNA, Biblioteca Classense
gr. 429 (Aristophane)   45

ROMA, Biblioteca Corsiniana
Inc. 50. F. 37   98

SANKT-GALLEN, Stiftsbibliothek
48   81
878 (Walafrid Strabon)   71, 186

SPANGENBERG (Hessen), Pfarrbibliothek
s.n. (Sup., 1806 ; Servius auctus) 63

TORINO. Biblioteca Nazionale
F IV 25   136

VATICANO (CITTÀ DEL), Biblioteca Apostolica Vaticana
Les collections, déjà importantes à la Renaissance, se sont énormément accrues depuis. En 1657 la bibliothèque des ducs d'Urbino fut apportée à Rome sur l'ordre d'Alexandre VII. En 1769 Clément XIV acheta la collection Ottoboni, qui incluait alors celle de la reine Christine de Suède (1628-1689), rassemblée pour elle en grande partie par Isaac Vossius et Nicolas Heinsius (*Reginenses*). Parmi les autres familles illustres dont les bibliothèques sont arrivées à la Vaticane, on citera les Barberini, les Borgia, les Chigi et les Colonna.

Archivio di S. Pietro   *Barberiniani greci*
H. 25   71   75   49
H. 182 (i, 1)   207

INDEX DES DOCUMENTS

Ottoboniani latini
1210	185
1829	91

Palatini greci
45	49
287	52

Palatini latini
24 (i, 69-77)	28, 59, 68, 132, 183
869	185
899	68, 86
1547	68, 110
1631 (i, 99 ; Virgile, Palatinus)	25, 68

Reginensi latini
597	72
762 (i, 109 ; T.-Live de Tours)	67, 260, Planche XIII
1283 B (vi, 809 ; Salluste, *Hist.*)	59
1484	72
1703	71
1762	71

Urbinati greci
35	44

Urbinati latini
1146 (Apicius de Tours)	68, 99

Vaticani greci
1 (Platon, *Lois*)	41, 45, 178
110	135

124	45
1209 (Bible, Vaticanus B)	109, 129
1312	114
1759	208
2383	49

Vaticani latini
1873	93
1874	68
2836	136
3225 (i, 11 ; Virgile, Vaticanus)	114
3226 (i, 12 ; Térence, Bembinus)	25, 98, 114
3227	65
3256 (i, 13 ; Virgile, Augusteus)	69, 114
3277	68, 93
3864	67
3867 (i, 19 ; Virgile, Romanus)	25, 69, 98
3870	94
4929	28, 73, 88
4991-2	114
5750 (i, 26-31)	58
5755 (i, 33 ; Lucain)	59
5757 (i, 35 ; Cicéron, *Rep.*)	18, 25, 59, 133, 259, Planche X
9140	137
11458	22, 93, 193
12959 (Bible, c. Carafianus), 114	

VENEZIA, Biblioteca Nazionale Marciana

Sur sa fondation, voir pp. 101-102.

Marc(iani) gr.
201	45
258	191
454 (Homère, Venetus A)	8, 9, 45, 135, 257, Planche II
474	101

481	50
622	107

Marc(iani) lat.
XII. 80 (4167)	94, 193

VERONA, Biblioteca Capitolare

XV (13)	132, 133
XXVIII (26) (iv, 494 - Augustin, *Civ. Dei*)	XII
XL (38) (iv, 497-500)	59
CLXVIII (155)	87

[WEINHEIM, Dr. E. Fischer Sammlung (dispersée)]
  s.n. (ix, 1370 ; Justin)   63

WIEN, Österreichische Nationalbibliothek

15 (x, 1472 ; T.-Live de Lorsch)	68, 70, 95	*Phil. gr.*	
189	72	37	149
277 (x, 1474)	94	*Suppl. gr.*	
Hist. gr.		39	41, 149, 179
4	146		

WOLFENBÜTTEL, Herzog-August Bibliothek

L'ancienne bibliothèque des ducs de Brunswick, qui s'enorgueillit d'avoir eu comme directeurs Leibniz et Lessing, fut un temps la meilleure d'Europe pour la production imprimée. Elle comporte aussi des collections de manuscrits, dont celle de Marquard Gude, un savant danois originaire du Schleswig-Holstein (1635-1689). Les numéros entre parenthèses sont ceux du catalogue imprimé.

Aug(ustei)
10.2 - 4° (2996)   149
56.18 - 8° (3612)   187

Gud(iani) lat.
224 - 8° (4529 ; Properce, *N*)   88, 98

ZÜRICH, Zentralbibliothek

Formée en 1916 par la réunion des bibliothèques de la ville et du canton.

  c. 74a (Quintilien)   93, 194

II. PAPYRUS

Après leur publication, bien des papyrus ont été répartis entre les bibliothèques ou institutions qui avaient contribué à financer les fouilles en Egypte. Dans ce cas, ils ont en général reçu une cote propre à la bibliothèque ; elle s'ajoute à leur premier état-civil, c'est-à-dire au numéro d'ordre dans la publication originale. On retrouvera celle-ci grâce aux indications bibliographiques données par E.G. Turner, *Greek papyri*, Oxford, 1980^2, pp. 159-177.

Ostrakon Berol.		9722	36
4758	138	9771	132
P. Berol.		9780	8, 13
5006	34	9875 (Timothée, *Les Perses*)	3, 135
5514	36	13217	3

P. Bodmer
4   3, 134, 141, 149, 203

P. Cairo
inv. 43227   134

P. Col
inv. nr. 4780   141

P. Herc.
817   25

P. Lille
76   169

P. Lit. Lond.
46   134
70   135
108   134
121   24
127 (= Br. Museum, Add. 34473) 3

P. Oxy.

843   23
852   3, 134
1174   134
2192   7
2258   36
2536   30

P. Qaṣr Ibrîm   25, 170

P. Rylands
26   30
457   134

P. Sorbonne
72   3, 134
2272   3, 134
2273   3, 134
2328   135

Oxford, Bodleian Library, Ms. gr.
cl. a 1 (P)   257, Planche I

III. MANUSCRITS PERDUS

Codex
Argentinensis (*A Diognète*)   XII
Blandinius (Horace)   123, 201
Carnotensis (Tite-Live)   74, 88
Cluniacensis (Cicéron)   92-93, 95, 194
Coloniensis (Silius Italicus)   123
Grandior (Bible de Cassiodore) 184
Hersfeldensis (Ammien Marcellin), v. Kassel, Landesbibl., Philol. 2° 27
Hersfeldensis (Tacite), v. Iesi, Bibl. Balleani, 8
Hydruntinus (Quintus de Smyrne)   101
Laudensis (Cicéron)   94, 95
Marcianus [Florence, Saint-Marc] (Ovide)   98
Murbacensis (Histoire Auguste), v. Nürnberg, Stadtbibl., Fragm. lat. 7

Murbacensis (Velléius Paterculus)   95, 194
Nicoli (Columelle)   261
Petrarcae (Cicéron, *Pro Archia*) 89
Petrarcae (Cicéron, *Pro Cluentio*)   89, 90
— (Pomponius Méla)   88
— (Properce)   89
Spirensis (Tite-Live)   74, 88, 95
Tornaesianus (Cicéron, *Lettres*) 119
Turnebi (Plaute, fragm. Senonensia)   118, 200
Veronensis (Catulle)   95
— (Pline le Jeune)   86-87, 95
Wormatiensis (Tite-Live)   74, 95

INDEX GÉNÉRAL

(NOMS ET MATIÈRES)

Abrégés, 16, 22, 23, 162, 163
Abréviations, 62, 107, 153-155, 209-210, 258-260
Académie Aldine (Neakademia), 106, 139
— patriarcale, 37, 41, 179
— platonicienne, 4
Accentuation grecque, 3, 7, 104, 105, 178
Accidents survenus aux mss, 97, 146
Accius, 15, 16
Acominatos, Michel, v. Choniates, Michel
Acron, 23
Acta sanctorum, 202
Actes des martyrs païens, 134, 203
Ad usum Delphini, éditions, 140
Aelius Dionysius, 31
Aelius Stilo, L., 15, 16, 21, 22, 171
Aelred de Rievaulx, 76
Aethicus Ister, v. Virgile de Salzbourg
Agen, 117
Aix-la-Chapelle, 67
Alcalá de Henares, 108, 198
Alciphron, 106
Alcuin, 61, 62, 64, 65, 66, 67, 72, 73, 184, 185
Alcyonius, Petrus, 34, 176
Aldhelm de Malmesbury, 60, 61
Aldines, éditions, 95, 105-107, 197, 258, Planche VIII
Aléandre, Jérôme, card., 116
Alexandre VII, pape, 225
Alexandre d'Aphrodise, 191

Alexandrie, 4-8, 12, 30, 35, 37, 169, 176
Alexandrins, philologues, 6, 8-10, 11, 12, 15, 19, 20, 169
Allégorique, interprétation, 7, 12, 33, 48, 91
Alphabet phénicien et grec, 1
— ionien et attique ancien, 6-7
Alphabétique, ordre, 44, 169
Alphonse V, roi de Naples, 96
Ambroise, s., év. de Milan, 26, 27, 109, 115
Ambrosienne, bibl., 132, 222
Amiens, 79
Ammien Marcellin, 63, 68, 70, 93, 95
Amsterdam, 124
Anacreonta, 112
Analphabétisme, v. « Literacy »
Anaxagore, 2
Anaximène de Lampsaque, 13
Anciens et Modernes, querelle, 126, 139, 140, 205
Andros, île d', 39
Anecdoton Parisinum, 15, 20, 171
Angevins, cour des, 82
Angleterre, 60-61, 63, 74-75, 77, 80-81, 94, 139, 183-184, 185, 188
Anglo-saxonnes, écritures, 60, 62, 63, 68, 74, Planche XII
Anglo-saxons, missionnaires, 61-62, 63, 184
Ankara, 137
Anne Comnène, 46-47, 179

Anténor, 86
Anthologie grecque, 45, 50, 105, 124, 180
— *latine*, 54, 124
— *palatine*, 45, 262, Planche XX
'Anti-atticiste', 32
Antioche, 35
Antiochus I de Commagène, 137, 204
Antiquaires, dans l'Antiquité, 12, 21-22
— depuis la Renaissance, 97, 117, 123, 130, 137
Antisigma, v. signes critiques
Antoine, 30
Anvers, 121
Aphthonius, 52
Apicius, 68, 70, 93, 98-99, 163, 211
Apion, 30
Apocryphes, 9, 15, 20, 32, 96, 148
Apollinaire de Laodicée, 34
Apollonios de Rhodes, 6, 30, 45, 149
Apollonius de Pergé, 38
Apollonius Dyscole, 31
Apparat critique, 33, 72, 98, 112, 114, 128, 155
Appendix Vergiliana, v. Virgile
Apulée, 21, 28, 70, 75, 81, 90, 91, 188
Apulée (Pseudo-), 56
Aquila, 33
Arabe, peuple, 40, 62, 73
Arabes, chiffres, 50
Arabes, science et philologie, 38, 75, 82, 177
Aratos, 50, 180, 258, Planche VI
Arcadius, emp., 262
Archaïsme, 14, 18, 21, 22, 32, 120
Archétype, notion d', 120, 144, 146, 147, 162, 208
Archimède, 38, 112, 133, 203
Aréthas, archev. de Césarée, 43-44, 178, 257, 258, Planches III, V
Argos, 8
Argument (d'une pièce), 11
Aristarque, 6, 8-10, 12, 15, 48, 257
Aristide, Aelius, 32, 35, 44, 46, 122, 178, 257

Aristippe, Henri, 82, 190
Aristonicos, 30
Aristophane, 4, 6, 12, 17, 30, 44, 45, 47, 48, 51, 52, 101, 106, 161, 180, 197, 258, Planches VII, VIII
— *Acharniens*, 151, 156-157
— *Cavaliers*, 151, 154, 160
— *Grenouilles*, 4, 148, 161
— *Nuées*, 151
— *Oiseaux*, 7
— *Ploutos*, 178
Aristophane de Byzance, 3, 6, 7, 9-11, 170, 258
Aristote, 1, 4, 7, 35, 37, 38, 46-47, 49, 56, 76, 81, 82, 100, 101, 106, 110, 117, 177, 199
— *Constitution d'Athènes*, 134
— *Ethique*, 90
— *Métaphysique*, 102
— *Organon*, 44, 45
— *Poétique*, 4, 38, 41, 113, 124, 154
— *Politique*, 46
— *Rhétorique*, 4, 112, 113
— *Seconds analytiques*, 82
— *Corpus aristotelicum*, 82
Arménien, 12, 39, 41, 177
Arnobe, 114
Arrien, 146, 208
Article (en latin médiéval), 191
Asconius, 20, 93
Asianique, style, 137
Asinius Pollion, 17
Astérisque, v. signes critiques
Asterius, Turcius Rufus Apronianus, 28, 174, 258-259, Planche IX
Athanase d'Alexandrie, s., 130
Athénée, 47, 120-121, 157, 180
Athènes, 1, 4-6, 11, 30, 34, 35, 48, 49, 176
Athos, Mont, 130, 136
Atrectus, libraire, 18
Atrium libertatis, 17
Atticisme, atticistes, 31-33, 35, 39, 42, 48, 52, 136, 175
Atticus, 17, 18, 22, 171
Augsbourg, 113, 220

Auguste, 16, 18, 22, 30, 31, 137, 172
Augustin, s., év. d'Hippone, XII, 27, 50, 59, 77, 81, 90, 103, 109, 114, 174, 199, 207, 259
Augustin, archev. de Cantorbéry, 60
Aulu-Gelle, 19-22, 55, 59, 68, 69, 72, 77, 90, 97, 125
Aurélius Victor, 22
Aurispa, Giovanni, 96, 101, 258
Ausone, 185
Authenticité, critique d', 32, 96, 103, 109, 126
Autographes
   – antiques, 20, 21-22, 142, 172, 207
   – Aréthas, 43, 178
   – Astérius (?), 28, 259, Planche IX
   – Boccace, 91
   – Clamanges, Nicolas de, 93, 116
   – Coluccio Salutati, 91
   – Eustathe, 180
   – Fulgence de Ruspe, 207
   – Guillaume de Malmesbury, 77
   – Hadoard, 71
   – Heiric d'Auxerre, 73
   – Jean le calligraphe, 178, 257, Planche III
   – Loup de Ferrières, 72, 187
   – Lovato Lovati, 85
   – Musurus, 107
   – Pétrarque, 88, 114, 192-193, 260, Planche XV
   – Pilato, Leonzio, 195
   – Planude, 50, 180
   – Pogge (Le), 93, 94, 193, 260, Planche XVI
   – Politien, 97-99, 195, 261
   – Rathier de Vérone, 74
   – Triclinius, 51-52, 159
   – Valla, 88, 97, 260, Planche XV
   – Zanobi da Strada, 90
   – Zomino da Pistoia, 93
Auxerre, 67, 68, 73, 88
Averroès, 82
Avicenne, 82
Avignon, 81, 87-89, 99, 115, 116, 193

Babrius, 136
Babylone, 2, 161
Bacchylide, 134
Bachet, C.-G., 113
Bachini, Benedetto, 203
Bacon, Roger, 80, 82, 132
Bagdad, 38, 177
Bâle, 94, 108, 109, 111, 112, 113
Bamberg, 74, 122
Barbaro, Ermolao, 98, 195, 196
Barbaro, Francesco, 139
Barberini, bibl., 225
Barberini, Francesco, card., 137
Bardas, le César, 39, 41, 45
Bari, écriture de, 65
Barlaam, moine, 99
Barocci, Giacomo, 224
Bartolomeo da Montepulciano, 93
Barzizza, Gasparino, 116
Basile de Césarée, s., 34, 102, 136, 175
Baugulf, abbé de Fulda, 185
Beatus Rhenanus, 74, 88, 95
Beccadelli, Antonio (il Panormita), 96, 260
Bec-Hellouin (Le), abb., 75
Bède le Vénérable, 61, 183, 184
Bédier, Joseph, 207
Belleau, Rémy, 112, 118
Bembo, Pietro, card., 114
Bénédictin, ordre, 56, 75, 129
   – Congrégation de Saint-Maur, 115, 129, 202
Bénévent, duché de, 65
Bénéventaine, écriture, 65, 75, 154, 185, 260, Planche XIV
Bengel, Johann Albrecht, 144, 208
Benoît, s., 56
Benoît Biscop, 61, 184
Bentley, Richard, 120, 124, 126-129, 143, 202
Bernays, Jacob, 144
Berne, 119
Bersuire, Pierre, 116
Bessarion, Jean, card., 101-103, 105, 106, 109, 111, 129, 196, 257
Beuron, abb. S. Martin, Institut des palimpsestes, 133

Beyrouth, 35, 176
Bible, 24, 36, 106
— polyglotte, 106, 108, 122, 198
— Ancien Testament hébraïque, 33
— Nouveau Testament grec, 31, 45, 103, 108-109, 110, 111, 127-128, 131-132, 134, 143, 144, 198, 208, 209
— traductions grecques (dont Septante), 33
— traductions latines (dont Vulgate), 56, 59, 72, 97, 100, 103, 107, 109, 112, 114-115, 127-128, 143, 177, 184, 196, 198, 199
— traductions en d'autres langues, 37, 38, 39, 128, 177
Bible, étude de la, 33-34, 36, 72, 97, 103, 108-109, 114-115, 127-129, 144
Bibliques, manuscrits, 58, 66, 81, 108-109, 112, 127-129
— papyrus, 134, 204
Bibliographie, antique, 5, 7, 12
— médiévale, 50, 79, 80
— moderne, 211
Bibliophiles, 22, 43, 47, 48, 52, 74, 80, 84, 89, 101, 102, 114, 119-120, 125-126
Bibliothèques
— antiques, 4-6, 12, 13, 17, 18, 21, 30, 188, 262, Planche XX
— byzantines, 39, 47, 48, 49, 103, 178
— du Moyen Age latin, 54, 55-56, 61, 66-70, 85, 87, 89, 186
— de la Renaissance, 84, 91, 96, 98, 101, 102, 106, 108, 111, 194, 196, 197
— modernes, 53, 119-120, 121, 125-126, 130, 135-136, 217
Bibliothèques, catalogues de
— carolingiennes, 61, 66, 184, 186
— de Richard de Fournival, 79
— capitulaire de Séville, 182
— modernes, 130, 140
— v. *Registrum librorum Angliae*
Bibliothèque Ulpienne, 18

Bilinguisme, 37, 81, 177
Biondo, Flavio, 95
Bischoff, Bernhard, 132
Blemmydès, Nicéphore, 49
Bobbio, abb. de S. Colomban, 56, 59, 60, 69, 74, 94, 132, 136, 182, 204, 258, 259
— v. *Epigrammata Bobiensia, Scholia Bobiensia*
Boccace, Jean, XIII, 90-91, 99-100
Bodléienne, bibliothèque, 115, 126
Bodley, sir Thomas, 223
Boèce, 29, 50, 54, 81, 90
Bois-le-Duc, 121
Boivin, Jean, 131
Bolland, Jean, 202
Bollandistes, 202
Bologne, 45, 75, 81, 84, 90
Bongars, Jacques, 119, 218
Boniface, 61-62, 63, 64
Borgia, bibl., 225
Borromeo, Federico, card., 222
Bosio (Dubois, Bosius), Siméon, 119
Bossuet, 140
Bourgogne, 60, 92
Bracciolini Poggio, v. Pogge (Le)
Bruges, 123
Bruni, Leonardo, 91, 96, 100
Bruns, Paul Jacob, 132
Brunswick, bibl. des ducs de, 227
Brutus, 97
Budé, Guillaume, 116, 117, 118, 200
Burman, Pieter, 124
Burney, Charles et Fanny, 222
Burgundio de Pise, 82, 190
Bussi, Giovanni Andrea, 196
Byzance, v. Constantinople
Byzantins, attitude face à la poésie classique, 42-43, 46, 178

Caecilius, 28
Caecilius Epirota, Q., 18
Calcidius, 81
Callimaque, 5, 7, 30, 36, 39, 48, 97, 103, 104, 177
Callisthène (Pseudo-), 164
Calvinistes (Huguenots), 118, 119, 120

Cambrai, Ligue de, 106
Cambridge, 5, 126, 139
Campano, Giovanni Antonio, 196
Campesani, Benvenuto, 86, 192
Canonici, Matteo Luigi, 224
Canter, Willem, 122, 201
Cantorbéry, 60, 61, 75, 124
Capelli, Pasquino, 92
Capitale, écriture, 55, 66, 153
— carrée, 25
— rustique, 25, 68, Planche IX
Caractères typographiques
— d'Alde, 104, Planche VIII
— grecs, 104-105, Planche VIII
— italiques, 94
— romains, 94, 116
Carafa, Antonio, card., 114
Carnets (en parchemin), 24
Caroline, minuscule, 65-66, 94, 154, 185, 260, Planche XIII
Carolingienne, philologie, 70-73
Carolingienne, renaissance, 58, 60, 63-65
Carpi (prov. de Modène), 105, 106
Carrion, Louis, 123
Carthage, 160
Cartonnages de momie, 135
Casaubon, Isaac, 120-121, 200
Casinum, 188
Cassiodore, 54, 55-56, 81, 182, 184
Catalans, mercenaires, 49
Catane, 82
Caton l'Ancien, 14, 21, 98, 261
Caton d'Utique, 25
Catulle, 55, 70, 74, 76, 85, 86, 87, 91, 94, 95, 97, 104, 120, 133, 144, 160, 186, 192
Celse, 74, 94, 99
Censure, 33, 34-35, 42, 128, 161, 205
Céolfrid, 61, 184
Cervini, Marcello (Marcel II, pape), 114, 199
César, 17, 28, 30, 67, 68, 77, 86
Césarée (Cappadoce), 43, 44
Césarée (Palestine), 33
Chaîne exégétique, 36
Chalcédoine, 160

Charisius, 152
Charlemagne, 64, 65, 66, 67, 68, 73, 79, 163, 185
Charles le Chauve, 71, 186
Charles Martel, 62
Charles II (Stuart), 125
Chartes, 129-130
Chartres, 74, 75, 77, 88
Chiffres, aisément corrompus, 5, 153, 155
Chigi, bibl., 225
Chine, chinois, 32, 40, 137, 177, 205
Choiroboskos, 37
Choix (des tragédies grecques), 36-37, 52, 176
Choniates, Michel, 48, 180
Chorikios, 34
Chouët, P. et J., 113
Chrétiens, attitude face à la culture païenne, 26-27, 33-34, 54, 58,
— transmission des textes, 25, 28, 33, 39, 41, 42, 44, 46, 58, 59, 109-110, 114-115, 129-130
— usage du codex, 24
— usage de la semi-onciale, 25
Christine de Suède, 125, 225
Chronologie, étude de la, 120, 200
Chrysococcès, Georges, 101
Chrysoloras, Manuel, 91, 100, 105, 195
Cicéron, 13, 14, 16-18, 20-22, 25, 55, 59, 61, 65, 66, 67, 69, 71, 72, 74, 76, 77, 78, 89, 92, 95, 97, 116, 119, 132, 137, 143, 148, 149, 172, 189, 193, 210
— *Academica*, 17, 71
— *Aratea*, 72, 74
— *Brutus*, 14, 94
— *De amicitia*, 71, 76
— *De divinatione*, 71
— *De fato*, 71
— *De inventione*, 55, 56, 61, 69
— *De lege agraria*, 22, 93, 173
— *De legibus*, 71, 118
— *De natura deorum*, 71
— *De officiis*, 27, 71
— *De oratore*, 71, 72, 74, 94

— *De re publica*, 17, 25, 59, 77, 133, 259, Planche X
— *De senectute*, 63, 71
— *Epistolae*, 68, 69, 70, 119, 144, 146, 149
  — *Ad Atticum*, 87, 89, 92, 98, 155, 156
  — *Ad Brutum*, 95
  — *Ad familiares*, 78, 91-92
  — *Ad Quintum fratrem*, 87, 89
— *Hortensius*, 77
— *In Catilinam*, 66, 260, Planche XVI
— *In Clodium et Curionem*, 17
— *In Pisonem*, 71, 93
— *In Verrem*, 66, 144
— *Orator*, 17, 27, 94
— *Paradoxa*, 71
— *Philippicae*, 71, 260
— *Pro Archia*, 89
— *Pro Caecina*, 93, 116
— *Pro Caelio*, 91
— *Pro Cluentio*, 89, 90, 91
— *Pro Flacco*, 71
— *Pro Fonteio*, 71
— *Pro Milone*, 91
— *Pro Murena*, 91
— *Pro Rabirio perduellionis reo*, 93
— *Pro Rabirio Postumo*, 93
— *Pro rege Deiotaro*, 66
— *Pro Roscio Amerino*, 91
— *Pro Roscio comoedo*, 93
— *Somnium Scipionis*, 29, 63, 67, 69, 72
— *Timaeus*, 71
— *Tusculanae disputationes*, 63, 71, 157
— *Corpus Leidense*, 72
Cicéronianisme, 97, 111, 117, 123, 198
Citations, 2, 23, 103, 109, 128, 150-152
Clamanges, Nicolas de, 92, 116, 194
Clark, Albert Curtis, 92
Clarke, Edward Daniel, 224
Claude, emp. 137
Claudien, 22, 66, 125

Claudius Quadrigarius, 21
Clausules, 159
Clément VIII, pape, 115
Clément XIV, pape, 225
Clément d'Alexandrie, 33, 114, 262
Clementianus, 29
Clovis, 54
Cluny, abb., 92, 95, 116
Codex..., v. Index des manuscrits
  — conservé, 218-227
  — perdu, 228
Codex (forme du livre), 23-24, 36, 151, 173
Codex optimus, principe du, 148-149
Codicologie, 179
Coislin, Henry-Charles du Cambout de, 130
Collations, 20, 39, 71-72, 91, 98, 118, 119, 123, 125, 127, 261, Pl. XVII
Collectaneum (-nea), 70, 72, 73
Collections de textes, 122, 140
Collège de France, 117, 200
Collegium trilingue, 121, 123
Cologne, 74, 93, 94, 123
Colomba, 60
Colomban, s., 59-60, 61, 183
Colométrie, 3, 11, 36, 169
Colonna, Landolfo, 88
Colonna, bibl., 225
Colonnes (dans les papyrus), 2
Columelle, 56, 67, 68, 70, 71, 93, 98, 187, 260-261
Comma Iohanneum, 109, 198
Commentaires, 7-11, 13, 21, 23, 30, 35, 47-48, 80-81, 87, 120-121, 162
Commode, emp., 31
Confusions de lettres dans l'écriture grecque, 40-41, 154
  — latine, 120, 153-154, 209
Confusions de mots, 153, 155
Conington, John, 121
Conjectures, 96, 98, 107, 110, 118, 122, 150, 260
Constance, concile de, 92-94, 116
Constance II, emp., 35
Constantin I (le Grand), 26, 130
Constantin VII Porphyrogénète, 44

Constantin IX Monomaque, 45
Constantinople, 32-53 *passim*, 55, 82, 101, 102, 103, 262
Constantinus, Iulius Celsus, 28
Contamination, 41, 147, 148, 165, 206
Contre-réforme, 114
Copie destinée à l'imprimeur, 95, 107, 108, 261, Planche XVIII
Copte, 177
Corbie, abb., 60, 66, 67, 68, 132, 186, 189, 224
Corinthe, 82
Cornarius, Janus, 261
Cornélius Népos, 22, 70, 94
Corpus, formation des, 24, 55, 77, 78
Corpus agrimensorum, 163
Correspondances entre savants, 50, 71, 129, 139, 187, 194, 198, 201
Corvey, abb., 68, 78, 94
Cratander, Andreas, 95
Cratès de Mallos, 12, 15
Crète, Crétois, 100, 105, 136
Critique littéraire, 7, 9, 10, 12, 18, 20, 46, 97, 104, 118, 124
Critique textuelle, traités de, 113, 122, 199, 201, 205-206
Critobule, 32
Croisade, quatrième, 48
Croix philologiques, 162
Cruquius, Jacob, 123
Cuir, 2
Cujas, Jacques, 119-120, 218
Cursive, écriture, romaine, 25, 65, 173, 260
— humanistique, 94
Cuse, v. Nicolas de Cuse
Cydonès, Démétrius, 50
Cyprien, s., 109, 115, 136, 148, 204
Cyrille d'Alexandrie, s., 35, 103, 109

Dagobert, 129
Dalmatie, 65, 94
Daniel, Pierre, 114, 119, 125, 218
Dante, 191
Darwin, Charles, 139
De bellis Macedonicis, 24

De bello Actiaco, 25
Delfini, Gentile, 113
Delisle, Léopold, 193
Démétrius Chalcondyle, 176
Démétrius de Phalère, 5
Démosthène, 3-4, 7-8, 13, 31, 35, 45, 46, 106, 110
Démosthène (Pseudo-), *Contre Nééra*, 32
Denys d'Halicarnasse, 112
Denys l'Aréopagite (Pseudo-), 81, 82, 190
Denys le Périègète, 47
Denys le Thrace, 12, 15, 37, 39, 170, 177
Descartes, 125
Deux contre un, principe de, 146
Deventer, 121
Dictamen, dictatores, 83-84
Dictionnaires, v. Lexiques
Didier, abbé du Mont-Cassin (Victor III, pape), 75
Didyme Chalcentère, 8, 12-13, 170
Digamma, 127
Digeste, 76, 117, 195
Dindorf, Wilhelm, 140
Dioclétien, emp., 26
Diodore de Sicile, 48
Diogène d'Oinoanda, 137-138, 204-205
Diogène Laërce, 120, 147, 156, 158
Dion Cassius, 112
Dion Chrysostome, 44
Dionysies, 4
Diophante d'Alexandrie, 50, 113, 180
Dioscoride, 38
Diple, v. Signes critiques
Diplomatique, 129
« Distances » entre témoins, 211
Dittographie, 157, 160
Dold, Alban, 133
Dolet, Étienne, 118
Domitius, 22
Domitius Afer, 155
Donat, 20, 23, 72, 121, 173
Donation de Constantin, 96
Dorismes, 32

Dorus, libraire, 173
Doura-Europos, 134
Droit, étude du, 35, 45, 75, 84, 90, 117
Duaren, François, 118
Dungal, 60, 65, 70, 186
Dunstan, s., 74-75
Dupuy, Claude, 114, 259
Dupuy, Jacques, 201

Echternach, Evangiles d', 184
Écoles monastiques et épiscopales, 27, 55, 64, 65, 74, 75
Édesse, 37, 177
Édition dans l'Antiquité, 17, 20, 21, 25, 148, 171, 172
—, deuxième, 17-18, 148, 208
Éditions princeps, 95, 98, 100, 105-106, 108, 110, 112, 113, 114, 121, 126, 132-133, 143, 258, 261, Planches VIII et XIX
Éginhard, 69, 71, 72
Église, orientale, 35, 42, 50, 101-102, 128
— romaine, 35, 42, 60, 62, 101, 114
Égypte, 2, 30, 36, 38, 40, 134, 166, 227
Écritures, grecques, v. Minuscule, onciale
— latines, v. Anglo-saxonne, Bari, bénéventaine, capitale, caroline, cursive, galloise, gothique, humanistique, insulaire, irlandaise, lombarde, mérovingienne, onciale, précaroline, semi-onciale, wisigothique
— v. aussi Paléographie, histoire de la
Eliminatio codicum descriptorum, 98, 142, 144, 206
Eliminatio lectionum singularium, 146
Elzevir, Louis, 121-122
Emendatio, émendations, 9, 16, 51, 91, 107, 113, 118, 120, 127, 142, 143, 162, 174
Empire latin de Constantinople, 48-49
Encyclopédies, 38, 44, 58, 73, 79, 90
Endelechius, Severus Sanctus, 28-29

Enna (Sicile), 29
Ennius, 14, 15, 18, 21, 23, 171
Énoch d'Ascoli, 93, 94
Enseignement, 18, 27, 34, 76, 121
— v. aussi Programmes scolaires
Éphrem, scribe, 45, 179
Épictète, 104, 146, 208, 258
Épicure, 138
Epigrammata Bobiensia, 136, 204
Épigraphie, v. Inscriptions
Epistolographes (grecs), 106
Érasme, 95, 97, 100, 103, 106, 107-110, 111, 112, 114, 116, 117, 118, 121, 128, 139, 144, 196, 197-198
Ératosthène, 4, 6, 103
Érigène, v. Jean Scot Érigène
Ernesti, Johann August, 144
Eschyle, 36, 45, 112, 118, 147, 153, 155, 158, 159
Espagne, Espagnols, 40, 54, 55, 58, 60, 62, 65, 75, 82, 108
Este (famille), 223
Estienne, Henri, 112, 117, 121, 198
Estienne, Robert, 112, 128, 198
Ethelwold, s., 74
Étienne de Byzance, 106
Étienne de Rouen, 77
Eton, 115
Euclide (mathématicien), 43, 44, 50, 76, 82
Euclide (archonte athénien), 6
Eugène (amiral), 82
Eugène (grammairien), 36
Eumène II de Pergame, 12
Eunape, 34
Eupolis, 1, 17, 168
Euripide, 4, 11, 36, 41, 46, 51, 52, 106, 122, 133-134, 147, 161, 179, 203
— *Antiope*, 135
— *Crétois*, 3
— *Électre*, 161
— *Érechthée*, 135
— *Hécube*, 100
— *Hélène*, 160
— *Hippolyte*, 138
— *Hypsipyle*, 3, 134

– *Médée*, 11
– *Melanippe Desmotis*, 36
– *Oreste*, 11
– *Péliades*, 39
– *Phaéthon*, 36, 132
Euripide (Pseudo-), *Rhésos*, 160
Eusèbe de Césarée, 39, 112, 187
Eustathe de Thessalonique, 30, 47-48, 157, 179-180
Eustrate de Nicée, 35, 46
Eutrope, 22, 61, 77, 122, 164, 211
Evelyn, John, 126
Examinatio, 142, 146
Expurgées, éditions, 71, 140, 161, 180, 205
Ezzelin III, 86

Fabius Pictor, 21
Facio, Bartolomeo, 96, 260
Faerno, Gabriele, 119, 127
Farnèse, famille, 113
Farnèse, François, duc de Parme, 130
Faust, 42
Fautes, 4, 6-7, 19, 32, 96, 122, 260
 – d'onciale, 40-41
 – d'orthographe, 155
 – liantes, isolantes, 145
 – par addition, 157-158
 – par omission, 147, 156-157, 210
 – par transposition, 158-159, 210
 – typologie, 113, 122, 152-162, 209-210
Faux, 5, 22, 96, 102-103, 126, 130, 172, 173
Faventinus, 163
Ferrare, concile de, 101-103
Ferrières, 67, 68, 71
Festus, Pompeius, 16, 23, 66, 120, 163
Fichet, Guillaume, 116
Ficin, Marsile, 105
Filelfe, François, 101
Firmin-Didot, Ambroise, 140, 205
Florence, 90-92, 96-100 *passim*, 105, 109, 114, 125, 194
 – concile de Florence, 101-103, 129, 196

– Saint-Marc, 194, 219, 258, 261
Fleury, abb. de S. Benoît-sur-Loire, 59, 67, 68, 72, 119
Flores moralium auctoritatum, 87
Florilèges, 77, 86, 87, 189
Florilegium Gallicum, 78, 79, 189
Florilegium Thuaneum, 74, 80, 94
Florus, 22
Fonctionnaires byzantins, 35, 43
Fortunatianus, 55
Forum d'Auguste, 29, 174
Forum de Trajan, 29, 174
François Ier, roi de France, 117
Fréculphe, év. de Lisieux, 186
Frédéric de Montefeltro, duc d'Urbino, 96, 138
Frères de la vie commune, 121
Froben (famille), 88, 95, 108, 261
Frontin, 77
 – *De aquae ductibus*, 75, 94
 – *Stratagemata*, 71, 77
Fronton, 21, 28, 55, 59, 68, 132, 174, 203
Fulda, abb., 62, 63, 68, 69, 71, 72, 75, 93, 98, 99, 122, 261
 – Évangiles de, 184
Fulgence de Ruspe, 55, 182, 207
Fust, Jean, 139

Gaius, *Institutes*, 132, 133
Galatie, 137
Galien, 5, 30, 38, 39, 82, 148, 157, 175, 177
Gallipoli, 49
Galloise, minuscule, 75, 188
Gallus (s. Gall), 60
Gallus, Cornelius, 25, 170
Gautier de Saint-Victor, 76
Gaza, 34, 35, 36, 102, 176
Gaza, Théodore, 100, 102
Gelenius, Sigismundus, 88, 95
Gênes, 49
Genève, 112, 113, 120
Géographique, critère, 209, 216
Georges de Pisidie, 46, 179
Georges de Trébizonde, 102
Georges le Syncelle, 44

Gérard de Crémone, 82
Gerbert d'Aurillac, arch. de Reims (Silvestre II, pape), 73-74
Geremia da Montagnone, 86, 192
Giobert, G.A., 133
Giovanni de Matociis, 86-87
Gloses, 16, 62, 113, 157-158, 210
Gothique, écriture, 79, 94
Göttingen, 140
Gracques, 172
Grammaires, grammairiens, 7, 12, 14-15, 23, 31, 59, 60, 61, 82, 84, 90, 94, 96, 100, 124
Grattius, 66, 94
Grec, connaissance dans l'Europe occidentale, 55, 81-82, 91, 99-101, 103-104, 107-108, 116, 190, 195-196
Grégoire Ier (le Grand), pape, 60, 115
Grégoire XV, pape, 220
Grégoire de Naziance, s., 34, 46, 47, 81, 179
Grégoire de Nysse, s., 41, 81, 177, 208
Grégoire le Thaumaturge, s., 33
Gregorio Tifernate, 116
Grenfell, Bernard Pyne, 134
Gronovius, Johannes Fredericus, 124, 125, 201
Grosseteste, Robert, 82, 190
Gruter, Jan, 114
Grynaeus, Simon, 95
Guarino de Vérone, 100, 101
Gude, Marquard, 227
Guillaume de Malmesbury, 77, 78, 189
Guillaume de Moerbeke, 82, 112, 133, 191
Guillaume de Saint-Thierry, 76
Gutenberg, Johannes, XI, 143

Hadoard, 67, 71, 186
Hadrien, emp., 21, 22, 31, 47
Hadrien de Nisida, 60
Han, dynastie des, 205
Haplographie, 156
Harley, Robert et Edward, 222
Haupt, Moriz, 162
Haverkamp, Siegbert, 124
Hébreu, 33, 106, 108, 121

Heiberg, Johan Ludvig, 133
Heinsius, Daniel, 118, 124, 221
Heinsius, Nicolas, 125, 201, 221, 225
Heiric d'Auxerre, 68-69, 72-73, 77, 88, 187
Héliodore d'Emèse, 46
Héliodore le métricien, 30, 51
Hemsterhuys, Tiberius, 124
Henri II, Plantagenet, 77
Henri II, de Saxe, 74
Héphestion, 51
Héraclite (interprète d'Homère), 12
Héraclite (philosophe), 1
Héraclius, emp., 46
Herculanum, 26, 134
Hermogène, 52
Hermonyme, Georges, 107, 116
Hérodien (grammairien), 31
Hérodien (historien), 104, 106
Hérodote, 2, 101, 106, 161
Héron d'Alexandrie, 38, 82, 190
Hersfeld, abb., 62, 63, 68, 75, 94, 95
Hésiode, 48, 49, 106, 169
Hésychius, 13, 30, 107, 197
Hexaples, 33-34
Heynlin, Jean, 116
Hilaire de Poitiers, s., 109
Hippocrate, 38, 148, 157
– *Corpus hippocratique*, 39
Hipponax, 48
Histoire Auguste, 68, 71, 77, 86, 87, 95, 173
Holcot, Robert, 80
Homéotéleute, 156
Homère, 1, 4, 6-12, 15, 19, 30, 31, 39, 43, 45, 47, 48, 49, 52, 99, 100, 104, 105, 127, 134, 135-136, 204, 257, Planches I, II, IV
« Homoéarcton », 156
Horace, 15, 18, 20, 23, 28, 66, 69, 71, 76, 85, 86, 90, 119, 123, 124, 127, 186, 201
Hort, Fenton John Anthony, 128
Höschel, David, 113
Housman, Alfred Edward, 120, 162, 165
Hucbald de Reims, 72

Huet, Pierre-Daniel, 140
Humanisme, humanistes, 53, 81, 83ss, 117, 191-192, 199
Humanistique, écriture, 94, 193, Planche XVI
Hunain ibn Ishaq, 38-39, 177
Hunt, Arthur Surridge, 134
Hygin, 18, 19, 172
Hymne à Déméter, 135, 204
Hypsicrate, 7

Iconographie, 113
Iconoclasme, 37, 39
Imprimerie, débuts et développement, 95, 98, 138-139, 143, 196, 199-200, Planches VIII, XVII à XIX
 — en France, 116, 199
 — en Italie, 104-107, 196, 199
 — aux Pays-Bas, 121
Imprimeurs, v. Cratander, Elzevir, Estienne, Fichet, Firmin-Didot, Froben, Jean de Westphalie, Jenson, Manuce, Martens, Plantin, Teubner, Tournes, Vaticane (typographie)
Index librorum prohibitorum, 114, 130
Indirecte, tradition, 103, 109, 112, 128
Informatique, 165, 211
Inscriptions chinoises, 137, 205
 — grecques, 6, 12, 136-138, 204-205, 262, Planche XX
 — latines, 25, 28, 97, 103, 136-138, 204-205
Insulaire, écriture, 60, 63, 65, 70, 74, 154
 — tradition, 62-63, 184-185
Interpolations, 16, 24, 161, 210
 — des acteurs dans la tragédie grecque, 11, 161, 170
Iona, 60
Ionie, Ioniens, 2
Iotacisme, 155
Irlandaise, écriture, 60, 63, 65
Irlande, Irlandais, 59-60, 73, 183-184
Isidore de Séville, 54, 58, 61, 182-183
Isocrate, 46, 105
Italie, voyages en, 107-108, 119, 123, 125, 130, 133, 184
Italie méridionale, 49, 60, 65, 75, 81, 99, 180

Jacques de Venise, 82, 190
James, Thomas, 115, 130, 199
Jarrow, abb., 61, 184
Jean Chrysostome, s., 46, 103, 115, 199
Jean de Galles, 80
Jean de Garlande, 80
Jean de Salisbury, 77, 82, 189
Jean de Westphalie, 121
Jean le calligraphe, 178, 257, Planche III
Jean Lydus, 55, 182
Jean Scot Érigène, 60, 81
Jean Tzimiscès, emp., 44
Jean Vatatzès, emp. de Nicée, 49
Jenson, Nicolas, 104
Jérôme, s., 27, 59, 96, 100, 103, 109, 110, 174, 187
Johnson, Samuel, 140
Josèphe, Flavius, 112
Journal des Sçavants, 139-140
Jovien, emp., 34
Julien l'Apostat, 34, 35, 154
Julius Paris, 71, 73, 88, 187
Justin (historien), 22, 61, 63, 69, 85, 185
Justin, s., martyr, 33
Justinien, emp., 35, 164
Juvénal, 58, 59, 61, 68, 69, 74, 75, 76, 90, 116, 119, 136, 148, 150, 161, 188, 204, 210

Kells, livre de, 60
Kent, 61
Kertsch (Crimée), 138
Khi (lettre), v. Signes critiques
Komètas, 39, 43

Lachmann, Karl, XIII, 98, 119, 127, 140, 143, 144, 146
Lactance, 114
Laecanianus, 22
Lai de l'Ombre, 207

Lambin, Denis, 118, 119
Lamola, Giovanni, 99
Lampadio, C. Octavius, 15, 21-22
Landriani, Gerardo, card., 94
Landulphe le Sage, 164
Langres, 93, 116, 184
Larbaud, Valery, XI
Lascaris, Constantin, 48, 105
Lascaris, Janus, 101, 116
Lascaris Philanthropenos, Alexios, 196
Latin, connaissance dans l'Europe orientale, 35, 50
Latran, bibl. du, 56
Laudatio Turiae, XII, 137, 204
Laurent le Magnifique, v. Médicis, Laurent de
Laus Pisonis, 78
Le Clerc, Jean (Clericus), 201, 209
Lectio brevior potior, 209
Lectio difficilior potior, 152, 209
Leibniz, Wilhelm Gottfried, 140, 227
Léon, archiprêtre, 164
Léon l'Arménien, emp., 39
Léon le Philosophe, 39
Leopardi, Giacomo, 136, 204
Lessing, Gotthold Ephraïm, 227
Lexiques, 13, 16, 23, 31, 43, 44, 49, 107, 112, 117, 163
Leyde, 120-126 *passim*
Li (article), 191
Libanius, 35
Liège, 70, 89
Lindisfarne, abb., 60
Li Po, 32
Lipse, Juste, 112, 114, 120, 122, 123-124, 201, 221
« Literacy », 1, 21, 76, 189
Livius Andronicus, 21
Livres, destruction de, 34-35, 176
— commerce des, en Grèce, 1-2, 6, 168
— commerce des, à Rome, 17, 18, 21-22, 54, 171, 172
— commerce des, à Byzance, 43-44
— commerce des, à la Renaissance, 84, 96, 111, 138-139
— prix des, 1, 3, 21, 43, 122

Locke, John, 126
Lodi, Bibl. capitulaire, 94, 95
Loire, vallée de la, 68, 163
Lollino, Alvise, 208
Lombarde, écriture, 65, 113, 131
Londres, 139
Longin, 113
Longus, 208
Lorsch, abb., 67, 68, 95, 110, 119
Louis le Pieux, emp., 67
Loup de Ferrières, 56, 68-69, 71-72, 119, 187
Louvain, 121, 123
Lovati, Lovato, 84, 85-86, 92, 192
Lucain, 18, 55, 59, 61, 66, 68, 69, 76, 90, 187
Lucien, 32, 35, 37, 44, 177
Lucilius, 15
Lucrèce, 15, 20, 66, 69, 70, 77, 85, 93, 119, 126, 144, 146, 150, 151-152, 154, 156, 159, 185, 186, 208
Lucullus, 17
Lull, 62
Luther, 111
Luxeuil, abb., 59, 60, 66
Lycée, 4
Lycurgue, 4
Lyon, 137
Lyrique, poésie ; parties lyriques dans les œuvres théâtrales, 3, 7, 11, 32, 51, 169
Lysias, 46

Maas, Paul, 145
Mabillon, Jean, 129-130, 202
Macédoine, 43, 141
Macrobe, 26, 29, 50, 61, 63, 67, 69, 71, 72, 90, 152, 173-174
Macrobius Plotinus Eudoxius, 29
Madvig, Johan Nicolai, 144
Maffei, Scipione, XII, 130-131, 132, 202-203
Mai, Angelo, card., 131, 132-133, 203
Malalas, Jean, 126, 202
Malmesbury, abb., 60, 77
Mani, 141
Manilius, 69, 70, 74, 93, 120, 127

Manuce, Alde, 95, 104, 105-106, 107-108, 196, 197, 198, 258
Manuce, Paul, 114
Manuels, 12, 47, 50, 70, 100, 162, 211
Mao Tsé-Toung, 32
Marc-Aurèle, 31, 44
Marcellus Empiricus, 261, Planches XVIII, XIX
Marcienne, bibl., 101, 102, 105, 196, 197
Marseille, 8
Martens, Thierry, 121
Martial, 18, 24, 29, 66, 67, 69, 76, 77, 85, 86, 148, 161
Martianus Capella, 23, 140, 187
Martin de Braga, 55, 182
Massorah, 128
Matthaei, Christian Friedrich, 135
Matthias Corvin, roi de Hongrie, 104
Maulde, François de (Modius), 122-123, 201
Maurdramme, abbé de Corbie, 66
Mauristes, v. Bénédictins
Mavortius, Vettius Agorius Basilius, 28
Maxime le Confesseur, 81
Maximilien Ier, duc de Bavière, 220
Mayence, 62
Médicaux, textes, 75, 76, 99, 163, 261, Planches XVIII, XIX
Médicis, Cosme de, 219
  – Jean de (Léon X), 176
  – Laurent de, 97, 99, 101, 105
  – famille des, 96, 98, 99, 105
Méla, Pomponius, 23, 28, 62, 73, 88, 89, 187
Ménandre, 3, 32, 36, 134, 135, 141, 149, 176, 203
Mendiants, ordres, 80-81, 190
Mérovingiennes, écritures, 65-66
Mérovingiens, 54, 64
Mésopotamie, 38
Métellus le Numidique, 15
Métrique, étude de la, 3, 11, 30, 51, 85, 127, 161
Metz, 130
Michel-Ange, 219
Michel d'Ephèse, 46

Migliore, G., 132
Milan, 92, 94, 99, 105, 131
Milton, John, 127
Minoïde Mynas, Constant, 136
Minuscule, grecque, 40, 154, 178, Planches II-VII
  – latine, v. Anglo-saxonne, bénéventaine, etc.
Miro, roi suève, 182
Mistra (Péloponnèse), 101
Modène, 81, 105
Modius, Franciscus, v. Maulde, François de
Montausier, Charles de Sainte-Maure, duc de, 140
Mont-Blandin (Gand), abb. S. Pierre, 123
Mont-Cassin, abb., 15, 56, 65, 75, 80, 89, 90-91, 136, 148, 188, 193, 260
Montepulciano, 97
Montfaucon, Bernard de, 129-130
Montreuil, Jean de, 116
Monumentum Ancyranum, v. *Res gestae diui Augusti*
Moralium dogma philosophorum, 189
Moretus, Jan, 121
Moschopoulos, Manuel, 181
Moschos, 107, 197
Moscou, 135
Muratori, Ludovico Antonio, 203
Murbach, abb., 62, 69, 95, 194
Muret, Marc-Antoine, 119, 123
Musée (poète), 45, 106
Musée d'Alexandrie, 4-8, 10, 12, 30
Musée Plantin-Moretus (Anvers), 122
Mussato, Albertino, 86, 91, 192
Musurus, Marc, 105-107, 197, 258
Mytilène, 155

Naevius, 14, 15
Nag Hammadi, 178
Naples, 82, 90, 96, 114
Napoléon Ier, 220
Nardò (Pouilles), 49
Naucellius, 136
Neakademia, v. Académie aldine
Nebrija, Antonio de, 108

Néguev, désert du, 134
Nemrud Dagh, 137
Nessana, 134
Newton, Isaac, 126
Nicanor, 30
Niccoli, Niccolò, 94, 194
Nicée, 49, 50, 82, 101, 180
Nicée, concile de, 127
Nicolas V, pape, 96, 101
Nicolas de Cuse, card., 94
Nicolas de Reggio, 82
Nicomachéenne, recension (Tite-Live), 19, 29
Nicomachus Dexter, 29
Nicomachus Flavianus, 29
Nicomachus Flavianus, Virius, 26, 29
Nicomaque, famille des, 26, 29, 174
Niebuhr, Barthold Georg, 131, 132, 133
Nisibe, 37, 177
Nomina sacra, 153, 155, 209-210
Nonius Marcellus, 23, 68, 69, 163
Nonnos de Panopolis, 50, 52, 122
Northumbrie, 60-61, 63, 184, 259
Notae, v. Signes critiques
Notae Tironianae, 25
Notre-Dame de Paris, bibl., 224
Numismatique, 103, 113, 117, 136

Obèle, v. Signes critiques
Officiels, exemplaires, 4, 5, 11, 41, 115
Oinoanda (Lycie), 138
Omissions, v. Fautes
Onciale grecque, 40, 154, Planche I
— latine, 25, 55, 59, 60, 65, 66, 71, 74, 154, 259, Planches X, XI
Orateurs attiques, 13, 31, 35, 42
Ordinateurs, 211
Origène, 33, 103, 109, 175
Orléans, 72, 75, 119
Orsini, Fulvio, 113-114, 199
Orthographe, 6, 37, 56, 97
— v. aussi Fautes
Orville, Jacques Philippe d', 224
Otrante, 49, 101
Ottoboni, bibl., 225

Otton Ier, emp., 74
Otton III, emp., 74, 88
Ottonienne, dynastie, 74
Ovide, 18, 50, 55, 59, 61, 65, 69, 76, 78, 79, 90, 116, 125, 150, 180-181, 188, 201
— *Amores*, 67
— *Ars amatoria*, 69, 75, 188
— *Heroides*, 50, 67
— *Ibis*, 85, 86, 90
— *Metamorphoses*, 50, 69
— *Remedia amoris*, 76
— *Tristia*, 98
Ovide (Pseudo-), *Halieutica*, 94
Oxford, 5, 80, 87, 115, 125, 126, 136, 139
Oxyrhynchus, 134

Padoue, 85-86, 106, 136, 192
Palatine, bibliothèque (Auguste), 18
Palatine, bibliothèque (Charlemagne), 66, 79, 186
Palatine école (Charlemagne), 64, 185
Paléographie, histoire de la, 103, 108, 113, 129-131, 139, 202
— v. aussi Écritures
Paléologues, dynastie des, 52, 149, 180
Palestine, 38
Palimpsestes, 59, 68, 77, 95, 131-134, 183, 203, 259, Planche X
Palladius, 163
Panathénées, 1
Pandectes, 184
— florentines, 195
Panégyriques latins, 94
Panormita, v. Beccadelli, Antonio
Pantainos, T. Flavios, 262
Pantène, 262
Papebroch (Papenbroek, Daniel van), 129, 202
Papier, 40, 103
Papyrus (matière), 2-3, 13, 24, 40, 166
Papyrus (textes transcrits sur), XIII, 6, 8, 25, 31, 95, 132, 134-135, 149, 203-204
Paradin, Guillaume, 137

Parallèles, addition de passages, 157, 158
Parchemin, 2-3, 24, 25, 40, 50, 59, 134
Paris, 75, 77, 80, 89, 112, 113, 118, 129, 131
Parme, 98, 130
Parthénon, 48
Passow, Franz, 140
Patras, 21
Patronage (impérial ou royal), 5, 12, 18, 50
Paul, s. (corresp. apocryphe), 96
Paul Diacre, 16, 65, 66, 163-164
Pausanias (lexicographe), 31
Pausanias (auteur de la *Périégèse*), 44
Pavie, 96
Pehlvi, 177
Pélagonius, 99
Pépin le Bref, 32, 64
Pépin II, 61
Peregrinatio Aetheriae, 37
Pergame, 2-3, 12, 30, 170
Perna, 113
Perse (A. Persius Flaccus), 20, 59, 61, 68, 69, 74, 76, 119, 121, 150
Perte d'œuvres antiques, 24, 33, 34, 36-37, 42, 47, 48, 54, 58, 59, 82, 95
Pervigilium Veneris, 119
Petau, Paul, 125
Pétrarque, XIII, 73, 84, 85, 87-90, 91, 92, 97, 99, 116, 132, 190, 192-193, 195, 260, Planche XV
Pétrone, 55, 68, 70, 72-73, 77, 78, 94, 95, 119, 136, 140, 153, 157, 160, 182, 200, 210
Petronio, Prospero, 135
Phalaris (Pseudo-), 126
Phèdre, 119
Philippe II, 219
Philippe de Macédoine, 168
Philipps, sir Thomas, 218
Philochore, 13
Philodème de Gadara, 134
Philon de Byzance, 38
Philon le Juif, 39, 118

Philosophical Transactions, 139
Philostrate, 106
Phliasii / Phliuntii, 18
Photius, 32, 37, 41-43, 44, 45, 46, 113, 178-179
Phrynichos, 31-32, 175
Pic de la Mirandole, 196
Pichena, Curzio, 123
Pie VII, pape, 221
Pierre de Pise, 64
Pilato, Leonzio, 99-100, 195
Pindare, 6, 11, 47, 114, 155, 159
Pio di Carpi, Alberto, 108, 196, 223
Pirmin, s., 62
Pisistrate, 1, 4, 136
Pithou, François, 119
Pithou, Pierre, 119, 223
Plaisance, 74, 88
Plantin, Christophe, 121-122, 123, 201
Planude, Maxime, 49-50, 52, 100, 180-181, 258, 262
Platon, XI, 1, 2, 3, 5, 7, 33, 38, 39, 41, 43, 44, 45, 46, 81, 82, 101, 102, 105, 149, 168, 177, 178, 179, 190, 195, 257
Plaute, 14-16, 20, 21, 55, 59, 69, 73-74, 76, 94, 118, 123, 133, 171, 194, 200
 – *Casina*, 14
 – *Epidicus*, 16
 – *Miles gloriosus*, 14, 16
 – *Nervolaria*, 16
 – *Poenulus*, 14
 – *Pseudolus*, 14
 – *Truculentus*, 158
 – *Vidularia*, 132
 – recension palatine (*P*), 14, 16, 74, 158
Pléthon, Georges Gémisthe, 101, 106
Pline l'Ancien, 23, 55, 58, 59, 61, 63, 66, 67, 69, 77, 86-87, 98, 110, 117, 125, 185, 259, Planche XII
Pline le Jeune, 58, 59, 67, 68, 69, 86-87, 95, 149
Plotin, 113
Plutarque, 46, 50, 100, 104, 113, 117,

159, 161, 180
Plutarque (Pseudo-), 4
Pogge (Le - ; Poggio Bracciolini), 85, 91, 92-94, 96, 98, 102, 111, 116, 139, 193-194, 260, Planche XVI
Polémon, 12
Politien, Ange, 95, 97-99, 100, 103-104, 109, 111, 118, 126, 129, 144, 146, 195, 196, 261
Pollion, C. Asinius, 17
Pollux, 31, 106
Polybe, 45, 114
Polycrate de Samos, 4
Pompéi, 138, 205
Pompeius, v. Trogue-Pompée
Pomposa, abb., 85
Ponctuation, 3, 7, 11, 20, 31, 168-169, 170-171, 178, 260
Pontificale, cour, 87, 92, 96
Populaire, littérature, 164
Porphyrion, 23
Porson, Richard, 140
Praetextatus, Vettius Agorius, 26, 28, 174
Précaroline, écriture, 113, 120, 144, 185
Préhumanisme, 85-87, 192
Priapea, 90
Priscien, 23, 70
Privilèges d'imprimerie, 105
Probus, M. Valerius, 15, 20-21, 172
Proclos, 211
Proclus, 82
Procope de Gaza, 34, 36
Proculus
Programmes scolaires, 18, 19, 27, 31, 32, 33, 34, 36, 41, 50, 51, 52, 56, 60, 64-65, 84, 147
Prohaeresios, 34
Prononciation du grec, changements, 37, 155-156
   – érasmienne, 108, 198
Properce, 50, 70, 76, 78, 79, 80, 85, 88-89, 98, 123, 138, 189, 193, 205
Prudence, 28, 125, 187
Prüm, abb., 71
Psellos, Michel, 45-46, 179

Ptolémée I, 5
Ptolémée II Philadelphe, 5
Ptolémée Evergète II, 12
Ptolémée (astronome et géographe), 50, 76, 82, 101, 110, 198

Quadrivium, 23, 58, 181
Querolus, 119
Quinte-Curce, 154
Quintilien, 18, 19, 55, 56, 68, 69, 76, 77, 93, 97, 104, 150, 155, 194
Quintus de Smyrne, 101

Raban Maur, 71, 72
Rathier, 73-74, 86, 187
Ravenne, 29, 54, 62, 73, 88
Réactifs, 133
Recension, *recensio*, 22, 29, 122, 142, 143, 144, 208
Recentiores non deteriores, 149-150, 208
Références, 2, 24, 112, 121, 151
Registrum librorum Angliae, 80
Réglure, 179
Reichenau, abb., 62, 67, 69, 71
Remi d'Auxerre, 72
Remmius Palémon, 19
Renaissance, carolingienne, 58, 60, 63-65
   – du XIIe siècle, 69, 188
   – des Paléologues, 52, 149
   – des XIVe-XVe, 62, 73, 75-78, 81, 83ss
Répliques, séparation des, 3, 20
République des Lettres, 139
Res gestae diui Augusti, 137, 204
Rétroversion, 109
Reuchlin, Johann, 100
Rhazès (al-Razi), 177
Rhétorique, 27, 30, 31, 34, 35, 39, 46, 52, 83-84, 96, 137
Rhétorique à Hérennius, 67, 69
Rhodes, 12, 15, 30
Richard de Fournival, 79-80, 89, 189-190
Ritschl, Friedrich Wilhelm, 144
Robert d'Anjou, 90

Robert de Cricklade, 77
Robortello, Francesco, 113, 199, 200
Roman d'Alexandre, 164
Romans grecs, 42, 46
Rome, 12, 13, 15, 18, 20-22, 25, 42, 54, 56, 60, 73, 96, 98, 102-103, 114, 130, 137, 184
Ronsard, Pierre de, 112
Rotterdam, 128
Rouleau, 2-3, 5, 13, 23-25, 151
Routh, Martin Joseph, 151
Royal Society, 139, 140
Rustici, Cencio, 93
Rusticius Helpidius Domnulus, 73, 88
Rutilius Namatianus, 136, 204

Sabbadini, Remigio, 94
Saint-Denis-en-France, abb., 69
Saint-Gall, abb., 60, 67, 69, 81, 93
Saint-Germain-des-Prés, abb., 224
Saint-Omer, abb. de St-Bertin, 119
Saint-Victor (de Paris), abb., 95, 224
Sainte-Sophie, 35
Salerne, 75
Salluste, 18, 19, 20, 55, 59, 65, 66, 67, 86, 116
— *Bellum Iugurthinum*, 69
— *Catilinae coniuratio*, 19, 20, 69
— *Historiae*, 59, 66
Sallustius, 28-29
Salmydessos, 168
Salutati, Coluccio, 85, 91-92, 94, 97, 100, 193
Samarcande, 40
Sannazar (Iacopo Sannazaro), 94
Sapho, 34, 36
Saumaise, Claude de, 124, 125
Saut du même au même, 156-157
Savile, Henry, 115, 199
Scala, Cangrande della, 86
Scaliger, Joseph-Juste, 117, 118, 119, 120, 124, 144, 200, 221
Scaliger, Jules-César, 117-118, 200
Scholia Bobiensia, 132
Schoppe, Gaspar, 201
Schweighäuser, Jean, 121
Science grecque, développement de la, 4-5
Scientifiques et techniques, textes, 38, 43, 50, 52, 75-76, 82, 162-164, 211
Scipions, cercle des, 13
Scolastique, âge de la, 78-81, 189-190
Scolies, 8-13 *passim*, 31, 35-36, 44, 51, 107, 118, 128, 135, 148, 151, 162, 176, 257-258, Planches II, III, VI-VIII
Scriptores rei rusticae, 98, 261
Sédulius, 28
Sédulius Scottus, 60, 70
Séguier, le chancelier Pierre, 130
Seligenstadt, 71
Semi-onciale, 25, 60, 65
Sénèque le Philosophe, 18, 19, 55, 59, 68, 76, 78, 79, 89, 96, 110, 111, 123, 124, 125, 182, 186, 198
— *Apocolocyntosis*, 77
— *De amicitia*, 59, 132
— *De beneficiis*, 68, 110
— *De clementia*, 68, 110
— *De forma mundi*, 56
— *De officiis*, 182
— *De vita patris*, 59, 132
— *Dialogi*, 70, 75, 80, 188, 190
— *De ira*, 157, 182
— *Epistolae*, 67, 69, 71, 77, 89, 154, 155, 157, 158, 159, 160
— *Naturales Quaestiones*, 55, 69, 78
— *Tragoediae*, 70, 79-80, 85, 86, 87, 89-90, 91, 98, 123, 125, 150, 190, 192
Sénèque le Rhéteur, 67, 69, 125
Sens, abb. de Sainte-Colombe, 118
Séparation des mots, souvent absente, 3, 7, 113, 122, 153, 170, 178
Septante, v. Bible
Septicius Clarus, 55
Sepúlveda, Juan Ginès de, 109
Serenus, Q., 66
Servius, 20, 23, 26, 173
Servius Auctus, 63, 185
Servius Claudius, 15, 16, 17
Servius Danielis, 119
Séville, bibl. capitulaire, 182

Sextus Empiricus, 113
Sicile, 49, 75, 81, 82, 99
Sigles, 72, 98, 000
Signes critiques, 7, 8, 15, 20, 33, 169, 257
— antisigma, 8
— astérisque, 8, 20, 33
— athétèse, 9
— diple, 8, 11, 20, 257
— diple pointée, 8, 257
— khi, 11
— obèle, 8, 20, 33, 257
Silius Italicus, 69, 93, 123
Simon, Richard, 128-129, 202
Sinaï, mon. Ste-Catherine du, 141
Sinope, 8
Sirmond, Jacques, 137
Sixte-Quint, pape, 114
Socrate, 2
Solin, 23
Solon, 136
Sophistique, seconde, 32, 126
Sophocle, 36, 45, 106, 118, 134, 181, 203
— *Antigone*, 47, 157, 158, 180
— *Limiers*, 134
— *Oedipe-Roi*, 157
Sorbonne, bibl. et collège, 79, 89, 112, 116, 189-190, 224
Sosii, libraires, 18
Souda, 44, 150-151
Souscriptions, 22, 26, 28-29, 85, 99, 130, 173, 174-175, 259, 261, Planche IX
Speusippe, 168
Spire, bibl. capitulaire, 74, 88, 95
Squillace (Calabre), 55, 81
Stace, 61, 63, 69, 76, 90
— *Silves*, 66, 70, 85, 93, 98, 195
— *Thébaïde*, 66, 67
Statilius Maximus, 22, 173
Statistiques, 153, 165, 211
Stemmatique, méthode, 142, 144, 145-148, 165, 206-207
— invention du stemma, 144
— stemma bifide, 207
Sténographie, 25-26, 173

Steyn (Gouda), mon., 107
Stobée, 122, 126
Stockholm, 125
Stoïciens, stoïcisme, 12, 31, 33, 124
Stoudios, mon., 40
Strabon, 4, 30, 101, 120-121
Strasbourg, XII
Studemund, Wilhelm, 132, 133
Sturm, 62
Suarès, Joseph-Marie, 137
Suétone, 15, 20, 55, 68, 69, 72, 77, 87, 104, 110, 195
— *De grammaticis*, 15, 20, 68
— *De notis*, 15
Suidas, v. *Souda*
Sylburg, Friedrich, 68
Sylla, 21
Symmachus, Q. Aurelius, 26, 29, 174
Symmachus, Q. Aurelius Memmius, 29, 56
Symmaque, famille des, 26, 29, 54
Symmaque (traducteur de l'Ancien Testament), 33
Symptômes insulaires, 63
Syntaxe, étude de la, 12, 31, 175
Syriaque, 12, 37-39, 41, 177
Syrie, 2, 38

Tablettes, 24
Tabourot des Accords, Etienne, 118
Tacite, 23, 70, 77, 91, 111, 123, 125, 137, 150, 164, 188, 208, 260
— *Annales*, 68, 75, 90, 94, 161, Planche XIV
— *Historiae*, 75, 90
— *Opera minora*, 68, 94, 95
Tacite, emp., 23
Tarasius, 42
Tassin, René Prosper, 132
Tatius, Achille, 46
Taxonomie, 165, 211
Techniques, œuvres, 162-164, 211
Térence, 14, 18, 20, 23, 25, 55, 59, 65, 66, 67, 69, 76, 98, 110, 114, 116, 127, 171
— *Adelphi*, 20
— *Andria*, 14, 171

Tertullien, 114
Teubner, Benedikt Gotthelf, 122, 140, 205
Textus receptus, 128, 143
Théagène de Rhegium, 7
Théâtre, pièces de, 3, 4, 5, 7, 11, 13, 14, 31, 36-37, 52, 86, 124
Théocrite, 30, 32, 104, 105, 106, 107
Théodègos, 39
Théodore (mathématicien), 39
Théodore de Tarse, évêque, 60
Théodore Ducas Lascaris, emp. de Nicée, 49
Théodoric, XI, 54
Théodose I, emp., 26, 262
Théodose II, emp., 37
Théodosien, code, 35
Théodotion, 33
Théodulphe d'Orléans, 65, 72, 187
Théognis, 45
Théognoste, 37
Théon, 30
Théophraste, 5, 37, 38, 101, 106, 118, 121, 135
Théophylacte Symokattès, 176
Théopompe, 13
Thersagoras, 7
Thessalonique, 47, 49, 51
Thomas d'Aquin, s., 50, 82
Thomas Magister, 32, 181
Thou, Jacques-Auguste de, 114, 121
Thucydide, 13, 32, 46, 101, 104, 106, 149, 155
Tibère, 30
Tibulle, 66, 70, 76, 78, 79, 85, 91
Tibur, 21
Timon de Phlionte, 5
Timothée, 3, 135
Tirage, 105, 130
Tiron, 22, 25
Tite-Live, 19, 22, 23, 25, 29, 55, 59, 67, 69, 78, 80, 86, 87, 88, 89, 90, 95, 96-97, 110, 116, 125, 174
— *Decas I*, 29, 67, 72, 74, 88, 187
— *Decas III*, 25, 67, 88, 188, 259, 260, Planches XI, XIII, XV
— *Decas IV*, 74, 81, 88, 188

— *Decas V*, 68, 70, 88, 95
— *Lib. XCI, fragm.*, 132
Tolède, 75, 82
Torquatus Gennadius, 29
Toulouse, 118
Tournes, Jean de, 119
Tours, abb. de S. Martin, 67, 68, 71, 72, 99, 259
Tradition, fermée, 145
— indirecte, 128, 138, 150-152, 209
— ouverte, 147, 165, 208
Traductions, 162-163
— d'arabe en latin, 75, 82
— de grec en latin, 55, 75, 81-82, 83, 97, 100-101, 102, 103, 104, 110, 112, 117, 122, 133, 164, 190-191
— de grec en langues orientales, 12, 37-39, 41, 128, 177
— de latin en grec, 50, 181
— de latin en langues nationales, 83, 116, 164, 199
— de la Bible, v. Bible
Trajan, emp., 18
Translittération, 33, 40-41, 67, 179, 260
Transmission, fluide, 162-164
— verticale, 147
— horizontale, v. Contamination
Trau (Dalmatie), 94
Traube, Ludwig, 131
Traversari, Ambrogio, 196
Trébizonde, 101
Trente, concile de, 114
Trevet, Nicolas, 80, 87
Triclinius, Démétrius, 51-52, 118, 158, 159, 161, 181, 258
Trivium, 23, 58, 181
Trogue-Pompée, 22, 61
Tryphon (grammairien), 30
Tryphon (libraire), 18
Turcs, Turquie, 32, 48, 49, 100, 137
Turnèbe, Adrien, 118-119, 200
Typographie, v. Caractères, Imprimeurs
Tzetzès, Jean, 5, 48, 52, 180

Udine, 113

Universités, antiques et médiévales, 35, 37, 39, 41, 43, 45-46, 75, 78, 176, 179
— modernes, 83, 117, 121, 139
Urbino, 96, 225
Uspensky, Évangiles, 40
Utrum in alterum, 152

Valère Maxime, 69, 71, 72, 73, 77, 90, 91, 119
Valerianus, 174
Valérius Flaccus, 63, 68, 69, 70, 78, 85, 93, 98, 125
Valérius Probus, v. Probus
Valla, Laurent, 88, 95, 96-97, 102, 103, 104, 107, 109, 111, 116, 128, 194-195, 260
Vandales, 54
Vargunteius, Q., 15
Variantes d'auteur, 17-18, 148, 208
Varius, L., XI
Varron, 2, 13-17
— *De bibliothecis*, 17
— *De lingua latina*, 75, 90
— *Res rusticae*, 87, 98, 261
Varronianae fabulae, 16
Vasari, Giorgio, 219
Vaticane, bibliothèque, 101, 114, 119, 125, 132, 135, 136, 220, 225
— typographie, 114, 199
Végèce, 61, 67, 71, 77, 186
Vélin, 3
Velléius Paterculus, 69, 70, 95, 194
Vénétie, 192
Venise, 49, 86, 98, 100, 101, 102, 105, 106, 107-108, 135, 196
Verceil, bibl. capitulaire, 92, 97
Vérone, 54, 74, 85, 86-87, 192
— bibl. capitulaire, XII, 85, 86-87, 89, 130-131, 132, 133
Verrius Flaccus, 16, 18, 19, 23, 163
Versets de la Bible, 112
Vespasiano da Bisticci, 96
Vettori, Pier, 112, 114, 118, 199, 261
Vibius Sequester, 163
Vicence, 86
Victorianus, Tascius, 29, 174

Villoison, Jean-Baptiste Gaspard d'Ansse de, 135
Vincent de Beauvais, 79, 189
Vinidarius, 163
Virgile, XI, 15, 18-21, 23, 25, 26, 28, 54-55, 59, 61, 65, 68, 69, 76, 79, 89, 90, 97, 98, 113, 114, 125, 152, 172, 258
— *Bucoliques*, 150, 259, Planche IX
— *Géorgiques*, 19
— *Énéide*, 19, 20, 72, 138, 158, 172, 205
— *Appendix Virgiliana*, 69, 90
Virgile de Salzbourg, 60, 62, 73, 184
Visconti, famille, 96
Vitium Byzantinum, 159
Vitruve, 63, 66, 67, 69, 140, 163, 186, 211
Vivarium, mon., 55-56, 81, 182, 184
Volumen, v. Rouleau
Vossius, Gérard J., 124, 125
Vossius, Isaac, 125-126, 200, 221, 225
Vulgate, v. Bible
Vulgate (texte figé), 143

Walafrid Strabon, 71, 186
Waleys, Thomas, 80-81
Wanley, Humphrey, 139
Wearmouth, abb., 61, 184
Wessex, 61
Westcott, Brooke Foss, 128
Westminster, abb., 120
Wettstein, Johann Jacob, 131, 143, 209
Wibald, abbé de Corvey, 78
Wilamowitz-Moellendorf, Ulrich von, 36, 176
Wilfrid, év. d'York, 60
Willibrord, s., 61-62
Windsor, 125
Wisigothique, écriture, 65, 154, 185
— Espagne, 54, 58, 62
Wolf, Friedrich August, 135-136, 140, 144, 205
Wood, Robert, 135
Worms, bibl. capitulaire, 74, 95
Wren, Christopher, 126
Wurtzbourg, 62

Xénophane de Colophon, 7
Xénophon, 25, 32, 101, 106, 147, 149, 150, 166
Ximénez de Cisneros, Francisco, card., 108

Yonne, vallée de l', 68

York, 61, 63, 64, 71, 184

Zanobi da Strada, 90, 92, 193
Zavorda, 43, 141, 179
Zénodote d'Ephèse, 6-9, 170, 257
Zomino da Pistoia, 93
Zumpt, Carl, 144

INDEX DES AUTEURS MODERNES

Cet index bibliographique relève tous les auteurs dont les œuvres sont citées dans les « Notes bibliographiques » et la liste de « Lectures complémentaires ».

Addio, M. d', 201
Aistermann, J., 172
Akurgal, E., 170
Alberti, G.B., 208
Allen, P.S., 197, 198
Allen, T.W., 169, 210
Allgeier, A., 194
Anderson, R.D., 170
Ardizzoni, A., 195
Armstrong, E., 198
Astruc, Ch., 178
Atsma, H., 214
Aubineau, M., 177, 199
Auvray, P., 202
Avesani, R., 191, 192

Bains, D., 210
Barberi, Fr., 199
Barbour, R., 190
Barker-Benfield, B.C., 213
Barlow, C.W., 182
Barnes, A., 201
Barr, J., 177
Barthold, Th., 176
Baumstark, A., 177
Beck, H.G., 179
Bédier, J., 207
Beer, R., 182
Beeson, C.H., 182, 186, 187
Bell, H.I., 203
Bergmeister, H.J., 211

Bernardini, A., 201
Berschin, W., 190
Bertelli, S., 203
Bévenot, M., 204, 216
Bickel, E., 182
Bieler, L., 183, 190
Bigi, E., 194
Billanovich, Giuseppe, 187, 188, 192, 193, 194, 195
Billanovich, Guido, 192
Birt, Th., 170
Bischoff, B., 167, 173, 181, 182, 183, 185, 186, 187, 191, 203, 211, 214, 215
Bloch, E., 197
Bloch, H., 173, 174, 182, 188
Boge, H., 173
Bolgar, R.R., 183, 200, 205
Bompaire, J., 214
Bonner, S.F., 171, 172
Boscoff, P.S., 194
Bots, H., 201
Bots-Estourgie, E., 201
Boulenger, F., 175
Branca, V., 195
Brandt, E., 211
Brink, C.O., 201
Brown, P., 174
Brown, T.J., 184, 185
Brown, V., 185
Browning, R., 179, 208, 215

Brunet, A., 188
Brunhölzl, F., 185, 188
Brunt, P.A., 204
Bücheler, F., 205
Büchner, K., 171, 172
Bühler, C., 215
Bühler, W., 197, 216
Buytaert, E.M., 190

Cameron, Alan, 173, 176
Cameron, Averil, 182
Cammelli, G., 195, 196
Campana, A., 191, 193, 204
Canart, P., 180, 208, 215
Canfora, L., 206
Cappelli, A., 210
Carcopino, J., 171
Carlini, A., 199
Casamassima, E., 202
Cavallo, G., 188, 215
Cavenaile, R., 203, 204
Cencetti, G., 215
Čereteli, G.F., 210
Cesarini Martinelli, L., 195
Chadwick, H., 175
Chaffin, C.E., 174
Chatelain, E., 203
Chevallier, R., 204
Chilton, C.W., 204
Ciaffi, V., 182
Cioranesco, A., 200
Clark, A.C., 193, 194, 210
Clarke, M.L., 176
Classen, P., 190
Clausen, W., 174
Coccia, E., 183
Cohen, G., 200
Colonna, A., 179
Colpe, C., 178
Courcelle, P., 181, 182
Courtney, E., 172, 204
Cranz, F.E., 213
Croll, M.W., 198
Cunningham, I.C., 180

D'Addio, M., 201
Daiches, D., 174, 189

Dain, A., 176, 213
Daitz, S.G., 203
Dale, A.M., 170
Daly, L.W., 169
Dawe, R.D., 181, 206
Dazzi, M., 198
De Ghellinck, J., 199
De Jonge, H., 198
Dekkers, E., 207
De la Mare, A.C., 193, 213
Delaruelle, L., 200
Delehaye, H., 202
Delisle, L., 189, 193
De Smet, A., 198
Di Benedetto, F., 195
Dibon, P., 201
Diehl, E., 205
Diels, H., 170
Diggle, J., 216
Diller, A., 181, 195
Dodds, E.R., 179
Döpp, S., 174
Dover, K.J., 205
Droysen, H., 211
Durry, M., 204
Dümmler, E., 184

Easterling, P.E., 181
Eisenstein, E.L., 200
Emonds, H., 208
Erbse, H., 170
Esposito, M., 183

Farmer, H., 189
Feger, R., 171
Ferrari, M., 204
Ferraris, M., 195
Fink-Errera, G., 215
Fischer, E., 175
Flores, E., 215
Foffano, T., 193
Fohlen, J., 183
Fontaine, J., 182
Forbes, C.A., 176
Fowler, R.L., 169
Fraenkel, E., 201
Fränkel, H., 215

INDEX DES AUTEURS MODERNES

Fraser, P.M., 169
Froger, J., 206, 211
Fuchs, H., 174
Funaioli, G., 171

Gabrieli, F., 177
Gagé, J., 204
Gagnér, A., 189
Gambaro, A., 198
Gandillac, M. de, 188
Gardenal, G., 195
Gardner, Ch. S., 205
Gargan, L., 192
Garibotto, C., 203
Garin, E., 192, 194
Gasparrini Leporace, T., 196
Gaston Hall, H., 191
Geanakoplos, D.J., 197, 198
Gebhardt, O. von, 204
Gercke, A., 182
Gerhardt, C.J., 181
Gerlo, A., 200
Gigante, M., 204
Gill, J., 196
Giorgetti Vichi, A.M., 199
Gneuss, H., 183
Goldschmidt, E.P., 215
Goodhart Gordan, Ph.W., 194
Goodyear, F.R.D., 208, 216
Goold, G.P., 169, 172, 202
Gotoff, H., 187
Grafton, A., 195, 200, 205
Grant, E., 190
Greg, W.W., 211
Griffith, J.G., 173, 188, 204, 211
Grisart, A., 172
Grumel, V., 176
Grundmann, H., 189
Gudeman, A., 169, 171

Hagendahl, H., 173, 174
Hall, F.W., 213, 217
Hall, V., 200
Halporn, J.W., 184
Hamacher, J., 189
Hanslik, R., 172
Harlfinger, D., 167, 178, 179, 180, 208, 214
Haskins, C.H., 188, 190
Havet, L., 209, 216
Headlam, W., 210
Heiberg, J.L., 203
Hemmerdinger, B., 179
Highet, G., 205
Hillkowitz, K., 184
Holmberg, J., 189
Holtz, L., 173
Holwerda, D., 180
Hoogma, R.P., 205
Housman, A.E., 175, 216
Hubbard, M.E., 205
Humann, K., 204
Hunger, H., 181
Hunt, R.W., 188, 213

Irigoin, J., 179, 180, 203, 205, 210, 214, 215, 216
Irmscher, J., 176

Jackson, J., 215
Jacques, J.-M., 176
Jaeger, W., 175
Jahn, O., 174
James, M.R., 217
Jeauneau, E., 188
Jebb, R.C., 202
Jehasse, J., 200
Jellicoe, S., 175
Jocelyn, H.D., 171
Josephson, Å, 187, 261

Kassel, R., 177, 206
Kenney, E.J., 170, 180, 181, 194, 195, 201, 214
Ker, N.R., 199
Kleberg, T., 171, 172, 215
Knowles, D., 202
Köhler, L., 168
Koster, W.J.W., 180
Kresten, O., 215
Kriaras, E., 179
Kristeller, P.O., 191, 213, 217

Labowsky, L., 191, 196

Laistner, M.L.W., 174, 182, 183, 187
Lampsidis, O., 180
Landgraf, A., 191
Lapidge, M., 183
Latte, K., 197
Laufer, R., 211
Laurion, G., 217
Lebel, M., 200
Leclercq, H., 202
Lee, G., 170
Lefranc, A., 200
Lehmann, P., 201
Lemerle, P., 176, 178, 190, 214, 215
Leo, F., 170, 171, 172
Leonardi, C., 187
Leroy, M., 177
Levi, A.H.T., 199
Levillain, L., 187
Levison, W., 184
Levy, H.L., 192
Lewis, N., 168
Lichtheim, M., 177
Liebeschütz, H., 189
Lindsay, W.M., 171, 200, 210, 216
Lloyd-Jones, H., 169, 215
Lommatzsch, E., 205
Loewe, E.A., v. Lowe, E.A.
Lowe, E.A., 176, 182, 183, 185, 188, 203
Löwe, H., 184
Lowry, M., 197
Lülfing, H., 215
Lundström, S., 210

Maas, P., 180, 205, 206, 207
McCail, R.C., 176
McDonald, A.H., 188
McKitterick, R., 186
McLeod, M.D., 177
MacMullen, R., 177
Maïer, I., 195
Mälzer, G., 208
Mandrou, R., 201
Manitius, M., 186, 214
Margolin, J.Cl., 197
Marichal, R., 215
Marrou H.I., 169, 172, 174, 175, 182

Martin, Janet, 189
Martin, Jean, 214
Massa Positano, L., 180
Mazzarino, A., 171
Megas, A.Ch., 192
Merkelbach, R., 210
Mesnard, P., 198
Metzger, B.M., 177, 198, 202, 209, 216
Meyer, A., 179
Miglio, M., 196
Minio-Paluello, L., 190
Mioni, E., 196
Mohler, L., 196
Momigliano, A., 173, 182, 201, 203
Monfrin, J., 199
Monk, J.H., 202
Moore, J.M., 204
Morison, St., 199
Mueller, L., 200
Müller, K., 182, 200, 208, 210
Müller, R.W., 171
Munari, Fr., 204
Munk Olsen, B., 189, 214
Musurillo, H., 203
Mynors, R.A.B., 172, 182, 192

Nallino, C.A., 177
Nautin, P., 175
Needham, J., 177
Nicol, D.M., 180
Nicoll, W.S.M., 177
Nisbet, R.G.M., 170, 187, 210
Nolhac, P. de, 199
Norden, E., 204

O' Callaghan, J., 210
O' Donnell, J.J., 182
Ogilvie, R.M., 210
Ogilvy, J.D.A., 183
Oliver, R.P., 171
Orlandi, G., 197
Ornato, E., 199
Ouy, G., 194

Paape, A.H.R.E., 210
Pack, R.A., 203
Padrin, L., 192

Page, D.L., 170
Paré, G., 188
Parkes, M.B., 189
Parry, A., 204
Parry, M., 204
Parsons, P.J., 170
Pasquali, G., 171, 172, 187, 201, 206, 208, 213
Pastore Stocchi, M., 195
Pattison, M., 198, 200
Pellegrin, E., 187
Pelzer, A., 210
Perosa, A., 194, 195, 196
Pertusi, A., 195
Petitmengin, P., 197, 199, 205, 211
Petrucci, A., 192, 194, 215
Pfeiffer, R., 168, 169, 197, 200, 214
Phillips, M.M., 197, 198
Philp, R.H., 190
Pickford, C.E., 207
Plattard, J., 200
Plommer, H., 211
Politis, L., 179
Pompella, G., 199
Prete, S., 185
Proctor, R., 196
Pozzi, G., 195
Puchstein, O., 204

Quadri, R., 187
Quentin, H., 187, 198, 199, 211
Questa, C., 194

Reardon, B.P., 175
Reeve, M.D., 170, 201, 208
Renehan, R., 168, 215
Renouard, A.A., 198
Reynolds, L.D., 187, 188, 190, 198, 214
Ribbeck, O., 174
Ricci, P.G., 195
Richard, M., 217
Riché, P., 181
Righi, G., 201
Rizzo, S., 214
Robert, J. et L., 204
Roberts, C.H., 173
Roos, A.G., 208

Ross, W.B., 193
Rouse, R.H., 189, 190
Rüdiger, H., 193
Runciman, S., 180
Rutherford, W.G., 175
Ruysschaert, J., 193, 201, 215

Sabbadini, R., 192, 193, 194, 196, 214
Saffrey, H.D., 176
Sandys, J.E., 169, 175, 214
Schenkl, H., 208
Schipke, R., 187
Schmid, W., 175
Schmitt, W.O., 181
Schneider, B., 191, 199
Scholderer, V., 196
Schubart, W., 170
Schulze, Fr., 205
Scivoletto, N., 172
Setton, K.M., 191
Severus, E. von, 187
Séveryns, A., 211
Shipley, F.W., 260
Sicherl, M., 197
Simone, Fr., 191, 193, 199
Skeat, T.C., 216
Skutsch, O., 171
Smalley, B., 190, 191
Smith, M.F., 205
Sommer, R., 171
Southern, R.W., 183, 188
Speyer, W., 176
Stadter, Ph. A., 194
Stadtmüller, G., 180
Stählin, O., 207
Starr, Ch. G., 183
Steinmann, J., 202
Streeter, B.H., 216
Syme, R., 173

Theodoridis, Chr., 179
Thomson, D.F.S., 193
Thomson, R.M., 189
Thompson, A.H., 183
Thorlby, A., 174, 189
Timpanaro, S., 185, 203, 204, 206, 207, 208, 209, 214

Traube, L., 202, 203, 209
Tremblay, P., 188
Treu, K., 179
Trillitzsch, W., 198
Tsantanoglou, K., 179
Tuilier, A., 176
Turner, E.G., 168, 169, 173, 175, 203, 215
Turyn, A., 180, 181

Uhlig, G., 177
Ullman, B.L., 167, 187, 189, 191, 192, 193, 194

Valetta, I.N., 178
Van den Hout, M.P.J., 175
Van der Valk, M.H.L.M., 172, 180
Van Dieten, J.L., 180
Van Groningen, B.A., 172, 213
Van Haelst, J., 204
Vassiliev, A.A., 180
Vervliet, H.D.L., 200
Veyrin-Forrer, J., 199
Vezin, J., 209, 214
Voet, L., 201
Vööbus, A., 177

Wackernagel, J., 175
Walker, G.S.M., 183
Wallach, L., 185
Walters, P., 210

Waltzing, J.P., 216
Walzer, E., 194
Walzer, R., 177
Wasserstein, A., 181
Waszink, J.H., 197
Weinberger, W., 217
Weimar, P., 188
Weiss, R., 192, 204
Wendel, C., 180
West, M.L., 206, 215
West, S.R., 169, 170
Whitehead, F., 207
Wickham, L.R., 177
Wieacker, F., 216
Wilamowitz-Moellendorf, U. von, 176, 215
Williams, G., 210
Willis, J., 216
Willis, W.H., 204
Wilson, N.G., 168, 169, 170, 175, 176, 178, 180, 181, 197, 198, 215
Wingo, E.O., 171
Winterbottom, M., 194, 195, 216

Young, D.C.C., 208, 209

Zetzel, J.E.G., 168, 171, 172, 173, 174, 175, 214
Zucker, F., 176
Zuntz, G., 181

COMMENTAIRE DES PLANCHES

I. Oxford, Bodleian Library, gr. class a 1 (P) ; IIe siècle. Ce papyrus est connu sous le nom d'*Iliade* Hawara. On distingue nettement le tracé des fibres.

II. Venise, Biblioteca Marciana, gr. 454, f. 41r ; Xe siècle. Ce livre illustre, qui provient de la collection du cardinal Bessarion, est généralement connu sous le nom de *Venetus A* de l'*Iliade*.

Les planches I et II illustrent la relation entre les signes critiques alexandrins et le commentaire. Elles donnent toutes les deux le même passage de l'*Iliade* (II, 856 et ss.). Le papyrus a les signes critiques dans la marge, mais pas de scolies, le manuscrit a les deux. On ne s'étonnera pas de constater que les signes ne sont pas tout à fait identiques. Il semble qu'au v. 856 le signe correct soit la diple, pourtant le papyrus porte manifestement une diple pointée ; les scolies se limitent à une note géographique sur les Alizones et à la remarque qu'il y avait un autre Hodios dans le camp grec, elles n'indiquent pas ici une divergence entre Aristarque et Zénodote. Au v. 858 le papyrus a une diple, une note du manuscrit signale que le nom de Chromis apparaît ailleurs sous la forme Chromios. Les trois vers suivants sont obélisés dans le papyrus, et seulement les deux derniers (860-861) dans le manuscrit ; la raison donnée, c'est que le récit de la bataille près du fleuve ne mentionne pas la mort de Chromis, alors qu'Homère prend soin de signaler le décès de tout chef de détachement : exemple typique de raisonnement peu satisfaisant pour le lecteur moderne. Le v. 863 est marqué d'une diple dans les deux témoins et le manuscrit offre un commentaire géographique sur l'emploi du nom Phrygie.

III. Oxford, Bodleian Library, E.D. Clarke 39, f. 113r ; daté de 895. Platon ; la planche reproduit le début du *Sophiste*. Le texte a été copié pour Aréthas par Jean le calligraphe, un scribe qui lui a aussi fourni son Aelius Aristide (Laur. 60, 3 et Paris gr. 2951). Les scolies marginales sont de la main d'Aréthas ; la première commence ainsi : αὕτη ἡ ἐλαία οὐχ ὥς τινες ὑπέλαβον τῆς Ἰωνίας ἐστὶν ἀλλὰ τῆς Ἰταλίας, εἴ τι δεῖ Στράβωνι πείθεσθαι τῷ γεωγράφῳ.

IV. Oxford, Bodleian Library, Auct. V.1.51, f. 94r ; fin du Xe siècle. Commentaire de l'*Odyssée*. La planche donne le résumé de l'intrigue du chant XI (la descente aux enfers) et le début du vocabulaire pour ce chant. Ce matériel pédagogique, qui était une nécessité pour les lecteurs médiévaux, permet de mieux comprendre la scolarité à Byzance. Le manuscrit a appartenu à Giovanni Aurispa, puis au couvent de Saint-Marc à Florence. Transcription du début : ἀπαγγέλλει πῶς κατὰ τῆς Κίρκης ἐντολὰς λαβὼν εἰς Ἅιδου κατῆλθεν.

V. Oxford, Bodleian Library, Auct. T. 4.13, f. 132r ; XIe siècle. Archétype de la tradition d'Epictète. On pense qu'Aréthas possédait un manuscrit de cet auteur et que notre témoin en est peut-être une copie directe. Abréviations relativement fréquentes. Le texte commence ainsi : ἐλεύθερός ἐστιν ὁ ζῶν ὡς βούλεται, ὃν οὔτ' ἀναγκάσαι ἔστιν οὔτε κωλῦσαι οὔτε βιάσασθαι.

VI. Oxford, Bodleian Library, Barocci 109, f. 167r ; XVe siècle. Cette copie tardive des *Phénomènes* d'Aratos est une des seules qui présentent les interpolations de Planude. La planche montre le v. 480 suivi par le texte interpolé. Le nom de Triclinius, qui se lit dans la marge de droite, veut sans doute indiquer qu'il est l'auteur de la note en bas de page expliquant l'intervention de Planude. En voici le texte : ἰστέον δὲ ὅτι ἡ τοῦ Ἀράτου σφαῖρα οὐκ ἀκριβῶς ἔχει πρὸς τὴν θέσιν τῶν κύκλων ἐκτεθειμένα τὰ ζώδια. ἡ δὲ τοῦ Πτολεμαίου λίαν ἠκριβωμένως ἐκτίθεται. ταύτῃ γοῦν τῇ τοῦ Πτολεμαίου σφαίρᾳ ἑπόμενος ὁ σοφὸς Πλανούδης κατὰ τὴν ἐκείνης θέσιν ἐκδέδωκε τοὺς παρόντας στίχους, ἐναλ⟨λ⟩άξας ὅσα μὴ καλῶς εἴρηκεν ὁ Ἄρατος. διὸ οἱ ἐντυγχάνοντες ταύταις καὶ μάλιστα τοῖς περὶ τούτων λεχθεῖσι παρὰ ἀμφοτέρων ἔχουσιν ἀκριβῆ τὴν περὶ τούτων κατάληψιν, ἀμφοτέρους [ἐπὶ τούτοις] εὑρίσκοντες ἐπὶ τούτοις συμφωνοῦντας.

VII. Oxford, Bodleian Library, Holkham gr. 88, f. 207r ; XVe siècle. Aristophane. Ce témoin donne le texte et les scolies dans la recension préparée environ un siècle plus tôt par Démétrius Triclinius. C'est notre seule source manuscrite pour les scolies tricliniennes à quatre comédies. On remarquera, en bas de page, sa note sur les mètres (qui commence ainsi ἡ εἴσθεσις τοῦ παρόντος δράματος) et, en haut et à droite, le titre trompeur qu'il donne au gros du commentaire : « anciennes scolies d'Aristophane le grammairien ».

VIII. Édition princeps d'Aristophane, Venise, 1498, chez Alde. Le texte et les scolies avaient été préparés par Musurus qui disposait, entre autres, d'au moins deux copies de la recension triclinienne. Aussi bien pour la forme des caractères que pour la mise en page, la ressemblance est évidente avec les manuscrits contemporains. Les scolies marginales commencent, après le lemme ὀρθὴν κελεύεις par la note de métrique qu'on a déjà rencontrée à la planche précédente.

IX. Florence, Biblioteca Medicea Laurenziana, Laur. 39,1, f. 8r. Ce manuscrit fameux, le Codex Mediceus de Virgile, a vu le jour en Italie au Ve siècle. Il a été, semble-t-il, corrigé à Rome par Astérius, consul en 494, et a par la suite abouti à Bobbio.

L'écriture est la capitale rustique. La planche donne la fin des *Bucoliques* (10, 61-77). Les abréviations, peu nombreuses de toute façon, se limitent ici à *B·* (*bus*) et à *Q·* (*que*). Parmi les corrections, qu'il faut sans doute attribuer à Astérius lui-même, on notera au v. 62 le changement de *DRUSUM* en *RURSUS* et de *NABIS* en *NOBIS*, et au v. 70 le passage de *HAES* à *HAEC*. Au v. 63, la leçon *RURSUSM* suggère l'existence d'une *duplex lectio* à un stade antérieur de la tradition (*RURSUS/M*).

Dans l'espace qui restait vide à la fin des *Bucoliques*, Astérius (ou un copiste ? cf. p. 28) a ajouté une souscription qui rappelle son travail et qui s'achève sur un poème en distiques élégiaques. L'écriture est menue et quelque peu effacée. La première partie de la souscription se lit ainsi (on a mis entre parenthèses la résolution des abréviations) : *Turcius Rufius Apronianus Asterius v(ir) c(larissimus) et inl(ustris), ex comite domest(icorum) protect(orum), ex com(ite) priv(atarum) largit(ionum), ex praef(ecto) urbi, patricius et consul ordin(arius) legi et distincxi codicem fratris Macharii v(iri) c(larissimi) non mei fiducia set eius cui si et ad omnia sum devotus arbitrio XI Kal. Mai(as) Romae.*

X. Cité du Vatican, Biblioteca Apostolica Vaticana, Vat. lat. 5757, f. 171r. Le célèbre palimpseste du *De republica* de Cicéron. On a remployé à Bobbio, au VIIe siècle, cette édition de luxe de Cicéron pour y copier un commentaire de saint Augustin sur les psaumes (c'est d'ailleurs le témoin le plus ancien de ce texte). L'écriture inférieure est une large onciale de la fin du IVe ou du début du Ve siècle, celle du dessus une petite onciale du VIIe. Transcription du texte de Cicéron (tiré du *De republica* 2, 33) : ENIM SERPIT/SED VOLAT IN/OPTIMUM STA/TUM INSTITU/TO TUO
        S   T E
SERMO/NE REMP·POS /TUM NUMAE/POMPILI NEPOS/EX FILIA REX/A POPULO EST/ANCUS MAR/CIUS CONSTITU/(TUS).

XI. Paris, Bibliothèque nationale, lat. 5730, f. 77v, appelé parfois codex Puteanus en souvenir de la famille Dupuy qui le possédait avant son entrée à la Bibliothèque royale. Ce manuscrit en onciale de la troisième décade de Tite-Live a été écrit en Italie dans la première moitié du Ve siècle, et est l'ancêtre de tous les manuscrits complets de cette partie de l'œuvre. La planche XIII montre une copie qui en a été faite à Tours aux alentours de l'an 800. Pour l'histoire de ce manuscrit pendant la renaissance carolingienne, on se reportera à la p. 67. Le parchemin est si fin que, par endroits, comme ici, on aperçoit les lettres écrites sur l'autre côté de la feuille. Cette planche et la planche XIII donnent le début du livre XXIII. A la ligne 11, une deuxième main a « corrigé » *MOPSIORUM* en *COMPSINORUM* et cette modification d'un passage déjà corrompu est passée dans le texte de la copie (Pl. XIII, l. 5).

XII. Leyde, Bibliothek der Rijksuniversiteit, Voss. lat. F.4, f. 20v. Ce superbe manuscrit de Pline l'Ancien, écrit en majuscule anglo-saxonne, a vu le jour en Northumbrie dans la première moitié du VIIIe siècle. On peut lire sur la planche le début du livre IV de l'*Histoire naturelle*, qui commence ainsi : *tertius europe sinus acrocerau-*

niis incipit montibus finitur helisponto amplectitur praeter minores simus (lire : *sinus*) $\overline{XIX}.\overline{XXV}$ *passuum*. Le scribe a copié dans la marge les trois premiers mots du texte à l'intention du rubricateur qui les a ensuite calligraphiés dans l'espace laissé libre.

XIII. Cité du Vatican, Biblioteca Apostolica Vaticana, Reg. lat. 762, f. 32r. Minuscule caroline. Il s'agit de la copie directe du Puteanus présenté plus haut (planche XI ; le passage reproduit est le même : début du livre XXIII). La survie du modèle en onciale et de sa copie en minuscule permet d'examiner sur le vif l'activité du scribe médiéval en train de « translittérer » un livre antique ; les erreurs commises dans cette transcription ont été rassemblées et étudiées dans l'article de F.W. Shipley, « Certain sources of corruption in Latin manuscripts », *American Journal of Archaeology*, 7, 1903, pp. 1-25, 157-197 et 405-428 (paru aussi sous forme de livre, New-York, 1904). Les mots sont le plus souvent séparés, la ponctuation est rare ; peu d'abréviations, par exemple *q;* (*que*), *b;* (*bus*), $\bar{p}$ (*prae*). On note quelques éléments cursifs, survivances d'écritures précédentes : le *a* ouvert qui apparaît en concurrence avec les autres formes de cette lettre et les ligatures *et, rt st*. Le *a* ouvert disparut par la suite et le *N* majuscule, qui alterne ici avec la forme minuscule, vit son emploi se restreindre.

XIV. Florence, Biblioteca Medicea Laurenziana, Laur. 68, 2, f. 6v. Ce manuscrit nous a conservé les livres XI-XVI des *Annales* et les *Histoires* de Tacite. Il a été copié au Mont-Cassin dans la deuxième moitié du XIe siècle et nous donne un exemple de l'écriture bénéventaine à son apogée. La planche reproduit la fin du livre XI et le début du livre XII des *Annales*. Le livre XI se termine ainsi (texte très corrompu) : *sed ex quis* (glosé par *quibus*) *deterrima orerentur tristitiis multis*.

XV. Londres, British Museum, Harley 2493, f. 101v. On a vu plus haut p. 88 l'histoire de ce manuscrit de Tite-Live, écrit vers 1200, qui appartint par la suite à Pétrarque et à Laurent Valla. La planche donne un des passages (21, 46, 3) utilisés par Valla pour discréditer ses rivaux, le Panormitain et Facio (cf. pp. 97-98). Le manuscrit présente une leçon corrompue *ex quo propinquo*. Valla fait remarquer que, tandis que ses adversaires ont accepté les yeux fermés le texte transmis, Pétrarque avait depuis longtemps corrigé *ex quo* en *ex loco*, et on peut s'en assurer aujourd'hui encore. Valla a noté en marge sa propre conjecture, *exque*, qui est acceptée par les éditeurs modernes. On relèvera en passant l'usage beaucoup plus fréquent des abréviations.

XVI. Florence, Biblioteca Medicea Laurenziana, Laur. 48, 22, f. 121r. Ce manuscrit, écrit par le Pogge en 1425, contient les *Philippiques* et les *Catilinaires* de Cicéron. La planche donne la fin de la quatrième *Catilinaire*.

XVII. Paris, Bibliothèque nationale, Inc. Rés. C 439, f. 195r : Columelle, *De re rustica*, 9, 7, 3 – 8, 4. Dans cet exemple de l'édition princeps (Venise, Nicolas Jenson,

1472) des *Scriptores rei rusticae*, Politien a collationné lui-même les œuvres de Caton et de Varron sur un manuscrit de Saint-Marc de Florence, aujourd'hui perdu (cf. p. 98). Les variantes de Columelle ont été relevées par des collaborateurs, comme l'explique une note au f. 239v : *Contuli hos Columellae libros ego Angelus Politianus cum duobus exemplaribus, altero quidem vetustissimo Langobardis exarato litteris ex priuata Medicae gentis bibliotheca cuius nota est .a., altero Nicolai Nicoli manu descripto ex vetusto item codice ⟨ ex publica eiusdem familiae libraria ⟩. Servavi autem vetus institutum meum, ut etiam quae falsa putarem non respuerem. Adiutoribus Nicolao Baldello et Roberto Minutio ac Lactantio Politiano familiaribus meis. III Idus Februarias ipso bacchanaliorum die 1493* ⟨*4. Florentiae anno horribili transituris in Italiam Gallis*⟩ (la correction de la date, 1494 pour 1493, et les phrases entre soufflets sont dues à Politien). On identifie facilement sur la planche les leçons de *a* (= Ambros. L 85 sup) et celles de *n* (perdu ; P. Vettori l'a encore utilisé au XVIe siècle). Trois de ces dernières ont été relevées dans l'édition la plus récente, celle d'Å. Josephson (1955) : *ingesserint* ꝉ *incesserit* (9, 7, 4) ; *(ut) hyemis astus* (ibid.) ; *pabulationibus* (9, 8, 1).

XVIII. Paris, Bibliothèque nationale, Latin 6880, f. 11r. Manuscrit du IXe siècle, copié à Fulda.

XIX. *Marcelli viri illustris de medicamentis empiricis, physicis ac rationalibus liber...*, Bâle, Froben, 1536, pp. 25 et 26 (montage).

Ces deux planches reproduisent le même passage du *De medicamentis* de Marcellus de Bordeaux, dit Marcellus Empiricus, dans l'édition princeps et dans le manuscrit qui a servi de copie de travail aux imprimeurs.

Dans sa préface, l'éditeur, Janus Cornarius (1500-1558), donne pour toute précision sur sa méthode : *certe nihil temere in toto opere mutauimus, nisi palam corruptum, qualia multa librarii et ignorantia et incuria fuerunt admissa*. La comparaison des deux documents permet de voir comment ont procédé le savant et les typographes. Le premier porte à l'encre sur le manuscrit même un grand nombre d'indications. Il sépare les mots écrits en *scriptura continua* et ajoute au contraire des traits d'union en fin de ligne ; il barre les textes qui ne doivent pas être reproduits et les remplace par un nouveau titre et un commentaire ; surtout, il apporte des corrections parfois mineures, mais parfois « drastiques ». On saisit même les repentirs du philologue qui travaille sur le parchemin vénérable ni plus ni moins que sur un brouillon.

Les typographes ont reproduit très fidèlement le texte ainsi préparé. Leur intervention a laissé deux marques sur le manuscrit : des traces d'encre (plus visibles sur d'autres folios, elles permettraient presque de prendre les empreintes digitales des compositeurs de l'*officina Frobeniana* !) et surtout les coups de crayon rouge qui indiquent la répartition de la copie : d'abord une estimation provisoire de l'endroit où va commencer la page 2c (deuxième page du cahier *c*, c'est-à-dire notre page 26 = 12 [cahier *a*] + 12 [cahier *b*] + 2) ; puis, comme on avait calculé un peu grand, un deuxième trait, porté après l'achèvement de la mise en page, indique l'emplacement définitif, juste avant le titre.

XXA. Règlement de la bibliothèque de Pantainos (Musée de l'Agora, n° I, 2729). La bibliothèque fondée par Titus Flavius Pantainos « prêtre des muses philosophiques » vers l'an 100 après J.-C. a été révélée, il y a une quarantaine d'années, par les fouilles américaines à l'Agora d'Athènes (l'autre titre de gloire de Pantainos est d'avoir eu pour petit-fils, selon toute vraisemblance, ce Pantène qui fut le chef de l'école catéchétique d'Alexandrie et le maître de Clément). Le règlement, qu'un heureux hasard nous a conservé, montre que les problèmes de la bibliothéconomie n'étaient pas inconnus aux anciens : « Aucun livre ne sera emprunté, car nous l'avons juré ; la bibliothèque sera ouverte de la première à la dixième heure ». Texte de l'inscription :

> Βυβλίον οὐκ ἐξε-
> νεχθήσεται, ἐπεὶ
> ὠμόσαμεν· ἀνυγή-
> σεται ἀπὸ ὥρας πρώ-
> της μέχρι ἕκτης.

XXB. Inscription de Constantinople (*CIG*, t. 4, 8612). L'obélisque érigé en 390 par l'empereur Théodose sur l'hippodrome de Constantinople existe encore aujourd'hui, et le touriste peut lire les deux inscriptions, une grecque et une latine, qui ornent sa base. Le texte grec est le suivant :

> Κίονα τετράπλευρον ἀεὶ χθονὶ κείμενον ἄχθος
> Μοῦνος ἀναστῆσαι Θευδόσιος βασιλεὺς
> Τολμήσας Πρόκλος ἐπεκέκλετο καὶ τόσος ἔστη
> Κίων ἠελίοις ἐν τριάκοντα δύω.

Le nom du préfet Proculus est gravé sur une *rasura* ; on pense qu'il s'y trouvait originellement, et qu'il a été martelé après son exécution en 392, puis rétabli après sa réhabilitation par Arcadius en 396, sans doute avec une erreur sur le cas.

A une époque indéterminée, cette épigramme a été relevée par un collectionneur, et elle figure maintenant dans le recueil connu sous le nom d'« Anthologie palatine » (IX, 682). La comparaison entre l'original et le manuscrit (Heidelberg, Pal. gr. 23, p. 472) montre que le texte s'est augmenté d'un lemme εἰς τὸν τετράπλευρον κίονα ἐν τῷ ἱπποδρόμῳ, que δύω est devenu δύο, et que le nominatif Πρόκλος, qui faisait problème, a été remplacé par un accusatif (le tassement des lettres sur la pierre fait supposer qu'on avait d'abord gravé un mot un peu plus court, sans doute Πρόκλῳ, qui est d'ailleurs la leçon de Planude).

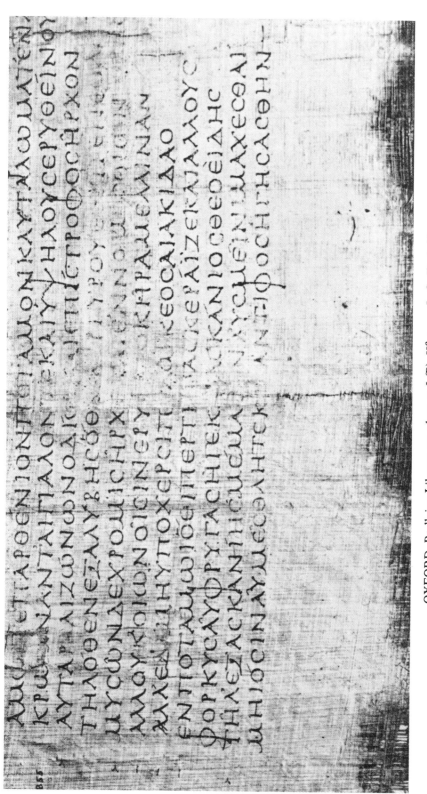

OXFORD, Bodleian Library, gr. class. a. I (P). IIe s. ap. J.-C. *Iliade* Hawara.

VENISE, Bibl. Marciana, gr. 454, f. 41r. Xe s. *Iliade*, Venetus A.

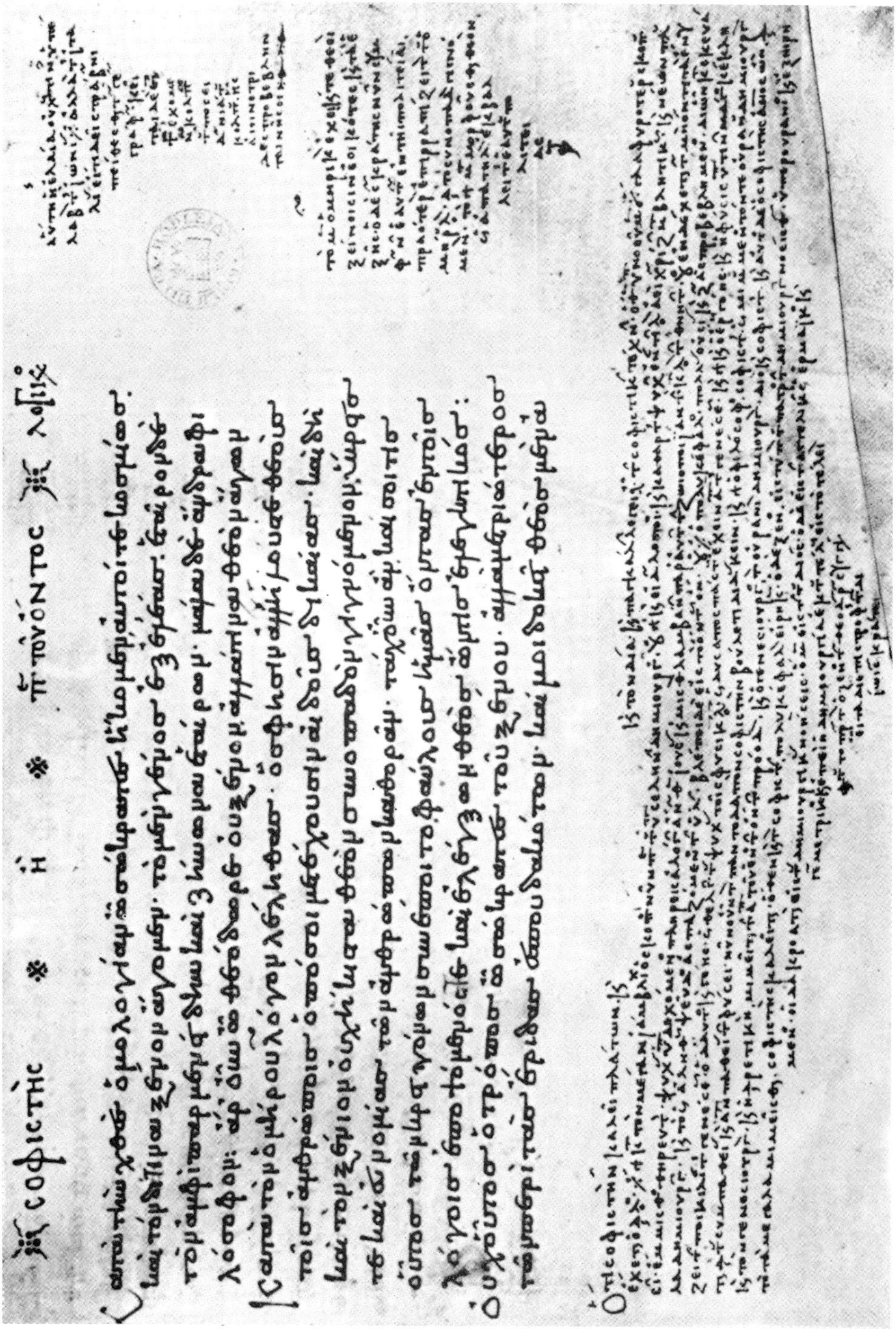

PL. III

OXFORD, Bodleian Library, E.D. Clarke 39, f. 113r. Daté de 895. Platon, *Sophiste*.

† ὑπόθεσις τῆς λ :~ †

Ἀπαλλαγεὶς ὁ Ὀδυσσεὺς κατὰ τῆς Κίρκης ὑποθολὴν λαιμόν (?)... δι-
δοῦ καταπλεῦσαι· καὶ ὡς ὁ Κώκυτος καὶ ὁ Πυριφλεγέθων τοῦ μῆ... ὅτι
τῆς ἑαυτοῦ καὶ τοῦ καταπλοῦ σχημα[τος]φαίας ποιήσας· καὶ ὡς ὁ Τ... λ (?)
— — — καὶ τοῦ διερηταί, παρ' ἧς τὸν Καλυψώ...
θεμιν αὐτὸς καὶ τοῦ ἀνωνοσίου... θεσίαν ὁ διονόσιος·
κατακόψας δὲ μέλα... καὶ ἀφορύξας καὶ
— — — ναγιζει δε... οἶνον τοῖς νεκροῖς ...
— — — πρόσβαλε δὲ... ηγη δὲ πρὸς αὐτὸν ...
— — — ... ... οὐρανὸν δὲ ... τοῖον ...

(marginalia, right)
· ὁ πλοῦς πρὸς τὸν
· ἡμεροδραλέαν τὸν δηκνεα ·
· ὁ βλήχρος
· κῶρξ
· ἡ καμπή
· λαύτω ὁ
· βάθρος ὁ π ·
· κορμός
· γύριστα ·

OXFORD, Bodleian Library, Auct. V. 1. 51, f. 94r. Fin du Xᵉ siècle. Commentaire à l'*Odyssée*.

OXFORD, Bodleian Library, Auct. T. 4. 13, f. 132r. XIᵉ s. Epictète.

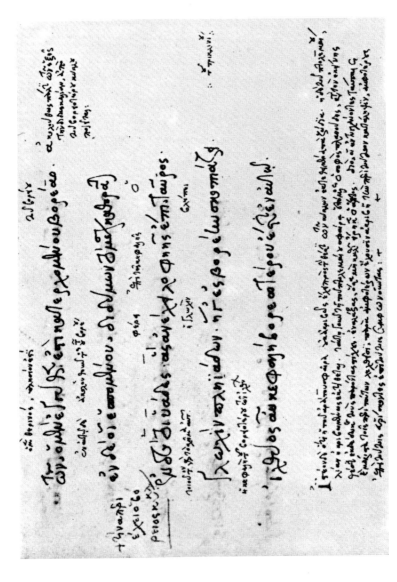

OXFORD, Bodleian Library, Barocci 109, f. 167r. XVe s. Aratos.

OXFORD, Bodleian Library, Holkham gr. 88, f. 207r. XVe s. Aristophane, avec les scolies de Démétrius Triclinius.

ARISTOPHANE, édition princeps. Venise, Alde, 1498.

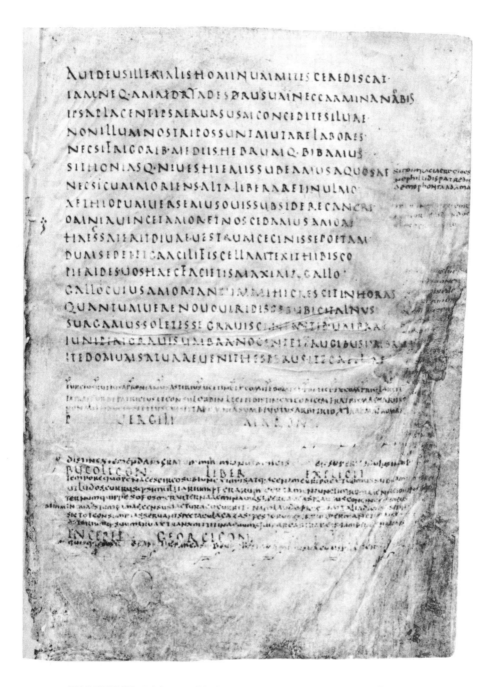

FLORENCE, Biblioteca Medicea Laurenziana, Laur. 39, 1, f. 8r. Ve s.
Virgile, Codex Mediceus.

Nemo enim minetur domui ubi es
quasi aliquid domui noceat. Sic e...
...Neq...audiius est
...desem...ne...ux...aciebant oc
...tione di quia non pro illorum m...
...entus abrahae pancere teis· et
...os...recare i...os...iusdam adurt
...er...tio i...quid...eraru...· quan...
ut baptizarentur in aqua paeniten...
...ch...annane...
perderunt d...m ipsorum filii erant
...tio uper aru...qui s...e non uobis
...enum p...e...ntiae et ne dix
...tens est et...m...s de lapidibus istis s...
lapides tunc...debat in campis sal...
...qu...idic...itati sunt
...omi...tur do...ui...quasi dicat· su...
est il...i ut co aedificetur et habeat

PARIS, Bibliothèque nationale, lat. 5730, f. 77v. Ve s.
Tite-Live, Codex Puteanus.

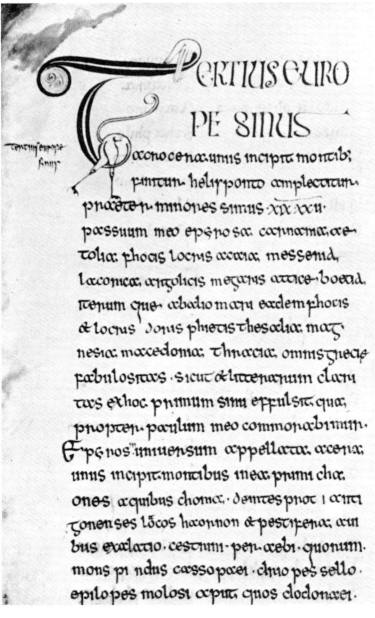

LEYDE, Bibliotheek der Rijksuniversiteit, Voss. lat. F. 4, f. 20 v.
Première moitié du VIIIe s. Pline l'Ancien.

INCIPIT LIBER VI OƆ SIMUS TERTIUS·

Haec hannibal post cannensem pugnam capta accidirepa con
feram exapulia in samnium mouerat accauaſ in hýrpinoſa sta
tio pollicentef secompſactoadaurū compſenuſ erat trebiuſ nobilif inter
suoſ sed premebat eum compsinorū factio familiae pergraecā romano
rum potentaſ post famam cannenfif pugnae uolgataeque trebi sermoni
b; aduentū hannibalīſ cum compſam urbem excepiſſent fine certamine
tradirat urbſ poeno praesidiumq; acceptāeſt ibi pda omniſ atq; impedi
mentaſ reliquaſ exercitu pcatuo magone regioniſ eiuſ urbeſ aut deficia
enaſ abromaniſ accipere aut detractantaſ cogere addefectionem iuba
ipſe peragrū campanum are inferum pētit oppugnaturuſ neapolim
urbemaritimam haberet Ubi fineſ neopolitanorum incurrunt nu
midef pdam in infidiiſ ae plaerquae augfuntur ae finuſ q; occula quae
cum q; aptae poterat diſpofuit alioſ ffectacim praedā exagunt· oſten

sed eqs decimar opsena· epshsps mul ons·;
Cornelii tacit LiBer
VnDecim; EXP. Incip XIJ
EDE MESSALINE·

conuulsa principis dom̄· ostaa epud
liberatos certamin̄· qs deligeret
uxore claudio celibis uita incomeng· &·e lugu
Impetratoris obnoxio· nec minore ambitu fe
min̄ exarsisent· sua queq; nobilitate·
forma/ opes contenderent· ac dignae atenato
marimonio ostentarent· Sed maxime ambi
gebant inter Lolliā paulinā· m· lolli cōsularis
& Iuliā agrippinā ex·minico genitā· huic
pallas· illi calistus fauctores aderant· at
·l·silae pregnae ex familia cubes ponti narcisso
fauebat· ipse huc modo· mod illuc uersus pen
q; suadens qu audiebant principis· discorden
tes in cilio uocat· ac prompta senten feri· &

Hanibal iureiurando affirmat ꝓmissa sua rata fore mactato agno.

Prodigia.

e exq̄

Petunt hannibal ad scipionē.

omnium. Eaq̄ ut rata seuerent fore. agnū leua
manu. dextra silice retinens. si falleret. iouē
ceterosq̄ precat̄ deos. ita se mactarent. que ad
modum ipse agnū mactasset. Et secundum preca-
tionē. caput pecudis saxo elisit. Tum u omes
uelut dis auctorib̄ in spē suā quisq̄ acceptis.
id mote q̄ nondū pugnarent. ad potienda spe-
rata rati. solatiū uno animo. et uoce una poscunt.
Apud romanos haud quaquā tanta alacritas
erat. sup cetera recentib̄ etiam tirois p̄digiis.
Nam et lupus intrauerat castra. laniatisq̄ obuiis
ipse intact̄ euaserat. Examē apū in arbore spe-
rio imminente consederat. Quib̄ pcuratis.
scipio cū equitatu iaculatorib̄q̄ expeditis. p̄fec-
tus ad castra hostiū. ex quo ꝓpinquo copias qu
ante noui generis essent speculandas. obuius
fit hannibali. ipsi cum equitib̄ ad exploranda
eca loca pgresso. Neutri alteros primos cernebant.
densior deinde incessu tot hominū equoꝝq̄
oriens puluis. signū ꝓpinquantiū hostiū fuit.
Consistit utrumq̄ agmen. et plio se se expediebant.
Scipio iaculatores et gallos equites. in frote lo-
cat. romanos sociorumq̄ q̄ roboris suit. in subsi-
diis. Hannibal frenatos equites in medium ac-
cipit. cornua numidis firmat. Vix dū clamo-
re sublato. iaculatores fugiunt inter subsidia ad
secundam aciē. Inde equitū certam erat. ali-

memoriā postulo. Quo cum eris in uris fixa mentibz tū
tissimo te muro septum esse arbitrabor. Quod si mea spe-
us improboz fefellerit: atqz superauerit: comendo uobis
paruū meum filium. cui profecto satis erit presidij nō solū
ad salutē uerz etiam ad dignitatē: si eius qui hec oīa suo sa-
lus periculo conseruauerit: illum filium esse memineritis.
Quapropter de summa salute uā populiqz .r. de uris con-
iugibus ac liberis: de aris ac focis: de fanis atqz templis: de
totius urbis tectis ac sedibus: de imperio ac libertate: de salute italiē: de uniuersa .r.p. decernite diligenter ut insti-
tuistis ac fortiter. Habetis eum consulem qui & parere ue-
stris decretis non dubitet: & ea que statueritis quoad ui-
uet defendere & per se ipsum prestare possit.

FINIS. LIBRI. SCRIPSIT. POGGIVS.
.ROMAE.

imbecillis: ut cæreis qdem scilicet operibus suis tanq ruinam operibus
timent. Ordines quidem uasorum superinstructos in altitudinem trīs
esse abunde est : quoniam sūmū sic quoqȝ parum commode curator
inspicit. Ora cauearum: quæ præbēt apibus uestibula:proniora sint:q̄
terga:ut ne influant imbres : & si forte tamen ingressi fuerint:non im-
morēt:sed per aditū effluāt. Propter quod coueniṭ aluearia porticibus
supmuniri. Sin aliter luto punico frondibus illinitis aḍubrari. Quod
tegīmen cū frigora & pluuias:tū æstus arcet. Nec tamen ita nocet huic
generi caloris æstus sut hyems. Itaqȝ semper ædificium sit post apiariū:
quod aqlonis excipiat iniuriam:stabulisqȝ præbeat teporē. Nec minus
ipsa domicilia quis ædificio protegant : obuersa tamen ad hibernum
orientem componi debebunt: ut apricū habeāt apes matutinū egressū:
& sint experrectiores. Nam frigus ignauiam creat:propter quod etiam
foramina:qbus exitus aut introitus dat:angustissima esse debent:ut q̄
minimum frigoris admittant. Eaqȝ satis est ita forari:ne possīnt capere
plus unius apis icrementum. Sic nequenenatus stellio: nec obscenum
scarabęi: nec papilionis genus lucifugæqȝ blactæ:ut ait Maro:p laxiora
spatia ianuæ fauos populantur. Atqȝ utilissimum est pro frequentia
domicilii:duos uel tres aditus in eodem operculo distantis inter se fieri
contra fallaciam lacerti:q uelut custos uestibuli pdeūtibus ihias apibus
affert exitiū. Eæqȝ pauciores intereūt:cum licēt uitate pestis obsidia per
aliud uadentibus effugium.
    DE Comparandis apibus : & quemadmodum siluestria examina
capiantur. Cap.viii.
a   Tqȝ hæc de populationibus domiciliis & sedibus eligendis abūde
diximus. Quibus puisis seqȝ ut examia desideremus. Ea porro
uel ære parta uel gratuita cōtingunt. Sed quas precio comparabimus:
studiosius prædictis comprobemus notis. Et earum frequētiam priusq̄
mercemur: apertis aluearibus cōsideremus. Vel si non fuerit inspiciēdi
facultas:certe id quod cōtēplari licet:notabimus. In uestibulo ianuæ
complures consistant:& uehemens sonus itus murmurantiū exaudiat̄.
Atqȝ etiam si omnes intra domicilium silentes forte conqescānt:labris
foramini aditus admotis:& inflato spiritu ex respondēte earum subito
fremitu poterimus existiare uel multitudinē : uel paucitatē. Præcipue
autem custodiendum:ut ex uicinia potius:q ex peregrinis regionibus
petāntur:quoniam solēt cæli nouitate lacessiri. Quod si non cōtingit:
ac necesse habuerimus longinquis itineribus aduehere: curabimus ne
salebris sollicitentur. Optimeqȝ noctibus collo portantur. Nā diebus
reges danda est:& infundendi sunt grati apibus liquores:quibus intra
clausum alantur. Mox cum perlatæ domū fuerit: si dies superuenerit:

PARIS, Bibliothèque nationale, Inc. Rés. C 439, f. 195r (Venise, 1472).
Columelle, exemplaire de Politien.

tempore diuinis manibus ea tradendo consecrata. Fateor itaque me gra-
tus tibi agere quod a prius quam rogareris consummasti amicissimo affectu uota mea. et quod conagit mihi fauore tuo maturiorem percipere
studii huius me fructum ac uolupratem. Ignoscer aurem si pauciores ti-
biusae fuerint conposiaones, et non ad omnia uitia conpetae. sumus eni
utcuis peregre. nec sequitur nos nisi necessarius admodum numerus libellorum. Post ea autem si et tibi uidebitur ad singula quaeque plu res
conposiaones colligemus: oportet enim copiam quoque earum selecta
habere quia reuera quaedam magis quibusdam, et non omnes omnibus
conueniunt. Propter differentiam scilicet corporum quarum initium
a capite faciemus. Summum enim et quasi primum locum hunc obtinet,
cur medena sopera ut simplicia remedia prima quaeque ponamus:
Interdum enim haec efficaciora sunt quam ex pluribus conposita medicamenta. erit autem nota denarii pro graeca draghma, aeque enim in libra denarii LXXXXVI apud nos sunt, sicut draghmae apud graecos incurrunt.
~~FINIT EPISTOLA PRIMA~~
INCIPIT EIUSDEM SECUNDA. Alia Epistola eiusdem Cornely Celsi.
Cornelius Celsus pullio natali salutem dicit. Lectis duobus libris conposi-
tionum graecis, pulli natalis, quos misirami mihi ut in latinum sermonem conuerterem. libenter parui tuae uoluntati. dignos eos existimans quibus
operam impenderem, Quo plenius utilitatis conperi, alioquin excursi-
rem, me propositum habere, nihil non dignum sublimi romano rum
maiestati, de bono medicinae ut as splendidissime scribere. idque perennitati et litteris mandare. habebit ergo et praesens tempus, et futura
posteritas, in hoc per pauce uoluntatis meae curaeque gratissimum munus. siquidem bona ualitudine nihil est pulchrius. dedi autem operam
quantam potui ut ad uerbum transferrem quae in graecis medicinalibus
repperi. nec necessariam curam cultus orationis putaui. quia res tuis dipa

beniuolentissimo, dignos nomine editionis, non uerbis sed re probasti, periculumq́ non minus tui iudicij quàm ego stili propter me adisti, quo tempore diuinis manibus ea tradendo consecrasti. Fateor itaque me gratias tibi agere, quod & prius quàm rogareris consummasti amicissimo affectu uota mea, & quod contigit mihi fauore tuo maturiorem percipere studij huius mei fructum ac uoluptatem. Ignosces autem si paucæ tibi uisæ fuerint compositiones & non ad omnia uitia scriptæ: sumus enim ut scis peregre, nec sequitur nos nisi necessarius admodum numerus libellorum. Postea autem si & tibi uidebitur ad singula quæque plures conpositiones colligemus. Oportet enim copiam quoque earum selectam habere, quoniam reuera quædam magis quibusdam, & non omnes omnibus conueniūt, propter differentiam scilicet corporum & affectionum quarum initium à capite faciemus: summum enim & quasi primum locum hoc obtinet: dantes operam, ut simplicia remedia prima quęque ponamus. Interdum enim hæc efficaciora sunt quàm ex pluribus conposita medicamenta. erit autem nota denarij pro Græca drachma, æque eṁ in libra denarij LXXXIIII apud nos sunt, sicut drachmæ apud Græcos incurrunt.

Denarij & drachmæ conuenientia

e Alia

MARCELLI DE MEDICAMENTIS
Alia Epistola eiusdem Cornelij Celsi.

CORNELIVS CELSVS PVLLIO NATALI SALVTEM D.

Hanc epistolā crediderim esse Scribonij, aut eius qui Scribonij græca interpretatus est, eiq́; operi fuisse ab interprete ipso præmissam.

Lectis duobus libris compositionum Græcis Pulli Natalis, quos misisti mihi ut in Latinum sermonem conuerterem, libenter parui tuæ uoluntati, dignos eos existimans quibus operam impenderē, quos plenos utilitatis comperi: alioquin excusassem ni me propositū haberet nihil non dignum sublimi Romanorum maiestate, de bono medicinæ artis splendidissime scribere, idq́; perennitati & litteris mandare. Habebit ergo & præsens tempus & futura posteritas, in hoc perpetuæ uoluntatis meæ curæq́; gratissimum munus: siquidem bona ualetudine nihil est pulchrius. dedi autem operam quantam potui ut ad uerbum transferrem, quæ in Græcis medicinalibus repperi, nec necessariam curam cultus orationis putaui, quia rectius duxi proprietates nominū edere, & rem ueram sub herbarum peregrinarum uocabulis explicare. unum genus fateor me transslationis de industria declinasse, quo ferè Græci utuntur in medicamentorū scripturis, omnia ad secundam personam dirigentes. Ego uero in usum me-

MARCELLUS EMPIRICUS, édition princeps. Bâle, Froben, 1536.

Pl. XX

A. Règlement de la bibliothèque de Pantainos (Athènes).
Reproduit avec l'aimable autorisation de l'American School of Classical Studies at Athens : Agora Excavations.

B. Base de l'obélisque érigé sur l'hippodrome de Constantinople.

INSCRIPTIONS GRECQUES.

IMPRIMERIE LOUIS-JEAN
Publications scientifiques et littéraires
05002 GAP — Tél. : (92) 51.35.23
Dépôt légal : 94 — Février 1984